公路桥梁工程
施工技术研究及项目管理

宋宏伟　洪启华　洪俊财　主编

中国石化出版社

图书在版编目(CIP)数据

公路桥梁工程施工技术研究及项目管理 / 宋宏伟，洪启华，洪俊财主编 . —北京：中国石化出版社，2022. 10
ISBN 978-7-5114-6888-8

Ⅰ. ①公… Ⅱ. ①宋… ②洪…③洪 Ⅲ. ①公路桥-桥梁施工②公路桥-工程项目管理Ⅳ. ①U448. 145

中国版本图书馆 CIP 数据核字(2022)第 175459 号

中国石化出版社出版发行
地址：北京市东城区安定门外大街 58 号
邮编：100011 电话：(010)57512500
发行部电话：(010)57512575
http://www. sinopec-press. com
E-mail：press@ sinopec. com
北京力信诚印刷有限公司印刷
全国各地新华书店经销
*
787×1092 毫米 16 开本 16. 75 印张 418 千字
2022 年 10 月第 1 版 2022 年 10 月第 1 次印刷
定价：128. 00 元

《公路桥梁工程施工技术研究及项目管理》
编　委　会

主　编	宋宏伟	中交一航局第五工程有限公司
	洪启华	广东华路交通科技有限公司
	洪俊财	保利长大工程有限公司
副主编	郑先月	中铁十八局集团第二工程有限公司
	侯良钊	中铁十八局集团第三工程有限公司
	王铁军	中铁十八局集团第四工程有限公司
编　委	雷　昌	深圳路桥建设集团有限公司
	杨金平	中国水利水电第五工程局有限公司
	李　钊	贵州路桥集团有限公司
	黄智广	广东省公路建设有限公司
	王有祥	中铁十四局集团第一工程发展有限公司
	韩丹丹	中铁七局集团广州工程有限公司

PREFACE 前言

进入21世纪以来，我国的经济快速发展，交通运输业迅猛发展，由于我国大力支持互联网技术和科技创新，在这一政策的推动下，运输业的规模庞大，现有的交通网络已不能适应运输业的发展，现实的需求促进，公路建设不断增加，随着公路建设技术的日趋成熟，公路建设的质量也得到了较大完善，理论结合实践使我国公路施工技术取得较大的发展。同时，现代公路工程建设的复杂性和综合性使得工程建设实践中出现了很多需要解决的情况和问题，新的管理方法不断推陈出新，逐步淘汰陈旧的管理模式，因此，必须在实践中研究和采用现代化的新理论，应用新方法和手段，以问题为导向，不断总结经验教训，提高公路工程项目的管理水平。公路工程项目管理是一种具有特定目标、资源及时间限制和复杂的专业工程技术背景的一次性管理事业，是对工程项目全过程进行的高水平的、科学的、系统的管理活动。

本书主要介绍了公路路基路面工程、桥梁工程、涵洞工程、隧道工程、交通工程的施工技术，同时对生态公路与公路改建、公路工程施工项目管理、高速公路项目管理与监理以及高速公路工程施工安全与创新应用等方面的内容进行阐述。

基于公路工程施工技术理论与实践并重的特点，本书在编写时遵循理论联系实际的原则，以交通运输部最新颁布的有关工程技术标准、规范为依据，在总结多年专业教学和行业培训成果的基础上，紧密结合工程实践。本书实践性强、内容翔实、涉及面广，融知识性、实践性于一体。

本书在编写过程中，检索和查阅了许多信息、资料，在此向有关人员一并致谢。

由于作者水平有限，疏漏之处在所难免，恳请广大读者批评指正。

CONTENT

目 录

第一章 绪论

第二章 施工技术的概述与施工准备

第三章 路基路面施工技术

第四章 桥梁工程施工技术

第十章　高速公路项目管理与监理

第十一章　高速公路工程施工安全与创新应用——以开阳高速公路为例

结语

参考文献

第一章
绪 论

第一节 公路的分级及基本组成

一、公路的分级

1. 公路分级

交通运输部颁布的《公路工程技术标准》(JTG B01—2014)，将公路根据功能和适应的交通量分为五个等级，即高速公路、一级公路、二级公路、三级公路、四级公路。

(1) 高速公路为专供汽车分方向、分车道行驶，全部控制出入的多车道公路。高速公路的年平均日设计交通量宜在 15000 辆小客车以上。

(2) 一级公路为供汽车分方向、分车道行驶，可根据需要控制出入的多车道公路。一级公路的年平均日设计交通量宜在 15000 辆小客车以上。

(3) 二级公路为供汽车行驶的双车道公路。二级公路的年平均日设计交通量宜为 5000~15000 辆小客车。

(4) 三级公路为供汽车、非汽车交通混合行驶的双车道公路。三级公路的年平均日设计交通量宜为 2000~6000 辆小客车。

(5) 四级公路为供汽车、非汽车交通混合行驶的双车道或单车道公路。双车道四级公路年平均日设计交通量宜在 2000 辆小客车以下；单车道四级公路年平均日设计交通量宜在 400 辆小客车以下。

2. 公路分类

公路按其在公路网的地位与作用分为以下五类：

(1) 国道：在国家公路网中，具有全国性政治、经济、国防意义，并经确定为国家干线的公路。

(2) 省道：在省公路网中，具有全省性政治、经济、国防意义，并经确定为省级的公路。

(3) 县道：具有全县性政治、经济意义，并经确定为县级的公路。

(4) 乡道：主要为乡村生产、生活服务，并经确定为乡级的公路。

(5) 专用公路：专为企业或其他单位提供运输服务的道路，如专门或主要为工矿、林区、油田、农场、军事要地等与外部连接的公路。

二、公路的组成

1. 路基工程

路基是按照道路的平面位置、纵面线形和一定的技术要求修筑的作为路面基础的岩土构造物。路基是路面的基础，又是公路的重要组成部分。按路基横断面形状的不同，通常可分为路堤、路堑和半填半挖路基三种形式。

2. 路面工程

路面是在路基之上用各种筑路材料铺筑的供汽车行驶的层状构造物，其作用是保证汽车能全天候地在道路上安全、迅速、舒适、经济地运行。路面结构一般由面层、基层、底基层与垫层组成。

面层是直接承受车轮荷载反复作用和自然因素长期影响的结构层。按面层所用材料的不同，可划分为柔性路面、刚性路面和半刚性路面三种。作为柔性路面的典型代表，沥青路面可由一到三层组成。三层式沥青路面的表面层应根据使用要求设置抗滑、耐磨、密实稳定的沥青层，中面层、下面层应根据公路等级、沥青层厚度、气候条件等选择适当的沥青结构层。

基层是设置在面层之下，并与面层一起将车轮荷载的反复作用传递到底基层、垫层、土基，起主要承重作用的层次。基层可分为柔性基层（沥青稳定碎石、沥青贯入式、级配碎石、级配砾石等）、半刚性基层（水泥稳定土或粒料、石灰或粉煤灰稳定土或粒料等）、刚性基层（碾压式水泥混凝土、贫混凝土等）、混合式基层（上部使用柔性基层、下部使用半刚性基层）等。对于高速公路、一级公路，应采用水泥稳定粒料、石灰粉煤灰（二灰）稳定粒料、沥青碎石以及级配碎砾石等材料铺筑。高速公路、一级公路的底基层和二级及二级以下公路基层和底基层，除上述类型材料外，也可采用水泥稳定土、石灰稳定土、石灰粉煤灰稳定土、石灰工业废渣、填隙碎石等或其他适宜的当地材料铺筑。

垫层是设置在底基层与土基之间的结构层，起排水、隔水、防冻、防污等作用。各级公路当需要设置垫层时，一般可采用水稳性好的粗粒料或各种稳定性材料铺筑。

3. 桥涵工程

桥梁是为道路跨越河流、山谷或人工障碍物而建造的构造物；涵洞是为宣泄地面水流而设置的横穿公路的小型排水构造物。

（1）按桥梁总长和跨径的不同分类：特大桥、大桥、中桥、小桥和涵洞。交通运输部颁布的《公路桥涵设计通用规范》（JTG D60—2015）给出了桥涵的分类。

（2）按桥梁受力体系分类：可分作梁式桥、拱式桥、刚架桥、吊桥四种基本体系，其中梁式桥以受弯为主，拱式桥以受压为主，吊桥以受拉为主。另外，由上述四大基本体系的相互组合，又派生出在受力上具有组合特征的组合体系桥型，如目前在我国广为流行的斜拉桥等。

4. 隧道

是为公路从地层内部或水下通过而修建的结构物。当公路需要翻越高山或穿过深水层时，为了改善平纵线形和缩短路线长度，经过技术、经济比选，可选用隧道方式。

5. 排水及防护工程

排水工程是为了排除地面水及地下水而设置的排水构造物。除桥涵外，还有边沟、截水沟、急流槽、盲沟、渗井和渡槽等路基排水构造物和路面排水构造物组成的道路排水系统。防护工程是为了加固路基边坡、确保路基稳定的结构物，如在路基边坡修建的填石边坡、砌石边坡、挡土墙、护脚和护面墙等构造物。

6. 交通工程设施

交通工程设施是针对高等级公路行车速度快、通过能力大、交通事故少、服务水平高的特点设置的，它包括安全设施、管理设施、服务设施、收费设施、供电设施等。

(1) 安全设施：整个交通工程系统的最基本的部分，主要有标志、标线、视线诱导标、护栏、隔离栅、防眩设施和照明设施等。

(2) 管理设施：控制、监视、通信、数据采集与处理设施。

(3) 服务设施：服务区、加油站、公共汽车停靠站等。

(4) 收费设施：收费站等。

(5) 供电设施：这是为了使整个交通工程系统正常运行而设置的配套设施。

(6) 环保设施：为减少公路交通环境污染而设计的声屏障减噪、路面、绿化工程及公路景观(自然景观及人文景观)。

第二节　公路建设的内容与特点

一、公路建设的内容

公路建设是从立项到竣工验收的全过程，是生产公路建设产品的活动，即为公路运输业提供公路工程中各种建筑物和构筑物的活动，是增加固定资产的活动。公路建设的内容一般可以分为以下三个方面：

1. 公路工程基本建设

随着交通运输量的不断增大，原有的公路不能满足社会的需要，要求运输业进一步发展，进行公路工程基本建设。公路运输业通过新建、扩建、重建、改建等来达到不断扩大公路运输能力的目的。公路工程基本建设属于固定资产的扩大再生产。

2. 公路工程大、中修与技术改造

公路建筑产品形体庞大，结构多样，需要多种不同性质的材料，运用多种不同的设备才能完成，在自然因素和行车荷载的反复作用下，使公路建筑产品各组成部分的寿命不同，尽管经过不断的保养，还是无法永久地使用下去，为了维护原有的功能，就需要对公路建筑产品的某些部位进行大的改造，甚至完全更新。公路工程大、中修与技术改造属于固定资产的简单再生产和部分扩大再生产。

3. 公路工程的小修、保养

公路工程构造物在长期使用过程中，受到行车和自然因素的作用不断磨蚀而损坏，只有通过定期和不定期的维修、保养，才能保证产品的正常使用。公路工程的小修、保养是属于固定资产的简单再生产。

二、公路建设的特点

（一）公路建设产品的特点

公路建设产品包括路线、桥涵、隧道等固定资产，特点为：

1. 产品的固定性

公路工程建设产品一旦建成后，就固定于一定的地点，永久地占用大量土地，不能移动，只能在固定点发挥它的功能。

2. 产品的多样性

公路建筑产品具有不同的使用目的、技术等级、技术标准和不同的自然条件、结构形式，并且所在地区的自然条件也不相同，导致主体功能不同，使公路的组成结构复杂，多种多样。

3. 产品形体庞大性

公路工程是线形构造物，由路线、桥涵、隧道、沿线设施等组成，其形体庞大，占用土地和空间多。

4. 产品部分结构的易损性

公路建设产品部分结构暴露于大自然下，并受到垂直荷载、水平荷载、动荷载、车后真空吸力等作用，使材料老化，出现损坏，需要不断的养护。

（二）公路施工的特点

1. 施工流动性大

公路是线形人工构筑物，点多线长，工程分布极为分散，既有集中工程，又有线形分布工程，其产品在建造过程中和建成后都无法移动，并且有严格的施工顺序，因而要组织各类工作人员和各种机械围绕这一固定产品，在同一工作面不同时间，或同一时间不同工作面上进行施工活动，因此需要科学地解决这种空间上的布置和时间上的安排两者之间的矛盾。此外，当一个工程竣工后，还要解决施工队伍向新的施工现场转移问题，因此在公路建设过程中施工流动性大。

2. 施工工期长

由于公路工程产品具有多样性、形体庞大性、固定性而又具有不可分割性，使施工周期长，在较长时间内大量占用和耗费人力、物力和财力，直到整个施工周期完结，才能出产品，因此要求我们进行科学合理的施工组织。

3. 施工协作性高

公路工程类型多，施工环节多，工序复杂，产品具有单件性，不仅要进行个别设计而且采用不同的施工方法，分别组织施工。为了保质保量、按期完成施工任务，每项工程都需要建设单位、设计单位、施工单位、监理单位及材料、动力、运输等各个部门的通力协作，因此要有严密的计划和科学管理。

4. 受外界干扰及自然因素影响大，需要不断的养护

公路工程施工主要是在野外露天作业，路线通常要经过不同地区，地理环境、地质情况复杂，受外界干扰及自然因素影响大，如特殊地区及气候冷暖、地质条件、设计变更、物资供应等因素，而且公路的部分结构具有易损性，不进行正常的养护就不能维持正常的运输生产。

5. 建筑材料的复杂多样

公路工程材料尤其是路基、路面材料，用量十分庞大，多采取就地取材的方式，这就导致建筑材料的不确定性和材质的复杂多样性，给施工质量控制带来一定的困难。

公路工程建设的这些特点，决定了公路施工活动中的特有规律，研究和遵循这些规律，科学地组织安排公路工程施工，对提高工程建设质量和工程建设资金的经济效益具有重要意义。

第三节 公路工程施工项目管理概况

一、公路工程施工项目特点

公路工程施工项目是一类特殊的工程项目。与一般工业与民用建筑工程施工项目相比，作为管理对象，公路工程施工项目具有下述特点：

1. 造价高、投资大

国家规定高速公路标段的路基工程一般不应小于10km，路面工程一般不应小于15km。其他等级公路标段工作量一般应不小于5000万元。因此，公路工程建设项目投资一般是巨大的，其建设工程合同的金额基本上是几千万、上亿甚至几百个亿，这是一般的建筑工程项目所不可比拟的。如作为中国第九个五年计划期间的重点工程项目——沈阳至北京高速公路，全长658km，总投资近200亿元人民币；而贯穿祖国南北的交通大动脉——京珠(北京—珠海)高速公路更是长达2400km，整个工程总投资约3000亿元。

2. 点多、线长、面广

公路工程建设规模一般都比较大，从建设里程上来讲从几十千米到上百千米甚至上千千米的都有，涉及的施工区域可能不止一个省、市，尤其是国道干线的建设，一般都要跨越几个省、市，施工范围广泛，工程的建设是不可能只由一家施工企业单独来完成的。因此，同步建设、协作配合、综合平衡等问题很复杂，需要各施工单位按其均衡性和均匀性全盘考虑、周密安排，分点、分段合力建设完成。

3. 质量要求高，形成时间长

公路建设是一项系统工程，建设工期包括预可行性研究报告、工程可行性研究报告、初步测设、施工图测设以及必要的科研等前期工作时间和施工时间，一般项目需要2~4年，有的更长。而且，每条公路都是特有的、唯一的，一经建成，在短时间内将不会进行重复性的投资建设；同时，建设一条公路将会耗费大量的人力、物力和财力等，因此，在公路

工程的建设时期，就要对建设产品提出较高的质量要求，要求工程项目建设在科学合理地利用资源的同时，尽可能创造高质量的工程项目产品，并应根据工程规模、建设难度、地形地质特点和气候等因素合理确定工期。

由于工程建设项目规模大，技术复杂，涉及的专业面广，许多大型、特大型的施工项目还需要分段、分期进行，因此，从项目的规划、建设到投入使用，历时较长，少则几年，多则十几年。如全长 1262km、总投资近 400 亿元的中国第一条国道主干线——京沪高速公路共分了 20 个路段建设，从最早于 1987 年就已开工建设的京津塘高速公路路段，到 2000 年年底的山东省境内临沂至红花埠段、江苏境内新沂至江都段等分段相继竣工，整个工程建设历时长达 13 年之久。

4. 户外作业环境复杂不可控因素多

公路工程本身的特点要求施工建设采用全野外的作业方式，加上施工的路线一般都较长，所以无论是其面临的气候、地质水文条件，还是社会经济环境，乃至风土人情都将是有差异的。其中的任何一项因素的变化都会影响公路工程建设的顺利开展，不可控因素的增多也使得项目管理在施工中变得尤为重要。

二、公路工程施工项目管理的特征

公路工程施工项目管理的有效方法是采用项目法施工，即公路施工单位以公路工程项目为对象组建施工组织机构，实行项目经理负责制，以企业内部承包合同为纽带，对工程项目进行高效率地计划、组织、协调和控制，项目完成后，其组织机构随之撤销的施工管理方法。公路施工项目管理具有以下特征：

（1）管理对象——公路工程项目是一次性的，而不像工厂式的重复生产，施工企业应当以工程项目为对象组织生产。

（2）施工管理的组织机构是临时性的，随工程项目的确定而产生，随工程项目的完成而撤销。管理组织机构的设置要求最大限度地使企业各生产要素在施工现场上得到最佳的动态组合。

（3）项目经理是项目管理的核心，企业要建立以项目经理部或承包班子为主要组织管理形式的生产经营管理系统，实行项目经理负责制。

（4）企业要建立以工程项目为对象的经济核算体系，以体现工程项目的责、权、利关系。

（5）为适应项目管理的需要，企业要建立多功能、相对稳定的劳务管理后方基地，发展多种经营，以便转移、安置富余人员。

为适应施工管理的要求，企业应当建立内部市场机制，把社会市场的公平竞争、买卖关系、经济杠杆、优胜劣汰等机制引进企业内部管理中，为进一步推行施工项目管理创造条件。

综上所述，要发挥项目管理在公路施工项目中的作用，采用项目法施工要求做到：一是施工生产人员不能拖家带口到现场；二是动态投入生产要素；三是按管理与劳务两个层次组织施工。

三、公路工程施工项目管理的内容

公路工程施工项目管理就是合理地组织施工，充分利用人力、物力，有效地利用时间和空间，对施工过程进行科学的指挥、合理的组织和调节，保证综合协调施工，按期、按质地完成预定的任务。其具体工作内容如下：

1. 计划管理

公路工程项目计划管理主要是生产作业计划的管理，公路生产作业计划即施工计划，又分为年度计划、季度计划、月度计划及旬施工任务单。

公路施工企业的计划管理的内容是安排施工进度、编制施工计划、管理下属施工单位的进度计划和施工班组的作业计划。此外，还要抓好施工统计工作，按时检查计划的执行情况。因此，计划管理包括计划的编制、执行、检查及结果反馈这一完整工程。

2. 合同管理

公路工程施工合同是业主与施工单位之间明确责任、权利关系的具有法律效力的协议文件，也是运用市场经济体制、组织项目实施的基本手段。从某种意义上讲，项目的实施过程就是公路工程合同订立和履行的过程，一切合同所赋予的责任、权利履行到位之日，也就是公路工程项目实施完成之时。

公路工程合同管理主要是指对各类合同的依法订立过程和履行过程的管理，包括合同文本的选择，合同条件的协商、谈判，合同书的签署，合同履行、检查、变更和违约、纠纷的处理，总结评价等。

3. 组织协调

组织协调是实现项目目标必不可少的方法和手段，在公路工程项目实施过程中，各个项目参与单位需要处理和调整众多复杂的业务组织关系。

4. 目标控制

目标控制是公路工程项目管理的重要职能，它是指项目管理人员在不断变化的动态环境中为保证既定计划目标的实现而进行的一系列检查和调整活动。公路工程项目目标控制的主要任务就是在项目前期策划、勘察设计、施工、竣工交付等各个阶段采用规划、组织协调等手段，从组织、技术、经济、合同等方面采取措施，确保项目总目标的实现。

5. 风险管理

风险管理是一个确定和度量项目风险，制定、选择和管理风险处理方案的过程。其目的是通过风险分析减少项目决策的不确定性，以便使决策更加科学。在项目实施阶段，保证目标控制的顺利进行，更好地实现项目质量、进度和投资目标。

6. 信息管理

公路工程项目的信息管理主要是指对有关项目的各类信息的收集、贮存、加工整理、传递与使用等一系列工作的总称。信息管理的主要任务是及时、准确地向项目管理的各级领导、各参加单位及各类人员提供所需的综合程度不同的信息，以便在项目进展的全过程中，动态地进行项目规划，迅速正确地进行各种决策，并及时检查决策执行结果，反映公司实施中暴露的各类问题，为项目总目标服务。信息管理是工程项目管理的基础工作，是实现项目目标控制的保证。只有不断提高信息管理水平，才能更好地承担项目管理任务。

7. 环境保护

项目管理者必须充分研究和掌握国家和地区的有关环保法规和规定，对于环保方面有要求的公路工程建设项目在项目可行性研究和决策阶段，必须提出环境影响报告及其对策措施，并评估其措施的可行性和有效性，严格按建设程序向环保管理部门报批。在公路工程项目实施阶段，做到主体工程与环保措施工程同步设计、同步施工、同步投入运行。在公路工程施工承发包中，必须把依法做好环保工作列为重要的合同条件加以落实，并在施工方案的审查和施工过程中，始终密切关注环保措施的落实和建设公害的克服工作。

第四节　高速公路对经济发展的影响

公路建设与经济发展之间存在着密切的关系，两者相互影响、相互制约。具体说来，公路建设对国民经济的拉动作用包含以下两个层次的内容：第一，高速公路建设投资对国民经济的直接拉动作用。第二，公路建成后对公路运输业和经济社会发展的拉动作用。

一、高速公路建设投资对国民经济的直接拉动作用

众所周知，投资在经济社会发展活动中一直扮演非常重要的角色，它对经济稳定增长，对社会总需求与总供给平衡，对产业结构优化升级，对地区经济协调发展，对经济增长方式的根本转变，对抑制通货膨胀和防止通货紧缩，对实现充分就业等，都起着不可替代、举足轻重的作用。投资具有创造需求和创造供给的双重功能，从这个角度考察，公路建设作为一项大型基础设施建设投资对国民经济的拉动作用巨大，主要表现在以下两个方面：

其一，公路建设本身就是一个新的经济增长点

回顾我国经济建设和发展历程，像工业、商业、建筑业等国民经济支柱产业，在不同历史时期均受到了党和国家领导人的高度重视，取得了快速发展。而作为基础产业的交通运输业，尤其是公路交通，在我国长期的建设实践中，一直是我国国民经济的瓶颈产业，发展相对滞后。20 世纪 90 年代以后，国家调整了产业政策，加大了对公路建设投资的力度，使公路建设取得了惊人的建设成就，呈现出良好的发展态势，有力地促进了经济发展，突显出一个新的经济增长点。

其二，公路建设是一项关联性很强的基础设施建设投资

首先，公路建设投资，形成了巨大的生产需求，给我国传统的机械工业、建材工业、石化工业等产业开辟了广阔的市场空间，为这些产业的发展注入了新的生机，拉动了这些产业的快速发展。其次，公路建设也给我国汽车工业带来了良好的发展机遇，我国汽车工业的产值连年递增，就是一个很好的例证。再次，公路建设，也带动了我国第三产业的发展。我们看到，一些宾馆、饭店、小卖部以及各种娱乐场所依路而建，为广大的沿途居民创造了无限商机，带动了地方经济的发展。总之，公路建设，必将对相关产业的发展注入新的活力。

二、公路建成后对公路运输业和经济社会发展的拉动作用

高速公路建设提高了我国商品和货物流通的速度和效率。公路运输在我国的运输体系中具有不可替代的作用，相对于其他运输方式，公路运输具有灵活、快捷、方便、可直接到达目的地等若干方面的优势，在我国运输体系中扮演着极其重要的角色。高速公路建设的加强，可以使商品和货物流通的速度大大提高，节省运输成本和时间。从微观来讲，提高了企业的经济效益，从宏观来讲，提高了国民经济的运行质量。据调查，目前我国物流成本在 GDP 中的比重为发达国家的 2~3 倍，甚至比一些发展中国家还要高。众所周知，物流行业的发展已经成为现代经济发展的一个关键因素，如果成本过高，必将成为经济发展的瓶颈。高速公路的建设则能显著地降低当地企业的物流成本并有效促进沿线工业的发展。高速公路网为城市间的往来带来了方便，加强了地区之间的联系，使区域优势得到加强，在招商引资上更具有吸引力，改善了投资环境。利用高速公路的交通优势，可以加强各类工业园区建设，调整生产力布局，促进产业结构的调整和产业内部的升级。高速公路的建设同时也能对农业的发展起到推动作用。高速公路缩短了农产品的运输时间，保证了农用物资和救灾物资的及时调入，加快了农业信息的交流，有助于农业生产结构的调整和优化，有助于农业的规模经营和集约化生产，有力地推动了农产品的商品化和农业的现代化经营。据统计，京津塘高速公路建成后，沿线地区每年向京津两市提供鲜菜 2 亿 kg、肉类 2.3 亿 kg、水产品 1 亿 kg、鲜果 250 万 kg，不但增加了农民的收入，而且也丰富了两市人民的菜篮子，提高了人们的生活水平。

我国高速公路的持续快速发展，使公路基础设施总体水平实现了历史性跨越。主要是公路运输通道交通紧张状况得到明显缓解，长期存在的运输能力紧张状况得到明显改善。高速公路的发展，大大缩短了省际之间、重要城市之间的时空距离，加快了区域间人员、商品、技术、信息的交流速度，有效降低了生产运输成本，在更大空间上实现了资源有效配置，拓展了市场，对提高企业竞争力、促进国民经济发展和社会进步都起到了重要的作用。今天，高速公路的速度和便利也已经融入了平常百姓的生活，正在改变着人们的时空观念和生活方式。

第二章

施工技术的概述与施工准备

第一节　公路施工技术发展概况

一、我国公路施工技术发展回顾

我国在公路施工技术上有着悠久的历史，据史料考证，早在公元前2000年，我国已修建有可供行驶牛车、马车的道路。

在西周时期道路建设已初具规模，唐代是我国古代道路发展的鼎盛时期，形成了以城市为中心的四通八达的道路网，其间在道路结构、施工方法等方面做了许多创新。到了清代，对道路进行了功能分级，分为官马大路、大路、小路三个等级。其中仅官马大路已达2000km以上。

20世纪初，在第一辆汽车输入我国后，通行汽车的公路就随之诞生了，1908年建成了我国历史上的第一条公路，即广西的龙州至那堪公路。到中华人民共和国成立前，我国近代道路发展缓慢，并且屡遭破坏，40多年间修建的公路不足80000km，其中铺有高级、次高级路面的还不到350km。在这一时期，就施工技术而言，修建的多为天然泥土路、泥石路或泥结碎石路；就施工手段而言，主要是人工挑抬、石碾压实。虽然那时也引进了些筑路机械，但由于配件和燃料供应困难，机械的利用率很低。到新中国成立初期，全国仅有推土机200余台，压路机还不足百台，拌和机刚过百台。

新中国成立以后，随着我国公路建设事业的蓬勃发展，公路施工技术水平也相应地得到了较快地提高。中华人民共和国成立后不久，全国从上到下成立了各级公路施工专业队伍，并颁布了相应的公路技术规范或规则，使公路施工及管理迅速走上了正轨。20世纪50年代，由专业施工队伍负责承担施工任务的康藏公路、海南岛公路、成都至阿坝公路等10余条重点公路工程相继竣工。结合这些公路自然条件复杂、工程艰巨、工期要求短等特点，在施工中探索、创造了土石方大爆破施工、泥结碎石路面施工和泥结碎石路面加铺级配磨耗层和保护层施工、软土等特殊地基的处理等一系列的公路施工技术，使我国的公路施工技术水平有了一个整体上的提高。20世纪60~80年代初，是我国公路发展的普及阶段，这个时期共修建公路800000km。其中，高级、次高级路面(主要是渣油路面)达100000km。这些公路以三、四级公路和等外路为主，基本上是采取发动群众和以手工操作方式为主进行施工的。因此，施工机械的发展和推广应用比较缓慢。

1988 年是我国公路交通史上不平凡的一年，1988 年 10 月 31 日随着沪嘉高速公路的建成通车，结束了我国大陆没有高速公路的历史，这是我国公路建设迈入现代化的新起点。自 20 世纪 80 年代开始建设高速公路以来，我国高速公路的建设快速发展。1999 年年底，我国高速公路通车总里程突破 10000km，位列世界第四；2001 年底达到 19000km，已跃居世界第二；至 2008 年底，我国高速公路的通车总里程实现了 60300km，直逼高速公路世界第一的美国；至 2015 年底达到 12 万 km。按照我国公布的高速公路网发展规划，到 2020 年基本建成国家高速公路网，届时我国高速公路通车总里程将达 35 万 km。为适应高等级公路高标准和高质量的要求，我国公路施工技术也获得了前所未有的发展。这些发展与变化主要体现在以下几个方面：

（1）制定或修订公路工程技术规范，建立起了一整套符合我国国情的公路施工控制、检测及验收标准。

（2）机械化施工水平大大提高，各种先进的筑路机械广泛应用于公路工程的施工。全国各地组建了一批设备先进、种类齐全的公路机械化施工队伍，公路施工实现了由手工操作逐步向机械作业方式的转变。到目前，全国公路施工部门已拥有一大批国产和进口的技术先进、种类齐全、成龙配套的筑路机械、试验仪器和检测设备，大型筑路机械已达 30 余万台(套)，固定资产原值已达 30 多亿元。

（3）新技术、新工艺、新材料得到广泛应用，进而取得了巨大的社会、经济效益。

（4）施工的控制及检测手段日臻完善，从而有力地保证了工程质量，加快了施工进度。

二、公路施工技术的发展趋势

世界各国技术经济的进步、交通事业的发展和人们对物质文化要求的提高，对公路建设也提出了更高的要求，这主要表现为：一是对公路功能的要求越来越高，如通行能力、承载能力及行车的安全性与舒适性等；二是对公路整体线形、路容、路况的要求越来越高，特别是山区公路及旅游区道路，其路线与周围环境的协调性成为重要的评价指标；三是对公路环保的要求越来越高，如对行车污染和噪声的限制等；四是对公路的施工速度、施工质量和管理水平要求越来越高，在施工中将普遍采用自动化机械设备进行快速而且优质的作业。

针对上述要求，公路施工必将向着机械化、自动化、生物化、科学化、标准化和工厂化方向发展。

（1）公路施工方案的拟订和选择方面：将充分利用计算机及其他现代先进手段，综合考虑施工材料、机具、工期、造价等因素，进行方案比选与优化，以获取最大的社会经济效益。

（2）施工工艺方面：土石方爆破、稳定土、旧有沥青及水泥混凝土再生、工业废料筑路及水泥、沥青、土壤外加剂等的工艺水平将有突破性进展。

（3）施工机械方面：将研究使用一条龙的单机配套机械进行流水作业和多功能的联合施工机械；为实现施工机械自动化，还将使用电子装置、自控装置和激光技术，对施工现场进行遥控监测。

（4）施工检测技术方面：将研究使用能自动连续量测动静两种荷载作用下的路基、路面弯沉仪和曲率半径仪；研究使用冲击波、超声波测定强度和弹性模量；研究使用同位素方法测定密实度和厚度以及研究使用计算机自动连续量测路面抗滑性能和平整度的仪器的使用等。

（5）施工作业方面：将大量使用预制结构，使人工构造物的施工实现标准化和工厂化。

（6）特殊路基的处理方面：将充分应用生化技术，最大限度地利用当地材料。

（7）各种环保和交通工程设施方面：如声屏墙、减噪路面及绿化工程等的施工技术将提高到一个新的水平。

（8）施工技术的发展方面：施工技术的发展将更好地满足设计要求，设计与施工的结合将更加密切。

第二节　公路的施工方法与程序

一、公路的施工方法

高等级公路的施工方法主要有人工、简易机械化、机械化、水力机械化和爆破等。

1. 人工施工法

是使用手工工具进行公路施工的方法。这种施工方法效率低、劳动强度大，不仅要占用大量的劳动力，而且施工进度慢，工程质量也难以保证。但在山区低等级公路路基工程中，当机械无法进入施工现场或施工场地难以展开机械化作业时，就不可避免地要采用人工施工法。

2. 简易机械化施工法

是以人力为主，配以简易机械的公路施工方法。与人工施工法相比较，能适当地减轻劳动强度，而且可以加快施工进度，提高施工质量。在我国目前的施工生产条件下，特别是山区一般公路建设中，仍是一种值得推广的施工方法。

3. 机械化施工法

是使用配套机械，主机配以辅机，相互协调，共同形成主要工序的综合机械化作业的公路施工方法。机械化施工可以极大地提高劳动生产率，减轻劳动强度，显著地加快施工进度，提高工程质量，而且安全程度高，是提高公路工程建设速度和实现公路施工现代化的根本途径。

4. 爆破施工法

是通过爆破震松岩石、硬土或冻土，开挖路堑或采集石料的施工方法。这种方法是道路施工特别是山区公路施工不可或缺的重要施工方法。

5. 水力机械化施工法

水力机械化施工法是利用水泵、水枪等水力机械，喷射出强力水流，冲散土层，并流运至指定地点沉积的施工方法。这种方法需要有充足的水源和电源，适于挖掘比较松散的土质和地下钻孔工程。施工方法的选择，应根据工程性质、工程数量、施工期限以及可能获得的人力和机械设备等条件综合考虑。为了适应我国公路建设标准高和速度快的要求，近年来许多施工单位都先后从国内外购置了大量现代化筑路机械与设备，在高等级公路施工中，基本实现了机械化或半机械化作业，迅速提高了施工质量和劳动效率，大大加快了公路工程建设的步伐。

二、公路的施工程序

施工程序是指施工单位从接受施工任务到工程竣工阶段必须遵守的工作程序，主要包括签订工程承包合同、施工准备工作、组织施工和竣工验收等。

（一）签订工程承包合同

1. 接受施工任务的方式

（1）上级主管单位统一布置任务，安排计划下达。

（2）经主管部门同意，自行对外接受任务。

（3）参加招投标，中标而获得任务。

2. 接受任务的要求

（1）查证核实工程项目是否列入国家计划。

（2）必须有批准的可行性研究、初步设计(或施工图设计)及工程概(预)算文件。

3. 接受任务的方式

（1）签订工程承包合同，对工程接受加以肯定。

（2）施工承包合同的内容主要包括承包的依据、方式、工程范围、工程质量、施工工期、工程造价、技术物资供应、拨款结算方式、奖惩条款等。

（二）施工准备工作

施工准备工作是为拟建工程的施工建立必要的技术和物质条件，统筹安排施工力量和现场。施工准备工作也是施工企业搞好目标管理，推行技术经济承包的依据。要编制好施工组织设计，以保证工程建设的顺利进行。其作用是发挥企业优势，合理资源供应，加快施工速度，提高工程质量，降低工程成本。

（三）组织施工

（1）施工准备就绪后，向监理工程师提交开工报告，经同意即可开工。

（2）按施工顺序和施工组织设计中所拟定的施工方法进行施工。

（3）组织施工应具备的文件有：①设计文件。②施工规范和技术操作规程。③各种定额。④施工图预算。⑤施工组织设计。⑥公路工程质量检验评定标准和施工验收规范。

（四）竣工验收

1. 所有建设项目和单位工程都已按设计文件内容建成。

2. 以设计文件为依据，根据有关规定和评定质量等级进行工程验收。

第三节　施工技术准备与组织准备

一、技术准备

（一）熟悉与审查设计文件并进行现场核对

组织有关人员学习设计文件，其目的是对设计文件设计图及资料进行了解和研究，使施工人员明确设计者的设计意图和业主要求，熟悉设计图的细节，并对设计文件和设计图进行现场核对。其内容主要包括：

（1）设计图是否齐全，规定是否明确，与说明有无矛盾。

（2）路基平、纵、横断面，构造物总体布置和桥涵结构物形式等是否合理，相互之间是否有错误和矛盾。

（3）主要标高、尺寸、位置有无错误。

（4）设计文件所依据的水文、气象、土壤等资料是否准确、可靠、齐全。

（5）核对路线中线、主要控制点、水准点、三角点、基线等是否准确无误。

（6）路线或构造物与农田、水利、航道、公路、铁路、电信、管线及其他建筑物的互相干扰情况及其解决办法是否恰当，干扰可否避免。

（7）对地质不良地段采取的处理措施。

（8）主要材料、劳动力、机械台班等计算(含运距)是否准确。

（9）施工方法、料场分布、运输工具、道路条件等是否符合实际情况。

（10）结构物工程数量计算是否有误。

（11）工程预算以及采用的定额是否合理。如现场核对时发现设计不合理或有错误之处，应做好详细记录并拟定修改意见，待设计技术交底时提交。

（二）补充调查资料

（1）工程地点的水文、地形、气候条件和地质情况。

（2）自采加工料场、当地材料、可供利用的房屋情况。

（3）当地劳动力资源、工业加工能力、运输条件和运输工具情况。

（4）施工场地的水源、电源以及生活物资供应情况。

（5）当地风俗习惯等。

（三）设计交桩和设计技术交底

工程在正式施工之前，应由勘测设计单位向施工单位进行交桩和设计技术交底。交桩应在现场进行，设计单位将路线测设时所设置的导线控制点和水准点及其他重要点位的标志逐一移交给施工单位。施工单位在接受这些控制点后，要采取必要措施妥善地加固与保护。

设计技术交底一般由建设单位主持，设计、监理和施工单位参加。交底时设计单位应说明工程的设计依据、设计意图并对某些特殊结构、新材料、新技术以及施工中的难点和需注意的方面详细说明，提出设计要求。施工单位则将在研究设计文件中发现的问题及有关修改设计的意见提出，由设计单位对有关问题进行澄清和解释。对于合理地修改设计的意见，必要时可在统一认识的基础上，对所讨论的结果逐一记录，并形成会议纪要，由建设单位正式行文，参加单位共同会签，作为与设计文件同时使用的技术文件和指导施工的依据以及进行工程结算的依据。

（四）建立工地实验室

1. 工地实验室的作用

公路工程施工过程中，必须进行各种材料试验，以便选用合适的材料及其材料性能参数，才能保证公路工程结构物的强度和耐久性，并有利于掌握各种材料的施工质量指标，保证结构物的施工质量。

随着公路技术等级的提高，相应的筑路材料试验任务增大，并要求试验结果具有更高的准确性和可靠性。高等级公路的线形更趋于平、直，使得路基工程的高填深挖及经过不良地带的路段增加。由于高等级公路对路面的行车性能及耐久性能提出更高的要求，相应地要求路基更为稳定，路面材料应具有更高的力学性能、耐磨蚀性和气候稳定性等。公路工程事业的进步，促进了其施工技术水平的不断提高，同时也推动了公路工程新材料的研究应用，并且使材料性能试验及质量检验工作显得日益重要；另一方面，随着经济体制改革的深化，要求不断改善公路工程的投资效益，因而工程质量问题已从一般化的要求变成了衡量工程施工单位技术质量水平的标志。因此，从某种意义上说，一项工程的质量如何，已关系到该公路施工单位以后的业务前景。基于上述情况，加强质量管理和施工质量检验、建立并充分发挥工地实验室的作用，是施工单位必须做的一项十分重要的工作。

2. 工地实验室的主要工作内容

工地实验室是为施工现场提供直接服务的实验室，主要任务是配合路基、路面施工，对工地使用的各种原材料、加工材料及结构性材料的物理力学性能以及施工结构体的几何尺寸等进行检测。

3. 工地实验室的人员及设施

工地实验室的试验检测人员必须是施工单位试验检测机构的正式人员。工地实验室负责人应由施工单位试验检测机构负责人授权，从事试验检测工作 3 年以上、具有交通运输部试验检测工程师资格的人员担任；工地实验室部门负责人需具有省交通厅试验检测员及以上资格的人员担任；一般试验检测人员需具有省交通厅试验检测员及以上资格或交通系统试验检测培训证的人员担任。未取得交通系统试验检测资格或培训证的人员不得上岗。

施工单位试验检测人员数量按施工合同额进行配备，5000 万元以下的至少 4 人；5000 万元以上、1 亿元以下的至少 6 人；1 亿元以上、2 亿元以下的至少 8 人；2 亿元以上的至少 10 人。

工地实验室在工程项目完工之前，不准对人员和设备进行更换和调离。确实需要更换和调离的，应取得项目建设单位的书面批准。工地实验室面积应达到 300m^2，并按检测项目要求合理布局，满足工地试验要求；设备安置要合理，便于操作，并保持环境整洁卫生。

工地实验室应按照合同和工程实际需要配备合格的试验检测仪器设备。工地实验室试验检测仪器设备在使用前必须通过计量检定或校准。试验检测仪器设备应由专人负责日常保养、保管，做好使用记录、保养记录，主要试验检测仪器设备应建立设备档案，仪器设备的操作规程要张贴上墙。

（五）编制施工组织设计

施工组织设计是指工程项目在施工前，根据设计人员、业主和监理工程师的要求以及主客观条件，对工程项目施工的全过程所进行的一系列筹划和安排。公路施工组织设计是指导公路施工的基本技术经济文件，也是对施工实行科学管理的重要手段。编制施工组织设计的目的在于全面、合理、有计划地组织施工，从而具体实现设计意图，按质、按量、按期完成施工任务。实践证明，一个工程如果施工组织设计编制得好，并能得到认真的执行，施工就可以有条不紊地进行，否则将会出现盲目施工的混乱局面，造成不必要的损失。

1. 编制原则

（1）严格遵守合同签订的或上级下达的施工期限，保质保量按期完成施工任务。对工期较长的大型项目，可根据施工情况，分期分批进行安排。

（2）科学、合理地安排施工顺序：在保证质量的基础上，尽可能缩短工期，加快施工进度。

（3）采用先进的施工方法和施工技术，不断提高施工机械化、预制装配化程度，减轻劳动强度，提高劳动生产率。

（4）应用科学的计划方法确定最合理的施工组织方法，根据工程特点和工期要求，因地制宜地快速施工、平行作业。对于复杂的工程应通过网络计划确定最佳的施工组织方案。

（5）落实季节性施工的措施，科学安排施工计划，组织连续、均衡的施工。

（6）严格遵守施工规范、规程和制度，认真按照基本建设程序办事，根据批准的设计文件与工期要求安排进度。严格执行有关技术规范和规程，提出具体的质量、安全控制和管理措施，并在制度上加以保证，确保工程质量和作业安全。

2. 编制施工组织设计的程序

需要遵守一定的程序，根据合同要求和施工现场的具体条件，按照施工的客观规律，协调和处理好各个影响因素的关系，用科学的方法进行编制。

3. 施工组织设计的主要内容

（1）工程概述：包括简要说明工程项目、施工单位、业主、监理机构、设计单位、质检单位名称、合同开工日期和竣工日期、合同价；简要介绍项目的地理位置、地形地貌、水文、气候、交通运输、水电供应等情况；介绍施工组织机构设置及职能部门之间的关系；说明工程结构、规模、主要工程量；说明合同特殊要求等。

（2）施工技术方案：包括施工方法（特别是冬期和雨期以及技术复杂的特殊施工方法），施工程序（重点是施工顺序及工序之间的衔接），决定采用的新技术、新工艺、新材料和新设备，技术安全措施、质量保证措施等。

（3）施工进度计划：主要是对施工顺序、开始和结束时间、搭接关系进行综合安排，包括以实物工程量和投资额表示的工程的总进度计划和分年度计划以及所需用的工日数和机械台班数。

（4）施工总平面图布置：必须以平面布置图表示，并标明项目建设的位置、生产区、生活区、预制厂、材料场、爆破器材库等的位置。

（5）劳动力需要量和来源：包括总需要量和分工种、分年度的需要量在内。

（6）施工现场平面布置。

（7）施工机械、建筑材料，施工用水、用电的分年度需要量及供应方案。

（8）便道、防洪、排水和生产、生活用房屋等设施的建设及时间要求。

（9）施工准备工作进度表：包括各项准备工作的负责单位、完成时间及要求等。

施工组织设计用文、图、表三种形式表示，互相结合，互相补充。凡能用图表表示的，应尽量采用图表。因为图表便于“上墙”，能形象、准确、直观地说明问题，有利于指导现场施工。

4. 施工组织设计的编制步骤

（1）施工方案的制定：编制施工组织设计首先遇到的问题就是选择和制定施工方案，如果这个问题得不到解决，施工组织设计乃至以后的施工工作就不可能进行。所以，施工方案的优劣，在很大程度上决定了施工组织设计质量的好坏和施工任务能否圆满完成。施工方案是指对项目施工所作的总体设想和安排。施工方案应包括：施工方法和施工机具的选择，施工段划分，施工顺序，新工艺、新技术、新机具、新材料、新管理方法的使用，有关该工程的科学试验项目安排等。选择和制定施工方案，首先要考虑其是否可行，同时还要做到技术先进、经济合理、施工安全，应全面权衡、通盘考虑。施工方法是施工方案的核心内容，它对工程的实施具有决定性的作用。确定施工方法应突出重点，凡是采用新技术、新工艺和对本工程质量起关键作用的项目以及工人在操作上还不够熟练的项目，应详细而具体，不仅要拟订进行这一项目的操作过程和方法，而且要提出质量要求以及达到这些要求的技术措施，并要预见可能发生的问题，提出预防和解决这些问题的办法。对于一般性工程和常规施工方法则可适当简化，但要提出工程中的特殊要求。

确定施工方法，应考虑工程项目的特点，结合现场一切有关的自然条件和施工单位拥有的施工经验和设备，吸收国内外同类工程成功的施工方法和先进技术，以达到施工快速、经济和优质的目的。

（2）施工进度计划的编制：施工进度计划是对施工顺序、开始和结束时间、搭接关系进行综合安排。施工进度计划是施工组织设计中最重要的组成部分，它必须配合施工方案的选择进行安排，它又是劳动力组织、机具调配、材料供应以及施工场地布置的主要依据，一切施工组织工作都是围绕施工进度计划来进行的。编制施工进度计划的目的是要确定各个项目的施工顺序，开竣工日期。一般以月为单位进行安排，从而据此计算人力机具、材料等的分期(月)需要量，进行整个施工场地的布置和编制施工预算。

施工进度计划一般用图示法表现。进度计划的图形可以采用横道图、S形曲线、“香蕉”曲线、网络图等。通常采用横道图，它的形式简单、醒目，易绘制、易懂，还可以在施工过程中在同一图上描绘实际进度。与计划进度相比，当工程项目及工序比较简单、且它们之间的关系也不太复杂、其工序衔接及进度安排凭已有施工经验即可确定时，可以直接绘制横道图进度计划；当工程项目以及工序之间的相互关系比较复杂、各工序的衔接及进度安排有多种方案需进行比较时，则要用网络图求得最优先计划，再整理绘制成横道进度图。

（3）资源供应计划：资源供应计划包括劳动力供应计划、材料供应计划、施工机械和大型工具供应计划、预制品供应计划等，这些计划是根据施工进度计划编制的，是计划进度的保证性计划，是进行市场供应的依据。

（4）场外运输计划：将各种物资从产地或交货地点运到工地仓库、料场，称为场外运输。场外运输计划应解决的主要问题是正确选择运输方式及运输工具，以达到降低成本和加速工程进度的目的。

（六）施工现场规划和场地布置

1. 施工现场规划和场地布置

施工现场和场地布置是施工组织设计的基本内容之一，它需要考虑的问题很多、很广泛也很具体。它是一项实践性、综合性很强的工作，只有充分掌握了现场的地形、地物、熟悉了现场的周围环境和其他有关条件，并对本工程情况有了一个清楚与正确的认识之后，才能做到统筹规划、合理布局。

施工现场规划和场地布置情况应以场地平面布置图表示出来。在施工场地平面布置图内应表示出公路的平面位置、场地内需要修建的各项临时工程和露天料场、作业场的平面位置和占地面积以及场地内各种运输线路(包括由场外运送材料至工地的进出口线路)。

2. 材料加工及机械修配场地的规划和布置

施工单位为满足本身的需要，有条件时应设置采石场、采砂场、混凝土构件预制场、金属加工厂、机械修配厂等。对于预制场，一般宜设在工地上，以减少构件的运输。对于砂石材料开采场，宜设在材料产地。如有两个或两个以上的产地可供选择时，选择的条件首先是材料品质要符合设计要求；其次是运输距离要近；再次是开采的难易程度、成材率的高低。预制场的选择要综合考虑，做出综合经济分析。对于材料加工场地，则设在原材料产地较为有利。

3. 工地临时房屋的规划与布置

工地临时房屋主要包括施工人员居住用房、办公用房、食堂和其他生活福利设施用房以及实验室、动力站、工作棚和仓库等。这些临时房屋应建在施工期间不被占用、不被水淹、不受塌方影响的安全地带。现场办公用房应建在靠近工地，且受施工噪声影响小的地方；工人宿舍、文化生活用房应避免设在低洼潮湿、有烟尘和有害健康的地方；此外，房屋之间还应按消防规定相互隔离，并配备灭火器。

4. 工地仓库及料场布置

工地储存材料的设施，一般有露天料场、简易料棚和临时仓库等。易受大气侵蚀的材料，如水泥、铁件、工具、机械配件及容易散失的材料等，宜储存在临时仓库中，钢材、木材等宜设置简易料棚堆放；砂石、石灰等一般在露天料场中堆放。仓库、料棚、料场的位置，应选择在运输及进出料都方便，而且尽量靠近用料最集中、地形较平坦的地点。设置临时仓库、料棚时，应根据储存材料的特点，进出料的便利程度以及合理的储备定额来计算需要的面积。面积过大会增加临时工程费用，过小可能满足不了储备需要及增加管理费用。

5. 施工场内运输的规划

在工地范围内，从仓库、料场或预制场等地到施工点的料具、物资搬运，称为场内运输。场内运输方式应根据工地的地形、地物、材料在场内的运距、运量以及周围道路和环境等因素进行选择。如果材料供应运输与施工进度能密切配合，做到场外运输与场内运输一次完成，即由场外运来的材料直接运至施工使用地点，或场内外运输紧密衔接，材料运到场内后不存入仓库、料场，而由场内运输工具转运至使用地点，这是最经济的运输组织方法。这样可节省工地仓库、料场的面积，减少工地装卸费用。但这种场内外运输紧密结合的组织方法在工程实践中是很难做到的。大量的场内运输工作是不可避免的，必须做好施工场内运输规划。

（七）工地供电的规划

工地用电主要包括各种电动施工机械和设备的用电以及室内外照明的用电。公路工程施工离不开电，做好工地供电的组织计划，对保证施工的顺利进行有着重要的关系。

工地用电应尽可能利用当地的电力供应，从当地电站、变电站或高压电网取得电能。在当地没有电源或电力供应不能满足施工需要的情况下，则要在工地设置临时发电站。最好选用两个来源不同的电站供电，或配备小型临时发电装置，以免工作中偶然停电造成损失。同时，还要注意供电线路、电线截面、变电站的功率和数目等的配置，使它们可以互相调剂，不致因为线路发生局部故障而引起停电。

（八）工地供水的规划

公路工程施工离不开水，施工组织设计必须规划工地临时供水问题。确保工地用水和节省供水费用。

二、组织准备

施工企业通过投标方式获得工程施工任务后，应根据签订的施工合同的要求，迅速组建符合本工程实际的施工管理机构，组织施工队伍进场施工。同时，为保证工程按设计要求的质量、计划规定的进度和低于合同运价的成本，安全、顺利地完成施工任务，还应针对施工管理工作复杂、困难多的特点，建立一整套完善的施工管理制度，采用科学的管理方法，切实有效地开展工作。

施工组织准备工作的主要任务是：组建施工项目经理部；选配强有力的施工领导班子和施工力量；强化施工队伍的技术培训。

（一）施工机构的组建和人员的配备

这里的施工机构是指为完成公路施工任务负责现场指挥、管理工作的组织机构。根据我国具体情况及以往的公路施工经验，施工机构一般由生产系统、职能部门和行政系统等组成。

（二）建立健全各项管理制度

1. 施工计划管理制度

是施工管理工作的中心环节，其他管理工作都要围绕计划管理来开展。计划管理包括编制计划、实施计划、检查和调整计划等环节。由于公路施工受自然条件的影响大，其他客观情况的变化也难于准确预测，这就要求施工计划必须经过充分调查研究后制订，同时在执行过程中应随时检查，发现问题及时采取措施解决，必要时还应对计划进行调整修改，使之符合新的客观情况，保证计划的实现。

2. 工程技术管理制度

是对施工技术进行一系列组织、指挥、调节和控制等活动的总称。其主要内容包括：施工工艺管理、工程质量管理、施工技术措施计划、技术革新和技术改造、安全生产技术措施、技术文件管理等。要搞好各项技术管理工作，关键是建立并严格执行各种技术管理制度，只有执行技术管理制度，才能很好地发挥技术管理作用，圆满地完成技术管理的任务。

3. 工程成本管理制度

是施工企业为降低工程成本而进行的各项管理工作的总称。工程成本管理与其他管理工作有着密切的联系，施工企业总的技术水平和经营管理水平的高低，均能直接或间接地反映在成本这个指标上。工程成本的降低，表明施工企业在施工过程中活劳动(支付劳动者的报酬)和物化劳动(生产资料)的节约。活劳动的节约说明劳动生产率的提高，物化劳动的节约说明机械设备利用率的提高和建筑材料消耗率的降低。因此，建立成本管理制度，加强对工程成本的管理，不断降低工程造价，具有十分重要的意义。

4. 施工安全管理制度

安全生产关系到人民群众生命和财产安全，关系到改革发展和社会稳定大局。加强施工安全、劳动保护对公路工程的质量、成本和工期有重要意义，也是企业管理的一项基本原则。其基本任务是：正确贯彻执行“以人为本”的思想和“安全第一、预防为主、综合治理”的方针。建立安全施工责任制，加强安全检查，开展安全教育，在保证安全施工的条件下，创优质工程。

第四节　施工物资准备与现场准备

一、物资准备

物资准备是指施工中必需的劳动手段和施工对象的准备。它是根据各种物资需要量计划，分别落实货源、组织运输和安排储备，以保证连续施工的需要。准备工作主要内容包括以下内容。

1. 建筑材料准备

首先根据工程量用预算的方法进行工、料、机分析，按批准的施工进度计划的使用要求、材料储备定额和消耗定额，分别按材料名称、规格、使用时间进行汇总，编制材料需要量计划同时根据不同材料的供应情况，随时注意市场行情，及时组织货源，签订供货合同。主要包括：

(1) 路基、路面工程所需的砂石料、石灰、水泥、工业废渣、沥青等材料的准备。

(2) 沿线结构物所需的钢材、木材、砂石料和水泥等材料的准备。

2. 施工机具设备的准备

根据采用的施工方案和施工进度计划，确定施工机械的类型、数量和进场时间，确定施工机具的供应方法和进场后的存放地点和方式，提出施工机具需要量计划，以便及时组织机械进场，保证工程的顺利进行。

3. 周转材料准备

主要是指模板和架设工具。根据批准的施工进度计划和施工方案编制周转材料的需要计划，组织周转材料进场。

二、施工现场准备

(一) 恢复定线测量

(1) 承包人应检查工程原测设的所有永久性标桩，并将遗失的标桩在接管工地 14d 之内通知监理工程师，然后根据监理工程师提供的工程测设资料和测量标志，在 28d 之内将复测结果提交监理工程师。上述测量标志经检查批准后，承包人应自费进行施工测量和补充测量，并经监理工程师批准之后，在工地正确放样。

(2) 通过复测，对持有异议的原地面标高，承包人应向监理工程师提交一份列出有误标高和相应的修正标高表。在监理工程师确定正确标高之前，对有争议的标高的原有地面不得扰动。

(3) 在合同执行期间，承包人应将施工中所有的标桩，包括转角桩、曲线主点桩、桥涵结构物和隧道的起终点、控制点以及监理工程师认为对放样和检验有用的标桩等，进行加固保护并对水准点、三角网点等树立易于识别的标志。承包人应对永久性测量标志进行保护，直至工程竣工验收后，完整地移交给监理工程师。

(4) 承包人应根据批准的格式向监理工程师提供全部的测量标记资料，所有测量标记应涂上油漆，其颜色要得到监理工程师的同意，易于辨别。所有标桩保护和迁移的费用均由承包人承担，因施工而引起的标桩变动所发生的费用业主将不予以支付。

(5) 承包人应按照上述测量标志资料自费完成全部恢复定线、施工测量设计和施工放样。承包人应对施工测量、设计和施工放样工作的质量负责到底。

(6) 各合同段衔接处的测量应在监理工程师的统一协调下由相邻两合同段的承包人共同进行，将测量结果协调统一在允许的误差范围内。

(二) 建造临时设施

1. 临时房屋设施

包括行政办公用房、宿舍、文化福利用房及作业棚等。临时房屋设施的需要量根据职工与家属的总人数和房屋指标确定。临时房屋修建的一般要求是，布置要紧凑，充分利用非耕地，尽量利用施工现场或附近已有的建筑物。必须修建的临时房屋，应以经济、实用为原则，合理选择形式(如装拆式移动式建筑)以便重复使用。

2. 仓库

仓库是为存放施工所需要的各种物资器材而设的。按物资的性质和存放量要求，其形式可以是露天、敞棚、房屋或库房。仓库物资储存量应根据施工条件通过计算确定，一方面应保证工程施工的需要，有足够的储量；另一方面又不宜储存过多，以免增加库房面积，造成积压浪费。

为了保证物料及时顺利地卸入库内和发放使用，仓库必须设计有足够的卸装长度。在保证安全的条件下，应设在交通方便的地方，并利用天然地形组织装卸工作。对于材料使用量很大的仓库，应尽量靠近使用地点。

3. 临时交通便道

工程在正式施工前，必须解决好场内外的交通运输问题。

在工地布设临时交通便道时应遵循下列原则：

（1）临时交通道路以最短距离通往主体工程施工场所，并连接主干道路，使内外交通便利。

（2）充分利用原有道路，对不满足使用要求的原有道路，应在充分利用的基础上进行改建，节约投资和施工准备时间。

（3）在本工程的施工与现有的道路、桥涵发生冲突和干扰之处，承包人都要在本工程施工之前完成改道施工或修建临时道路。临时道路应满足现有交通量的要求，路面宽度应不小于现有道路的宽度，且应加铺沥青面层。

（4）利用现有的乡村道路作为临时道路时，应将该乡村道路进行修整、加宽、加固及设置必要的交通标志，并经监理工程师验收合格后方可通行。

（5）工程施工期间，应配备人员对临时道路进行养护，以保证临时道路和结构物的正常通行。

（6）尽量避开洼地和河流，不建或少建临时桥梁。

4. 工地临时用电

施工现场用电，包括生产用电和生活用电。其中，生活用电主要是照明用电；生产用电包括各种生产设施用电、主体工程施工用电、其他临时设施用电。

第三章
路基路面施工技术

第一节　一般路基工程施工

一、土质路堤施工

（一）材料选择

土质路堤填筑应该选用未冻结的砂类土、卵石土等透水性良好的土。不得使用含水率过大的黏性土、淤泥、沼泽土、冻土、有机土、含草皮土、生活垃圾、树根和含有腐蚀特征的填料；液限大于50%、塑性指数大于26的土以及含水量超过规定的土，不得直接作为路堤填料，需要使用时，必须采取满足设计要求的技术措施处理，经检查合格后方可使用。

（二）施工方法

分层填筑法：水平分层填筑。填筑时按照横断面的整个宽度分成水平层次，逐层向上填筑。例如，原地面不平，要由最低处分层填起，每填一层经过压实后再填下一层。纵坡分层填筑。利用推土机或铲运机从路堑取土填筑到邻近的路堤上，依纵坡方向分层，逐层向上填筑。竖向填筑因填土过厚不易压实，而且会产生不均匀沉陷，施工时需采取下列措施：选用振动式或夯击式压实机械；选用沉陷量较小及颗粒径均匀的砂石材料；暂不修建较高级的路面，容许短期内自然沉降。

竖向填筑法：在深谷陡坡地段填筑路堤，无法自下而上分层填筑，可采用竖向填筑法。竖向填筑是指从路堤的一端或两端按横断面全部高度逐步推进填筑。

混合填筑法：在路堤填筑时，受到地形的限制或者遇到路堤的堤身较高的情况，尽量采用混合填筑法，即在路堤下层竖向填筑，上层水平分层填筑，使上部填土经分层压实获得需要的压实度。

（三）施工要点

（1）地基表层处理应符合下列规定：①二级及二级以上公路路堤基底的压实度应不小于90%；三、四级公路应不小于85%。路基填土高度小于路面和路床总厚度时，基底应按设计要求处理。②原地面坑、洞、穴等，应在清除沉积物后，用合格填料分层回填分层压实。③泉眼或露头地下水，应按设计要求，采取有效导排措施后方可填筑路堤。④地基为耕地、松散土、水稻田、湖塘、软土、高液限土等时，应按设计要求进行处理，局部软弱的部分也应采取有效的处理措施。⑤地下水位较高时，应按设计要求进行处理。⑥陡坡地段、土石混合地基、填挖界面、高填方地基等都应按设计要求进行处理。

（2）路堤填筑应符合下列规定：①性质不同的填料，应水平分层、分段填筑，分层压实。同一水平层路基的全宽应采用同一种填料，不得混合填筑。每种填料的填筑层压实后的连续厚度不宜小于 500mm。填筑路床顶最后一层时，压实后的厚度应不小于 100mm。②潮湿或冻融敏感性小的填料应填筑在路基上层，强度较小的填料应填筑在下层。在有地下水的路段或临水路基范围内，宜填筑透水性好的填料。③在透水性不好的压实层上填筑透水性较好的填料前，应在其表面设 2%～4%的双向横坡，并采取相应的防水措施。不得在由透水性较好的填料所填筑的路堤边坡上覆盖透水性不好的填料。④每种填料的松铺厚度应通过试验确定。⑤每一填筑层压实后的宽度不得小于设计宽度。⑥路堤填筑时，应从最低处起分层填筑，逐层压实；当原地面纵坡大于 12%或横坡陡于 1∶5 时，应按设计要求挖台阶，或设置坡度向内并大于 4%、宽度大于 2m 的台阶。⑦填方分几个作业段施工时，接头部位如不能交替填筑，则先填路段，按 1∶1 坡度分层留台阶。如能交替填筑，则应分层相互交替搭接，搭接长度不小于 2m。

（3）土质路堤压实要点。土质路基压实应该按照：先轻后重、先静后振、先低后高、先慢后快，轮迹重叠的原则进行碾压。一般慢速碾压会收到良好的效果，一般压实速度控制在 2～4km/h 比较适宜，羊足碾的压实速度可以适当加快，在碾压粘土时，最快可以达到 16km/h，压路机的作业速度应该参照试验段确定的压路机的作业速度而定。在道路的整个全宽的填土上压实时，最好采用纵向分行碾压的方式进行，直线段由两边向中间，曲线段由曲线的内侧向外侧进行碾压，两行之间压路机应重叠 1/4～1/3 轮迹，当采用三轮压实机时，应该重叠后轮的 1/2。当碾压一段终了时，最好采用纵向进退的方式进行第二遍的碾压，不得采用调头的方式，以免由于压路机调头时，对土产生搓挤作用，将压实的土翻松。所以，压路机要始终采用进退的方式进行碾压作业。纵向分段压实合格以后，进行第二段压实时，其在纵向接头处的碾压范围宜重叠 1～2 米，从而保证接头处能够平稳过渡。

（四）土质路堤施工要领

（1）土质路堤填筑时，必须根据设计断面分层填筑，分层碾压。

（2）路堤填筑前，应对来源不同、性质不同的填方材料进行复查和取样试验。土的试验项目包括液限、塑限、承载比试验和标准击实试验等。

（3）路堤每侧的填土宽度，应该宽于填筑层的设计宽度，压实宽度也不能窄于设计宽度，最后削坡成型。

（4）路堤填筑时，宜采用水平分层填筑施工。排除原地面积水，清除树根、杂草、淤泥等。应妥善处理坟坑、井穴，并分层填实至原基面高。如果原地面不平，应该由最低处分层填起，每填筑一层，经过压实度检测符合要求后再填筑上一层。

（5）原地面纵坡大于 12%或者横坡陡于 1∶5 的地段，应该按照设计要求挖台阶，或者设置坡度向内并大于 4%、宽度大于 2m 的台阶。

（6）高速公路和一级公路，横坡陡峭地段的半填半挖路基，必须在山坡上从填方坡脚向上挖成向内倾斜的台阶，台阶宽度不应小于 2m。

(7) 不同性质的土应该分层填筑，应水平分层、分段填筑，分层压实。同一水平层路基的全宽应该采用同一种填料，不得混合填筑。每种填料的填筑层压实后的连续厚度不宜小于 500mm，填筑路床顶最后一层时，压实后的厚度应该不小于 100mm，不同土质的填料混合填筑路堤，以透水性较小的土填筑路堤下层时，应该做成 2%～4%的双向横坡，并且应该采取相应的防水措施。如果用于填筑上层时，除干旱地区外，不应该覆盖在由透水性较好的土填筑的路堤上。

(8) 填方分成若干个作业段施工时，接头部位如果不能交替填筑，则先填路段应该按照 1∶1 坡度分层留台阶。如果能交替填筑，则应该分层相互交替搭接，搭接长度不应小于 2m。

二、填石路堤施工

(一) 填石路堤施工质量要求

在我国当前的公路工程施工建设中，填石路堤被主要应用于地势险峻、沟壑纵横的山区公路建设。路基填石料以岩石为主，按照碎石填料的强度同时结合它的风化程度，可以将石料的岩度分为四大类别，即软质岩类、次坚硬类、坚硬类以及极软类的石料。针对大粒径的路基而言，又有不同的分类方式，可以分为坚硬的、次坚硬的和软质岩的大粒径碎石路基。地形的复杂性要求用于填材的石料的抗压强度(饱水试件的抗压强度)不小于 15MPa，风化程度应符合规定，最大粒径不宜大于层厚的 2/3。在高速公路及一级公路填石路堤路床顶面以下 50cm 范围内，填料粒径不得大于 10cm，其他等级公路填石路堤路床顶面以下 30cm 范围内，填料粒径不得大于 15cm。

(二) 填石路堤施工的主要特征

根据填石料的密度不同，路基质量有所不同，密度决定路基质量的好坏。在填石路堤的施工建设过程中，由室内所确定的数据只能作为一种参考值而存在，尤其是针对干密度而言，因为干密度的准确数据还需要根据施工现场环境的因素进行或大或小的修正和改良。

填石路堤的密实与否，也受到石料的品种和结构类型的影响。如果是质地较软的岩石，则易于破碎，故而造成粒径较小的石料增多，这种情况下极易影响骨架结构的密实性，从而影响整个工程。若是质地坚硬的岩石，会减小其破碎率，粒径相对较大，不容易形成密实的骨架结构。同时，质地坚硬的岩石也可以作为骨架起到支撑整个结构的作用，但是由于它的间隙当中缺乏足够的细料进行相应的支撑和缓冲，就会造成结构出现大的空隙，导致颗粒之间的相互作用力下降，失去平稳度。在压缩变形方面，若是将填石料与普通的土质相互对比，则可以发现填石料的压缩模量较普通土的压缩模量更大，填石料的这种压缩模量大的性质就决定了填石路堤具有变形小的特点，容易在很短的时间内发生变形，一般在施工期就能完成。

较大粒径的填料由于均匀性差，很容易发生离析，故而在路基上，会因密实度不同产生相应的效果差别，有时差别相差较大。同时在压实的过程也会不断改变石料的形状、外形、粒径，尤其是粒径由大到小的改变，会显著影响到密度、强度及稳定性等。假使填料的粒径是相同的，但当填料具有不同的岩性、不同的强度、不同的抗风化程度以及不同的吸水性时，过程中也会产生较大的差异。填石料是不稳定的，随着时间推移，大的粒径会风化成小粒径的石料，直接导致结构发生改变。在结构缓慢演化的同时，性能也随之改变。

（三）施工技术

（1）基底施工工艺。在公路工程施工过程中，要保证公路的基底处于均匀状态，如果基底是由岩石和细粒土混合，则需要对细粒土进行重点处理，可通过换填细粒土的方式，起到降低公路与基地承载力的差距。同时在基底上铺设填石路，设置两层或三层，过渡层的材料厚度必须在 35~55cm 之间。

（2）路基垃圾清理。首先要清理表层浮土和淤泥，并把排水设施的建设工作做好，尽量结合周围的正常排水设施，其目的是要保证地表的水源不流入公路周围的农田、耕地。针对有农田地段的施工而言，需要沿着道路的两侧挖排水沟，使得阴雨天气产生的积水可以尽快排出，避免积水引发的事故和质量问题。

（3）路基施工材料的摊铺工艺。当前粒料摊铺可分为渐进式摊铺、后退时摊铺和混合摊铺。高速公路、一级公路以及其他等级公路的填石路堤均应分层填筑，分层压实。二级及二级以下路面的公路在陡峻山坡段施工时有较大困难，可以采取倾填方式代替爆破挖填的方式。所谓倾填，就是将石料填到路堤的下部，但倾填路堤在路床底面下不小于 1.0m 范围内仍应分层填筑压实。石料摊铺采用渐进式摊铺法进行施工，运料需要沿着指定的预定路线进行，必须按照先低后高、先两边后中央的卸料顺序逐一向前卸料。在铺出一个直径约 40m 的圆面后，需要用大功率的机器将其推平，进行平整化处理，移动距离不得少于 3m。以后陆续运至的原料将会平涂在已经事先推平的工作面上，再使用大功率推土机向前摊铺，随时整平，堆料和摊铺交替进行，同时开工。摊铺时只需要人工进行找平即可、在局部处稍作细料的补充和完善工作，大面向下摆平放稳，再用小石块找平，石屑塞缝。再用压力水将砂冲入下部，反复数次，使孔隙填满以确保路基的稳固性。

（4）压实技术。填石路堤在压实之前，需要将其进行摊铺平整处理。填石路堤均应该压实，在压实过程中最好选用重量 12t 以上的重型振动压路机，或者是重量 2.5t 以上的夯锤，以及重量在 25t 以上的轮胎压路机进行压实工作。如果没有上述压实工具，还可以采用重型静载光轮压路机压实，但是采用这种方法的时候，必须减少每层填筑厚度和减小石料粒径，不得大于 50cm。填石路堤压实的标准很严格。如果使用重锤进行夯实，则可以根据重锤的下落次数获得相应的参数，不过此种情况对于下落有着严格的要求，必须是在不发生弹跳的前提下。填石路堤的顶面到路床顶面下有约 30~50cm（高速公路及一级公路为 50cm，其他公路 30cm）范围内，需要填充相应的符合此种情况下所需要的土质，同时压实过程中应当参考有关规定。

三、土石路堤施工

土石路堤是指石料含量占总质量 30%~70%的土石混合材料填筑的路堤。

（一）填料要求

（1）膨胀岩石、易溶性岩石等，不宜直接用于路堤填筑；崩解性岩石和盐化岩石等不得直接用于路堤填筑。

（2）天然土石混合填料中，中硬、硬质石料的最大粒径不得大于压实层厚的2/3；石料最大粒径不得大于压实层厚。

（二）填筑方法

土石路堤不得采用倾填方法，只能采用分层填筑，分层压实。

当土石混合料中石料含量超过70%时，宜采用人工铺填，即先铺填大块石料，且大面向下，放置平衡，再铺小块石料、石渣或石屑嵌缝找平，然后碾压。当土石混合料中石料含量小于70%时，可用推土机将土石混合料铺填，每层铺填厚度应根据压实机械类型和规格确定，不宜超过40cm。用机械铺填时应注意避免硬质石块，特别是集中在一起的尺寸大的硬质石块。

（三）施工要点

（1）施工准备：确保施工现场所需的机械组合、人力资源、材料落实到位。

（2）路基清表：清除原地面表层的植被，挖除树根及杂草，并将挖除的表层土集中堆放。

（3）填前压实：清表后选用自重不小于20t的振动压路机进行填前碾压，并达到压实度要求。

（4）恢复中线：用全站仪重新进行放样，恢复路基中线，最后确定填土面积及坡脚位置，按要求每侧超宽不小于50cm。

（5）按方格网及松铺厚度卸土石方：根据每车实际装载填料的数量，按照试验路段松铺厚度计算所摊铺的面积，用灰线打出网格，填筑边缘插杆挂线，为机械操作提供明显标识。

（6）推土机、平地机推平：将填料摊铺平整，然后用推土机初平，再用平地机进行精平，直至层面无显著局部凹凸。对于渗水较小的填料，将平整面两侧做成坡度为4%的横向排水坡。

（7）碾压：推土机推平→压路机静压→平地机精平→压路机振压→压路机静压收光→冲击碾压。

（8）测量沉降差：每40m观测1个断面，每个断面布设5~9个点，并用石灰线准确打出该点所在位置，测量其高程并记录，再用振动压路机压1遍，压实后再测原来点的高程。经检测对比，各点在振动前后的沉降差平均值符合《公路路基施工技术规范》（JTG/T 3610—2019）、《公路土工试验规程》（JTG 3430—2020）及土石混填路堤试验路段的要求，即为合格。

（四）质量安全控制

（1）土石混合料采取爆破后自然级配材料，超出填筑厚度2/3的大块岩石应二次破解后方可运输至路基回填，在挖方区装料时大小料混合装车。

（2）碾压机械吨位满足要求，自重20t以下的振动压路机禁止使用。

（3）严格沉降差测量，不满足则适当增加碾压遍数。

（4）开夯前检测锤质量和落距，以确保夯击能符合设计要求。

（5）夯完后检查夯坑位置，发现偏差或漏夯及时纠正；若发现因坑底倾斜而造成夯锤歪斜时，及时将坑底填平后再夯；夯坑内夯锤倾斜差不得大于 D/5(D 为锤的直径)。

(6) 加强地质动测仪对强夯有效处理深度的控制，发现问题及时采取措施。

(7) 加强安全培训，执行特种作业人员持证上岗制度。

(8) 强夯施工前，应查明场地范围内的地下构造物和各种地下管线(尤其是通讯电缆)的位置及标高，并采取必要的措施，以免因强夯施工而造成损坏。

(9) 大风天气不得进行强夯施工。

四、挖方路基施工

(一) 路基挖方施工的特征

我国地域宽广，不同区域的地形、地貌、水文、气候等具有比较明显的差别，在路基施工的过程中，挖方路基施工技术的应用存在较大的难度。地形是影响施工效果的一项重要因素，因此，需要充分重视地区的地形状况，采取合适的方式进行施工。比如，在丘陵山地区域，在自然环境的影响下，地质的构造具有不同的特点，在长期演化的过程中，地质结构往往变得比较复杂，在一定程度上加大了施工的难度，而挖方施工进度的快慢极大程度影响着施工进度。在挖方的过程中，如果出现疏忽，挖方路堑很容易产生变形现象，严重影响路基的质量，不利于车辆的正常通行。另外，在自然因素和人为因素的双重影响下，往往会出现滑坡、塌方、翻浆现象，不仅影响路基质量，还会造成不必要的经济损失。

(二) 路基挖方的原则

(1) 标准原则。路基属于公共工程施工的基础，对公路的稳定性以及荷载量有着直接的影响，所以要给予高度的重视。在不同的区域和路段，公路项目的路基承载标准有着很大的差异。在实施路基挖方作业之前，需要结合公路工程的具体施工标准，将施工图纸作为基础，以便对施工方案进行制定，保障标准参与和图纸的一致性。

(2) 安全原则。在公路工程建设过程中，需要提升安全性，只有在保障施工安全的基础上，才能将公路工程的作用发挥出来，以便带动交通公路事业的全面发展。在对路基挖方作业进行施工之前，在正式施工之前，要应用安全原则的思想，对施工管理体系进行完善，并对施工中的每一项风险因素进行检查和监控，并针对施工中可能存在的安全隐患进行详细的分析，做好具体的预防工作，保障施工的有序开展。

(3) 质量原则。在路基挖方中，对于质量的保证包括：其一，在施工现场，要对建造完成的路基挖方工程进行详细的检查，与具体的标准进行比对，需要对公路荷载量所能达到的规定要求给予保障，使公路工程的质量有所提升。其二，在完成路基挖方施工的相关工作之后，还要做好相关的预防工作，防止安全隐患的发生，所以需要做好一系列的检查，对路基挖方当中的薄弱部位进行改进，强化路基的坚固性以及稳定性。

(三) 施工技术

(1) 施工准备。在施工之前，需要做好材料的准备工作。经过全面调查和分析，在详细对比的基础上，对材料的种类和质量进行严格控制，强化材料的采购和加工环节，增强其规范性与合理性。另外，需要根据施工现场的实际情况，选择合适的机械设备，对需要用到的机械设备进行充分了解，优化其配置与组合方式，使施工机械的作用得到有效发挥。

在完善施工方案的基础上，对施工方式进行改进，增强与实际的契合度。

（2）施工放样。在正式施工之前，首先进行放样工作。首先，对导线点以及水准点等复测工作进行完善，记录一级导线的数值，确认其具体精度，增强复测工作的密实度和精确度。按照相应的测量规范，完成高程点的闭合工作，同时开展加密处理的一系列工作。然后，利用 GPS 技术和全站仪设备，对中线进行测量，使控制工作能够顺利进行，在放样的时候，可以对坐标进行确认，对中桩和边桩直接进行放样。最后，开挖工作完成之后，继续进行放样工作，结合规定的要求，使断面的尺寸能够合理。需要注意的是，在实际放样环节，将每一排桩的间距控制在 10m 以内，保障路基线形的平滑性和稳定性，使用自动安平水准仪器，必须严格把控地面高程，避免出现不必要的偏差现象。在施工前必须调查好地上、地下设施，例如光缆、水管等，能拆除就尽量拆除，不能拆的就采取保护措施，以免施工时对其产生破坏。

（3）截水沟。截水沟的主要作用是降低水流对路基的影响，将冲刷效果进行最大程度的控制，避免路基的破坏，增强路基的稳定性。在施工的过程中，必须相互连通截水沟和临时排水渠，明确两者之间的特点，为后期施工奠定良好的基础。如果地面原有坡度较大，必须将横向排水管设置在路基内部，结合区域内的实际降水量，对排水沟的范围进行详细划分，在有效确定的基础上，增强截水沟设置的合理性，避免路基在雨水的侵蚀下遭到破坏。

（4）清理场地。在挖方施工前，必须清理掉施工现场的杂物，保证表面的干净整洁。在处理的时候，可以将机械与人工相互结合，对于机械不能清除掉的部分，安排相关人员进行清理，使场地表面的有机物、腐蚀土、垃圾、树枝等影响视线和施工进度的障碍物一并清除。结合施工规范，如果在水田路段进行开挖，需要着重进行淤泥的清理，为施工的顺利进行奠定良好的基础。

（5）开挖全断面。对全断面进行开挖，需要按照以下的流程进行：其一，开挖路堑。如果土质路堑的实际运输距离在 100m 以内，可以沿着土向填方的位置，采取直接推进的方式。将铲运机、装载机和挖掘机相互结合，完成装料、运料等一系列工作，然后一层一层进行开挖。如果运输路基大于 500m，在开展施工的时候，可以将装载机和挖掘机双向结合，对台阶的高度进行检查，然后逐步进行开挖，通常情况下，台阶的高度为 2～3m。其二，开挖石质路堑。对于松散的碎石，在控制的时候，可以选择预裂爆破的方式，控制水平台阶的深孔，同时对下伏砂岩等进行开发。在边坡部分预设光爆层，然后进行二次爆破，增强边坡的稳定性和坚固性。

（四）质量管控要点

（1）合理选择开挖方法。在开挖的时候，按照实际情况选择以下两种方法：一是横挖法。这种方法适用于路基较短或者较浅的情况，需要对路基的厚度和高度进行详细分析，采取单层横向全宽挖掘法和分层横向全宽挖掘法。同时，需要将机械与人工相互结合，增强开挖的质量。二是纵挖法。按照操作的流程，在严格把控各个环节的基础上，选择分段纵挖法或者通道纵挖法等，避免出现不良现象，保证开挖的顺利进行。

（2）注重前期准备工作的把控。前期的准备工作在很大程度上影响着施工的进度。因此，在开挖之前，必须先清理表面，挖除树根、杂草等，碾压处理根部情况。整平路基，对土体进行翻松，结合压路机的碾压速度，增强碾压的密实度，使碾压的各个路段均能达到规定的标准。同时采取表层排水方法、粉喷桩技术和测量技术，对软基进行相应的处理。

（3）强化施工技术应用管理。技术的管理直接影响着挖方的效果，需要做好以下两个方面的工作：一是技术的交底。全面了解和落实技术交底制度，使施工人员能够掌握技术的应用要点和质量控制方向。二是规范化管理技术的操作过程。仔细检查施工现场，对施工人员进行培训，严格管理人员的操作步骤，使技术的应用效果达到制定的标准。

第二节　特殊路基工程施工

特殊路基指在软土、湿陷性黄土，膨胀土、盐渍土等地区的土体上修筑的路基。因这些土体的性质与一般路基土体有较大区别，在施工时应单独对待。

一、软土路基施工技术

软土地基是指含水量较大，土质疏松、土壤缝隙较大的地基，主要成分为淤泥或软性黏土。道路桥梁施工中，一般会遇到软土地基，承载力低，含水量大，不能满足施工要求，有必要采取有效的处理措施。

软土地基最为显著的特征是含水量大。一般来说，软土地基含水量在34%~72%之间，明显高于普通土壤的含水量，有些软土甚至呈流动状，难以满足道路桥梁施工规范要求。其次，软土地基承载力小。由于软土地基含水量大，呈液限状甚至是流动状，再加上土质比较疏松，承载力很小，不能满足道路桥梁施工规范要求，也不利于保证工程质量。一旦受到外部荷载的作用，很容易出现路基失稳、下沉等问题。此外，软土地基压缩性小，抗剪强度低。不能满足施工要求，需要采取相应的处理技术，提高软土地基处理效果。

为增强道路桥梁路基稳定性与可靠性，使其满足工程建设需要，软土地基处理中应遵循适用性、经济性和安全性原则。要确保所采用的技术方案满足软土地基处理需要。注重节约处理成本，增强地基的稳定性与可靠性。同时还要确保施工现场安全，合理安排施工机械设备和施工材料入场。注重对施工人员开展管理培训活动，确保他们严格按要求开展各项操作。从而预防安全事故发生，使用道路桥梁软土地基处理取得更好的效果。

经过多年的建设实践，我国现在常用的公路工程软基处理技术主要有换填土层法、加固土桩法、粒料桩加固法、水泥粉煤灰碎石桩法、排水固结法等。

（一）换填土层法

换填土层法是指将路基下方原有的不满足工程需要的天然基础挖除，换填强度、质地、稳定性等指标符合设计要求的素土、灰土、开山石渣、矿渣、沙砾、碎石等材料，按照施工方案分层压实。此方法适用于软基厚度小于3m的地段，常见的有鱼塘、水田等淤泥质路段，较为松散的素填土、杂填土路段，及原地基表层土较差的路段。本文以鱼塘、水田路段的清淤换填为例，叙述换填土层法的施工工艺及质量控制要点。

1. 换填土层法施工工艺

（1）排水。在鱼塘、水田等淤泥质路段，施工前首先应该进行排水，露出地面后通知监理见证并拍照，留好影像资料。如果施工路段处于湖区，或只占部分鱼塘，无法实现直接排水时，还应填筑土围堰。围堰施工前应探明水深，做好围堰工程量的计算。

（2）原地面复测。原土清除前，应联合监理对原地面进行测量，与设计图纸比对，测量成果及时签字确认，作为计量的必备资料。

（3）现场探坑。设计图纸依据地质报告给出换填深度，施工单位需要现场挖掘探坑对地质情况进行复核，经监理见证同意初步确定换填深度。

（4）原土清除。施工单位按照设计图纸及监理同意的方案对原土进行清除，按照要求运至弃土场，运输过程中注意环境保护。清理前应根据路基高度、坡度进行放线，用石灰标出清除范围，防止超挖或欠挖。

（5）地基承载力检测。部分设计图纸对清淤后的原始地基有承载力要求，需试验人员对地基承载力进行检测，达到设计要求值方可进行回填。

（6）原土清除后地面复测。清除原土到设计标高后，施工单位联合监理及相关方对地面进行测量，测量成果及时签字确认，作为计量的必备资料。

（7）回填。按照施工方案要求，回填符合设计要求的材料，一般有开山石渣、碎石、灰土、素土等。

（8）碾压、检测。按照批准后的施工工艺进行碾压，一般采用振动压路机，工作面狭窄的可采用小型夯实机械。碾压应分层进行，厚度一般控制在 20cm 到 30cm，碾压遍数达到后，检测压实度符合设计要求后进行下一层回填，直至设计标高。

（9）检查验收。回填至设计标高后，按照规范检查填筑质量，联合监理单位进行验收。

2. 换填土层法质量控制要点

（1）原土清除到位。废土清除施工采取测量、试验双控措施，原土严格按照设计深度清除到位，不留死角，将不合格土全部清除；并对清理后的地基进行承载力检测，确保清除深度与地基承载力同时满足要求。

（2）换填材料合格。施工前做好料源考察，试验人员对换填材料进行取样检测，各项检测指标应满足设计图纸要求。在地下水位较高的路段，或浸水路堤，换填材料必须是水稳性或透水性好的材料。在施工过程中，应实时观察填料情况，尤其是粒径是否满足要求，对于粒径过大的石块进行剔除。

（3）回填碾压质量。回填时严格控制松铺厚度，确保分层填筑、分层碾压、分层检测。压路机行进路线沿纵向相互平行，压实顺序先两侧后中间，先慢后快、由弱振到强振，反复碾压直至压实均匀，确保无漏压、无死角。如清除原土后地面坡度较大，可用挖掘机修筑台阶，压路机纵横向反复碾压。如施工场地狭窄，压路机难以压实的部位，应采用小型夯实机械施工。

（二）加固土桩法

加固土桩法是指在天然地基不符合设计要求时，通过特定的机械设备在地基中注入水泥、石灰等加固材料与原土体进行混合，利用土体与加固材料之间产生的物理化学反应固化后形成具有一定直径、深度、强度的桩体，从而起到增大整体地基承载力的作用。常用的施工方法有粉喷桩、高压旋喷桩，适用于淤泥、淤泥质土、含水量高的黏性土等路段；除含水量高的土体地质外，高压旋喷桩还适用于砂性土、黄土、粉土和碎石土等含水量较低的地基。

1. 粉喷桩施工工艺

（1）施工准备。根据设计图纸及施工方案采购加固材料，配备计量仪器设备，选用合适型号的机械设备并组装调试，对施工人员进行技术交底，保证人、材、机满足施工要求。

（2）试桩。粉喷桩施工前，应根据设备参数、水泥或石灰等加固材料配比试验参数，进行成桩试验，检测桩径、桩体强度、单桩或符合地基承载力、每延米的喷粉量等数据是否满足设计要求，以确定钻进速度、提升速度、搅拌速度、喷气压力、单位时间喷入量等技术参数。另外，通过试桩还可以掌握地层、地质情况，便于采取合理的技术措施。

（3）桩位放样。根据设计图纸或说明，放出桩位平面位置，用木桩或白灰做好标记，控制桩位误差。施工设备行走时容易破坏桩位标记，应经常检查复核并及时纠正。

（4）钻机就位。钻机就位后应检验设备的平整度和钻杆的竖直度，使钻杆对准桩位。如场地坑洼不平，应对场地进行平整；如场地过软可根据需要回填后再开展施工。

（5）钻进搅拌。钻进时钻机正转并垂直钻进，同时启动空压机送气，当钻至设计深度时停止钻进。钻机反向转动，开启送灰并提升钻头，第一根时应等待加固材料到达喷粉口后再提升钻头，按照设计要求调节喷粉量，边喷粉、边搅拌、边提升，使粉料和土体充分融合。当钻头提升至桩顶之上 0.5m 时，持续搅拌，达到设计要求后停止喷粉。为保证质量，应按照试桩结果对桩体上部进行复钻、复喷，而后成桩。

（6）停机移位。成桩后，关闭空压机，将钻杆提至地面并关闭电机，移动钻机至下一桩位。

2. 粉喷桩质量控制要点

（1）设备检查。施工前应检查粉喷桩机的电路、液压系统、喷粉系统、管路和灰罐等各部位的连接密封和调试情况，对仪表进行标定检查，一切正常方可开始施工。

（2）技术参数控制。重视粉喷桩的试桩施工，通过试桩确定合适的钻进速度、提升速度、搅拌速度、喷气压力、喷粉量等技术参数，在施工过程中，安排专人全程监督控制，做好数据统计工作。如有异常情况，及时停机检查。

（3）一次性成桩。桩体喷粉搅拌应一次性完成，不可中断；如遇异常情况或设备故障中断，重新搅拌施工时，应将钻杆下沉 1m 后方可复打，以防止断桩。

（4）喷粉量。按照设计图纸及试桩结果控制喷粉量，桩机应配置自动记录的计量系统，施工过程中对每根桩的喷粉量进行检查。当喷粉量小于设计值时，应整桩复打，并且复打的喷粉量不小于设计用量。

（三）粒料桩加固法

粒料桩加固法，是指通过专用机械将碎石、石渣、沙砾、矿渣等松散性的颗粒材料挤压入土体之中，使其形成桩体，具备一定的强度，与原土地基共同作用形成复合地基承载力满足设计要求的基础。粒料桩适用于含水量大、抗剪强度低的软弱土层，可以起到桩柱作用和竖向排水作用。

1. 粒料桩施工工艺

（1）场地准备。粒料桩一般用于含水量大、抗剪强度低的软弱土层，施工设备难以直接开展施工，需要对场地进行排水、晾晒、整平，预填0.5m厚砂性土。然后测量放样，定出桩位布置点，做好标记。

（2）设备选择。粒料桩有干法施工和湿法施工，以干法碎石桩为例，采用振动沉管机，活瓣式桩尖，桩头外径与设计桩体直径相同，桩管外径稍小，振动锤根据地质情况确定功率。

（3）桩机就位沉管。桩机就位后对中，检查设备的平整度、桩管的竖直度，开始沉管。

（4）投料、提管。粒料桩一般是插打到设计深度后开始投料，边投料边提管，自下而上连续成桩。根据料斗的大小、每延米材料用量计算提管速度和投料频次。根据施工需要，可在成桩过程中每提升1m加压下振0.2m，以使得粒料更加密实。

（5）成桩、移机。成桩至设计标高后，检查粒料是否饱满密实，合格后移动桩机至下一桩位。

2. 粒料桩质量控制要点

（1）粒料质量检验。对进场的粒料按照验收标准检测，合格后方可使用。对于碎石料，不得使用风化石，碎石粒径宜控制在2~5cm，连续级配最佳，且含泥量小于10%。

（2）桩体深度控制。应在桩管上做出显著的尺寸标记，做好技术交底，施工员现场监督，确保沉管深度到位，并且在桩底部保证留振时间。同时，密切关注每根桩的碎石料投放情况，固定频次核实使用量与设计量是否一致。

（3）施工顺序控制。为避免桩体之间相互影响，碎石桩一般由中间向两侧施打，或由一侧至另一侧施打。

（4）成桩质量检验。按照设计图纸要求的频率进行抽检，确保碎石桩的密实度。当密实度偏差较大时，应及时查找原因并采取整改措施。

（四）水泥粉煤灰碎石桩法

水泥粉煤灰碎石桩（CFG桩）法，是指将由水泥、粉煤灰、碎石料、水拌合而成的混合料通过施工机械灌注至地基土体内形成桩体，单桩直接承受荷载或形成复合地基承载力。CFG桩混合料属于低强度的混凝土，可采取现场拌制，也可在搅拌站集中拌制。CFG桩主要适用于黏性土、粉质土、强风化岩、砂土、素填土、杂填土、冲积土等各类软土地基；如用于淤泥地质，应进行试桩，CFG桩一般不适用于处理十字板抗剪强度小于20kPa的淤泥质软土。

1. CFG桩施工工艺

（1）施工准备。根据设计图纸要求及地质情况，选择合适的施工方法，一般有长螺旋钻孔法和振动沉管法两种。长螺旋钻孔法是一种排土施工工艺，需要准备弃土场、运输车、装载机等，而振动沉管属于非排土施工工艺，可以省去弃土工作。

（2）配合比设计。CFG桩的混合料配合比与混凝土配合比设计方法基本相同，依据设计图纸中的建议配比、结合原材料的具体参数进行试配，在满足强度等设计性能要求的情况下尽可能降低造价。长螺旋钻孔法与振动沉管法的坍落度要求有显著差别，应特别注意。

（3）测量放线、桩机就位。按照图纸上的桩位布置说明测量放样，做好标记。桩机就位后检查平整度、竖直度。

（4）钻孔。钻机钻孔至设计深度，开始投料。长螺旋钻机钻孔时，大量废土随之排出，应安排车辆同步运输。

（5）投料、提管。现场拌制混合料或集中拌制混合料运输至施工现场。振动沉管法是边振动、边投料、边提管，直至桩顶；长螺旋钻孔法是将混合料通过泵车加压灌入桩孔，泵送速度与提管速度应严格控制。

（6）成桩、移机。

2. CFG 桩质量控制要点

（1）场地回填。因 CFG 桩是整体性较强的桩体，为防止机械行走移位时产生扰动导致断桩，一般在施工前将场地回填至 CFG 桩顶标高以上 0.5～1m，在施工完成后进行开挖和破桩头。

（2）混合料配合比及坍落度控制。应按照设计要求拌制混合料，严格控制配合比，并制作试块验证强度是否达标。振动沉管法的混合料坍落度宜控制在 5～8cm，坍落度过大时，振动拔管时易造成混合料离析；但坍落度较小，不适合罐车运输，一般采用现场拌制的方法较好。长螺旋钻孔法与之相反，坍落度一般控制在 12～16cm，坍落度过小时，易造成泵管堵塞。

（3）地质条件检查。CFG 桩一般设计深度至持力层，桩体底部地质较硬，在钻进或穿过硬土层时，应该缓慢进尺；如钻进困难或钻杆显著摇晃时，应提钻检查，是否遇到孤石，或地质与设计不符而提前进入硬土层，需查明原因并采取技术措施后再钻，避免桩孔倾斜、移位，或钻头损坏。

（4）施工顺序。因 CFG 桩混合料的强度需要一定的龄期才能达到设计值，为避免强度较低时遭到破坏，桩机应倒退移动，采用跳打法，避免压坏刚刚施工完毕的桩体。如桩体间距较大，或试桩证明桩体相互影响较小的情况下，才可采用连打法。CFG 桩体未达到设计值前，禁止大型机械进入成桩区域，比如罐车、装载机等。

（五）排水固结法

排水固结法，是指在含水率较大的天然软土地基中设置竖向排水体，利用地基自重、加载预压等手段促使原土体中的孔隙水排出，地基沉降、软土逐步固结，强度逐步提高直至满足设计要求。一般采用塑料排水板作为竖向排水体，适用于饱和软弱土层。

1. 塑料排水板施工工艺

（1）施工准备。施工前应采购塑料排水板、沙砾、土工格栅等材料，组装、调试插板机。

（2）铺设第一层砂垫层。塑料排水板将孔隙水排到砂垫层，砂垫层作为排水通道向路基边沟排水，保证孔隙水可以顺利排出。场地平整至垫层底标高，铺设下层土工格栅，铺设第一层砂垫层并碾压密实。砂垫层一般设计厚度为 0.5m，第一层厚度控制在 0.3m 左右。

（3）测量放样、设备就位。按照设计图纸测量放样定出桩位，使用石灰做好标记；设备就位后调平、对中，检查插板机的竖直度。因软土层、砂垫层较软，当插板机倾斜时，应及时使用挖机整平。

（4）插打塑料排水板。按照施工方案将塑料排水板插打至设计深度，截断时预留出

20~30cm 露出地面，平铺在砂垫层中。

（5）铺设第二层砂垫层。铺设第二层砂垫层和上层土工格栅，覆盖塑料排水板端头以便排水。使用压路机碾压砂垫层至设计要求。

（6）堆载预压。在砂垫层上方填筑路基至设计标高，按照预压方案堆载材料，一般可采用路基填料，填筑至等载预压标高。

（7）沉降、卸载。堆载预压时间为设计图纸要求的沉降期，一般为 6~9 个月，同时观测沉降量，直至沉降量和沉降速率满足设计要求后进行卸载。此时，路基下方的软弱土体已基本固结完成，达到设计要求。

2. 塑料排水板质量控制要点

（1）材料防护。塑料排水板、土工格栅均应采取防护措施，禁止阳光暴晒，防止滤膜破坏及材料老化。

（2）排水畅通。塑料排水板、砂垫层、边沟组成一套排水系统，各个环节均不得中断。塑料排水板不可搭接，伸入砂垫层的长度不小于 0.5m，在施工中防止泥土和杂物进入孔道。确保砂垫层铺设质量，不可使用透水性差的材料代替。

（3）插板深度。严格按照设计要求控制插板深度，不可偷工减料。采取合理的技术措施，防止插板机拔出时将塑料排水板带出或提升，如有此类现象应重新插打。

（4）堆载预压和沉降。塑料排水板通过堆载预压加快土体的沉降、孔隙水的排出，以便达到土体固结的目的。沉降期内应定期观测沉降量和沉降速率，在沉降期、沉降量、沉降速率同时达标的情况下方可卸载，禁止因赶工期提前卸载。

二、湿陷性黄土地区路基施工

湿陷性黄土路基，是由天然黄土为主要组成部分，其安全性特别低。一旦黄土受水浸湿后，路基的结构会迅速被破坏，从而产生非常明显的变形，存在很大的安全隐患，在自身重量引起的应力与由外载荷引起的应力两者共同作用下，极易出现路基土体坍塌的现象，引起沉降事故的发生，严重危害广大人民群众的人身安全。因此，要求相关施工单位必须充分意识到在土木工程中换填处理湿陷性黄土路基的重要性，在施工前认真勘察工程项目施工地区的地质条件，严格勘察、设计、换填以及检验工程项目路基，以助于提高路基的施工质量以及使用寿命，

（一）机械碾压施工工艺

为确保路基的碾压质量，压实机械的吨位选择应根据换填处理路基承载力的具体要求来确定，黄土路基碾压一般采用 26T 凸块配合光轮进行；并应严格控制灰土材料的质量，灰土材料中绝对不可以包含任何动植物残体、冻土、膨胀土、木屑等杂质，灰土材料中有机质含量应严格控制在 5%以内。并且要保障灰土拌和均匀及掺灰比例的准确性。另外，灰土材料还需要注意是否达到理想含水量(一般为大于最佳含水 2%最优)，以便于进行压实处理。一般来说，用手握紧能成团，松手用手指轻弹后掉到地上能散开，即为灰土材料的理想含水量。除此之外，还需要注意控制灰土材料的虚铺厚度，严格遵循压实机械的吨位来确定，倘若压实机械的吨位足够大，那么灰土材料的虚铺厚度可以适当厚些。如果压实机械的吨位很小，那么灰土材料的虚铺厚度应当薄一些。通常分层虚铺厚度掌握在 200~

350mm 之间，压实后不大于 300mm，桥、涵背回填压实后不大于 150mm。

（二）重锤夯实施工工艺

进行重锤夯实施工在路基开始加固前，坑、槽底面标高需要比设计标高再高一些，夯击施工需要严格按照起重机位置分段进行，每段范围均以起重机臂作用半径为准，每段夯击施工必须是一段施工完毕后，才能进入下段夯击，不能交叉夯击。当遇到基底标高不一样的情况，施工人员需要先按基础浅的标高挖掘，将其夯实后，再将深基础部分加深并夯实，以免在夯打过程中这两部分的相交处发生坍塌现象。并且，在夯打过程中，施工人员需要保证落距正确，落锤平稳。另外，重锤夯实施工在 10~15m 以内往往影响较大，因此需要采取一定的防护措施。倘若夯坑超过预留厚度，并且在标高之下，施工人员应及时停止夯击，在坑内换填灰土后再进行重锤夯实施工，夯实效果应按照最后两击沉落差和累积沉降量实现“双控”。

（三）振动压实施工工艺

不同的振动压实机具有不同的压实效果，重型振动压实机具压实度较大，轻型振动压实机具压实度较小，因此施工人员在选择振动压实机具时，充分了解路面压实机具的型号、特点以及运行条件，必须基于实际路基施工需求应用适合的振动压实机具。通常，振动压实施工可以采取换填湿陷性黄土路基垫层的方法，通过人工处理技术直接去除路基中的湿陷性黄土部分，换填成抗剪强度较高的灰土材料。施工人员在采购选择石灰材料的时候，必须严格遵循路基承载力要求条件选择相匹配的石灰材料，拌和出掺灰均匀，灰剂量符合规范及设计要求的优质灰土，或者采购具有较强稳定性的灰土材料。总之，换填的灰土材料必须充分满足公路工程路基的坚固性标准，从而提升公路工程路基的抗荷载能力，减缓公路工程路基沉降的速度。

（四）灰土挤密施工工艺

在进行灰土挤密施工前，施工人员应在施工现场进行成孔、夯填工艺和挤密效果试验，以确定分层填料厚度、夯击次数和夯实后干密度等要求。在进行桩施工时，施工人员需要提前整平场地，并且预留出 20~30cm 的土层，之后在场地进行灰土桩施工，灰土桩的成孔方法需按照施工现场具体机具条件进行选择。另外，施工人员需要严格控制桩施工顺序，应当先外排、后里排，并且同排内应间隔一或两孔进行。在成孔之后，施工人员需要及时清底夯平，且夯实次数不得小于 8 次。桩孔回填厚度通常为 250~400mm，机具选择同样按照施工现场机具条件进行选择。在进行施打时，逐层定量向孔内下料。除此之外，施工人员在挖土时需要清除高出部分。如果孔底有地下水流入，应及时采用井点降水的方法，再回填填料或向桩孔内填入适量的干砖渣和石灰。

（五）预浸水法施工工艺

施工人员挖掘浸水坑需要按照施工现场的地形条件开挖，如果施工现场的地形较为陡峭，则浸水坑的面积就可以适当挖小一点，如果施工现场的地形相对平缓时，那么浸水坑的面积就可以适当挖大一些。一般情况下，浸水坑的面积通常控制在 200~500m。其次，施工人员需要注意保持坑内平整，边埂需要拍实，且顶宽需要控制在方便人正常行走的宽度。当两台钻机共同作业时，孔距需要保持相距 10m 以上。在成孔之后，施工人员需要将其充填密实，避免出现孔壁坍塌的危险。另外，倘若砂井内出现碎石下沉现象，施工人员需要及时进行填充处理。在浸泡过程中，倘若发现哪一个砂井渗水迅速且孔径逐渐扩大时，需要立刻停止浸泡，更换为灌填砂井，当地穴即将灌满的时候，施工人员即可结束灌填。

三、膨胀土地区路基施工

（一）高速公路膨胀土路基的构成、类型及危害

膨胀土的主要物质成分为蒙脱石矿物质，这是一种亲水性比较强的矿物石料，物质结构由硅氧四面体和氢氧化铝八面体组成，膨胀土就是借助这两种物质结构的交替堆积，从而在外形表面上呈现出显著的三层型体态特征，而层间分布的水化离子又具有很强的吸水特性，因此，在膨胀土中进行高速公路地基施工，很容易出现遇水膨胀，失水收缩的特性。采用地基施工处理方案就是破坏这种晶体结构，从而改变膨胀土特性，为高速公路建设质量提供保障。

在高速公路建设施工过程中，设计师和工程师必须要对施工的土质情况进行详细勘察，了解土壤的性质，有效辨别施工土壤是否属于膨胀土，在确定为膨胀土性质后，才能进行相应的施工处理。可从以下几个方面辨别膨胀土路基：

1. 施工中会遇到裂缝发育地区，在对土质进行分析时，如果发现土质呈现灰绿色或者灰白色，在自然环境下土壤表现为硬塑状态，就可以确定为膨胀土。

2. 在山前丘陵地区及盆地的边缘地区，土质为膨胀土的可行性很大。

3. 当土质的自由膨胀度超过40%时，可以确定该土质为膨胀土。确定为高速公路膨胀土路基时，必须要通过物理力学的处理方式，改善膨胀土路基的土质特性。

膨胀土具有遇水膨胀，失水收缩的特性，在高速公路建设过程中，如果遇到膨胀土情况，施工难度会大幅度加大，如地下浅层的膨胀土极易引起滑坡，在对膨胀土区域进行开挖沟槽时，也容易因膨胀土的不稳定性而导致施工中出现坍塌事故。如果没有对膨胀土地基进行妥善处理，将会导致公路在气候变化下出现裂缝胀开和闭合，破坏高速公路的使用性能，并且引发交通事故。由此可见，膨胀土会对高速公路工程质量造成严重的危害和影响，因此，必须通过科学的方法对高速公路膨胀土路基进行妥善处理。

（二）高速公路膨胀土路基施工处理技术

1. 挖方路基

（1）路床超挖封闭处理。挖方路基和零填路基应换填路床顶面以下30~60cm的膨胀土，一般采用石灰土进行换填，并通过分层压实的方式，迅速铺设路面的半刚性基层。

（2）挖方边坡施工。在边坡挖方过程中，要尽可能地减小深挖，同时应参照《公路路基设计规范》确保边坡的坡形和坡率符合相关规定。边坡挖方还应结合膨胀土的破坏类型、路堑边坡形式和水文地质条件，通过稳定性计算，取土体沿滑动饱和状态时的强度值，一般情况下，稳定系数以1.2为准。

（3）边坡防护。即在挖方路基施工过程中，应根据公路边坡的高度以及膨胀土膨缩状况，采取针对性的设计防护方案。如果地基处于中强度膨胀土情况，路堑边坡应实行全封闭，同时还可以采用浆砌护坡或者结合浆砌挡土墙的方式，通过挡土墙一级、二级、多级

的设置，提升边坡的防护效果。如果地质为弱膨胀土，只需进行拱形植草防护即可。

（4）渗排水设计。为实现高速公路膨胀土路基更好的施工效果，必须进行排水设计，要将边沟加宽加深，同时设置灰土层并加铺防渗布，然后在路堑边沟外侧设置一个平台，阶梯的边坡处设置防水沟并在沟底设灰土层。

2. 填方路基

（1）地表封闭处理。高速公路路基在填方前应先将地表处的30~60cm的膨胀土处理干净，采用灰土进行封闭压实处理。

（2）路基填料。通常情况下，强膨胀土适宜进行路基填料，如果一定要用强膨胀土作为路基填料，则应先进行测试分析，测试通过后才能进行施工。如果用中膨胀土作为路床的填料，则应该进行掺灰改性处理。一般情况下，改性处理后总膨胀率应小于0.7，同时利用中膨胀土做出路堤填料，碾压中应保证最佳含水量。在路基填筑施工结束后，应立即封闭边坡，当填至路床底面时，需要再次进行改性处理，确保膨胀土填至路床底面设计标高。建议使用灰土包边封闭的方式处理路基边坡，可以通过种植草木的方式进行防护，如果铺筑的路面等级较高，则路床的填料也应该进行改性处理。

（3）路基压实。在膨胀土区域进行施工，对路基压实有很高的要求。必须结合相关标准，按照规范操作进行。一般要结合膨胀土的膨缩等级，科学选择压路机，确保在碾压过程中膨胀土处于最佳的含水量。此外，在路基与路堑分界处2m范围内的挖方，应该采用翻松挖台的方式，并对含水量情况进行检查。

（三）高速公路膨胀土路基施工注意事项

（1）施工准备工作。在膨胀土路基施工前，一定要对施工过程中涉及到的材料、设备、人力等进行合理的组织安排，这样才能确保在实际开工后，公路基槽、基础都处于最佳状态，从而确保回填施工可以连续进行，这也是施工人员需要注意的重要问题。

（2）温度控制。在膨胀土路基施工中，为确保膨胀土形态参数水平稳定，温度的控制十分重要。为避免膨胀土发生膨胀变形和收缩变形的问题，在施工过程中应结合外界的天气情况，有针对性地选择施工方式。可以使用土工布等材料进行包裹，从而有效隔绝大气环境与膨胀土之间的接触，可以更好地控制膨胀土内部的湿度参数水平，从而为施工质量提供保障。

（3）改性处理。在膨胀土路基施工中，改性处理是十分重要的一种措施，可以结合膨胀土的性质，通过物理、化学技术方式，向土中掺入其他固化材料，并在石灰和水泥等材料的作用下，提升高速公路路基膨胀土地质形态强度参数和水稳定参数水平。通常情况下，加入的天然有机改性材料以4%~6%最为适宜。

（4）排水处理。在膨胀土路基施工中，为了避免雨水流入到基槽内部，可以在施工现场专门设置一个排水管网，同时还要对施工用水进行维护，如施工现场的临时洗料场、灰池、搅拌站等，都是施工中用水集中的地方，为了避免对地基中的膨胀土参数造成破坏影响，可以在与建筑物相邻的10m位置处设置排水系统。

四、盐渍土地区路基施工

盐渍土在路基施工中时常遇到。盐渍土在遭遇水分后会出现溶解，在自重作用下发生沉降，最终形成路面病害，使得路基的强度和稳定性降低，给公路后期养护带来麻烦，并增加养护成本。

盐渍土特征具有三个特征：一是吸湿性。盐渍土的吸湿性较强，所在地区路基施工过程中，会出现软化问题。盐渍土吸附水分后，容易导致路基坍塌，影响路基整体强度和稳定性。二是膨胀性。在我国西部交通建设过程中，盐渍土现象较为常见。盐渍土中含有较强吸附能力的阳离子，当遭遇水分后，阳离子和胶体颗粒产生反应，反应后会生成许多水膜，使聚合力下降，进而使得胶体间缝隙增大，使得路基出现膨胀。三是松胀性。盐渍土最常见的特性是松胀性。盐渍土的主要成分之一是硫酸钠。当温度达到一定程度后，土壤出现脱水现象，其体积变小，当温度下降时，则会形成吸水结晶，又使得土壤体积增大，所以在盐渍土路基施工时，由于昼夜温差以及气温骤变时，土壤强度会降低，影响路基施工，且使得路基施工质量受影响，缩短其使用周期。

在导致盐渍土地区道路病害的众多因素中，主要因素是含盐量、水和土质，并上述三种主要因素是可加以控制的，而外界气候环境如温度、降雨等是难以控制的，因此处理的关键是控制含盐量、水及土质。盐渍土路基处理方法很多，常用的办法为：提高路基、换填砂砾石、换填风积沙或河沙，或设砂砾石隔断层和土工布(格栅)隔断层等，上述处理措施在盐渍土公路处理中效果较好，可根据具体情况加以使用。处治原理为去除盐分、水分隔断和结构(路基路面)加固三种类型。

对盐渍土路基的处理应针对土基含水量性质、盐渍化程度、当地工程地质、水文地质、地形和筑路材料等条件，因地制宜地采用提高路基、路基换填、设隔断层、改善排水条件等有效措施，保证路床处于干燥或中湿稳定状态，不受盐分、水分的影响。

（一）去除盐分

盐分是导致盐渍土具有盐胀、溶陷、腐蚀和加重翻浆等工程损害的根源。因此，去除盐分或把有害的盐分转化为无害或者危害较小的盐分，同样可以达到处治盐渍土道路病害的目的。

(1) 换填法。对路基范围内存在埋深较浅的超强或强盐渍土，为了消除产生病害的隐患，可采取换填法；对于缺水地区，采用换填法也是一种较好的选择。在工程中往往要根据地基地质水文情况(地下水、含盐情况等)、筑路材料及其来源情况以及对地基含盐量要求情况来确定换填深度。总的要求是：换土深度宜超过有效的溶陷性(及盐胀性)土层厚度，保证残留盐渍土的溶陷量或盐胀量不超过上部结构容许的变形值。换土的宽度则应保证下卧层顶面处的压力小于该土层浸水后的承载力。同时还应保证周围土溶陷时换土部分土体的稳定性。路基换填材料，宜选用砾类土或砂。换填厚度高速公路、一级公路一般不小于100mm，二级、三级公路一般不小于80mm，并宜结合隔断层措施综合治理。

(2) 浸水预溶法。在进行工程建设之前，通过水浸地基，把上部地基中易溶盐溶解渗流到较深层的土中，在上部土中的易溶盐溶解过程中，土体结构在土自重作用下破坏，原来的一部分孔隙被填充，上部土的空隙减小而发生自重溶陷，这种方法叫“预溶陷”。由于有了预溶陷，建筑物即使再遇水，其变形也会很小，从而达到改良盐渍土地基的效果。此方法适用于厚度不大或渗透性较好的盐渍土，浸水时间与预溶深度需经现场确定。有条件的地方还可以堆载预压，以提高浸水预溶的效果。

（3）化学处治。浸水预溶、换土等方法不适宜用于含盐量较高、盐渍土层较厚的地基，此时可采用化学处治的方法。现有化学处治方法一般是针对硫酸盐盐渍土，其方法是通过掺加化学药品，将土中易溶硫酸盐转化为较难溶解的硫酸盐，从而消除土体膨胀，达到治理目的。化学处治应特别考虑其成本、安全和是否有毒性，否则会影响其实用性和推广。

（二）水分隔断

隔断水分后会明显减少导致翻浆病害出现的路基浸水软化、盐胀出现的硫酸盐吸水结晶膨胀、湿陷出现的水分溶解并带走盐分等现象的出现，从而降低对盐渍土路基、路面等的影响和危害程度。同时，消除水分的影响，盐分则可以在干燥的情况下使土基强度增加，此时盐分对道路工程是有益的。水分隔断主要有以下两种方法。

（1）提高路基。路基提高的高度，应与防治措施及排水设计综合考虑，排水不良的过湿地带，路基最小高度不应小于《盐渍土地区公路路基路面设计与施工规范》[64]（XJTJ01—2001）中对盐渍土地区路基最小高度的规定。部分盐渍土地区地下水位较高，路堤除再盐渍化的问题外，还有冻胀和翻浆的危害，为使路堤不受冻害和再盐渍化的影响，应控制路堤高度到不再盐渍化的最小高度。

（2）设置隔离层。隔离层的设置方法有以下两种：

砂石材料隔断层、变形缓冲层。设置隔离层可以在隔断毛细水上升通道的同时，增进路基的整体强度，削弱或控制土基的不均匀变形，其厚度可通过计算确定。毛细水隔离层设置主要考虑厚度的确定和材料的选取。隔离层厚度确定的前提是估算出毛细水最大上升高度。在实际工作中，对特定的工程地质条件，提出了估算毛细水上升高度的经验公式。隔离层也可作为缓冲层，使下面土的盐胀变形得到缓冲，不破坏地基表面的平整。该方法在我国硫酸盐含盐地层地区已经得到广泛的应用。

土工布隔断层。采用土工布隔断毛细水和下渗水是比较有效的方法。土工布可以为单层或双层，土工布的选择应根据使用的目的和位置，以及渗透系数、顶破系数、耐冻性和耐老化性等工程指标的具体要求来确定。用于盐渍土地区的土工布还应具有长期抗硫酸盐、氯盐等盐类腐蚀的特性。土工布设置的位置根据需要确定：为了防止地表水、降水通过面层下渗，其位置设置在面层和基层之间；为了隔断毛细水的上升，则一般设置在路基和垫层（或底基层、基层）之间。

（三）结构加固

增强道路结构（路基路面）的强度和稳定性，可以在不改变道路运行环境的条件下达到保证道路保持良好使用状态的目的。目前用以加固道路结构的措施主要有以下五种方法。

（1）强夯法。强夯法是为提高软弱地基的承载力，用重锤自一定高度下落夯击土层使地基迅速固结的方法。强夯法施工前应在施工现场具有代表性的场地上选取一个或几个试验区，进行试夯或试验性施工，试验区数量应根据道路场地复杂程度和施工规模等因素确定。该方法具有工艺简单、效果好、施工速度快、费用低、适用土层范围广（如碎石土、砂土、低饱和度的粉土、黏性土、湿陷性黄土、杂填土和素填土等）等特点。

（2）浸水预溶+强夯法。浸水预溶不能完全消除盐渍土的溶陷性，而处于干旱或半干旱状态地区的土体，地下水位低时天然含水量低，土的结构强度很高，单独采用强夯法来夯实地基很困难，这时可采用浸水预溶+强夯法进行地基处理。该方法是首先对地基进行浸水预溶，然后让地基搁置一段时间，当地基中的含水量接近土的最佳含水量时，再进行强夯。采用这种方法，能够在浸水预溶的基础上提高处理效果。设计强夯处理时，最好使浸水影响深度与强夯影响深度一致，或使浸水影响深度稍大于强夯影响深度。

(3) 挤密桩加固地基。挤密桩作为地基加固处理的一种方法，最早应用于工民建房基处理，它是利用在软基中按一定的间距和固定的尺寸挖孔成形，在孔中填以适当的填料，通过一定的夯击次数，使孔内填料密实同时空与孔之间的软基土受到挤压，达到挤密的效果，从而和凝固的桩体共同承受荷载。对于承载力弱且盐渍土层厚度大的地基，可以采用碎石桩、石灰砂桩等方法进行地基加固，以提高其强度和减少沉陷。对于厚度大的饱和的软弱黏性土地基，由于土的渗透性小，加固时不能排出很多水分，砂桩挤密效果不大，有条件时可以考虑采用砂井预压加固。

(4) 半刚性基层。半刚性基层是用无机结合料稳定土铺筑的能结成板体并具有一定抗弯强度的基层。在治理盐渍土病害的诸多措施中，还可以采用半刚性基层的方法。对盐胀病害而言，路面抵制盐胀变形，不产生胀裂破坏的必要条件是结构层受到的不均匀盐胀力对路面施加的弯曲力矩不大于材料固有的抗弯力矩和材料自重力矩。半刚性基层材料的板体性好，可以提高路面的抗变形能力，尤其对交通量大、重载车多的盐渍土地区道路，采用半刚性基层治理的方案是合理的。半刚性基层形式一般为级配砾石(碎石)掺石灰或水泥稳定砂砾(碎石)层。

(5) 石灰(水泥、沥青)稳定土。在缺少砂砾材料的地方，可用石灰(水泥)改变盐渍土的性质，使钙离子和钠离子进行交换。掺石灰(水泥)量可按化学方程计算。在施工中要挖弃含盐量大的地表层土，石灰(水泥)土应仔细拌和以求均匀，要有足够的闷灰时间，含水量应比最佳含水量高 3%~4%，加强压实，保证灰(水泥)土的密实度及充足的洒水养生时间。

第三节 沥青路面工程施工

沥青路面施工简单、性能良好，在道路施工中的应用广泛。就目前而言，沥青路面主要包括以下四种类型。

(1) 沥青表面处治，主要由沥青、细集料组成，铺筑厚度在 3cm 以内。由于施工层较薄，因此，不具备提升强度和刚度的作用，而是为了防水、抗磨、提高路面平整度。另外，经表面处治的路面摩擦系数大，能够保证行车安全性。

(2) 沥青贯入式，是在碎石上浇洒沥青和嵌缝料，一般采用分层施工法，由于施工层较厚，因此，必须经过压实最终形成面依靠沥青颗粒的粘结、嵌锁作用，能够显著提高路面的强度。

(3) 沥青碎石混合料，主要由沥青、粗集料、细集料、填料等组成，属于半升级配，混合料经过拌合，采用热铺工艺形成路面结构。分析混合料的特点，表现为粗集料多、细集料少，因而孔隙比大、造价较低。沥青碎石混合料铺设而成的路面，优点是具有高温稳定性、抗滑性；缺点则是抗疲劳性和耐久性差。

（4）沥青混凝土，也是由沥青、粗集料、细集料、填料等组成，在高温条件下进行拌合，属于连续级配。由沥青混凝土铺设而成的路面，不仅强度高、水稳性高、噪音小，能够有效抵抗外力破坏；而且适用范围广，各种等级的道路均可使用，在当前的市政道路施工中扮演着重要角色。

一、沥青表面处治施工技术

（一）施工前的准备工作

在进行沥青表面处治施工之前，需要先将基层清扫干净，要保证基层无污染、无杂质，尤其是不能含有泥土等杂质，在施工前，先要进行试喷撒，喷撒的油量要控制到位，不能过多，也不能过少，通过试喷撒来确定喷撒车的性能和速度，因为要保证基层的矿料大部分露在外面，需要先将基层干燥和整洁，一旦发现有不平整的地方，有凹陷或突出部分，都需要先修补和整平，在施工前要检查各机械设备的性能与质量，检查撒油车的油量表、管道以及其他设备，当确定这些质量都过关后，再将沥青装入油桶进行试撒，喷撒前需要保持油嘴是干净的，控制好喷撒的次数和数量，喷撒要形成一定角度，最好与撒油管形成夹角，撒油管的高度也要进行控制，与地面保持一定距离，能够保证地面接收到两个喷嘴的沥青，并保证喷撒的质量，集料机在使用前也需要先检查各项系统，比如传动的液压机，然后尝试，通过尝试确定出撒布时机械的速度与下料间隙。

（二）撒布集料及沥青

当基层的清扫工作完成后，需要等到透层上的沥青渗透，渗透后再在沥青上喷撒第一层沥青，喷撒沥青的速度需要和试撒速度保持一致，每种不同的沥青喷撒的温度不同，比如说煤沥青喷撒时需要的温度是 80℃以上，而道路石油沥青喷撒的温度是 130℃以上，在沥青中含有乳液，所以加热的温度不得过高，需要保持在一定的温度范围内，不能超过 60%，沥青的喷撒速度不能由人员随意决定，而是应该与撒布机的喷撒速度保持一致，当撒布机工作完以后，需要由专业人员检查一遍，看是否有遗漏，是否存在缺边或空白现象，当沥青喷撒时出现了不均匀现象，比如发生堆积，需要将其刮掉，再补撒，在距钢板连接处的 1.5m，需要用铁板进行连接，从每段的撒点前一直到撒点尾部，重复此操作，如果需要浇撒，需要将第一层与第二层错开浇撒，浇撒的宽度要大于 10cm，按照规定需要一次完成喷撒，不能够分几次进行，也不能在一层沥青工作完成后再进行下一层的喷撒工作，喷撒完成后，施工人员需要检查是否有多余集料，一旦发现剩余，需要先清除，如果使用的沥青是乳化沥青，那么需要先喷撒集料，再进行乳液的喷撒，在撒布集料的前后连接处应该留有 10cm 的空隙不撒石料。

（三）碾压撒布

在撒完集料后，需要进行撒布工作，撒布工作需要在第一层集料喷撒完成后，用缸筒压路机进行碾压，缸筒压路机的重量要保持在 6t 以上，碾压的顺序是由路两端向路中心行驶，碾压机的轮轨要重叠 30cm，碾压一次后，进行二、三次的碾压，每一次的碾压速度不宜过快，不能超过 2km，第一层碾压工作完成后，二、三层的工作也基本类似，但是压路机的重量可以加大，加大为 8t 的压路机，碾压工作完成后，就可以行驶通车了，刚开始车辆的速度不宜过快，需要限速行驶，使得整个路面更加均匀、平整，通车后一旦发现一些区域出现泛油现象，施工人员需要立即修整。

（四）连续施工控制

当沥青撒布工作完成后，由于受到外部环境的影响，沥青会蒸发或者开裂，温度也会损失，为了保持沥青一定的强度和黏性，需要施工人员规范流程，按照操作程序进行操作，一步步完成，使摊铺机、压路机等机械设备同步操作，这样可以保证达到较好的效果，但是它们的距离不应超过 10cm。

（五）施工配备

施工配备环节需要人员具备较高的专业知识水平和操作技能，必须熟悉各种设备的操作，要保证前车与后车之间留有一段距离，旧路面往往具有平整度较差的特点，在撒布碎石子之前，需要先由人员进行清扫工作，在压路机行驶的后面，专业人员紧跟其后进行操作，保证碎石子都能均匀地铺在路面上。

（六）养护乳化

沥青表面处治需要等到破乳之后才能通车，但是其他沥青表面经过碾压工作后就可以通车，但是在刚开始通车前，需要设交警指挥，并且限制车辆的速度，使之不超过 20km，再进行碾压，路面一旦有泛油现象，可以在问题处补撒一层集料，并使其平整，将上面的杂质清扫干净，沥青处治施工后，需要进行养护工作，要准备的材料有粗砂、砾石和碎石，如果沥青为单层，那么它的处治方法与双层处治方法相同，在处治工作完成后，需要进行封层，封层是为了防止水分进入沥青基层，使其受潮，影响沥青的质量，封层主要是堵住缝隙和孔洞，封层分为上封层和下封层，封层的材料一般为石屑、石灰、粉煤灰，加上水后按照一定比例搅拌，最终成为沥青混合料，将混合料均匀地涂抹在沥青表面有缝隙的地方，这叫做沥青封层。沥青表面处治的施工应该选择的季节为春季或者秋季，温度需要低于 15℃，不能选择在雨季进行，并且要将其干燥，施工要按照一定顺序，紧密衔接。

二、沥青贯入式路面施工

对沥青贯入式路面施工要求与沥青表面处治基本相同。适度的碾压在贯入式路面施工中极为重要。碾压不足会影响矿料嵌挤稳定，且易使沥青流失，形成层次，上、下部沥青分布不均，但过度的碾压，则矿料易于压碎，破坏嵌挤原则，造成空隙减少，沥青难以下渗，形成泛油。因此，应根据矿料的等级、沥青材料的标号、施工气温等因素来确定各次碾压所使用的压路机质量和碾压遍数。

（一）透层沥青或粘层沥青的洒布

透层指的是为确保沥青层与非沥青材料填筑的基层之间接触紧密，使用石油沥青、煤沥青、液体沥青或阳离子乳化沥青浇筑在基层的上面，这些材料浸入填筑的基层表面的而形成一薄层。

洒布透层的主要作用是防水、粘结、保护基层。透层的防水质量较好时，能够确保基层基本不渗水。粘层处理得当时，能够确保基层与面层粘结良好，两层之间是一个整体，进而能将路面的使用寿面大大延长。在车辆的长期作用下，基层就可能出现松散的现象，如果有透层就能够确保基层水份的流失，对提高路基的强度有重要作用。粘层是在沥青上下层之间为确保层与层之间的粘结紧密而浇筑的沥青薄层。粘层的沥青材料最好选用快裂的乳化沥青，也能够选用中凝、快凝的石油沥青或者煤沥青。

（二）铺撒主层集料

撒布时应避免颗粒大小不均，并应检查松铺厚度。撒布后严禁车辆在铺好的集料层上通行。

（三）第一次碾压

主层矿料摊铺后应先用6~8t的压路机进行初压，速度宜为2km/h，碾压应自路边缘逐渐移向中心，每次轮迹重叠宜为30cm，接着应从另一侧以同样方法压至路中心。碾压一遍后应检验路拱和纵向坡高，当有不符合要求时应找平再压，并宜碾压2遍，使石料基本稳定，无显著移动为止。然后应用10~12t压路机(厚度大的贯入式路面可用12~15t压路机)进行碾压，每次轮迹应重叠1/2以上，并应碾压4~6遍，直至主层矿料嵌挤紧密，无显著轮迹为止。

（四）洒布第一次沥青

主层矿料碾压完比后，即应洒布第一次沥青。其作业要求与沥青表面处治相同。当采用乳化沥青贯入时，为防止乳液下漏过多，可在主层集料碾压稳定后，先撒布一部分上一层嵌缝料，再浇洒主层沥青。乳化沥青在常温下洒布，当气温低需要加快破乳速度时，可将乳液加温后洒布，但乳液温度不得超过60℃。

（五）铺撒第一次嵌缝料

主层沥青洒布后，应立即趁热铺撒第一次嵌缝料，铺撒应均匀，铺撒后应立即扫匀，个别不足处应找补。当使用乳化沥青时，石料撒布必须在乳液破乳前完成。

（六）第二次碾压

嵌缝料扫匀后应立即用8~12t压路机进行碾压，轮迹重叠1/2左右，随压随扫，使嵌缝料均匀嵌入，宜碾压4~6遍，如因气温高，在碾压过程中发生蠕动现象时，应立即停止碾压，待气温稍低时再继续碾压。

碾压密实后，可洒布第二次沥青，铺撒第二次嵌缝料，第三次碾压，洒布第三次沥青，铺撒封层料，最后碾压，施工要求同上，最后碾压采用6~8t压路机，碾压2~4遍即可开放交通。

如果沥青贯入式路面表面不撒布封层料，加铺沥青混合料拌和层时，应紧跟贯入层施工，使上下成为一整体。贯入部分采用乳化沥青时，应待其破乳、水分蒸发且成形稳定后方可铺筑拌和层。当拌和层与贯入部分不能连续施工，又要在短期内通行施工车辆时，贯入层与贯入部分的第二遍嵌缝料应增加用量2~3m^3/km^2。在摊铺拌和层沥青混合料前，应清除贯入层表面的杂物、尘土以及浮动石料，再补充碾压一遍，并应浇洒粘层沥青。

（七）封层施工

封层是指在路面上或基层上修筑的一个沥青表面处治薄层，其作用是封闭表面空隙、防止水分浸入面层(或基层)、延缓面层老化、改善路面外观等。封层分为上封层和下封层两种。沥青贯入式作面层时，应铺上封层(在沥青面层以上修筑的一个薄层)；沥青贯入式作沥青混凝土路面的联结层或基层时，应铺下封层(在基层上修筑的一个薄层)；上封层适用于：在空隙较大的沥青层上，有裂缝或已进行填缝及修补后的旧沥青路面上。下封层适用于：在多雨地区采用空隙较大的沥青面层的基层上，在铺筑基层后。因推迟修筑沥青面层，且须维持一段时间交通(2~3 个月)时。沥青的标号应跟据当地气候情况确定。封层的沥青用量：石油沥青宜为 1.0~1.3kg/m^2，上封层应采用低限，下封层应采用中高限；煤沥青用量宜增加 20%。

(1) 层铺法沥青表面处治铺筑上封层的集料质量应与沥青表面处治的要求相同，下封层矿料质量可酌情降低。矿料尺寸可采用 3~5mm、3~10mm 或 8.5~10mm 等。封层的矿料用量可根据矿料尺寸、形状、种类等情况确定。

(2) 拌和法沥青表面处治铺筑上封层及下封层，应按热拌沥青混合料方法及要求进行。当铺筑下封层时，宜采用 AC-5(或 LH-5)砂粒式沥青混凝土，厚度宜为 1.0cm。

(3) 采用乳化沥青稀浆封层作为上封层(不宜作新建的高速、一级公路的上封层)及下封层时，稀浆封层的厚度宜为 3~6mm。稀浆封层混合料的类型及矿料级配，可根据处治目的、道路等级选择，铺筑厚度、集料尺寸及摊铺用量进行选用。

三、沥青碎石混合料路面施工

(一) 沥青混合料拌和

沥青混合料拌和时要控制其温度、油石比及材料的级配。油石比的控制是利用电子称量器，对各种材料进行分别称量。而级配的控制方法是两级控制，先是从各个生料仓的出料斗门及皮带转速进行初控，经过混合并由运料皮带及提升机送进振动筛，由振动筛重新筛分，振动筛的尺寸选择要基本与规范中的筛孔尺寸一致。振动筛一般只有 4 级，可以取与规范中筛孔尺寸相近的并进行分段。拌和设备自动化程度比较高，各种数据随时可以通过操作室的指令进行调整。工地试验室要随时抽检油石比及级配，只要正常，调好的设备不允许随意改变各种数据的设置。拌和过程中常见的缺陷是沥青混合料油石比不准确或温度不一致。有时由于下雨没能及时覆盖碎石及矿粉，也造成混合料含有较高的水分。不合格的混合料是不能出场的。

(二) 沥青混合料的运输

沥青混合料运输时宜用 15t 以上的自卸汽车，装料前在汽车翻斗内刷一层柴油与水的混合物，以防止粘料。另外，装好料的汽车要用保温布覆盖，然后可以出场。运输时间一般不得大于 0.5h。

(三) 沥青混合料的摊铺

运料车辆到达摊铺机作业面时，摊铺机要调好初始状态。摊铺厚度、宽度以设计为准。摊铺机熨平板的仰角要准确，行走速度要稳定，找平装置要能正常的工作。现在许多摊铺机都配有无接触式均衡梁，该套装置是利用电脑对声呐探头获取的几个垂直点距离进行处理，及时的对摊铺机熨平板提升装置进行控制，平整度是能够保证的。摊铺机正常时，方向的调整很重要，操作手要集中精力，精心操作。另外，对履带底部及声钠探头下面的基层上的杂物要清除干净。还要指挥好运料车辆，卸料时不能碰撞摊铺机。摊铺机要连续作业，如因故停止时间超过 1h，需要设置横缝。

（四）摊铺层碾压

摊铺成型后及时进行碾压，碾压前技术人员要认真检查，发现有局部离析及边缘不规则时要进行人工修补。轻型双钢轮压路机先稳压一遍，稳压时尤其注意起步及停车的速度。碾压时力求速度均衡、行走要直、工作面长度不要大于 50m。稳压完成后即可进行复压，复压完毕后用轮胎压路机进行终压。碾压过程中技术人员要随时检查，发现有缺陷及时处理。压路机的行走速度控制在 4km/h，必须带有碾压轮洒水功能。

（五）施工缝的处理

沥青路面施工缝处理的好坏对平整度有一定的影响，通常连续摊铺路段平整度较好，而接缝处较差。因此，接缝水平是制约平整度的重要因素之一。处理好接缝的关键是切除接头，用 3m 直尺检查端部平整度，以摊铺层面直尺脱离点为界限，用切割机切缝挖除。新铺接缝处采用斜向碾压法，适当结合人工找平，可消除接缝处的不平整，使前后两路段平顺衔接。

四、沥青混凝土路面施工

（一）合理选取沥青混凝土原材料

在沥青混凝土材料选取过程中，要基于造价成本基础上选取更多质量较高的施工原材料，选用更多级配合适的砂砾材料，对材料质量进行检验。为了提升施工路面洁净度，在各类施工填料选取过程中，材料不会风干，具有良好的耐久性与耐热性。并且填料抗寒性较强，在冬季自然环境温度较低，路面也能具备良好的摩擦力与平整度，这样能降低公路交通事故发生概率。在各类事故石料与沙料选用中，主要是选取人工材料，此类人工材材料要能有效优化沥青材料和混凝土材料粘合性，使得路面连接更为紧密。在路面施工前期阶段，要做好试验摊铺操作，此阶段对拌和机上料速度与时间进行控制，在摊铺施工以及机械运作中对各类参数精确化设定。

（二）沥青混合料运输控制

沥青混凝土充分拌和之后，要组织车辆与技术人员开展混凝土材料运输工作，及时将搅拌完成的沥青混凝土材料运输到施工现场。在运输过程中要结合运输距离与运输要求选取适用车辆，当前可以优选附带金属底板以及承载重力较大的自卸运输车辆。在此类车辆底板和侧板位置中要涂抹相应的油水混合液，避免材料在运输过程中产生较大污染问题，具有良好保温与隔热作用。在运输车辆车厢中要补充各个小孔，这样能对材料运输中具体温度变化情况进行检测，做好防护措施控制混凝土材料离析问题。

（三）摊铺施工操作

摊铺施工要选用专用的摊铺机进行操作，摊铺全过程保持均匀性，之后再开展碾压施工操作。在项目施工之前，技术人员要对施工机械设备应用性能进行全面检测，保障设备在应用中不会产生较多故障问题。沥青材料在施工中冷却速率较快，材料硬度在周围环境温度变化影响下也会发生变化。摊铺施工过程中依照路面具体宽度值，调控摊铺机应用数量，对摊铺施工温度进行控制，避免摊铺过程中施工质量不合格，要结合具体施工现状选取人工修补措施。目前正常情况下，摊铺机施工行进速度要控制在 6m/s 范围内，要依照施工路面具体要求对摊铺厚度以及宽度进行判定。有部分沥青混凝土路面摊铺厚度要求相对较高，当前要选取分层摊铺施工措施，对不同层施工摊铺时间进行控制，针对摊铺中会产生的接缝问题，要做好压实处理操作。

（四）碾压工序

公路沥青混凝土路面施工过程中为了保障不同施工层稳定性得到有效控制，施工人员要结合实际现状选取对应的碾压施工操作。技术人员要依照项目建设要求判定施工碾压次数，正常情况下碾压次数不能少于三次。碾压施工频率要与摊铺具体现状有效拟合，不能随意调动。当前大多数沥青混凝土路面施工碾压过程中主要是分为三个基本组成部分，首先是初次碾压，就是施工人员与项目管理人员强化沟通配合，对于碾压施工要求进行科学设计规划。初次碾压活动结束之后要对碾压现状进行全面检测。在碾压过程中要配置对应的钢轮压路机，对沥青混凝土摊铺路面进行碾压，对碾压温度值与压路机行进速度进行控制。分析初次碾压实际情况，判定碾压次数，在最终碾压过程中次数不能超出两次，碾压温度值不能低于 90℃。

（五）路面接缝处理

路面施工中各类缝隙问题较为常见，当前要做好接缝处理操作。对上述碾压施工方式进行调控，先横向碾压再纵向碾压，提升路面压实度，在复杂的接缝中，应用摊铺方式控制纵向接缝问题。通过路面切割机对横向缝隙接缝问题进行控制，可以选用钢筒压力机进行施工。

第四节　水泥混凝土路面施工

水泥混凝土路面是指由水泥混凝土面板和基层或底基层所组成的路面，也称刚性路面。可分为普通水泥混凝土路面、钢筋混凝土路面、装配式混凝土路面、钢纤维混凝土路面、碾压混凝土路面、连续配筋水泥混凝土路面以及预应力混凝土路面。

水泥混凝土路面铺筑方法有 4 种：小型机具铺筑、滑膜摊铺机铺筑、轨道摊铺机铺筑以及三辊轴机组铺筑。

一、小型机具铺筑

（1）混合料拌和、运输。施工前必须对机械设备、测量仪器、基准线或模板机具工具及试验仪器等进行全面地检查、调试、校核。搅拌过程中，拌和物质量检验与控制应符合规定。拌和物出料温度宜控制在 10～35℃；应根据施工进度、运量、运距及路况选配车型和车辆总数；总运力应比总拌和能力富余；确保新拌混凝土在规定时间内运到摊铺现场，夏季最长运输时间 0.5h，冬季最长运输时间 1.5h；否则应加大缓凝措施。

（2）模板及其架设与拆除。应采用刚度足够的槽钢、钢制边侧模板，不应使用木模板等易变形的模板。数量应满足拆模周期内周转需要。

（3）小型机具铺筑摊铺。在混凝土拌和物摊铺前，对模板的位置和支撑稳固情况及传力杆、拉杆的安设等进行全面检查。修复破损基层，并洒水润湿。用厚度标尺板全面检测板厚，与设计值相符，方可开始摊铺。

专人指挥自卸车尽量准确卸料。人工布料应用铁锹反扣，严禁抛掷和耧耙。人工摊铺混凝土拌和物的坍落度应控制在 5～20mm 之间，拌和物松铺系数宜控制在 K＝1.10～1.25 之间，料偏干，取较高值；反之，取较低值。

因故造成 1h 以上停工或达到 2/3 初凝时间，致使拌和物无法振实时，应在已铺筑好的面板端头设置施工缝，废弃不能被振实的拌和物。

（4）插入式振捣棒振实。在待振横断面上，每车道路面就使用 2 根振捣棒，组成横向振捣棒组，沿横断面连续振捣密实，并应注意路面板底、内部和边角处不得欠振和漏振。

振捣棒的振捣方法及注意事项宜按《公路水泥混凝土路面施工技术细则》（JTG/T F30—2014）中的有关规定执行。

（5）振动板振实。在振捣棒已完成振实的部位，可开始振动板纵横交错两遍全面提浆振实，每车道路面应配备 1 块振动板。振动板移位时，应重叠 100～200mm，移位控制以振动板底部和边缘泛浆厚度 3mm±1mm 为限。缺料的部位，应辅以人工补料找平。

（6）振动梁振实。每车道路面使用 1 根振动梁。振动梁应具有足够刚度和质量，底部应焊接或安装深度 4mm 左右的粗集料压实齿，保证 4mm±1mm 的表面砂浆厚度。

振动梁应垂直路面中线，沿纵向拖行，往返 2～3 遍，使表面泛浆均匀平整。在振动梁拖整平过程中，缺料处应使用混凝土拌和物填补，不得用纯砂浆填补；料多的部位应铲除。

（7）整平饰面。每车道路面应配备 1 根滚杠（双车道两根）。振动梁振实后，应拖动滚杠往返 2～3 遍提浆整平。多余水泥浆应铲除。

拖滚后的表面宜采用 3m 刮尺，纵横各 1 遍整平饰面，或采用叶片或圆盘式抹面机往返 2～3 遍压实整平饰面。抹面机配备每车道路面不宜少于 1 台。

在抹面机完成作业后，应进行清边整缝，清除粘浆，修补缺边、掉角。应使用抹刀将抹面机留下的痕迹抹平，当烈日曝晒或风大时，应加快表面的修整速度，或在防雨篷遮阴下进行。精平饰面后的面板表面应无抹面印痕，致密均匀，无露骨，平整度应达到规定要求。

小型机具施工三、四级公路混凝土路面，应优先采用在拌和物掺外加剂，无条件时，应使用真空脱水工艺，该工艺适用于面板厚度不大于 240mm 混凝土面板施工。采用真空脱水工艺的机具及施工工艺要求应按《公路水泥混凝土路面施工技术细则》（JTG/T F30—2014）的有关规定执行。

（8）接缝施工。当一次铺筑宽度小于路面和硬路肩总宽度时，应设纵向施工缝，位置应避开轮迹，并重合或靠近车道线，构造可采用平缝加拉杆型。当所摊铺的面板厚度≥260mm 时，也可采用插拉杆的企口形纵向施工缝。采用滑模施工时，纵向施工缝的拉杆可采用摊铺机的侧向拉杆装置插入。采用固定模板施工方式时，应在振实过程中，从侧模预留孔中手工插入拉杆。当一次铺筑宽度大于4.5m时，应采用假缝拉杆型纵缝，即锯切纵向缩缝，纵缝位置应按车道宽度设置，并在摊铺过程中用专用的拉杆插入装置插入拉杆。桥面与搭板纵缝拉杆可由横向钢筋延伸穿过接缝代替。插入或置入的侧向拉杆应牢固，不得松动、碰撞或拔出。若发现拉杆松脱、拔出或未插入，应在横向相邻路面摊铺前，钻孔重新置入拉杆。当发现拉杆可能被拔出时，宜进行拉杆拔出力(握裹力)检验，混凝土与拉杆握裹力试验方法可参照《公路水泥混凝土路面施工技术细则》(JTG/T F30—2014)附录。

(9) 养生。铺筑完成或软作抗滑构造完毕后立即开始养生。可采用覆盖土工布、草袋等洒水养生，不宜使用围水养生。

二、滑膜摊铺机铺筑

在水泥混凝土面的滑模铺筑前，要对摊铺现场准备工作进行检查。同时，要对滑模摊铺机械进行检查。滑模摊铺机各项工作参数要正确设置并检查。要进行滑模摊铺机空载对位与检查，进行卸料、布料的准备工作。

在开始摊铺的前5m内，必须对所摊铺路面的厚度、宽度、中线、高程等参数进行准确的测量。把达到要求的摊铺机工作参数的设定位置固定保护起来，不可再做改变。滑模摊铺机摊铺作业操作要点如下：

(1) 布料器控制。使用的摊铺机的机载布料器为螺旋式布料器，这种布料器具有二次搅拌的功能，使布料均匀、离析小。布料时一定要控制好布料的数量，不宜过多或过少。尤其要重视两侧均衡，边角的料必须充足。

(2) 进料门的控制。进料门是滑模摊铺施工的第一关，控制好了，施工顺利，反之不仅平整度差，还会损坏机械。正常料位，是控制在振捣棒以上10cm左右，这样施工的路面质量较好。施工过程中，操作手一定要随时观察仓内料位高低，手动控制在一个适宜恒定的范围内。

(3) 摊铺机施工的行进速度控制。滑模摊铺机旋工一定要使摊铺机缓慢均匀、连续不间断地工作，根据拌和能力可在1~2m/min选择，该高速公路选择的混凝土坍落度为2.5~5cm，1.0m/min的工作速度。振动频率1万次/min左右，夯板频率167r/min左右较为适宜。

(4) 对高频振捣棒的位置和工作情况进行监控。要注意观察每个振动棒的振动情况及是否有漏油现象。振捣棒振捣频率总体上应控制在6000~10000r/min，具体则应根据混凝土的稠度、坍落度以及摊铺机行走速度、停机等料时间来控制，做到振捣密实，排气充分。由于滑模摊铺机只能一次通过，不能倒车重铺，则必须做到既不能欠振、漏振，造成麻面或拉裂，也不得过振、提浆过厚，导致坍边或溜边现象，并导致混凝土表面不耐磨。

(5) 控制成型密度。经过捣实后的混凝土能进入成型模板，成型模板可根据施工要求调整成喇叭口、内八字型、仰角及路拱等。成型模板与左、右两侧模板组合可调整成前宽后窄的喇叭口型，使更多的混凝土能进入，随后受到挤压，增加混凝土的密实度。成型模板调整成有一仰角，同样能使更多的混凝土进入，随后受到挤压。仰角大小根据施工情况确定。

(6) 加设加长滑模板。为了减少水泥混凝土的塌边，在摊铺机后设有加长模板。其与侧模板组合，可调整成侧模端上窄、下宽；加长模板也上窄、下宽，外边缘略高，向内收，成为内八字形。

（7）拉杆置入。采用拉杆置入器置入拉杆钢筋。拉杆置入器分为侧置式和中置式。侧置式置入器由人工辅助半自动打入；中置式拉杆置入器由摊铺机的一个速度传感器计算摊铺机行走过的距离而命令置入器自动插入拉杆，在中部拉杆打入后，混凝土表面将留有一凹坑，可采用人工辅助，使用由搓平梁搓出的砂浆卷来修补。

（8）弯道作业。弯道区作业时，固横坡加大，机手应注意料仓料位及左右高度控制。先是调整计量板使超高的一边升高一些，低的一边降低一些。其次，提高小搅笼的转速，使之向高的一边提浆加快，确保料仓料位一致，避免一侧过多，而另一侧过少。

（9）表面搓平与修整。搓平梁搓平后，以较小的变形在混凝土表面进行修整，精平成型出来的混凝土表面，并消除混凝土表面的气泡。搓平梁搓出的砂浆卷还能修补中央拉杆打入后留下的凹坑，随后由超级抹平器抹平。但由于超级抹平器不能完全抹到边，为保证板块边缘的平整度，还需人工抹边，这项工作应当在摊铺机的加长模板范围内做完。

（10）摊铺结束后的工作。①摊铺机驶离工作面。摊铺机结束作业前，先把计量板提到最高，让料充分进入料仓。当混凝土全部进入料仓后，此时振动棒振动控制开关就应全部关闭，然后把调频旋钮转到零位，提升振动棒到水平状态。当行进到抹平器前端要出路面时，关闭抹平器开关，停止抹平器作业。此时，把高程由自动转为手控，拿下传感器杆，略升高机器，让机器在方向传感器控制下，驶离作业区一定距离后，停止运行。再拿开方向传感器，把方向传感器控制由自动转为手动，电脑控制板由“运行”转为“备用”。整体升起机器，放下侧模板，打开清洗开关，对机器整个清洗。机器整体清洗完成后，把大小搅笼、夯板、清洗开关全部关闭，升起侧模板，压低整机，最后全面检查机器是否有需要维修的地方。没有则应加润滑油，关闭发动机，以备后期作业，确保下次能顺利开工。②做横向工作缝。施工缝的设置位置应与胀缝或缩缝设计位置吻合，并与路中线垂直。横向施工缝采用平缝加传力杆方式设计与施工。

（11）横向连接摊铺。后幅横向连接摊铺时，摊铺机的履带有一边要在先铺筑的面板上通行。因此，控制先铺筑面板的养护时间应不少于 7d，对钢履带的摊铺机应铺垫橡胶垫或使用橡胶履带的摊铺机。

三、轨道摊铺机铺筑

（一）机械设备选取

轨道摊铺机的选型应根据路面车道数或设计宽度按表 1 的技术参数选择。最小摊铺宽度不得小于单车道 3.75m。混凝土路面施工前必须做好各种机械的检修工作，以便施工时能正常运行。混凝土的拌和与摊铺成型是轨道式摊铺机施工的主要工序。因此，应把混凝土摊铺机作为第一主导机械，把拌和机作为第二主导机械。主导机械的选择应能满足施工质量和工程进度要求。拌和机与摊铺机应互相匹配，拌和质量、拌和能力、技术可靠性及工作效率等应能满足要求。在保证主导机械发挥最大效率的前提下，选用的配套机械要尽可能少。有效地确保混凝土拌和质量的关键是选用质量符合规定的原材料、拌和机技术性能满足要求、拌和时配合比计量准确。采用轨道摊铺机施工时，拌和设备应附有可自动准确计量的供料系统。轨道摊铺机的基本技术参数如表 3-1 所示。

表 3-1　轨道摊铺机的基本技术参数

项目	发动机功率/kW	最大摊铺宽度/m	摊铺厚度/mm	摊铺速度/(m/min)	整机质量/t
三车道轨道摊铺机	33~45	11.75~18.3	250~600	1~3	13~38
双车道轨道摊铺机	15~33	7.5~9.0	250~600	1~3	7~13
单车道轨道摊铺机	8~22	3.5~4.5	250~450	1~4	≤7

（二）轨模安装

轨道式摊铺机的整套机械在轨模上前后移动，并以轨模为基准控制路面的高程。摊铺机的轨道与模板同时进行安装，轨道固定在模板上，然后统一调整定位，形成的轨模既是路面边模又是摊铺机的行走轨道。轨道摊铺应采用长度为 3m 的专用钢制轨模，轨模底面宽度宜为高度的 80%。轨道用螺栓、垫片固定在模板支座上，模板使用钢钎与基层固定。轨道顶面应高出模板 20~40mm，轨道中心至模板内侧边缘的距离宜为 125mm。

模板要有足够的横向刚度，能承受机组的质量。应根据施工进度配备相应的轨模数量并能满足周转要求，连续施工时至少需配备三个全工作量的轨模。轨模安装时必须精确控制高程。

（三）铺筑施工

使用轨道摊铺机前部配备的螺旋布料器或可上下、左右移动的刮板布料，料堆不得过高过大，亦不得缺料。可使用挖掘机、装载机或人工辅助布料。螺旋布料器前的拌和物应保持在面板以上 100mm 左右，布料器后宜配备松铺高度控制刮板。也可使用有布料箱的轨道摊铺机精确布料，箱式轨道摊铺机料斗出料口关闭时，装进拌和物并运到布料位置后，轻轻打开料斗出料口，待拌和物堆成“堤状”，左右移动料斗布料。

轨道摊铺时的适宜坍落度按振捣密实情况宜控制在 20~40mm 之间。当施工钢筋混凝土路面时，宜选用两台箱型轨道摊铺机分两层两次布料，可在第一层布料完成，格钢筋网片安装好后，再进行表面第二层布料，然后一次振实，也可两次布料两次振实，其间安装钢筋网。采用双层两遍摊铺钢筋混凝土路面时，下部混凝土的布料与摊铺长度应根据钢筋网片的长度和第一层混凝土的凝结情况而定，且不宜超过 20m。

（四）振实施工

摊铺机摊铺时，振捣机应跟在摊铺机后面对拌和物做进一步的整平和捣实。在振捣梁前方设置一道长度与铺筑宽度相同的复平梁，用于纠正摊铺机初平的缺陷并使松铺的拌和物在全宽范围内达到正确的高度，复平梁的工作质量对振捣密实度和路面平整度影响很大。复平梁后面是一道弧面振动梁，以表面平板式振动将振动力传到全宽范围内。拌和物的坍落度及集料粒径对振动效果有很大影响，拌和物的坍落度通常不大于 25mm，集料最大粒径控制在 40mm 以下。当混凝土拌和物的坍落度小于 20mm 时，应采用插入式振捣器对路面板的边部进行振捣，以达到应有的密实度和均匀性。振捣机械的工作行走速度一般控制在 0.8m/min，但随拌和物坍落度的增减可适当变化，混凝土拌和物坍落度较小时可适当放慢速度。

轨道摊铺机应配备振捣棒组，振捣方式有斜插连续拖行及间歇垂直插入两种，当面板厚度超过150mm，坍落度小于30mm时，必须插入振捣。

连续拖行振捣时，宜将作业速度控制在0.5~1.0m/min之间，并随着坍落度大小的改变而增减。间歇振捣时，在一处混凝土振捣密实后，将振捣棒组缓慢拔出，再移动到下一处振实，移动距离不宜大于500mm。轨道摊铺机应配备振动板或振动梁对混凝土表面进行振捣和修整，振动梁的振捣频率宜控制在50~100Hz，偏心轴转速调节到2500~3500r/min。经振捣棒组振实的混凝土，宜使用振动板振动提浆，并密实饰面，提浆厚度宜控制在4mm±1mm。

（五）整平饰面

振捣密实的混凝土表面用能纵向移动或斜向移动的表面整修机整平。纵向表面整修机工作时，整平梁在混凝土表面纵向往返移动，通过机身的移动将混凝土表面整平。斜向表面整修机通过一对与机械行走轴线成10°左右的整平梁作相对运动来完成整平作业，其中一根整平梁为振动梁。机械整平的速度取决于混凝土的易整修性和机械特性。机械行走的轨模顶面应保持平顺，以便整修机械能顺畅通行。整平时应使整平机械前保持高度为10~15cm的壅料，并使壅料向较高的一侧移动，以保证路面板的平整，防止出现麻面及空洞等缺陷。往复式整平滚筒前的混凝土堆积物应拥向横坡高的—侧，保证路面横坡高端有足够的料找平。及时清理因找平推挤到路面边缘的余料，以保证整平精度和整平机械在轨道上的作业行驶。轨道摊铺机上宜配备纵向或斜向抹平板。纵向抹平板随轨道摊铺机作业行进可左右贴表面滑动并完成表面修整；斜向抹平板作业时，抹平扳沿斜向左右滑动，同时随机身行进，完成表面修整。

（六）纹理制作

制作纹理时用纹理制作机在路面进行拉毛、压槽或刻纹，纹理深度控制在1~2mm范围内；在不影响平整度的前提下，提高混凝土路面的构造深度，可提高路面的抗滑性能。纹理形与路面前进方向垂直，相邻板的纹理应相互沟通以利排水。纹理制作从混凝土表面无波纹水迹开始，过早或过晚均会影响纹理质量。

（七）接缝施工

接缝施工质量的好坏将直接影响到混凝土路面的使用性能及养护维修工作量的大小，各类接缝的施工应做到位置准确、构造及质量符合设计及规范要求。

四、三辊轴机组铺筑施工

三轴机组具有施工机械转运方便，施工宽度比较灵活，特别适用于大型施工机械难于作业，适用于各等级路面混凝土施工，零星修补工程，厚度在15~40cm水泥混凝土路面的施工，也适于高速公路养护改造工程路面的施工。

（一）施工准备工作

基层的验收及处理，如有裂缝需进行防水处理或钢筋混凝土补强。表面清扫，面层施工前保证基层表面干净并洒水湿润。机械设备的调试与保养。施工原材料的准备。

（二）测量放样

根据施工要求放出模板的准确位置，用系红线钉子钉在底基层顶面，每10m一个，在有曲线地段加密放样点，立好的模板线形应平顺。

（三）安装模板

模板应采用刚度足够的槽钢或钢制边侧模板，钢模板的高度应比面板设计厚度稍低1cm左右，施工时用木塞调整厚度差，模板下缘与基层接触不密封处，可用砂浆抚平，以防止施工时浆体渗漏，模板长度宜为3~5m。用于路中一侧模板可在中间位置按横向钢筋间距打好孔，孔径为横向钢筋直径的1.2倍，模板应安装牢固、顺直、圆滑、顶面平整。模板支撑应用电钻在下承层打孔，然后用钢支撑固定模板。每米模板应设置1处支撑固定装置。模板垂直度用垫木楔方法调整。模板数量应满足拆模周期内周转需要。一般情况下，模板总量不宜少于3d摊铺的需要。

支模前的下承层进行测量放样，每20m应设中心桩；每100m宜布设临时水准点；核对路面标高、面板分幅，构造物位置。测量放样的质量要求和允许偏差应符合相应规范的规定。

纵横曲线路段应采用短模板，每块模板中点应安装在曲线切点上。

模板应安装稳固、顺直、平整、无扭曲，相邻模板间应采用活动螺轩连接，连接紧密平顺，不得有底部漏浆、前后错茬、高低错台等现象。模板能承受摊铺、振实、整平设备的负载行进、冲击和振动时不发生位移。严禁在下承层上挖槽、嵌入安装模板。安装好的模板应牢固不变形，能充分抵抗三辊轴机组施工动压力、混凝土侧向压力及施工人员踩踏承受力。

（四）混凝土拌合

每天开机前，试验室要去碎石和砂子进行含水量检测，并计算出生产配合比。开机前要检查设备情况，确保机械螺旋、计量系统正常，检查料仓、料位、水位是否满足要求。开机运行预热15min，空转一下皮带轮，清除残留的渣滓和多余的水分，加水清洗拌锅，设置生产配合比，并拌和0.5m^3混凝土废除，使拌锅腔体内留有砂浆，减少成品混凝土砂浆损失。

取已拌好的混凝土进行坍落度试验，实测坍落度值必须符合设计要求。否则进行用水量的调整，直到符合要求为止。

混凝土卸料的高度不能高于2m，以免造成拌合料的离析。

（五）混凝土运输

路面混凝土运输宜采用自卸汽车进行运输，每车运力在5~10m^3，混凝土在运输过程中要防止漏浆、漏料和污染路面。根据施工进度、混凝土用量、拌和场生产能力、运距及路况，合理配备车型和车辆总数，总运力应比总拌和能力略有富余。

混凝土拌和料从搅拌机出料后，送至铺筑地点进行摊铺完毕的最长允许时间，由试验室根据水泥混凝土初凝时间、施工气温及坍落度损失试验结果确定，一般不大于1h。当运距较远或在气温条件不同的情况下，可采用外掺剂来调节初凝时间，使混合料性能满足施工要求。

施工过程中搅拌楼安排专职质检员全过程监督，从搅拌机开机至正常出料期间，将随时抽查坍落度，一旦发现有不合格料，禁止其运出拌和场。

（六）卸料、布料

混凝土卸料时车子停靠在另一幅路上，等待卸料的车停靠在右侧临时施工区域内。布料前，试验室进行坍落度检测并取样制作混凝土试块，坍落度必须符合设计要求，否则必须废除该混凝土。用侧向布料车或挖机进行布料，布料时应从远到近，并尽量均匀布料，减少人工的整平；经过初步找平混凝土，使混凝土分布均匀。

（七）人工修整及振实

混凝土拌和物布料长度大于 10m 时，可开始振捣作业。密集振捣棒组间歇插入振捣时，每次移动距离不宜超过振捣有效作用半径的 1.5 倍，并不得大于 500mm，振捣时间宜为 15~30s。排式振捣机连续施行振实时，作业速度宜控制在 4m/min 以内。具体作业速度视振实效果，其计算为：$V=1.5R/t$。式中：V 为排振捣机作业速度，m/s；t 为振捣密实所需的时间，s，一般为 15~30s；R 为振捣棒的有效作用半径，m。

机械未找平的地方采用人工进行找平，开动排式振动器振实，以无明显气泡冒出和混凝土表面充满浆体为度，振实过程中辅以人工整平。

（八）三辊轴机组提浆整平

三辊轴整平机的主要技术参数应符合表 3-2 的规定。板厚 200mm 以上宜采用直径 168mm 的辊轴；桥面铺装或厚度较小的路面可采用直径为 219mm 的辊轴。轴长宜比路面宽度长出 600~120mm，振动轴的转速不宜大于 380r/min。

表 3-2　三辊轴机组主要技术参数

型号	轴直径/mm	轴速/（$r\cdot min^{-1}$）	轴长/m	轴质量/（$kg\cdot m^{-1}$）	行走机构质量/kg	行走速度/（$r\cdot min^{-1}$）	整平轴距/mm	振动功率/kW	驱动功率/kW
5001	168	300	1.8~9	65±0.5	340	13.5	504	7.5	6
6001	219	300	5.1~12	77±0.7	568	13.5	657	17	9

开动三辊轴机组前在三个滚筒表面喷洒少许水分，以免滚筒粘附混凝土，造成施工表面拉毛现象。

三辊轴整平机按作业单元分段整平，作业单元长度宜为 20~30m，振捣机振实与三辊轴整平两道工序之间的时间间隔不宜超过 15min。三辊轴滚压振实料位高差宜高于模板顶面 5~20mm，过高时应铲除，过低应及时补料。三辊轴整平机在一个作业单元长度内，应采用前进振动、后退静滚方式作业，宜分别 3~6 遍。最佳滚压遍数应经过试铺确定。滚压完成后，用整平轴前后静滚整平，直到平整度符合要求，表面砂浆厚度均匀为止。表面砂浆厚度宜控制在 4mm±1mm。

三轴仪提浆整平后，采用特制的弧形收光尺沿着施工路面的横向收光，刮除表面析出的多余水分及砂浆。最后采用路面等宽棉布纵向收光，提高表面外观。

（九）养生

水泥混凝土路面采用保湿养生膜覆盖的方式养生。盖塑料薄膜的时间，以不压没细观抗滑构造为准。养生期间始终保持养生膜覆盖完整，养生膜破裂时，立即补盖或修补。养生天数不得少于 15d。混凝土面层在养生期间，进行交通管制，严禁人、车通行。

第四章

桥梁工程施工技术

第一节　桥梁基础施工技术

基础工程在桥梁结构物的设计和施工中占据着非常重要的地位。桥梁的基础形式有很多，其中扩大基础属于直接基础，因为具有方便、快捷和稳固等特点而得到了广泛的运用。

（一）桥涵明挖扩大基础的施工要点

1. 准备工作

进行开挖基坑的施工作业之前，应先复核基坑的纵横轴线和高程，同时根据施工现场的实际情况和水文地质资料，准确确定支护方案和开挖的坡度，且设置完善的排水设施和防水设施。进行放样工作时，应考虑到基坑底部的尺寸，建议在设计尺寸的基础上预留0. 5m 的富余量，从而为后续的排水、支撑和立模工作提供方便。

2. 基坑开挖

进行基坑的开挖作业时，应连续的进行施工，一次开挖距离基坑底面的距离应预留20cm，同时在浇筑结构物之前，应将其清除至标高，基底的深度必须遵循设计文件的要求，从而充分的保证基坑底面的坚实度。

基坑的稳定程度较高，且基础埋置不深、渗水量较少，而在开挖基坑时也不会对邻近建筑物的安全产生过大影响，建议选择不加支撑的基坑；基坑壁坡稳定性较差并且有地下水，且放坡的开挖工程会受到某些因素的限制并且工程量较大时，应视工程的具体情况来选择相应的加同措施，常采用的有锚杆支护、挡板支撑、混凝土护壁以及钢木结合支撑等措施；在水中的基础通常要面临较大的水流，施工最好应在静止水条件下进行。应采用同堰法，既能够支撑基坑坑壁和施工平台，也能够较好的围水和防水。

3. 设置排水设施

为防止水沟出现渗水和漏水的情况，应在基坑顶缘的四周设置截水沟，保证坑壁具有较好的稳定性。进行基坑的排水工作时应采用集水坑排水法。若土质具有较大的渗透性，同时基坑的深度较深时，可采用沉井法或是板桩法若土质中存在着流沙现象，且坑壁不稳定时，建议采用井点排水法。

4. 基底处理

一般情况下，天然地基基础所受到的荷载都是要靠基底的土壤来承担的，因此，土壤的质量就会直接影响基础、墩台以及上部结构，那么就应进行必要的基底处理工作。在处理基底时，我们通常可以采用换填土法、振动冲水法、砂井法、电渗法、化学固化法、强夯法以及高压喷射注浆法等多种方法，而针对软土地基层的加同固工作，主要采用以下四种方法：①换填土法。先将基础下部软弱土层全部挖除，之后换填有较强力学性能的土体；②胶结土法。采用粉体喷射搅拌以及化学浆液灌入等方法，使土壤颗粒达到胶结和硬化的状态，从而改进土的力学性质；③挤密土法。采用塑料排水板、砂井、石灰桩以及重锤夯实等方法，将软弱的土层挤压密实；④土工聚合物法。采用土工格栅、土工合成物、土工织物以及土工膜等加筋土体，提高土体的周压力，从而提高地基的整体承载能力。

5. 基底检验

在检验基底时，主要有基底的平面位置、基底土体的稳定性、均匀性、承载能力以及基底的高程等检验内容，同时进行检验工作时还应充分的参考地基土质的实际情况、构造物的大小以及结构对地基的要求等参数，选择合理的检验方法。①小桥涵的地基，建议选择触探的方法，必要性应进行土质试验，如果地基的土质不良，还应进行荷载试验。加同完成后，应对其进行密实度检验；②大桥、中桥或是填土超过 12m 涵洞的地基，那么可采用钻探试验、挖试坑等方法，确保土质的最大承载力是符合设计文件的要求的。有些地基的地质条件较为复杂，即使采取了相应的加同措施，其密实度也可能不符合要求，那么也应进行荷载试验，合格后才可开始基础结构物的施工作业。

6. 浇筑基础结构物

主要分为排水浇筑、无水浇筑和水下砼浇筑三种。确定是在无水的状态下，才可开始排水浇筑，不能采用用混凝土将水赶出模板外的灌注方法，严禁带水作业。当排水较为困难时，建议采用水下砼浇筑，其主要分为水下封底和水下直接灌注两种，应先将渗水封闭，再浇筑基础结构物。

（二）桥涵明挖扩大基础施工中的注意事项

1. 避免大体积混凝土出现水化热现象的注意事项

在对大体积混凝土施工时，水泥会产生大量的水化热，那么就会出现变形，而如果其产生的收缩应力和温度应力超过了混凝土的抗拉强度时，构件就会产生裂缝，从而降低混凝土的施工质量。要想避免水化热现象的出现，应做好以下工作。①应尽可能的选用低水化热的水泥并且降低水泥的用量，在水泥中还可掺入适量的缓凝剂和粉煤灰，其含量应在水泥用量的 30%左右；②在混凝土结构中应设置冷却管，做好对其的冷却降温工作，同时准确的设计水管的流量和管道的进水温度、分布密度，将进出水的温度差控制在 10℃以内，混凝土与水的温度差应小于 20℃；③降低混凝土的入仓温度，同时采取相应的遮盖措施，进行混凝土的拌和作业时，应采用冷却水作为拌和水；④进行大体积混凝土的施工时，建议采用分层施工的方法，应在考虑到混凝土的降温措施和浇筑能力的基础上确定每一层的厚度；⑤浇筑完成后，应采取洒水等养护措施。

2. 避免基坑边坡出现失稳坍塌现象的注意事项。

导致基坑边坡出现失稳坍塌的原因。①地下水以下部分开挖，同时未采取有效的加固措施，土质易坍塌；②在基坑的四周并没有设置排水沟或是截水沟，无法拦截地表径流；③施工中所采用的机械设备振动较大，或长时间的在基坑周围作业；④基坑深度较大，且坑壁坡度较陡；⑤土层是粗、细砂质，水的渗流导致细砂颗粒流动，坑壁易出现坍塌的现象。

预防措施。①施工的过程中应保证坑壁没有松散塌落的现象，同时坑缘的顶面无裂缝；②开挖基坑之前，底面应设置完善的排水系统，还应设置截水沟，避免出现水沟渗水的现象，保证坑壁的稳定性；③在坑顶的边缘应设置护道，动载距离坑缘应超过 1m，堆载距离坑缘应超过 0.5m，同时堆置弃土的高度应低于 1.5m；④若底层的地质情况发生的突变，应采取支护措施，当水文地质条件较差时，还应采取相应的加固措施；⑤不建议在多雨的季节进行基坑的施工作业。

出现基坑边坡失稳坍塌问题时。认真分析问题出现的原因，同时采取有针对性的处理对策，通常我们可采用锚桩式支护、木板支护、喷锚支护以及钢板桩支护等方法，当其稳定后，应将其清理干净并继续进行施工，基础的施工作业应尽量在最短的时间内完成。

一、钻孔灌注桩施工

钻孔灌注桩是指采用不同的钻(挖)孔方法，在土中形成一定直径的井孔，达到设计标高后，将钢筋骨架(笼)吊入井孔中，灌注混凝土形成桩基础。

(一) 钻孔灌注桩成孔机械的选择

目前回旋钻机、冲击钻机、旋挖钻机是钻孔灌注桩施工最为常用的三种施工机械。在实际的施工过程中，要根据施工现场的水文地质条件以及施工条件来确定合适的施工机械，以达到机械做大的使用效率。三种钻机的施工特点如表 4-1 所示。

表 4-1　三种钻机的施工特点

成孔机具	适用范围	优缺点
回旋钻机	碎石土、砂土、黏性土、粉土、强风化岩	适用范围广，但施工中需要大量的泥浆护壁，清孔困难；在遇到岩石地质时，施工效率大大降低。
冲击钻机	适用于各类土层及风化岩	成孔直、沉渣少，适用于各种岩层施工。
旋挖钻机	软土、流泥、流沙和卵砾石等复杂的地质条件	成孔质量好、速度快、环保无噪、行走移位方便、桩孔对位方便准确等优点。

在实际的钻孔施工过程中，施工场地的水文地质条件存在着很大的不同，针对不同的水文、地质条件选择适合的成孔机械，通过三种机械施工原理的不同，对三种施工常见的成孔机械的性能进行对比分析，如表 4-2 所示。

表 4-2　三种成孔机械性能对比分析

对比对象	成孔性能对比结果
旋挖成孔法与冲击钻成孔法	冲击钻成孔法的钻头是用钢丝绳进行牵引，同时施工中钻头自由落体产生的强大冲击力，很容易出现钻头掉落以及桩孔出现倾斜等现象，采用旋挖成孔法进行钻孔施工比冲击钻成孔法稳定性更好；单从成桩后承载力而言，采用旋挖成孔法比冲击钻成孔法成桩后的单桩承载力相对更高；冲击钻成孔法由于施工原理的限制，施工时会产生较大的叫声，然而采用旋挖成孔法施工时，施工现场比较文明，较整洁，适用于市区中心或者住宅楼较多的居民区。

续表

对比对象	成孔性能对比结果
旋挖成孔法与正循环成孔法	由于正循环成孔法施工原理的原因，泥浆在循环以及上升到孔口的速度很慢，使得正循环成孔法成孔的效率大大的降低，采用旋挖成孔法施工效率要远远大于正循环成孔法施工的效率；与此同时正循环成孔法在施工时，泥浆需要不断地循环使用，泥浆的处理工作难免会使施工现场不整洁，采用旋挖成孔法施工时，施工现场比较文明，较整洁。
旋挖成孔法与反循环成孔法	旋挖成孔法适用广泛，适用于各种地层，然而反循环成孔法需要在一定静水压力的前提下，才可以进行钻孔施工，施工场地受限，与此同时反循环成孔法在施工时，泥浆需要不断地循环使用，泥浆的处理工作难免会使施工现场不整洁，采用旋挖成孔法施工时，施工现场比较文明，更加环保。

（二）钢护筒埋设

在钻孔施工前需埋设护筒，埋设护筒的目的在于可以一定程度保证成孔的垂直度以及对成孔桩径的控制。与此同时可以有效的阻止地表水渗入孔内，防止孔内静水压力的平衡被破坏。

钢护筒埋设时，要尽量保证护筒的中心线与桩孔的中心线基本在一条直线上，除非设计有其他特定要求，钻孔灌注桩孔中心位置允许偏差不应超过 50mm，钢护筒的倾斜度不大于 1%，护筒底部和四周所填黏质土必须分层夯实。钢护筒的埋设高度要高于地面 0.3m。如果孔内有承压水存在时，护筒高度需要高出稳定后承压水位 2m 以上。护筒的埋置深度需根据设计要求或桩位的水文地质情况确定。

（三）钻孔施工工艺

桩位点测放后，采用十字线方式来确定钢护筒的位置，然后进行桩位点的复核，进行钢护筒的埋设。接着进行钻机定位，要检验钻机基础底部是否牢固，校正钻头的垂直度，符合要求后开始钻孔。

成孔中，通常采用电子控制以及人工观察的方式来保证桩成孔的垂直度。在钻孔施工过程中，需根据对施工现场的地质条件来确定钻孔钻进的速度，如果由硬地层向软地层进行钻孔施工时，可以适当的提升钻孔的速度；如果由软地层向硬地层进行钻孔施工时，要适宜的放慢速度；当遇到砂层时，要适当的增加泥浆比重和粘度，采用慢转速慢钻进的方式进行施工。

钻孔前，需对泥浆的性能指标进行复核，保证泥浆的质量满足要求，如果泥浆指标出现问题，找出原因并及时调整。

（四）泥浆护壁工艺

泥浆护壁是指将一定相对密度的泥浆放入孔内，由于静水压力在孔壁形成一层泥皮，可以有效的保护孔壁，防止坍孔。在砂类土、砾石土、卵石土、黏砂土夹层中钻孔必须采用泥浆护壁。

钻孔灌注桩在成孔阶段施工时，对泥浆比重有着严格的要求，泥浆指标如表 4-3 所示，在施工时，要随时进行泥浆指标的检测，一旦发现不满足要求，要及时作出调整。

表 4-3　泥浆性能指标

成孔方法	施工阶段	密度/(g/cm³)	黏度/s	含沙率/%
旋挖	初始配置	1.05~1.10	17~19	≤3
	钻进过程	1.04~1.09	17~22	≤3

(五)钢筋笼制作与吊装

钢筋笼在施工现场采用加强箍成型法进行制作，加强箍要布置在主筋的内侧，应标明主筋位置，主筋采用双面焊，焊接长度大于 10d，钢筋骨架型号、位置安放必须准确。钢筋笼的制作需满足施工图纸设计和《公路桥涵地基与基础设计规范》(JTG 3363—2019)施工规范的要求。钢筋笼外侧设置控制保护层厚度的垫块，顶端应设置吊环，钢筋笼制作完成后，需对钢筋笼的直径、钢筋间距以及垂直度进行复核，保证制作的钢筋笼符合设计要求。

钢筋笼在施工现场运输和吊装时，要防止钢筋笼发生变形，在安装时要对准孔位，缓缓下放，不要碰到孔壁，到达设计位置后应立即固定。钢筋笼安装采用小型吊运机具或起重机吊装就位。钢筋笼放置入孔后，对下放的钢筋笼进行加固处理，保证其位置符合设计以及规范的要求。对钢筋笼进行加固，可以有效的防止后期安装导管、清孔及灌注混凝土时出现钢筋笼上浮与偏移的现象。

钢筋笼吊装普遍采用双吊点法进行起吊，吊筋型号及数量应该经过验算，在吊装时采用 25T 的吊车配合施工，吊筋应布置在加强箍上，采用双面焊牢牢的焊在钢筋笼的主筋上，吊筋的另一端需焊接成圆环方便吊运。

(六)清孔施工工艺

清孔工艺是钻孔灌注桩施工中非常重要的一个环节，清孔的质量直接决定着灌注桩成桩质量。钻孔灌注桩清孔主要有正循环清孔、泵吸反循环清孔以及气举反循环清孔等三种方法。三种清孔方法的工作原理和优缺点如表 4-4 所示。

表 4-4　清孔工艺原理以及优缺点

清孔工艺	工艺原理	优缺点
正循环清孔工艺	正循环清孔法是目前最简单的清孔方法，采用泥浆泵向桩底高压注入新鲜泥浆，使孔底的沉渣浮起，随着泥浆的上升，在压力的作用下沉渣随着上升的泥浆一起从护筒顶部的预留口溢出。在施工过程中必须严格控制孔内泥浆的上升速度，泥浆上升的速度越快，清孔的效果越好。	清孔效果好，施工简单、造价低、安全性较好；但是清孔时间太长，对于一些对沉渣要求高的工程，难以满足要求。
泵吸反循环清孔工艺	利用大功率泥浆泵的抽吸作用，在导管内腔形成负压，在外界大气压的作用下，处于导管与孔壁之间泥浆和孔底沉渣流向孔底，被吸入导管内腔并排出孔外。	清孔效果好，清孔速度相对较快，在桥梁工程中得到了广泛的应用；但是由于泥浆泵功率的限制，只能对孔深小于 50m 的桩基进行清孔处理，有一定的局限性。

续表

清孔工艺	工艺原理	优缺点
气举反循环清孔工艺	在导管的中下部约 2/3 处放置液气混合器，通过空压机向导管内输入空气，空气经过液气混合器与导管内泥浆混合，形成泥泡，密度降低，导管内外形成负压，在导管外泥浆的压力作用下，孔底沉渣伴随泥浆从导管上口排出。	清孔效果最好，清孔速度迅速，但是对于清孔机械设备的要求较高，适用范围有很大的局限性，施工成本相对较高，安全性较差。

为了降低沉渣厚度，保证成桩质量，对三根不同的桩分别采取了三种(正循环式清孔、泵吸反循环式清孔、气举反循环式清孔)清孔方式进行清孔。考虑安全性、成渣效果、实用性、经济性等方面，进行详细对比，如表 4-5 所示，选择清孔效果最好、最安全实用的方式进行后续旋挖灌注桩的清孔。

表 4-5　清孔方式对比表

对比	正循环清孔	泵吸反循环清孔	气举反循环清孔
清孔效率	低	一般	高
清孔质量	低	高	高
造价	低	一般	高
安全性	高	高	一般
建议适用	钻孔灌注桩第一次清孔	孔深<30m 的钻孔灌注桩清孔	多用于桥梁孔深大于 30m 的深孔桩

目前沉渣厚度的检测方法有声纳法、锤球法、电容法和电阻率法。由于桩基检测的仪器普遍比较昂贵，施工单位往往由于考虑施工成本的因素，很少采用上述方法进行检测，施工单位普遍采用测绳法对桩基的沉渣厚度进行确定，但是由于人为因素，检测结果有很大的误差。为解决此种情况，可采用测绳+测针/测饼测量法进行测量，首先将测绳捆绑在重 3kg、长 300mm 的测锤上，将其放置孔底记录取值；然后将测绳连接在圆钢板中心，放置在同一点位记录取值，沉渣厚度为两次测量的差值。使用该方法可以有效地避免人为因素对沉渣结果带来的影响，大大的提高了测量精度。

(七) 水下混凝土灌注工艺

1. 水下混凝土灌注的方法

水下混凝土灌注在施工中普遍采用导管法和泵压法。由于导管法可以随着混凝土的浇注逐节拆卸导管，施工迅速简便，能适用各种施工条件。目前，施工单位更多的采取导管法进行水下混凝土的灌注。采用导管法进行水下混凝土灌注施工时，为了保证灌注混凝土的成桩质量，应注意首批混凝土灌注量、导管的设计要求、导管的连接方式、导管的埋深等因素。

2. 导管法施工工艺

采用导管法进行水下混凝土灌注施工时，首批混凝土的灌注量是保证成桩质量的重要因素，计算混凝土的初灌量时必须考虑孔底沉渣厚度、导管到孔底的距离、导管的埋置深度以及泥浆比重等因素。首批混凝土的灌注量相对较大，混凝土快速上升很有可能造成钢筋笼出现上浮的现象，因此，在灌注前要对钢筋笼进行加固，防止出现钢筋笼上浮的可能。

水下混凝土在灌注施工的过程中，除非出现特殊情况，否则不能中途停工，必须连续进行灌注。采用测绳法来确定混凝土灌注的深度，根据水下混凝土灌注的深度适时提升并逐级拆卸导管，确保导管的合理埋深。

在后续混凝土的灌注中，要对混凝土的灌注数量要随时测量，根据计算以及混凝土的灌注深度进行导管的提升。如果出现非连续灌注的情况时，可采用窜点导管的方法，导管的提升幅度为 30cm 左右，与此同时，要仔细的观察孔口返浆的情况，一直到孔口不在返浆。灌注水下混凝土应迅速进行，每根桩的灌注时间不宜超过 8h，防止孔底沉渣过后以及坍孔事故的发生。

窜动导管的作用。(1)加快下批混凝土的灌注速度。假如施工过程中不窜动导管，会使混凝土在导管内留置时间过长，影响混凝土的流动性，与导管内壁的摩擦阻力也会随之加大。因为留置时间过长，大量的泥浆中的水分因为惯性全部流入孔内，使许多的粗骨料留置在导管中，很有可能造成断桩的情况。(2)提高混凝土的密实度和单桩承载力。采用窜动导管可以有效地加大混凝土的流动性，加强桩身与周边地层的有效结合，增大桩周摩擦阻力，同时加大混凝土与钢筋笼的握裹力，这些因素都可提高单桩承载力。

灌注混凝土时必须连续施工，不能中断；从混凝土搅拌开始，尽量在 1.5h 内浇注完成，特别是炎热的夏季，必须在 1h 内浇筑完成；随着孔内浇筑混凝土的上升，需逐节快速拆除导管，时间不宜超过 15min。

3. 桩顶灌注标高及桩头处理

为保证桩顶的质量，灌注的桩顶标高应比设计标高出 1m 左右。当混凝土灌注完成后，根据工程桩的设计要求，即使处理桩头多余的部分，需保留 0.1~0.2m 左右，可以节省后期凿除桩头花费的时间。混凝土灌注后要立即拔处护筒。处于地面及桩顶以下的整体式刚性护筒，应在灌注完混凝土后立即拔出；处于地面以上、能拆卸的护筒，须等到混凝土的抗压强度达到 5MPa 后进行拆除。

二、沉井基础施工

在桥涵等工程基础设计中，往往因其地质情况会选择沉井基础。沉井基础广泛应用于桥涵工程与水闸及抽水站工程，它是一种实体基础，具有整体性强、承载力大和较易施工等优点。

（一）沉井的概念与使用条件

沉井是沉放横断面为圆形、方形或矩形，上下都敞开的井筒的基础工程，又称开口沉箱。沉井一般为钢或钢筋混凝土制品。沉井有较大的刚度，抗振性能好，既可作为承重基础，又可作为地基防渗结构。整个沉井是分节制造的，底部一节的下端装有刃脚，边从井内挖土，边靠自重下沉，一节沉下后，上面再接一节，井筒逐步接高，一直沉至预定高程。

在大学教科书中，是这样描述沉井的：“沉井是一个无底无盖的井状结构物，是以在井内不断除土，井体借自重克服外壁与土的摩阻力而不断下沉至设计高程，并经过封底、填芯以后，使其成为桥梁墩、台或其他结构物的基础。”

沉井基础的特点是埋置深度可以很大、整体性强、稳定性好、能承受较大的垂直荷载和水平荷载。沉井既是基础，又是施工时挡土和围堰结构物，施工工艺也不复杂。根据经济合理、施工上可能的原则，一般在下列情况下可采用沉井基础：(1)上部荷载较大，而表层地基土的容许承载力不足，做扩大基础开挖工作量大以及支撑难，但在一定深度下有较好持力层，采用沉井基础与其他沉基础相比较，经济上较为合理时；(2)在山区河流中，虽然土质较好，但冲刷大，或河中有较大卵石不便桩基础施工时；(3)岩石表面较平坦且覆盖层薄，但河水较深，采用扩大基础施工围堰有困难时。

(二) 沉井的组成

沉井主要由井壁、刃脚、隔墙、井孔、凹槽、射水管、封底和盖板等部分成。

(1) 刃脚。刃脚在沉井的最下端，用钢板做成，形如刀刃，当沉井下沉时，起切入土中的作用。

(2) 井壁。井壁沉井的外壁，用钢筋混凝土逐节现浇而成。下沉的过程中，除起挡土作用外，还以其自重克服外壁与地基土之间的摩阻力的刃脚底部的土阻力，使沉井逐渐下沉，直至设计高程。

(3) 隔墙。隔墙是把沉井分成若干小间，以减小由外侧土压力对井壁的弯矩，加强沉井的刚度。此外，在施工时，便于挖土和可以控制沉井下沉的偏差。

(4) 井孔。井孔是挖土排土的工作场和通道。井孔尺寸应江中施工要求，宽度(直径)≥3m。井孔布置应对称于沉井中心轴，便于对称挖土使沉井均匀下沉。

(5) 凹槽。凹槽设计在井孔下端近刃脚处，其作用是使封底混凝土与井壁有较好的结合，封底混凝土面的反力更好的传给井壁(如井孔全部填实的实心沉井也可不设凹槽)。凹槽的深度0.15~0.25m，高约1.0m。

(6) 射水管。当沉井下沉深度大，穿过的土质又较好，估计下沉会产生困难时，可在井壁中预埋射水组。射水管应均匀布置，以利于控制水压和水量来调整下沉方向。一般水压≥600kPa。

(7) 封底和盖板。沉井沉至设计高程进行清基后，便浇筑封底混凝土。混凝土达到设计强度后，可从井孔抽干水并填满混凝土或其他圬工材料。如井孔中不填料或仅填以沙砾则须在沉井预面筑钢混凝土盖板，盖板厚度一般为1.5~2.0m。封底混凝土底面承受地基土和水的反力，这就要封底混凝土有一定的厚度(可由应力验算决定)，其厚度根据经验也可取不小于井孔最小边的1.5倍。封底混凝土顶面应高出刃脚根部≥0.5m，并浇灌到凹槽上端。封底混凝土度等级对岩石地基用C15，一般地基用C20。井孔中充填的混凝土，其强度等级≥C10。

(三) 沉井的施工技术要点

沉井的施工工序主要有：(1)在进行沉井施工时，先在沉井位置开挖基坑，坑的四周打桩，设置工作平台；(2)铺砂垫层，搁置垫木；(3)制作钢刃脚，并浇筑第一节钢筋混凝土井筒；(4)待第一节井筒的混凝土达到一定强芭后，抽出垫木，并在井筒内挖土，或用水力吸泥，使沉井下沉。(其下沉技术可分为排水下沉和不排水下沉)；(5)然后加高沉井，分节浇筑，沉井在井壁自重的作用下，逐渐下沉；(6)当沉井下沉到设计高屋以后，用混凝土封底，浇筑钢筋混凝土底板，形成地下结构。以上工序的要点是：打桩、开挖、搭台→铺砂、垫层、承垫木→沉井制作→抽取承垫木→挖土下沉→封底、回填、浇筑其他部分结构。

沉井下沉的基础方法：是不排水而在水中挖土。只有在稳定的土层中，且排水量不大时，方采用排水法下沉。水中挖土一般使用空气吸泥机、水力吸泥机及抓斗等工具。沉井下沉主要是靠自重克服土对沉井外壁的摩擦力，不排水下沉时，沉井自重的计算需扣除水的浮力，沉井自重至少应超出对沉井侧壁总摩擦力的25%。

(四) 基底处理

沉井沉到设计高程后，应检验基底的地质情况是否与设计相符。当采用排水下沉时，可直接检验、处理；采用不排水下沉时，应由潜水员进行水下检验、处理，必要时取样鉴定。基底面应尽量整平，高差要保证水下封底混凝土在刃脚和隔墙下满足要求的最小厚度，以提高水下混凝土的灌注质量。

防止封底混凝土和基底间掺入有害夹层。基底为岩层时，岩面残留物(风化岩碎块、卵石、砂)应清除干净，清除后的有次往面积(即沉井底面积扣除在刃脚下一定宽度不可能完全清除干净的面积)不得小于设计要求。基底为砂质或黏质土时，应铺以碎石或砾石垫层，以铺至刃脚尖以上20cm处为好，对排水下沉的沉井，还须沿刃口周边下面以碎石或砾石填平夯实。井壁、隔墙及刃脚与封底混凝土接触面处的污泥应予清除。基底检验合格后，应及时进行封底。对于排水下沉的沉井，在清基时，如渗水量上升速度≤6mm/min，可按普通混凝土浇筑方法进行封底；若渗水量大于上述规定时，宜采用水下混凝土(导管法灌注)进行封底。

第二节　桥梁墩台施工技术

一、现场浇筑墩台施工

(一) 混凝土墩台

1. 模板的选择与施工

通常情况下，模板都是由木材、塑料、钢材和胶合板组成。在我国桥梁混凝土墩台的模板选用中，较常见的模板类型有组合式模板、拼装式模板和整体吊装模板3种。

组合式模板即是在桥梁的施工现场进行制作、安装，组合式模板应用于桥梁混凝土墩台，具有通用性较强和使用起重设备少的优点。拼装式模板即在厂家定制完成，具有安装简便、重复使用和省工省时的优势，一般适用于不同规模的桥梁墩台施工。

整体吊装模板是分层模板，经过组合安装后形成的复合模板，可节省钢材与拉杆的使用量，具有经济性较高的优势。但需注意，整体吊装模板在桥梁混凝土墩台施工中的应用，须保障混凝土浇筑前后的模板表面光滑平整，若桥梁混凝土墩台过高，应在模板上安装抗风拉结绳和支撑立柱，为下一步施工工序奠定基础。

2. 钢筋骨架的制作

钢筋骨架的制作作为桥梁混凝土墩台主要结构，做好钢筋骨架的制作尤为重要。因此做好钢筋骨架的制作可按以下步骤进行：①严格按设计标准来调整钢筋料，尽可能顺直折弯的钢筋；②做好生锈钢筋的除锈工作，并在钢筋表面涂抹防锈原料，以免钢筋生锈；③下料时，施工人员必须根据墩台钢筋骨架的设计要求和钢筋骨架构件尺寸进行；④对于需要折弯的钢筋，应按折弯设计规格进行，并做好组装钢筋骨架构件的绑扎工作。

3. 钢筋绑扎

在配置桥梁混凝土墩台第1层的垂直钢筋过程中，施工人员应使用不同长度绑扎方式进行绑扎，同一断面钢筋接头需根据施工技术的标准与规范进行，确保水平钢筋接头的内、外与上、下之间的距离错开。如在绑扎钢筋过程中，施工人员可按具体施工要求与标准将桥梁混凝土墩台钢筋保护层净厚度控制在30mm内，承台基础受力的钢筋净保护层设定在35mm。

在混凝土浇筑施工阶段，采用一次性连续浇筑方式来浇筑墩台身的混凝土，然后根据桥涵施工的规范要求，做好墩台平面接缝的处理工作。在桥梁混凝土墩台身混凝土凝固前，对其进行洒水养护，并定期进行检查，以免新浇筑的混凝土泡在水中，降低了墩台混凝土的强度与刚度。

4. 桥梁混凝土墩台的浇筑施工

桥梁混凝土墩台在施工前，施工人员应清扫干净基础顶面，将表面的浮浆凿除干净，并整修绑扎的钢筋。浇筑混凝土期间，施工人员还应严格按设计要求对混凝土的配合比、水灰比与塌落度进行控制，确保符合规范要求。同时对模板、钢筋、预埋件的位置预计保护层的尺寸进行严格检查，以免发生变形，降低了施工质量。如在运送混凝土方面，为了保证浇筑施工质量，应采用混凝土墩台的水平和垂直运输互相配合方式进行浇筑，并检查混凝土的配置、运输和浇筑的湿度满足规范要求。

若墩台属于大体积施工，为了避免水泥水化热过高，导致混凝土墩台内外温度差过大产生裂缝，还应按技术性能指标进行配置。

桥梁混凝土墩台的施工质量控制方法：

（1）模板施工的质量控制。施工单位要想提升桥梁混凝土墩台的模板基础水平，方便施工过程中千斤顶的使用，须使用手拉葫芦来调整模板的平直度。如施工人员在拼装模板时，应配合测量工作人员对模板的平面位置和垂直度进行检查并加以调整，直到全部模板拼接工作顺利完成，再对模板的平面位置与垂直度进行总检查。

在支模前，技术人员还应做好配板的设计工作，并对配板放样图进行绘制和编号，按缝模调节其余流量。在模板安装期间，施工部门还应按配模的图纸对模板支撑位置进行设置。必要时可在模板上增加垫木与导模，避免模板发生漏浆。

（2）模板拆卸的质量控制。模板拆卸时，需安排专业工作人员按设计要求进行。因此为了避免桥梁混凝土与模板的表面黏贴，须及时松动模板的固定拉杆与做好模板拆卸的准备工作。如在拆卸模板的过程中施工人员应采取保护措施，对墩台的混凝±边角进行保护，确保侧模的拆除工作，不会损伤混凝土的表面和棱角，从而给桥梁混凝土墩台产生冲击荷载带来影响。此外，底模和支架的拆除，应在桥梁混凝土墩台的强度满足施工设计和标准时，才能进行拆除工作。

(3) 钢筋绑扎的质量控制。监理单位需要按图纸设计，严格检查钢筋的型号、规格、数量、加工尺寸与保护层的厚度，保证钢筋绑扎与桥梁混凝土墩台的施工标准与技术要求相符合。同时检查钢筋的焊缝长度，保证钢筋焊缝饱满，且没有裂缝。此外，完成钢筋焊接工作后，须清扫现场的焊渣，然后对钢筋焊缝取样进行抗拉测试。为了提升钢筋施工缝位置的抗剪能力，施工人员还应做好断面的施工插筋工作，确认插筋的数量和深入缝的长度。

(4) 混凝土浇筑施工的质量控制。混凝土施工浇筑，需做到浇筑和平仓同时进行，并将水泥砂浆均匀铺设在模板中，以免桥梁混凝土墩台产生蜂窝。为了对混凝土浇筑施工质量进行控制，施工人员可通过分层浇筑方式进行浇筑，并加强混凝土的振捣力度，从而提升混凝土的密实度。不仅可提升桥梁混凝土墩台浇筑的质量，还可减少墩台修补的概率，为桥梁混凝土墩台的稳定运行奠定基础。

(二) 石砌墩台

1. 石料、砂浆与脚手架

石砌墩台系用片石、块石及粗料石以水泥砂浆砌筑的，石料与砂浆的规格要符合有关规定。浆砌片石一般适用于高度小于 6m 的墩台身、基础、镶面以及各式墩台身填腹；浆砌块石一般用于高度大于 6m 以下的墩台身、镶面或应力要求大于浆砌片石砌体强度的墩台；浆砌粗料石则用于磨耗及冲击严重的分水体及破冰体的镶面工程以及有整齐美观要求的桥墩台身等。

将石料吊运并安砌到正确位置是砌石工程中比较困难的工序。当重量小或距地面不高时，可用简单的马凳跳板直接运送；当重量较大或距地面较高时，可采用固定式动臂吊机或桅杆露吊机或井式吊机，将材料运到墩台上，然后再分运到安砌地点。用于砌石的脚手架应环绕墩台搭设，用以堆放材料，并支承施工人员砌镶面定位行列及勾缝。脚手架一般常用固定式轻型脚手架(适用于 6m 以下的墩台)、简易活动脚手架(能用在 25m 以下的墩台)以及悬吊式脚手架(用于较高的墩台)。

2. 墩台砌筑施工要点

在砌筑前应按设计图放出实样，挂线砌筑。砌筑基础的第一层砌块时，如基底为土质，只在已砌石块的侧面铺上砂浆即可，不需坐浆；如基底为石质，应将其表面清洗、润湿后，先坐浆再砌石。砌筑斜面墩台时，斜面应逐层放坡，以保证规定的坡度。砌块间用砂浆粘结并保持一定的缝厚，所有砌缝要求砂浆饱满。形状比较复杂的工程，应先作出配料设计图，注明块石尺寸；形状比较简单的，也要根据砌体高度、尺寸、错缝等，先行放样配好料石再砌。

砌筑方法：同一层石料及水平灰缝的厚度要均匀一致，每层按水平砌筑，丁顺相间，砌石灰缝互相垂直，灰缝宽度和错缝按规定办理。砌石顺序为先角石，再镶面，后填腹。填腹石的分层高度应与镶面相同；圆端、尖端及转角形砌体的砌石顺序，应自顶点开始，按丁顺排列接砌镶面石。圆端形桥墩的圆端顶点不得有垂直灰缝，砌石应从顶端开始先砌石块，然后依丁顺相间排列。按砌四周镶面石；灰端桥墩的尖端及转角处不得有垂直灰缝，砌石应从两端开始，先砌石块。再砌侧面转角，然后丁顺相间排列，接砌四周的镶面石。

砌体质量应符合以下规定：①砌体所用各项材料类别、规格及质量符合要求；②砌缝砂浆或小石子混凝土铺填饱满、强度符合要求；③砌缝宽度、错缝距离符合规定，勾缝坚固、整齐，深度和型式符合要求；④砌筑方法正确；⑤砌体位置、尺寸不超过允许偏差。

3. 墩台顶帽施工

墩台顶帽是用以支承桥跨结构的，其位置、高程及垫石表面平整度等，均应符合设计要求，以避免桥跨结构安装困难，或使顶帽、垫石等出现碎裂或裂缝，影响墩台的正常使用功能与耐久性。墩台顶帽施工的主要工序为：

（1）墩、台帽放样：墩台混凝土（或砌石）灌筑至离墩、台帽底下约30～50cm高度时，即需测出墩台纵横中心轴线，并开始竖立墩、台帽模板，安装锚栓子L或安装预埋支座垫板、绑扎钢筋等。台帽放样时，应注意不要以基础中心线作为台帽背墙线，浇筑前应反复核实，以确保墩、台帽中心、支座垫石等位置方向与水平标高等不出差错。

（2）墩、台帽模板、墩台帽系支承上部结构的重要部分，其尺寸位置和水平标高的准确度要求较严，浇筑混凝土应从墩台帽下约30～50cm处至墩台帽顶面一次浇筑，墩帽模板下面的一根拉杆可利用墩帽下层的分布钢筋，以节省铁件。台帽背墙模板应特别注意纵向支撑或拉条的刚度，防止灌筑混凝土时发生鼓肚，侵占梁端空隙。

（3）钢筋和支座垫板的安设：墩、台帽钢筋绑扎应遵照《公路桥涵施工技术规范》（JTG/T 3650—2020）有关钢筋工程的规定。墩、台帽上的支座垫板的安设一般采用预埋支座垫板和预留锚栓孔的方法。前者须在绑扎墩台帽和支座垫石钢筋时，将焊有锚固钢筋的钢垫板安设在支座的准确位置上，即将锚固钢筋和墩、台帽骨架钢筋焊接固定，同时将钢垫板作一木架，固定在墩、台帽模板上。此法在施工时垫板位置不易准确，应经常检查与校正。后者须在安装墩台帽模板时。安装好预留孔模板，在绑扎钢筋时注意将锚栓孔位置留出，此法安装支座施工方便，支座垫板位置准确。

二、装配式墩台施工

装配式墩台适用于山谷架桥、跨越平缓无漂流物的河沟、河滩等的桥梁，特别是在工地干扰多施工场地狭窄、缺水与砂石供应困难地区，其效果更为显著。装配式墩台的优点是：结构形式轻便，建桥速度快，圬工省，预制构件质量有保证等。通常采用的有砌块式、柱式和管节式或环圈式墩台等。

1. 砌块式墩台施工

砌块式墩台的施工大体上与石砌墩台相同，只是预制砌块的形式与墩台形式不同，有很多变化。

2. 柱式墩台施工

（1）常用拼装接头

装配式柱式墩系将桥墩分解成若干轻型部件，在工厂或工地集中预制，再运送到现场。装配式桥墩的形式有双柱式、排架式、板凳式和刚架式等。施工工序为预制构件、安装连接与混凝土养护等。其中，拼接接头是关键工序，既要牢固、安全，又要结构简单，便于施工。常用的拼装接头有：

① 承插式接头：将预装构件插入相应的预留孔内，插入长度一般为 1.2~1.5 倍的构件宽度，底部铺设 2cm 厚的砂浆，四周以内半干硬混凝土填充，常用于立柱与基础的接头连接。

② 钢筋锚固接头：构件上预留钢筋或型钢，插入另一构件的预留槽内，或将钢筋互相焊接，再灌入半干硬性混凝土，多用于立柱与顶帽处的连接。

③ 焊接接头：将预埋在构件中的铁杆与另一构件的预埋铁杆用电焊连接，外部再用混凝土封闭。这种接头易于调整误差，多用于水平连接杆与立柱的连接。

④ 扣环式接头：相互连接的构件按预定位置预埋环式钢筋，安装时柱脚先坐落在承台的柱心上，上下环式钢筋相互错接，扣环间插入 U 形短钢筋焊牢，四周再绑扎钢筋一圈，立模浇筑外围接头混凝土。此种接头要求上下扣环预埋位置正确，施工较为复杂。

⑤ 法兰盘接头：在相互连接的构件两端安装法兰盘，连接时将法兰盘连接螺栓拧紧即可。此种接头要求法兰盘预埋位置必须与构件垂直，接头处可不用混凝土封闭。

（2）装配柱式墩台施工的有关规定

① 墩、台柱式构件与基础顶面的预留槽洞应编号，并检查各个墩、台高度和基底标高是否符合要求，否则应进行调整。基座槽洞四周与柱边的空隙不得小于 20mm。

② 墩、台柱吊入基座槽洞就位时，应在柱身竖直度或倾斜度以及平面位置符合设计要求后，再将楔子塞入槽洞打紧。对重大、细长的墩柱，还需用风缆或撑木固定好后，方可摘除吊钩。

③ 在墩、台柱顶安装盖梁前，应先检查盖梁口预留槽眼位置是否符合要求，否则应先修凿。

③ 柱身与盖梁安装完毕并检查符合要求后，可在基底座槽洞空隙与盖梁槽眼处灌注设计规定的稀砂浆，待其硬化后，拆除楔子、支撑及风缆，再在楔子孔中灌填砂浆。

3. *后张法预应力混凝土装配墩施工*

装配式预应力钢筋混凝土墩分为基础、实体墩身和装配墩身三大部分。装配墩身由基本构件、隔板、顶板及顶帽四种不同形状的构件组成，用高强钢丝穿入预留的上下贯通的孔道内，张拉锚固而成，实体墩身是装配墩身与基础的连接段，其作用是锚固预应力钢筋，调节装配墩身高度及抵御洪水时漂流物的冲击等。

施工工艺分为施工准备、构件预制及墩身装配三部分。全过程贯穿质量检查工作。实体墩身灌注时要按装配构件孔道的相对位置，预留张拉孔道及工作孔。构件装配的水平拼装缝采用 M35 水泥砂浆，砂浆厚度为 15mm，便于调整构件水平标高，不使误差积累。安装构件确保吊起水平、构件顶面平、内外壁砂浆接缝抹平，起吊、降落、松钩要稳；构件尺寸准、孔道位置准、中线准及预埋配件位置准；接缝砂浆要密实；构件孔道要畅通。

张拉预应力的钢丝束分两种：一种是直径为 5mm 的高强度钢丝，用 18ϕ5 锥形锚；另一种用 744 钢绞线，用 JM12-6 型锚具，采用一次张拉工艺。张拉位置可以在顶帽上，亦可在实体墩下，一般多在顶帽上张拉。

孔道压浆前先用高压水冲洗。采用纯水泥浆，由下而上压注。压浆分初压与复压，初压后，约停 1h，待压浆初凝后再复压，复压压力为 0.8~1.0MPa，初压压力可稍微降低。实体墩身的封锚采用与墩身同等级的混凝土，同时要采用防水措施。顶帽上的封锚采用钢筋网罩焊在垫板上，单个或多个连在一起，然后用混凝土封锚。

三、高墩施工

高墩施工技术是目前所研究的一项为了保障高速路部分路段质量和安全的技术。桥墩是高速路的基础，高速路的工程质量直接由桥墩质量所影响，因此施工单位在进行桥梁高墩施工时必须在保证质量的前提下施工作业，准确的把握高墩施工作业的技术要领，带领施工人员严格按照施工要求作业。

（一）高速公路桥梁高墩施工的特点

1. 施工工期长

目前，规范中并没有对高墩作出明确界定，公路工程中一般将墩高超过 40m 的墩柱定义为高墩，截面形式多为矩形。高墩混凝土方量较大，需分节浇筑，单节浇筑高度 6m，理想工效 1m/d，施工工期较长。此外，高墩施工受机械设备性能、周围环境、施工人员素质等因素影响，施工工期可能更长。

2. 质量要求高

随着高速公路桥梁工程的大力发展，因施工质量不满足规范要求而拉断墩柱的事故屡见不鲜。为此，近年来，国家相关部门高度重视高速公路桥梁建设质量，相继制定并实施了一系列重大方针政策及工程技术标准规范，为提高工程质量提供了基本依据。高墩在高速公路桥梁工程中具有关键性作用，高墩质量的好坏直接决定着桥梁整体安全性与耐久性，假如高墩结构的某一细部节点存在潜在的安全与质量问题，均会对整座桥梁构成严重威胁。因此，高墩施工有着很高的施工质量要求，必须采取有效技术措施，严控高墩施工质量。

3. 施工成本和安全风险大

高墩施工时间长，工序繁多，所需施工材料和机械设备较多，对施工人员素质和工程建设质量要求较高。另外，高墩施工长期处于高处作业，需投入大量的临时结构及安全防护设施来确保施工安全，导致施工成本加大。施工单位应制定完善的施工质量控制措施，合理设计临时结构，加强现场管控和临时设施的保护，争取周转材料的利用次数，在合理降低施工成本的同时，提升高速公路桥梁高墩施工效果。

（二）高墩技术的实际应用

1. 测量放样

测量放样工作的进行是为了工程整体的准确性，精密性。尽量减少误差以保证此次工程能够达到规定，其施工要点分三个方面叙述。

（1）首先要对桥墩进行测量放样，以确保把整个高墩的四周边缘和中心线的距离控制在 10mm 以内，值得注意的是，测量放线的过程中，需要进行复测检查以保证 2 次测试的数据都一致，从而保证施工质量的精确性。

（2）在浇筑混凝土的过程中由于桥墩的高度限制，需要采用分段浇筑法，则要求每一次浇筑结束后重新测量高墩的四周边缘和中心线的距离。

（3）在施工过程中，为了减少误差保证工程质量，测量工具标杆要求完全垂直，而且需要保证标杆读数部分干净清晰，符合要求后再进行测量。

2. 脚手架搭设方法

脚手架又叫施工支架，支架。而在高墩工程中使用的脚手架要求能提供脚手架平台，还需要足够稳定起到固定模板的作用，因此支架的强度和要求也随之严格。

（1）支架需要搭设在进行过夯实处理的地基上并紧贴高墩承台以保证稳定，横竖两个支架距离控制在 12m。确定按照要求架设后再对支架进行扣件安装，增加稳定性。

（2）在支架选取的问题上，有着明确的规定和精确的公式，为了保障施工过程中的质量和支架稳定性，选取支架前需要对支架性能进行测算，通常情况下实际施工中的测算方法只需要把支架自重和预计承载量带入公式即可测量出最大承载力，选用合格的支架可降低整个工程作业的危险系数，杜绝事故的发生。总而言之，对于高桥墩施工中的所有步骤都应该严格按照标准进行。

3. 建筑模板

施工墩身结构时需要先对其进行模板工程的施工，通常在工程中模板选用组合式钢模板，此模板具有平整度好、取材方便、拆卸自如、接缝严密、不易变形等优点。在组合式钢模板安装的过程中严格把控尺寸，保证安装时一步到位，避免返工等问题发生，按要求准确精细的控制施工过程，从而达到提升工程质量的目的，值得注意的是在模板工程安装的时候，还需要做好安全防护工作，以免发生安全事故。

4. 钢筋施工

在此类工程钢筋绑扎和安装问题上，应当严格按照工程要求，规范施工标准。钢筋施工的效果直接影响浇筑混凝土后的质量，首先确保钢筋安装的稳定性和对安装位置精确的把控，这需要对钢筋进行明确标记，接头部分可以采用焊接的方式，但务必注意，如若一根钢筋需要多个焊点，严令禁止焊接位置相同，应当控制焊点距离，避免造成钢筋断裂。

5. 混凝土浇筑

混凝土浇筑是本次工程的重中之重，高墩工程质量完全取决于混凝土浇筑步骤的成功与否，为了确保高墩日后使用过程中的安全，必须对混凝土浇筑严格规范。

（1）混凝土预配是决定混凝土质量的重要因素，因此混凝土的配比就需要更为严格的控制，粗骨料细骨料中含水量需要用精确的电子秤定期检测，如果天气湿度不稳定，空气含水量高，则需要增加测量的次数和频率，根据测量结果及时调整配比。

（2）搅拌过程中保证速度均匀，坚决杜绝泌水、离析等现象的发生，定期检测混凝土的流通性，并及时做出调整。

（3）在对混凝土进行运输的过程中要注意选择专门的运输车辆，在泵送混凝土的过程中还要注意确保管道的畅通，特别是接头位置要特别注意检查，一旦接口位置不严密就会发生泄漏。

（4）在具体施工中，高墩的整体高度相对而言比较大，所以混凝土在一次成型的过程中还是有难度的，这就更需要注重浇筑过程中的整体质量，在具体实施中，要注意进行分段和分析的浇筑。此外，还要注意在浇筑完成以后，必须要确保混凝土的外观是保持同一状态的。

（5）在具体的建筑过程中，必须要设置专门的负责人对工程质量进度和效果做出及时的观察，对于支架以及模板等固件的尺寸进行检查也验收，同时对于这些固件的位置也要进行复测，确保所有的固件是符合标准的，位置是按照工程需要设置的，同时也不能存在变形或者位置发生移动的情况。在混凝土浇筑完成以后则需要注意依据相关的标准进行振捣，要保障振捣的质量。

(6) 混凝土的强度如果已经达到了设计之初的标准要求，此时就可以将末班拆除掉，但是在拆除的过程中要注意小心谨慎，防止磕碰，避免模板变形影响施工质量。

(7) 混凝土浇筑完毕以后要注意进行定期养护，养护要遵循规。

四、支座安装

支座设置在桥梁的上部结构与墩台之间，它的作用有：一是传递上部结构的支承反力，包括恒载和活载引起的竖向力和水平力，即(传递荷载)；二是保证结构在活载、温度变化、混凝土收缩和徐变等因素作用下能自由变形，以使上、下部结构的实际受力情况符合结构的静力图式，即适应变形。

根据桥梁支座变动情况可分成固定支座和活动支座。固定支座即可传递竖向力，也可传递水平力，使得位于支座处的上部结构能自由转动，但不能水平移动；活动支座只能进行竖向力传递，位于支座处的上部结构，既可水平移动又能自由转动。就活动支座而言，又可分成多向和单向活动支座，多向活动支座无论横向、纵向都能自由移动；而单向活动支座则只能朝着一个方向自由移动。根据材质分类，支座又可以分成橡胶支座、钢筋混凝土支座、钢支座、简易支座等。在目前桥梁工程中，应用橡胶支座比较多。

公路桥梁使用的橡胶支座当中，以板式橡胶支座最多。其主要组成部分包括橡胶片、薄钢板等。这种支座，竖向刚度足够，能把上部构造的反力传递到墩台；弹性度良好，能适应梁端转动；剪切变形能力强，能满足上部构造的水平位移需要。一般板式橡胶支座多应用跨度不超过 30m，位移量不太大的桥梁，根据桥跨结构不同，所选的支座形状也不同。矩形支座适合正交桥梁使用；圆形支座适合斜交桥、曲线桥、圆柱墩桥使用。四氟板式橡胶支座适应应用在位移量较大的桥梁，如大跨度、多跨连续、简支板连续桥面等。具体选用时，也是根据桥梁的不同而选用不同形状的支座。

板式橡胶支座安装施工包括以下内容：

(1) 施工前准备。先要把墩台垫石顶面进行凿毛，除去浮砂，再进行清洁，保证墩台顶面平整干净没有污迹。

(2) 测量放线。按照设计图上已标注的支座中心位置，在支座、垫石上分别画出纵横轴线，在墩台上放出支座控制标高。

(3) 找平修补。先清洗墩台垫石，保证干净后，再将支承面用水泥砂浆修补找平，修补所用的水泥砂浆，干硬度要合适，找平后使其顶面标高达到设计要求。

(4) 环氧砂浆拌制。拌制环氧砂浆时，必须按照规定的配合比进行，强度要达到或高于设计规定，如设计无具体要求时，强度应达到或超过 40MPa。进行支座黏结前，在砂浆中放入乙二胺，并进行均匀搅拌，注意控制乙二胺投放时间，防止砂浆固化过早使黏结质量达不到预定要求。

(5) 安装支座。安装前要对支座进行检查，确保产品质量符合施工要求；复核桥台和墩柱盖梁轴线、高程及支座面平整度；待找平层砂浆硬化达到要求时，安装支座。黏结时，先黏结桥台和墩柱盖梁两端的支座，经复核平整度和高程无误后，再挂基准小线安装其他支座。如桥台和墩柱盖梁过长，还要安装多一些基准支座，避免高程出现较大误差，超出标准允许值。黏结前要拍实摊平砂浆，之后将支座标高就位，支座上的纵横轴线与垫石纵横轴线要对应。为保证支座平整度符合要求，要用金属水平尺检测支座对角线平整度，保证误差在标准允许范围内，否则要及时进行调整。支座与支承面接触处不能有空鼓，如需要在支承面上设置钢垫板时，要在桥台和墩柱盖梁施工时预埋，并在钢板上设排气孔，保证钢垫板底混凝土浇筑密实。

第三节 桥梁上部结构施工

一、梁(板)桥施工

(一) 混凝土梁(板)桥施工

1. 混凝土梁(板)桥支架浇筑施工

混凝土梁(板)桥支架浇筑施工是一种古老的施工方法，是指在桥孔位置搭设支架，并在支架上安装模板，绑扎及安装钢筋骨架，预留孔道，并在现场浇筑混凝土与施加预应力的施工方法。

(1) 模板、支架制作与安装。

支架浇筑混凝土施工，首先应在桥孔位置搭设支架，以承受模板、浇筑的钢筋混凝土以及其他施工荷载。支架的地基承载力应符合要求，必要时，应采取加强处理或其他措施。

模板、支架制作与安装时，其构件的连接应尽量紧密，以减小支架变形，使沉降量符合预计数值。为保证支架稳定，应防止支架与脚手架和便桥等接触。为防止发生跑浆现象，模板的接缝必须密合，如有缝隙，应及时采取处理措施，将其塞堵严密。对于建筑物外露面的模板应刨光并涂以石灰乳浆、肥皂水或润滑油等润滑剂。安装支架时，应根据梁体和支架的弹性、非弹性变形，设置预拱度，支架底部还应设良好的排水措施，不得被水浸泡。

(2) 混凝土浇筑。

支架上浇筑混凝土时，无论采用哪种方法都应尽量减小模板和支架产生的平移、扭转、下沉等变形。支架上浇筑混凝土多采用水平分层浇筑、斜层浇筑和单元浇筑。

① 水平分层浇筑。采用水平分层浇筑法施工时，分层的厚度应根据振捣器的能力而定，一般为 0.15~0.3m。

② 斜层浇筑。斜层法浇筑混凝土应从主梁两端对称向跨中进行，并在跨中合龙。T形梁和箱梁采用浇筑的顺序。

当采用梁式支架、支点不设在跨中时，应在支架下沉量大的位置先浇筑混凝土，使应该发生的支架变形及早完成。采用斜层浇筑时，混凝土的倾斜角与混凝土的流动性有关，一般为 20°~25°。

③ 单元浇筑。每个单元的纵横梁可沿其长度方向采用水平分层浇筑斜层浇筑，在纵梁间的横梁上设置工作缝，并在纵横梁浇筑完成后填缝连接。对于桥面板的浇筑可沿桥全宽

一次完成，不设工作缝。但对于桥面板的浇筑应在纵横梁间设置水平工作缝。

2. 混凝土梁(板)桥悬臂浇筑施工

悬臂浇筑是在桥墩两侧对称逐段浇筑混凝土，待混凝土达到一定强度后，张拉预应力束，移动挂篮，继续浇筑下一梁段。梁节段长度与梁段自重、挂篮重、平衡配重及施工荷载密切相关，一般每个节段的长度为3~4m。悬臂浇筑施工中的主要设备是挂篮，因桥墩根部块的重量较大，且为了满足拼装和支承挂篮要求的起步长度，经常先用托架浇筑第一梁段。

(1) 托架。

依据墩身高度、承台形式和地形条件，分别利用墩身、承台或地面设立支承托架。托架可采用万能杆件拼制，它的高度和长度应视挂篮施工的需要和现浇段的长度而定，横桥向的宽度一般比箱梁底宽出1.5~2.0m，以便于设立箱梁腹板的外侧模板。托架顶面与箱梁底面在桥纵向的线形应保持一致。常用的施工托架有两种：一是斜撑式，二是斜拉式。为了消除托架在浇注梁段混凝土产生的变形，常用千斤顶法、水箱法对托架进行预压。

(2) 挂篮。

托架上施工几个梁段达到挂篮起步长度后，拼装对接挂篮，待其到一定长度之后，再将对接挂篮分开，形成两个独立的挂篮向跨中逐段推进，新浇梁段达到设计强度后张拉预应力束与前一梁段连成一体。挂篮是一个能自动行走的空中活动脚手架，悬挂在已张拉的箱梁节段上，现浇段的模板安装、钢筋绑扎、管道安装、预应力张拉、压浆等工作均在挂篮上进行。完成一个梁段后，挂篮可前移一个梁段，循环悬臂浇完所有梁段。

挂篮的构造一般由主精、悬吊系统、平衡重及锚固系统、行走系统、张拉平台及底模架组成。主析一般由两片纵梁组成，主析由万能杆件和型钢组拼，或做成斜拉结构。悬吊系统一般由粗钢筋或钢吊带组成，其作用是将底模架和张拉平台自重及其荷载传递到主析上。平衡重及锚固系统位于主析的尾部，主要作用是平衡挂篮前移和浇筑混凝土时产生的倾覆力矩，确保高空作业安全。行走系统支承主析，一般由车轮或四氟乙烯滑板组成，使挂篮沿梁体纵向前移。张拉平台位于梁体前方，作为预应力束张拉脚手架。底模架是在挂篮就位后，用于立模板、绑扎钢筋、浇混凝土并供养护使用等。

挂篮按构造形式可分为析架式包括平弦无平衡式、菱形、弓弦式等、斜拉式包三角斜拉式和预应力斜拉式、型钢式及混合式四种按抗倾覆平衡方式可分为压重式、锚固式和半压重半锚固式三种。

挂篮加工所使用的材料必须是可靠的，必要时应进行材料力学试验，挂篮试拼后应进行模拟加载试验或预压，测定在各种工况下的强度、弹性变形和非弹性变形，检验挂篮的可靠性。

(3) 悬浇施工工艺流程。

用挂篮悬臂浇筑施工，除0号块等少数梁段用托架施工外，其余利用挂篮施工。每个梁段的混凝土宜一次浇筑，其循环作业工序为挂篮前移、模板就位加固、钢筋绑扎及管道安装、混凝土浇筑、混凝土养生、张拉压浆，施工周期一般为一周左右，其施工工艺流程通常如“图4-1　悬臂浇筑施工工艺流程图”所示。

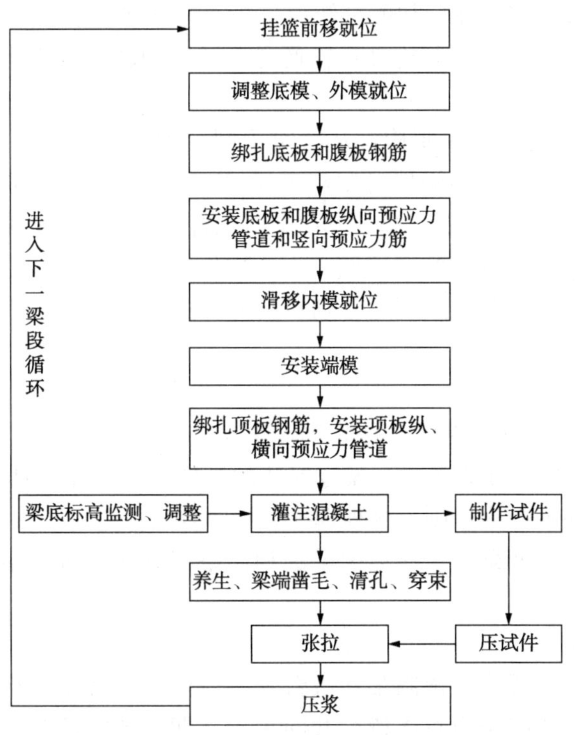

图 4-1 悬臂浇筑施工工艺流程图

（4）合拢段施工。

合拢程序一般采用两岸向跨中的顺序，但应注意不同的合拢程序，引起的结构恒载内力不同，体系转换时由徐变引起的内力分布也不同，所以采用不同的合拢程序将在结构中产生不同的恒载内力，对此在设计和施工中应引起足够的重视。

合拢段施工是悬浇施工中的关键，当悬臂较长时，结构恒载和施工荷载将产生较大的挠度，这些挠曲变形除在各节段施工中不断调整外，合拢时需详细调整。为了控制合拢段的位置，可在合拢段内设置刚性支撑定位，采用早强水泥、控制合拢温度等措施提高施工质量。设置刚性支撑锁定措施有箱梁内外设刚性支撑、外刚性支撑与张拉临时束或仅设内或外刚性支撑等。

3. 混凝土梁(板)的装配式梁(板)施工

装配式梁(板)的施工可分为构件预制、运输、安装和集整四个施工过程。

（1）构件预制。

混凝土梁(板)的预制场地应选择在距离安装和使用地点近、运输方便并满足“三通一平”要求的地方。场地选定后，可根据预制构件的加工数量、工期及占地时间等确定场地的范围大小，并根据地基及气候条件，采取必要的排水措施，防止场地被雨水浸泡和发生不均匀沉陷。一般情况下场地要铺二步灰土，且碾压密实，并高出附近地坪。对于长期进行构件预制的场地，可浇筑混凝土或砖砌后抹面。

（2）构件运输。

① 构件场内运输。混凝土预制构件从工地预制场到桥头或桥孔下的运输称为场内运

输。短距离的场内运输可采用龙门架配合轨道平板车来实现，首先由龙门架(或木扒杆)起吊移运构件出坑，将其横移至预制构件运输便道，卸落到轨道平车上，然后用绞车牵引至桥头或桥孔下。

② 构件场外运输。混凝土预制构件从桥梁预制厂到桥孔或桥头的运输称为场外运输。一般中小跨径的预制板、梁或小构件可用汽车运输。50kN 以内的小构件可用汽车吊装卸；大于 50kN 的构件可用轮胎吊、履带吊、龙门架或扒杆装卸。要运较长的构件时，搁放预制构件前，可先在汽车上先垫以长的型钢或方木，构件的支点应放在近两端处，以避免道路不平、车辆颠簸引起的构件开裂。要运特别长的构件应采用大型平板拖车或特制的运梁车运输。

(3) 构件安装。

预制梁(板)的安装是预制装配式混凝土梁桥施工中的关键性工序，应结合施工现场条件、工程规模、桥梁跨径、工期条件、架设安装的机械设备条件等具体情况，从安全可靠、经济简单和加快施工速度等为原则，合理选择架梁的方法。

常见架梁方法有陆地架梁法、浮运架梁法和高空架梁法三种。鉴于篇幅有限，本书就不一一介绍了。

(4) 构件横向联结。

预制装配式混凝土梁桥待各预制梁在墩台安装就位后，必须进行横向联结施工，把各片主梁连成整体梁桥，才能作为整体桥梁共同承担二期恒载和活载。预制装配式混凝土梁桥的横向联结可分成横隔梁的联结和翼缘板的联结两种情况。

① 横隔梁的横向联结。通常在设有横隔梁的混凝土梁桥中，均通过横隔梁的接头把所有主梁联结成整体。联结接头要有足够的强度，以保证结构的整体性，并在桥梁营运过程中不致因荷载反复作用和冲击作用而发生松动。

② 翼缘板的横向联结。为改善翼缘板的受力状态，翼缘板之间应进行横向联结。翼缘板之间通常做成企口铰接式的联结，由主梁翼缘板内伸出连接钢筋，横向联结施工时，将此钢筋交叉弯制，并在接缝处再安放局部的 6 号钢筋网，然后将它们浇筑在桥面混凝土铺装层内；也可将主梁翼缘板内的顶层钢筋伸出，施工时将它弯转并套在一根纵向通长的钢筋上，形成纵向铰，然后浇筑在桥面铺装混凝土中。接缝处的桥面铺装层内应安放单层钢筋网，计算时不考虑铺装层受力。这种联结构造由于连接钢筋较多，对施工增加了一些困难。

4. 混凝土梁(板)桥悬臂拼装施工

悬臂拼装是将预制好的节段，用支承在已完成的悬臂梁段上的专用拼装吊机逐段拼装。一个节段张拉锚固后，再拼装下一个节段。节段长度主要取决于吊机的起重能力，一般为 2~5m。悬拼的基本工序是预制梁段、移位、存放、运输、起吊拼装和施加预应力。

(1) 预制梁段。

悬臂箱梁块件通常采用长线浇筑或短线浇筑的预制方法。长线预制是在工厂或施工现场按梁底曲线制作固定台座，在台座上安装底模进行节段预制工作。底座可用多种方法制作利用地形筑土胎，夯铺密实后其上做混凝土底模石料丰富地区可石砌成梁底形状地质条件差时打短桩基础后搭设排架形成梁底曲线。短线预制利用可调整外模和内模的台车和端模架来完成，其设备可周转使用，主要用于工厂节段预制。

（2）节段间的接头方式。

悬拼施工时0号块梁高最大，重量也最大，常采用悬浇相同的施工方法即在托架上现浇，国外也有在墩上预制装配施工的梁段。接缝可采用3种方式：①湿接缝：宽0.1~0.2m，因第一节段的施工精度直接影响到以后各节段的相对位置，所以它常在0号块与1号块之间使用；②胶接缝：用环氧树脂加水泥在节段接缝面上涂一厚0.8mm的薄层，它在施工中起润滑作用，使接缝面密贴，完工后可提高结构的抗剪能力、整体刚度和不透水性，常在中间节段接缝使用；③干接缝：即接缝间无任何填充材料，以往很少采用，主要担心接缝不密贴而导致钢筋锈蚀，但是使用干接缝给施工带来很多方便。

（3）拼装方法。

预制节段的拼装方法可根据施工现场条件和设备情况采用不同的施工方案。对靠近岸边的梁段，当桥面不高且在陆地或便桥上可施工时，常采用自行式吊车、龙门架拼装对位于河中或通航孔的梁段，可采用水上浮吊拼装。如果桥墩很高且水深流急，又不便在陆地上、水上施工时，就可以用各种吊机进行高空悬臂施工。吊机的种类很多，有移动式吊车、桁式吊车、缆索吊车和挂篮等。0号块在墩顶托架上现浇，然后用一台吊机对称同时吊装墩两侧的块件，在允许布置两台移动吊车后，开始独立对称吊装。

5. 混凝土梁(板)顶推法施工

预应力混凝土连续梁桥顶推法施工是沿桥纵轴方向的台后开辟预制场地，分节段预制混凝土梁身，并用纵向预应力筋连成整体，然后通过水平液压千斤顶施力，借助不锈钢与聚四氟乙烯模压板特制的滑动装置，将梁逐段向对岸顶进，就位后落架，更换正式支座完成桥梁施工。本书主要介绍有关梁段顶推的要求。

（1）检查顶推千斤顶的安装位置，校核梁段的轴线及高程，检测桥墩(包括临时墩)、临时支墩上的滑座轴线及高程，确认符合要求，方可顶推。

（2）顶推千斤顶用油泵必须配套同步控制系统，两侧顶推时，必须左右同步，多点顶推时各墩千斤顶纵横向均应同步运行。

（3）顶推前进时，应及时由后面插入补充滑块，插入滑块应排列紧凑，滑块间最大间隙不得超过10~20cm。滑块的滑面(聚四氯乙烯板)上应涂硅酮脂。

（4）顶推过程中导梁接近前面桥墩时，应及时顶升牛腿引梁，将导梁引上墩顶滑块，方可正常顶进。

（5）顶推过程中应随时检测桥梁轴线和高程，做好导向、纠偏等工作。梁段中线偏移大于20mm时应采用千斤顶纠偏复位。滑块受力不均匀、变形过大或滑块插入困难时，应停止顶推，用竖向千斤顶将梁托起校正。竖向千斤顶顶升高度不得大于10mm。

（6）顶推过程中应随时检测桥墩墩顶变位，其纵横向位移均不得超过设计要求。

（7）顶推过程中如出现拉杆变形、拉锚松动、主梁预应力锚具松动、导梁变形等异常情况应立即停止顶推，妥善处理后方可继续顶推。

（8）平曲线弯梁顶推时应在曲线外设置法线方向向心千斤顶锚固于桥墩上，纵向顶推的同时应启动横向千斤顶，使梁段沿圆弧曲线前进。

（9）竖曲线上顶推时各点顶推力应计入升降坡形成的梁段自重水平分力，如在降坡段顶进纵坡大于3%时，宜采用摩擦系数较大的滑块。

(10) 当桥梁顶推完毕，拆除滑动装置时，顶梁或落梁应均匀对称，升降高差各墩台间不得大于10mm，同一墩台两侧不得大于1mm。

(二) 钢梁(板)桥施工

1. 钢梁制造

钢梁应由具有相应资质的企业制造，钢梁制造企业应向安装企业提供产品合格证、钢材和其他材料质量证明书和检验报告，施工图，拼装简图，工厂高强度螺栓摩擦面抗滑系数试验报告，焊缝无损检验报告和焊缝重大修补记录，产品试板的试验报告，工厂拼装记录，杆件发运和包装清单。

钢梁加工制造主要包括下列工艺过程：施工准备、作样、号料、切割、零件矫正和弯曲、制孔、组装、焊接及结构试拼装等。

2. 钢梁安装

钢梁制造后，应运输到工地进行安装。

(1) 钢梁连接。钢梁安装时分铆接、高强度螺栓连接和工地焊接三大类。目前，铆接已逐渐淘汰，所以本书只对高强度螺栓连接和工地焊接进行阐述。

① 高强度螺栓连接。高强度螺栓连接施工应符合下列要求：

a. 安装前应复验出厂所附摩擦面试件的抗滑移系数，合格后方可进行安装

b. 高强度螺栓连接副使用前应进行外观检查并应在同批内配套使用。

c. 使用前，高强度螺栓连接副应按出厂批号复验扭矩系数，其平均值和标准偏差应符合设计要求。设计无要求时扭矩系数平均值应为0.11~0.15，其标准偏差应小于或等于0.01。

d. 高强度螺栓应顺畅穿入孔内，不得强行穿入，穿入方向全桥一致。被栓合的板束表面应垂直于螺栓轴线，否则应在螺栓垫圈下面加斜坡垫板。

e. 施拧高强度螺栓时，不得采用冲击拧紧、间断拧紧方法。拧紧后的节点板与钢梁间不得有间隙。

f. 当采用扭矩法施拧高强度螺栓时，初拧、复拧和终拧应在同一工作班内完成。初拧扭矩应由试验确定，可取终拧值的50%。

g. 当采用扭角法施拧高强螺栓时，可按国家现行标准《钢结构高强度螺栓连接技术规程》(JGJ 82—2011)的相关规定执行。

h. 施拧高强度螺栓连接副采用的扭矩扳手，应定期进行标定，作业前应进行校正，其扭矩误差不得大于扭矩值的±5%。

高强度螺栓终拧完毕必须当班检查。每栓群应抽查总数的5%，且不得少于2套。抽查合格率不得小于80%，否则应继续抽查，直至合格率达到80%以上。对螺栓拧紧度不足者应补拧，对超拧者应更换、重新施拧并检查。

② 工地焊接。钢桥构件在工厂焊接后运到工地，再全部用焊接组装成钢桥，称为工地焊接连接。进行工地焊接连接应准备充足的机具设备，包括电焊机、角向磨光机、空压机、气焊工具、气刨工具、恒温干燥箱、手提干燥箱、液压千斤顶等。工地焊接施工应符合下

列要求：

a. 首次焊接之前必须进行焊接工艺评定试验。

b. 焊工和无损检测员必须经考试合格取得资格证书后，方可从事资格证书中认定范围内的工作，焊工停焊时间超过 6 个月，应重新考核。

c. 焊接环境温度，低合金钢不得低于 5℃，普通碳素结构钢不得低于 0℃。焊接环境湿度不宜高于 80%。

d. 焊接前应进行焊缝除锈，并应在除锈后 24h 内进行焊接。

e. 焊接前，对厚度 25mm 以上的低合金钢预热温度宜为 80~120℃，预热范围宜为焊缝两侧 50~80mm。

f. 多层焊接宜连续施焊，并应控制层间温度。每一层焊缝焊完后应及时清除药皮、熔渣、溢流和其他缺陷后，再焊下一层。

g. 钢梁杆件现场焊缝连接应按设计要求的顺序进行。设计无要求时，纵向应从跨中向两端进行，横向应从中线向两侧对称进行。

h. 现场焊接应设防风设施，遮盖全部焊接处。雨天不得焊接，箱形梁内进行二氧化碳气体保护焊时，必须使用通风防护设施。

（2）钢梁架设。钢梁架设的方法主要包括悬臂拼装法、支架法、拖拉法、整孔架设法、横移法和浮运法等。

① 悬臂拼装法。钢梁在悬臂安装过程中，应注意降低钢梁的安装应力、控制伸臂端挠度、减少悬臂孔的施工荷载及保证钢梁拼装时的稳定性。钢梁悬臂拼装的施工顺序如下：

a. 杆件预拼。为了减少钢梁拼装的桥上的高空作业和吊装次数，应对桥梁单根杆件预先拼装成吊装单元，把能在桥下进行的工作，尽量在桥下预拼场内进行，以期加快施工进度。

b. 杆件拼装。经过预拼合格的杆件，可由提升站吊机把杆件提运至在钢梁上弦平面运行的平板车上，由牵引车运至拼梁吊机下拼装就位。钢梁拼装必须按一定的拼装顺序图进行。在拟定拼装顺序时应考虑拼梁吊杆机的性能和先装的杆件是否妨碍后装杆件的安装与吊机的运行等因素。

拼装时，应尽速将主桁杆件拼成闭合三角形，形成稳定的几何体系，并尽快安装纵横联结系，保证钢梁结构的空间稳定。主桁杆件拼装，应左右两侧对称进行，防止偏载的不利影响。

c. 高强度焊栓施工。高强度焊栓施工时，常用控制螺栓的预拉力方法是扭角法和扭矩系数法。安装高强螺栓时应设法保证各螺栓中的预拉力达到其规定值，避免超拉或欠拉。

d. 临时支承布置。钢梁悬臂拼装时，临时支承的类型包括临时活动支座、临时固定支座、永久活动支座、永久固定支座、保险支座、接引支座等，这些支座随拼装阶段变化与作业程序的变化将相互更换交替使用。

e. 钢梁纵移。钢梁悬臂拼装过程中，由于梁的自重引起的变形或温度变化，制造误差、临时支座摩阻力等因素引起的钢梁变形会导致钢梁纵向长度的几何尺寸产生偏差，使钢梁各支点不能按设计位置落在各桥墩上，使桥墩偏载。为了调整这一误差至允许范围内，钢梁需要纵移。

f. 钢梁横移。钢梁悬臂拼装过程中，由于受日光偏照和偏载的影响，加之杆件本身制造的误差，使钢梁中线的位置产生偏差，以至达到墩顶后，钢梁不能准确地落在设计位置上，造成桥墩偏载。因此，需进行钢梁横移。钢梁横移必须在拼装过程中逐孔进行，横移施工可用专用的横移设备，也可根据情况采取临时措施。

用悬臂和半悬臂法安装钢梁时，连接处所需冲钉数量应按所承受荷载计算确定，且不得少于孔眼总数的1/2，其余孔眼布置精制螺栓。冲钉和精制螺栓应均匀安放。

② 支架法。在满布支架上安装钢梁时，因钢梁自重支承压在支架上，故冲钉和粗制螺栓总数不得少于孔眼总数的1/3，其中冲钉不得多于2/3。孔眼较少的部位，冲钉和粗制螺栓不得少于6个或将全部孔眼插入冲钉和粗制螺栓。粗制螺栓只起夹紧板束的作用。

③ 拖拉法。拖拉法架设钢梁时，包括全悬臂的纵向拖拉和半悬臂的纵向拖拉。当水流较深且水位稳定，又有浮运设备而搭设中间膺架不便时，可考虑采用半悬臂纵向拖拉；当永久性墩(台)之间不设置任何临时中间支承的情况下应考虑采用全悬臂拖拉。当梁拖到设计位置后，应及时拆除临时连接杆件及导梁、牵引设备等。拆除时应先导梁或梁的前端适当顶高或落低，使连接杆件处于不受力状态，然后拆除连接栓钉。临时连接杆件和导梁等拆除后，可以落梁。落梁时钢梁每端至少用两台千斤顶梁，以便交替拆除两侧枕木垛。

④ 整孔架设。小跨度的钢板梁桥宜采用整孔架设，常采用架桥机架梁法和钓鱼法架梁法。用架桥机架梁有既快又省的优点。目前，常用的架桥机有胜利型架桥机、红旗型窄式架桥机。钓鱼法是通过立在前方墩台上有效高度不小于梁长1/3的扒杆，用固定于扒杆顶的滑轮组牵引的梁的前端(悬空)到前方墩台上。

⑤ 横移法。横移法施工适用于只有换桥跨结构的旧桥改建工程，施工时，在移梁脚手架上设滚轴滑道，滚轴滑道上放置用方木制成的大平车。大平车一端用砂袋支垫新梁，其高度使新梁稍高于支承垫石。另一端搭枕木垛，枕木垛位置应正在旧梁下面。枕木垛设置千斤顶，以备换梁的时候起顶旧梁之作。新梁的桥面事先完全做好，另外，在滑道上作移梁到位的标记，并在大平车上安放指针，当指针正对准滑道上的标记时，表示新梁已正确就位。当一切准备妥当后，可封锁交通，起顶旧梁，用绞车牵引大平车到位，然后割破砂袋，新梁即落到支座上，就可开放通车。

⑥ 浮运法。浮运施工是在桥位下游侧面岸上将钢梁拼铆(或栓合)成整孔后，利用码头把钢梁滚移到浮船上，再浮运至预定架设的桥孔上落梁就位。浮运支承主要由浮船、船上支架、浮船加固桁架以及各种系缚工具组成。

3. 钢桥涂装

钢梁杆件架设安装完毕并经过检验、除锈、洗刷并干燥后，再进行全部涂漆工作。涂装前应对杆件表面进行质量检查，如有未涂底漆或已涂而部分脱浇者补涂底漆，待底漆干燥后，方可进行涂装施工。

防腐涂料应有良好的附着性、耐蚀性，其底漆应具有良好的封孔性能。钢梁表面处理的最低等级应为Sa2.5。

涂装应在天气晴朗、4级(不含)以下风力时进行，夏季应避免阳光直射。涂装时构件表面不应有结露，涂装后4h内应采取防护措施。

涂装工序如下：清除面层间锈污→刮嵌腻子→打磨→第一道面漆→打磨→第二道面漆

→打磨→第三道面漆。

钢桥涂装过程中，涂料、涂装层数和涂层厚度应符合设计要求；涂层干漆膜总厚度应符合设计要求。当规定层数达不到最小干漆膜总厚度时，应增加涂层层数。

二、拱桥施工

（一）拱桥有支架施工

1. 拱架施工

砌筑石拱桥或混凝土预制块拱桥，以及现浇混凝土或钢筋混凝土拱桥时，需要搭设拱架，以承受全部或部分主拱圈和拱上建筑的质量，保证拱圈的形状符合设计要求。

（1）拱架拼装。拱架可就地拼装或根据起吊设备能力，预拼成组件后再进行安装。拱架拼装过程中必须注意各节点，各杆件的受力平衡，并做好拱顶拆拱设备，以使拱装拆自如。

（2）拱架安装。

① 工字钢拱架安装。工字钢拱架的架设应分片进行。架设每片拱片时，应同时将左、右半片拱片吊至一定高度，并将拱片脚纳入墩台缺口或预埋的工字钢支点上与拱座铰连接，然后安装拱顶卸拱设备进行合龙。对于横梁、弧形木及支承木的安装应先安弧形木再安支承、横梁及模板。弧形木上应通过操平以检查标高准确，当误差过大时，可在弧形木上加铺垫木或刻槽。横梁应严格按设计安放。

② 钢桁架拱架安装。钢桁架拱架的安装方法较多，主要包括悬臂拼装法、浮运安装法、半拱旋转法、竖立安装法等。

a. 悬臂拼装法。悬臂拼装法适用于拼装式钢桁架拱架安装，拼装时从拱脚起逐节进行，拼装好的节段，用滑车组系吊在墩台塔架上。

b. 浮运安装法。拱架拼装后，即可进行安装，为便于拱架进孔与就位，拱架拼装时的矢高，应稍大于设计矢高(即预留沉降值)。在拱架进孔后，用挂在墩台上的大滑车和放置在支架上的千斤顶来调整矢高，并用水压舱，以降低拱架，使拱架就位。安装时，拱顶铰须临时捆紧，拱脚铰和铰座位置须稍加调整，以使铰座密合。

c. 半拱旋转法。采用半拱旋转法进行钢桁架拱架安装的方法与工字形钢拱架安装相似，其不同之处在于钢桁架安装时，起吊前拱脚先安在支座上，然后用拉索使半拱架向上旋转合龙。

d. 竖立安装法。钢桁架拱架竖立安装是在桥跨内两端拱脚上，垂直地拼成两半孔骨架，再以绕拱脚铰旋转的方法放至设计位置进行合龙。

（3）拱架卸落与拆除。由于拱上建筑、拱背材料、连拱等因素对拱圈受力的影响，应选择在拱体产生最小应力时来卸架，一般在砌筑完成后20~30d，待砌筑砂浆强度达到设计强度的70%以后才能卸落拱架。

实腹式拱架的卸落应在护拱、侧墙完成后进行，而空腹式拱架的卸落应在拱上小拱横墙完成后，小拱圈砌筑前进行。如必须提前卸架时，应适当提高砂浆(或混凝土)强度或采取其他措施。

拱架卸落时，应设专人用仪器观测拱圈挠度和墩台变化情况，并详细记录。另设专人观察是否有裂缝现象。对于裸拱卸架，应对裸拱进行截面强度及稳定性验算，并采取必要的稳定措施。对于较大拱桥的拱架卸落，一般在设计文件中有明确规定，应按设计规定进行。

拱架卸落的过程实质上是由拱架支承的拱圈的重力逐渐移给拱圈自身来承担的过程，为了使拱圈受力有利，而应采取一定的卸架程序和方法。

2. 拱图施工

（1）石料及混凝土预制块砌筑拱圈。石料及混凝土预制块砌筑拱圈施工时，对于跨径小于 10m 的拱圈，当采用满布式拱架砌筑时，可从两端拱脚起顺序向拱顶方向对称、均衡地砌筑，最后在拱顶合龙。当采用拱式拱架砌筑时，宜分段、对称先砌拱脚和拱顶段；跨径 10~25m 的拱圈，必须分多段砌筑，先对称地砌拱脚和拱顶段，再砌 1/4 跨径段，最后砌封顶段：跨径大于 25 的拱圈，砌筑程序应符合设计要求。

宜采用分段砌筑或分环分段相结合的方法砌筑。必要时可采用预压载，边砌边卸载的方法砌筑。分环砌筑时，应待下环封拱砂浆强度达到设计强度的 70%以上后，再砌筑上环。

石料及混凝土预制块砌筑拱圈施工时，应在拱脚和各分段点设置空缝。空缝的宽度在拱圈外露面应与砌缝一致，空缝内腔可加宽至 30~40mm。空缝的填塞应由拱脚逐次向拱顶对称进行，也可同时填塞。

空缝填塞应在砌筑砂浆强度达到设计强度的 70%后进行，应采用 M20 以上半干硬水泥砂浆分层填塞。

（2）拱架上浇筑混凝土拱圈（拱肋）。

在拱架上浇筑混凝土拱圈（拱肋）时，根据拱圈（拱肋）跨径不同应采取不同的浇筑方法。

跨径小于 16m 的拱圈或拱肋混凝土，应按拱圈全宽从拱脚向拱顶对称、连续浇筑，并在混凝土初凝前完成。

当预计不能在限定时间内完成时，则应在拱脚预留一个隔缝并最后浇筑隔缝混凝土。

跨径大于或等于 16m 的拱圈或拱肋，可分段浇筑，也可纵向分隔浇筑。

（3）劲性骨架混凝土拱圈（拱肋）。劲性骨架混凝土拱圈（拱肋）浇筑前应进行加载程序设计，计算出各施工阶段钢骨架以及钢骨架与混凝土组合结构的变形、应力，并在施工过程中进行监控。

分环多工作面浇筑劲性骨架混凝土拱圈（拱肋）时，各工作面的浇筑顺序和速度应对称、均衡，对应工作面应保持一致，两个对称的工作段必须同步浇筑，且两段浇筑顺序应对称。

当采用水箱压载分环浇筑劲性骨架混凝土（拱肋）时，应严格控制拱圈（拱肋）的竖向和横向变形，防止骨架局部失稳。

当采用斜拉扣索法连续浇筑劲性骨架混凝土拱圈（拱肋）时，应设计扣索的张拉与放松程序，施工中应监控拱圈截面应力和变形，混凝土应从拱脚向拱顶对称连续浇筑。

3. 钢管混凝土拱施工

（1）钢管拱肋安装。首先钢管拱肋成拱过程中，应同时安装横向连系，未安装横向连系的不得多于一个节段，否则应采取临时横向稳定措施。各节段间环焊缝的施焊应对称进行，并应采用定位板控制焊缝间隙，同时，应注意环焊缝施焊不得采用堆焊。

(2) 钢管混凝土浇筑。管内混凝土宜采用泵送顶升压注施工，由两拱脚至拱顶对称均衡地连续压注完成。

大跨径拱肋钢管混凝土应根据设计加载程序，宜分环、分段并隔仓由拱脚向拱顶对称均衡压注。钢管混凝土压注前应清洗管内污物，润湿管壁，先泵入适量水泥浆再压注混凝土，直至钢管顶端排气孔排出合格的混凝土时停止。压注过程中拱肋变位不得超过设计规定。

压注混凝土完成后应关闭倒流截止阀。

4. 中、下承式拱桥及施工

中、下承式拱桥一般是按拱肋、桥面系、吊杆施工顺序来进行施工的。

钢筋混凝土拱肋及钢管混凝土拱肋施工应符合混凝土拱圈(拱肋)施工及钢筋混凝土拱肋施工的相关要求。

桥面系可采用预制安装的方法进行施工，这样可以加快施工进度。

吊杆分为刚性吊杆和柔性吊杆，刚性吊杆是在钢丝束或钢绞线束外包混凝土，柔性吊杆采用钢丝束或钢绞线束，并采用 PE 热挤防护套进行防护，一般是在工厂制作后成捆运至工地安装。

5. 系杆拱桥施工

系杆拱桥的系杆可分为刚性系杆和柔性系杆两种。对于刚性系杆拱桥可采取先浇筑或安装系杆，然后在系杆上安装拱架，浇筑拱肋混凝土，最后安装吊杆的程序施工；对于柔性系杆拱桥可采取先安装拱架，然后浇筑拱肋混凝土，卸落拱架，安装吊杆、横梁，最后施工桥面系的程序施工。

(二) 拱桥无支架施工

1. 塔架法

塔架法进行拱桥施工是以临时设立桥台上的塔架立柱，将拱圈(拱肋)浇筑一段系吊一段的浇筑施工方法。施工时应按拱的跨径、矢跨比、桥宽等来确定塔架的高度和受力大小。斜吊杆可使用预应力钢筋或吊带，其数量视所系吊杆拱段长度和位置而定，要很好地进行工艺设计与计算。灌注拱圈混凝土施工一般用设在已浇筑完拱段上的悬臂吊篮，进行逐段浇筑。亦可用吊架浇筑，吊架后端固定在已完成拱段上，前端系吊在塔架上。由拱脚两个半拱对称地施工，最后在拱顶合拢。

2. 悬臂浇筑法

悬臂浇筑法进行拱桥施工是为将拱圈、拱上立柱和预应力混凝土桥面板等齐头并进施工，而一边浇筑一边同时构成拱架的悬臂浇筑方法。施工时，用预应力钢筋临时作为桁架的斜拉杆和桥面板的明索，将桁架锚固在后面桥台上。

3. 钢筋骨架法

钢筋骨架法进行拱桥施工应先将拱圈的全部钢筋骨架按设计形状和尺寸制成并安装在拱圈相应位置，然后用系吊在它上面的吊篮逐段浇筑混凝土。由两侧拱脚开始，对称地逐段浇筑。最后在拱顶合龙。钢筋骨架施工，钢筋骨架不但满足拱圈需要，而且起到临时拱架作用，因此要求钢筋骨架有相应的刚度，施工时要把设计的拱圈混凝土质量对钢筋骨架进行预压，以防浇筑混凝土后变形，破坏已浇筑混凝土与钢筋结合。

(三) 拱桥转体施工

转体施工法分为平面转体、竖向转体和平竖结合转体。平面转体是在河流的两岸或城市主干道两侧进行半桥的预制工作，之后将预制桥梁水平转动至桥位轴线位置，这样就避开在桥位轴线上施工的困难。竖向转体是在桥下地面或水面进行半桥的预制拼装，之后将桥梁结构竖向转动至设计标高。转体施工一般适用于单孔或三孔的桥梁。平竖结合转体则由于受河岸地形条件限制，采用转体施工时，前述两种方法均难以实施，只能在适当位置预制后，平转与竖转相结合，实现 2 个半拱桥位合拢。

平面转体可分为有平衡重转体和无平衡重转体。有平衡重转体一般以桥台背墙作为平衡重，并作为桥体上部结构转体用拉杆的锚碇反力墙，用以稳定转动体系和调整重心位置。为此，平衡重部分不仅在桥体转动时作为平衡重量，而且也要承受桥梁转体重量的锚固力。无平衡重转体不需要有 1 个作为平衡重的结构，而是以两岸山体岩土锚洞作为锚碇来锚固半跨桥梁悬臂状态时产生的拉力，并在立柱上端做转轴，下端设转盘，通过转动体系进行平面转体。

1. 竖向转体施工

竖向转体的转动系统由转动铰、提升体系、锚固体系等组成。转动前应进行试转，以检验转动系统的可靠性。竖转速度可控制在 0.005～0.1rad/min，提升重量大时宜采用较低的转速。

在桥台处先竖向或者在桥台前俯卧预制半拱，然后在桥位垂直平面内绕拱脚将其合拢成拱。根据河道情况可以：(1)竖直向上预制半拱，然后向下转动成拱，其特点是施工占地少，预制可采用滑模施工，工期短、造价低；(2)在桥面以下俯卧预制半拱，然后向上转动成拱，适用于河内无水条件下使用。

当桥位处无水或水很少时，可以将拱肋在桥位进行拼装成半跨，然后用扒杆起吊安装，当桥位处水较深时，可以在桥位附近进行拼装成半跨，浮运至桥轴线位置，再用扒杆起吊安装。

2. 平面转体施工

平面转体：按照拱桥设计标高先在两边预制半拱，当结构混凝土达到设计强度后，借助设置于桥台底部的转动设备和动力装置在水平面内将其转动至桥位中线处合拢成拱。

(1) 有平衡重的平面转体施工。

有平衡重的平面转体施工的特点是转体重量大，施工的关键是转体。要把数百吨重的转动体系顺利、稳妥地转到设计位置，主要依靠以下 2 项措施实现：正确的转体设计；制作灵活可靠的转体装置，并布设牵引驱动系统。目前国内使用的转体装置有 2 种，第一种是以四氟乙烯作为滑板的环道平面承重转体；第二种是以球面转轴支承辅以滚轮的轴心承重转体。

转动体系主要由底盘、上盘、背墙、桥体上部构造、拉杆(或拉索)组成。底盘和上盘都是桥台基础的一部分，底盘和上盘之间设有能使其相互间灵活转动的转体装置。背墙一般就是桥台的前墙，它不但是转动体系的平衡重，而且还是转体阶段桥栓上部拉杆的锚碇反力墙。拉杆一般就是拱桥的上弦杆(桁架拱、刚架拱)，或是临时设置的体外拉杆钢筋(或扣索钢丝绳)。

转动体系最关键的部位是转体装置，它是由固定的底盘和能旋转单号上转盘构成。底盘就是桥台的下部。

有平衡重平面转体拱桥的主要施工程序如下：①制作底盘；②制作上转盘；③试专上转盘到预制轴线位置；④浇筑背墙；浇筑主拱圈上部结构；⑥张拉拉杆，使上部结构脱离支架，并且和上转盘、背墙形成1个转动体系，通过配重基本把重心调到磨心处；⑦牵引转动体系，使半拱平面转动合拢；⑧封上下盘，夯填桥台背土，封拱顶，松拉杆，实现体系转换。

(2) 无平衡重的平面转体施工。

无平衡重的平面转体施工是把有平衡重转体施工中的拱圈扣索拉力锚在两岸岩体中，从而节省了庞大的平衡重。锚碇拉力是由尾索预加应力传给引桥桥面板(或平撑、斜撑)，以压力的形式储备。桥面板的压力随着拱箱转体角度的变化而变化，当转体到位时达到最小。

根据桥位两岸的地形，无平衡重转体可以把半跨拱圈分为上、下游2个部件，同步对称转体；或在上、下游分布在不对称的位置上预制，转体时先转到对称位置，再对称同步转体，以使扣索产生的横向力互相平衡；或直接做成半跨拱体(桥全宽)，一次转体合拢。无平衡重转体施工需要有1个强大牢固的锚碇，因此宜在山区地质条件好或跨越深谷急流处建造大跨桥梁时选用。

拱桥无平衡重转体的构造：①锚固体系：由锚碇、尾索、平撑、锚梁(或锚块)及立柱组成。锚碇设在引道或边坡岩石中，锚梁(或锚块)支承于立柱上，2个方向的平撑及尾索形成三角形稳定体，使锚块和上转轴为一确定的固定点。拱箱转至任意角度，由锚固体系平衡拱箱扣索力。②转动体系：由上转动构造、下转动构造、拱箱及扣索组成。上转动构造由埋入锚梁(或锚块)中的轴套、转轴和环套组成，扣索一端与环套连接，另一端与拱箱顶端连接，转轴在轴套与环套间均可转动。下转动构造由下转盘、下环道与下转轴组成。拱箱通过拱座铰支承在转盘上，马蹄形的转盘中部卡套在下转轴上，并支承在下环道上，转盘下设有安装了许多四氟小板块的千岛走板，转盘的走板可在下环道上沿下转轴作弧形滑动，转盘与转轴的接触面涂有四氟粉黄油，以使拱箱转动。③位控体系：由系在拱箱顶端扣点的缆风索与无级调速自控卷扬机、光电测角装置、控制台组成，用以控制在转动过程中转动体的转动速度和位置。

转体施工：正式转体前应再次对桥体各部分进行系统、全面地检查，检查通过后方可转体。拱箱的转体是靠上、下转轴事先预留的偏心值形成的转动力矩来实现。启动时放松外缆风索，转到距桥轴线约60°时开始收紧内缆风索，索力逐渐增大，缆风索走速，启动时宜选用0.5~0.6m/min，一般行走时宜选用0.8~1.0m/min。

合拢卸扣施工：拱顶合拢后的高差，通过张紧扣索提升拱顶、放松扣索降低拱顶来调整到设计位置。封拱宜选择低温时进行。转体施工拱顶合拢的施工要点：①放松主拱浪风及拱脚临时固结杆件。②安装拱顶合拢装置，测量拱顶标高，当实际合拢温度与设计合拢差较大时，对拱顶标高应做修正。应严格控制桥体高程和轴线，误差符合要求，合拢接口允许相对偏差为±10mm。③当合拢温度与设计要求偏差为3℃或影响高程差为±10mm时，应计算温度影响，修正合拢高程；合拢时应选择当日最低温度进行。④选定合拢时间区间，将主拱两肋拱顶两边对称，缓慢地调至合拢标高位置。⑤合拢时，宜先采用钢楔刹尖等瞬时合拢措施完成瞬时合拢。⑥焊接拱顶合拢段，完成主拱合拢。⑦在混凝土达到设计强度的80%后，再分批、分级松扣；逐级交错均匀放松扣索，直至索力为零，主拱成为两绞拱状态。⑧拆除扣索及扣点，焊接拱脚连接钢筋(或钢管)，主拱称为无绞拱。

(3) 转体施工中尾索张拉时的注意事项。①尾索张拉一般在立柱顶部的锚梁(锚块)内进行，操作程序可参照一般预应力梁后张法的有关规定进行。②两组尾索应按照上下左右对称、均衡张拉的原则，对桥轴向和斜向尾索分次、分组交叉张拉。③张拉一级荷载时，应按照上一级荷载张拉后的伸长值与拉索中的应力数值进行分析，调整本级张拉荷载，力求各尾索内力均衡。④尾索张拉荷载达到设计要求后，应对尾索观测和钢索内力测量1~3d，如发现内力损失导致尾索间内力相差过大时，应再进行1次尾索张拉，以求均衡达到设计内力。

(四) 拱上结构施工

拱桥的拱上结构，应按照设计规定程序施工。如设计无规定，可由拱脚至拱顶均衡、对称加载，使施工过程中的拱轴线与设计拱轴线尽量吻合。

1. 泄水管

拱桥除在桥面和台后设排水设施外，对于渗入到拱腹内的水应通过防水层汇集于预埋在拱腹内的泄水管排出。

泄水管可采用管径为6~10cm的铸铁管、混凝土管或陶管，严寒地区可适当增大管径，但不应大于15c。泄水管进口处周围防水层应做成集水坡，并以大块碎石做成倒滤层，以防堵塞。泄水管外露长不应小于10cm，防流水污染结构物。泄水管不宜过长，且不能用弯管做泄水管。

2. 防水层

(1) 沥青麻布防水层。沥青麻布防水层主要用于冰冻地区的砖石拱桥。其做法常用三油二布，即三层沥青二层麻布。

防水层铺设前，应用水泥砂浆抹平拱背，待水泥砂浆凝固后再涂一至两层沥青漆。铺设时，沥青应保持适宜温度，使能涂均匀。麻布应由低向高循环敷设，搭接不应小于10cm。

当防水层经过拱圈及拱上结构的伸缩缝或变形缝时，应做成U字形。

当防水层处于泄水管处时，应紧贴泄水管漏斗之下敷设，以防止向防水层底漏水。

(2) 石灰三合土防水层。石灰三合土防水层主要用在非冰冻地区，其厚度可在10cm左右。铺设前将拱背按排水方向做成一定的坡度，并砌抹平整。为确保防水效果，最好涂抹一层沥青。

(3) 胶泥防水层。胶泥防水层主要用在非冰冻地区的较小跨径拱桥，铺设时应严格控制含水量，以防干裂。

3. 伸缩缝及变形缝

伸缩缝的宽度，一般为2~3cm，缝内填料可用锯末加沥青配合制成。预制板锯末与沥青的比例一般为 1 : 1，施工时将预制板嵌入。上缘一般做成能活动而不透水覆盖层。伸缩缝内的填充料，亦可采用沥青砂或其他适当材料。

4. 拱背填充

拱背填充应采用透水性强和休止角较大的材料(包括砂砾、片石、碎石夹石混合料以及矿渣等)。填充时应按拱上建筑的顺序和时间，要对称而均匀地分层填充并碾压密实。

三、斜拉桥施工

(一) 索塔施工

索塔组成构件包括塔柱、横梁和连接构件，其中最重要的构件就是塔柱。塔柱可以是完全垂直于地面的竖塔柱，也可以是与地面形成一定倾斜角度的斜塔柱。索塔之间的横梁也有两种类型，一种是承重横梁，另一种是非承重横梁，前者一般是承受主梁荷载的受弯横梁，或者连接索塔弯折处的受拉横梁及受拉横梁，而后者一般是连接索塔无弯折部分的连系梁，主要作用是增加索塔的侧向位移刚度。连接构件一般为索塔顶部起连接作用的附属构件。

索塔按材料分类可以分为混凝土索塔、钢索塔和钢混凝土结合索塔。

1. 钢主塔施工

钢主塔施工，应充分考虑垂直运输、吊装高度、起吊吨位等施工方法。钢主塔应在工厂分段立体试拼装合格后出厂。主塔在现场安装，常常采用现场焊接接头、高强度螺栓连接、焊接和螺栓混合连接的方式。经过工厂加工制造和立体试拼装的钢塔在正式安装时，应进行测量控制，并及时用填板或对螺栓孔进行扩孔来调整轴线和方位，防止加工误差、受力误差、安装误差、温度误差、测量误差的积累。

钢主塔可用耐候钢材或喷锌层进行防锈。但绝大部分钢塔都采用油漆涂料，一般可保持的使用年限为 10 年。油漆涂料常采用二层底漆、二层面漆，其中三层由加工厂涂装，最后一道面漆由施工安装单位最终完成。

2. 混凝土主塔施工

(1) 模板。浇筑索塔混凝土的模板按结构形式不同可采用提升模板和滑升模板。提升模板按其吊点的不同，可分为依靠外部吊点的单节整体模板逐段提升、多节模板交替提升以及本身带爬升模板。滑升模数只适用于等截面的垂直塔柱。

(2) 混凝土塔柱施工。混凝土塔柱一般可采用支架法、滑模法、爬模法施工。在塔柱内，在塔壁中间常常设有劲性骨架，劲性骨架在工厂加工，现场分段超前拼接，精确定位。劲性骨架安装定位后，可供测量放样、立模、扎筋拉索钢套管定位用，也可供施工受力用。

(3) 混凝土横梁施工。在高空中进行大跨度、大断面现浇高强度等级预应力混凝土横梁的难度很大。施工时要考虑到模板支承系统和防止支承系统的连接间隙变形、弹性变形、支承不均匀沉降变形，混凝土梁、柱与钢支承不同的线膨胀系数影响，日照温差对混凝土钢的不同时间差效应等产生的不均匀变形的影响，以及相应的变形调节措施。每次浇筑混凝土的供应量应保证在混凝土初凝前完成浇筑。并且采取有效措施，防止在早期养护期间及每次浇筑过程中由于支架的变形影响而造成混凝土梁开裂。

（4）主塔混凝土施工。常采用现场搅拌、吊斗提送的方法。对于高度较高的主塔，施工时，应采用商品泵送大流动度混凝土。为了改善混凝土可泵性能并达到较高的弹性模量和较小的混凝土收缩、徐变性能，应采用高密度骨料、低水灰比、低水泥用量、适量掺加粉煤灰和泵送外加剂，以便满足缓凝、早强、高强的混凝土泵送要求。

泵送混凝土施工工艺在满足设计提出的混凝土基本性能要求的前提下，根据主塔施工的不同季节、不同的缓凝时间、不同的高度泵送混凝土的要求来确定。一般应考虑混凝土泵送设施的布置，即根据不同的部位、泵送高度，每段浇筑时间，每段浇筑混凝土工程量，考虑混凝土泵送设施来综合布置。

（二）主梁施工

斜拉桥主梁作为斜拉桥主要的承力构件，与其他梁式桥相比，具有梁体高跨比小、梁体纤细、抗弯能力较差等特点。除少数人行桥采用诸如玻璃钢之类的复合材料外，一般有钢和混凝土两种，这两种材料又可组合成钢主梁、混凝土主梁、钢—混凝土叠合梁、钢—混凝土混合梁等几种类型。常采用的截面形式有板式、箱形、Ⅱ形肋板式等。按照索、塔、梁三者不同的结合方式，主梁可分为漂浮体系、支承体系、塔梁固结体系及刚构体系等四种结构体系。

斜拉桥主梁施工方法与梁式桥大致相同，一般可分为顶推法、平转法、支架法和悬臂法等四种。悬臂法因适用范围较广而成为目前斜拉桥主梁施工最常用的方法。

斜拉桥主梁悬臂施工主要流程如下：

（1）挂篮设计与拼接，根据工程需要选择合理的挂篮设计，可以借用工程本身结构作为挂篮的前支点，将已经浇筑的桥梁作为挂篮自身承重，合理选用升降系统与施工工艺，确保施工安全；安置牵索式挂篮桁梁，桁梁安装后铺设底模，借助调高系统、锚固系统对其进行锚固，确保桁梁与底模的协调性；安装外侧模；连接斜拉桥牵索系统，进行斜腹钢筋绑扎与螺栓绑扎，确保绑扎质量，松紧度适中，防止脱落；安装开箱与闭箱顶模，进行绑扎；挂篮加工与拼接，对钢筋绑扎以及各模板的尺寸进行检查，按照《钢结构工程施工质量验收标准》（GB 50205—2020）进行加工质量检验，对于设计存在的出入进行及时调整。

（2）预留挂篮锚固孔，在悬臂灌注混凝土时需要预留一段锚固孔，注意灌注顺序，当混凝土强度达到设计值的80%时拆除模板。

（3）挂篮行走状态施工工序，主要工序为脱模、张拉千斤顶工作、轨道前移、挂篮下降、安装行走反滚轮、安装牵引机构、挂篮前移并初定位。

（4）混凝土浇筑，严格按照主梁的设计需求选择混凝土材料，按照配合比进行施工，掺入适量的减水剂与缓凝剂确保混凝土质量，主梁各节段都需要进行浇筑，挂篮悬臂浇筑必须对称进行，按照从前往后的顺序，先主肋、后横肋、再到顶板的顺序进行浇筑，每次浇筑必须严格控制混凝土的超方，自重误差控制在2%左右，在顶板钢筋上焊接3排钢筋，确保混凝土的平整度与横坡，混凝土灌注完成后，表面用塑料布或土工布覆盖，并洒水养护，待同等条件养护的混凝土试件其抗压强度达到梁部混凝土设计强度的80%时，揭开塑料布，洒水继续养护，始终保持混凝土表面潮湿，养护天数14d以上，同时进行底面和侧面的养生。

（5）主梁斜拉索施工流程，通过安装模板与锚具，混凝土浇筑后进行整索张拉。

（三）斜拉索施工

1. 放索

斜拉索通常采用类似电缆盘的钢结构盘将其运输到施工现场，对于短索，可采用自身成盘，捆扎后运输。放索可采用立式转盘放索和水平转盘放索两种方法。

2. 索在桥面上移动

在放索和安索过程中，要对斜拉索进行拖移，由于自身的弯曲，或者与桥面直接接触，在移动拉索的过程中可能使其防护层或索股发生损坏，为了避免这些情况的发生，可采取如下措施：如果索盘是由驳船运来，放索时也可以将索盘吊运到桥面上进行，或直接在船上进行，采用滚筒法、移动平车法、导索法、垫层法等。

3. 斜拉索的塔部安装

斜拉索安装前，应根据对索自重所需的拖拉力的计算，选择合适的卷扬机、吊机和滑轮组配置方法。安装张拉端时先要计算安装索力，由理论计算可知，当矢跨比小于 0.15 时，可采用抛物线代替悬链线来计算曲线长度。计算出各施工阶段的索力后，即可选择适当的牵引设备和安装方法，进行斜拉索的塔部安装。根据张拉端设置的位置确定安装顺序，如果张拉端设置于塔部，则先于梁部安装；如果张拉端设置于梁部，则先于塔部安装。

4. 斜拉索的梁部安装

斜拉索的梁部安装方法有吊点法和拉杆接长法两种。

第四节　桥面及附属工程施工

一、桥面铺装施工

桥面铺装是桥梁工程施工中的重要一环，影响桥梁质量的优劣。桥梁铺装中需要考虑的因素很多，最重要的是保证桥梁的安全性、经济性和持久性。随着我国交通运输业越来越发达，车辆出现大型化和过度超载的现象增多，相应地对桥梁的质量要求也越来越高。车辆轮胎直接与混凝土桥面接触，会直接使其磨损，不利于长期的交通运行。而桥面铺装可以减少磨损、分布车轮压力、减少重荷载对桥梁的损伤，保护主梁、防止混凝土及钢筋被腐蚀损坏；桥面铺装的不透水性，能够减少雨水对桥梁内部结构的损坏。桥面铺装能够保护行车道板，延长桥梁的使用时间，一定程度上增加安全性；同时，其有利于增加行车的舒适度、安全性，增加了整体桥梁的美感。常用的桥面铺装有水泥混凝土、沥青混凝土两种。

（一）水泥混凝土桥面铺装

1. 水泥混凝土桥面铺装施工准备

（1）把好支座垫石和梁体关，严格控制各标高。特别是支座垫石标高的控制，同时控制预制梁施工后梁面标高、平整度及各预埋件，为桥面铺装施工奠定基础。

（2）明确思路，确定方法。施工作业前将编制的施工方案上报监理工程师审批，审批通过后层层技术交底，按施工方案组织设备及物资。

（3）钢筋、钢筋网、水泥、石子、砂、外加剂等原材料需自检合格，并上报监理试验室复检合格后方可用于本工程。

（4）机具准备。①混凝土搅拌站1套，混凝土运输罐车2辆，吊车1辆，三滚轴1套，3m铝合金直尺1根中；②加工机具，钢筋切断机1台、电焊机2台等；③清理工具：空压机、高压水枪各1套，铁锹、扫帚等；④土工布、木抹子等；⑤计量检测用具，水准仪2台、全站仪1台、钢卷尺、3m靠尺、塞尺、坍落度桶等。

（5）作业条件。桥面铺装前，梁板湿接缝及横隔板施工完毕，桥面系预埋件及预留孔洞的施工，如泄水孔、伸缩缝预埋件、防撞护栏预埋件等均设置完毕并验收合格。

2. 水泥混凝土桥面铺装施工流程

水泥混凝土桥面铺装施工流程：桥面清理→施工放样→标准带施工→钢筋网安装→混凝土浇筑→养护。

3. 水泥混凝土桥面铺装施工要点

（1）桥面清理。

桥面清理遵照："一凿二扫三吹四冲洗"原则。对桥面的浮浆、浮碴、杂物进行全面凿除、清理，采用凿毛机进行，整体拉网式向前推进，彻底将桥面上的浮浆、浮碴、杂物全部清理干净。凿毛机无法清理处采用电镐清理，清理完成后，人工用扫把清扫，再用高压风吹桥面残留灰尘，接着用高压水枪进行冲洗并配以竹扫清扫，冲洗沿着桥梁横坡，将水及杂物从泄水孔排出，冲洗后的桥面应达到干净、无积水。凿除是否彻底直接影响桥面铺装与梁顶面的连接密实程度。

（2）施工放样。

在桥面铺装开始施工前，先按照不低于一级导线和四等水准的精度要求，将平面控制点和高程控制点引测到桥面的稳固点上，平面控制点的间距不大于200m，高程控制点的间距不大于100m。放工前由测量人员根据设计图纸里程桩号放出混凝土铺装范围，对梁顶面标高进行网格挂线检查。直线段5m一点，圆曲线及缓和曲线段2m一点。①在防撞护栏内侧每5m（直线段）将桥梁的桩号用红油漆标注在防撞护栏底部，同时用碳素笔将此桩号对应的桥面铺装设计标高水平线对称标记在防撞护栏两侧；②用墨斗线将已标识好的标高线贯通连成一条直线，这条线就形成了贯穿整个桥梁的铺装纵向标高线；③用较细的红塑料绳对桥面进行网格化布控，网格覆盖整个一联，这就形成了覆盖整联的网格。根据所形成的网格对桥面进行仔细检查，对超过误差范围的点位进行标记，为下一步的桥面处理做准备。

（3）标准带施工。

标准带施工前应将桥梁两端封闭，禁止非施工人员及无关机械设备通过，以免污染桥面。标准带是摊铺机的运行轨道，其平整度、纵坡、钢筋保护层厚度直接影响整个桥面铺装的质量，施工时要格外认真。标准带混凝土施工前先将桥面泄水孔安装到位，再进行标准带钢筋网片的固定和安装。标准带钢筋网片绑扎时须先在梁顶面进行划线，然后铺设绑扎钢筋网，钢筋网片绑扎做到横平竖直，钢筋网片交叉点采用扎丝绑扎结实，呈梅花形布置，钢筋网片接头搭接不小于32cm。然后将钢筋网片铺上，与架立钢筋之间点焊；靠近护栏一侧设置混凝土垫块，梅花形布置，确保钢筋保护层厚度和钢筋网片的整体性。一联的两侧及中间标准带可同时铺设，同时施工。钢筋网片铺设牢固后，在靠近桥面内侧采用方钢压顶，方钢需与架立钢筋绑扎牢固；底部用厚4cm左右的方木垫底，接缝缝隙处用泡沫止浆剂进行喷塞，防止漏浆。

混凝土浇筑前，用高压风枪将桥面杂物清理干净，再对梁表面进行充分湿润，但不得有积水。混凝土采用混凝土罐车直接运送至现场，直接卸料至标准带内，人工将混凝土均匀摊平，采用平板式振捣器均匀振捣密实后，再用铝合金直尺刮平，待其表面泌水完毕后及时用木抹子进行第二次抹平和收浆。待混凝土初凝后，立即采用土工布覆盖养生，养生时间不得少于7d，并随时浇水保证土工布的湿润。夏季铺装混凝土施工的时间最好是傍晚或晚上，防止温度过高引起的坍落度损失或者表面浆液蒸发过快，造成混凝土表面裂纹等缺陷。

（4）钢筋网片安装。

钢筋网片安装前应再次对桥面进行清理，再对预埋钢筋进行就位，全部就位后进行钢筋网片安装。在桥面铺装钢筋网之前，应按照设计图纸将墩顶处加强钢筋铺设就位。然后将桥面红油漆点位用12mm的冲击钻钻孔，梅花形布置加密钻孔，孔深10~20mm；将准12mm的钢筋头楔入其中，并焊接准12mm长约5cm的水平短钢筋形成架立钢筋，成梅花形架立钢筋群，钢筋群纵向间距2.5m，横向间距2.5m，与桥面预埋“U”钢筋一起使钢筋网片与梁体构成一个整体，局部采用混凝土垫块支垫。钢筋网片与架立钢筋及预埋“U”钢筋相接的部位进行点焊；网片间搭接长度不小于32cm，搭接处用扎丝绑扎牢固，并将所有露出钢筋网片的架立钢筋头切除掉，使之与架立钢筋群基本形成一个保护层垫区，这样钢筋网片就形成整体，既保证了保护层厚度，也保证混凝土施工时不会出现上浮。钢筋网片采用人工顺序铺设，与钢筋垫块相接的所有部位均要进行焊接，与混凝土垫块交接的部位进行绑扎，保证钢筋网片距梁片顶面净距为4cm。伸缩缝处钢筋网据其宽度剪除，确保钢筋网片在施工过程中不出现下沉和上浮。

（5）混凝土施工。

混凝土浇筑前，应对钢筋网片和预埋件进行查核，清理作业面杂物后，将梁体表面用水湿润，但不得有积水。混凝土浇筑采用三辊轴摊铺整平机施工，混凝土浇筑要连续，宜从下坡往上坡方向进行，采用吊车吊斗入仓，避免污染桥面；混凝土布料应均匀，人工先扒平，再用平板振动器拖1~2遍，使混凝土表面泛浆，然后摊铺整平机开始工作，在摊铺机施工过程中，人工要及时清除多余的混凝土，同时补充欠料部位。另外，混凝土自由下落高度应不大于2m。进行人工局部布料摊铺时，应用铁锹反扣，严禁抛掷而后搂耙。混凝土振捣先采用插入式振捣器振捣，再采用三滚轴刮平并振实，一次振捣时间不宜超过30s。完成提浆和整平后，人工站在已加工好的操作桥上立即用铝合金直尺进行精确刮平，在具体施工时，尺子两侧的操作人员把直尺紧贴模板横向反复搓动，纵向平稳前移。混凝土用直尺刮平后，用木抹子进行二次抹平和收浆，二次抹平后，应选用排笔等专用工具沿横坡方向轻轻拉毛，拉毛应一次完成，拉毛深度为1~2mm，线条应均匀、直顺，面板平整、粗糙。桥面混凝土应连续浇筑不留施工缝，若确需留施工缝时，横缝设置在伸缩缝处。施工缝处理，应去掉松散石子，并清理干净，润湿，涂刷界面剂。混凝土拉毛成型后，采用塑料布覆盖，开始养生时不宜洒水过多，宜采用喷雾器洒水，防止混凝土表面因收缩产生裂纹，待混凝土终凝后，再采用土工布覆盖养生，养生期在7d以上。

（二）沥青混凝土桥面铺装

沥青混凝土适用于大桥、特大桥的桥面铺装，高速公路、一级公路桥梁的沥青混凝土桥面铺装层厚度不宜小于70mm；二级及二级以下的公路桥梁的沥青混凝土桥面铺装层厚度不宜小于50mm。为了防滑和减弱光线的反射，最好将混凝土做成粗糙表面。沥青混凝土铺装可以做成单层式、双层式或三层式。

沥青混凝土铺装前应对桥面进行检查，桥面应平整、粗糙、干燥、整洁。桥面横坡应满足要求，不符合时应及时处理。铺筑前应撒布黏层沥青，石油沥青撒布量为0.3～0.5L/m^2。

1. 施工准备

（1）沥青混凝土所用粗细集料、填料以及沥青均应符合规范技术要求，提前设计混合料配合比，包括矿料级配、沥青含量、稳定度(包括残留稳定度)、饱和度、流值、马歇尔试件的密度与空隙率等的详细说明。

（2）沥青混合料拌和设备、运输设备以及摊铺设备均应符合规范技术要求。

（3）施工测量放样。

恢复中线：在直线每10m设一钢筋桩，平曲线每5m设一桩，桩的位置在中央隔离带所摊铺结构层的宽度外20cm处。

水平测量：对设立好的钢筋桩进行水平测量，并标出摊铺层的设计标高，挂好钢筋，作为摊铺机的自动找平基线。

（4）沥青材料的准备。沥青材料应先加热，避免局部加热过度，并保证按均匀温度把沥青材料源源不断地从贮料罐送到拌和设备内，不应使用正在起泡或加热超过160℃的沥青胶结料。

2. 沥青混凝土拌和、运输

（1）沥青混凝土拌和。

集料和沥青材料按工地配合比公式规定的用量测定和送进拌和，送入拌和设备里的集料温度应符合规范规定，在拌和设备内及出厂的混合料的温度，应不超过160℃。

把规定数量的集料和沥青材料送入拌和设备后，须把这两种材料充分拌和直至所有集料颗粒全部裹覆沥青结合料为度，沥青材料也完全分布到整个混合料中；拌和厂拌和的沥青混合料应均匀一致、无花白料、无结团块。

拌好的热拌沥青混合料不立即铺筑时，可放入保温的成品储料仓储存，存储时间不得超过72h，贮料仓无保温设备时，允许的储料时间应以符合摊铺温度要求为准。

（2）沥青混合料运输。

为保证沥青混合料的运输质量，采用自卸汽车进行运输，运输前对车槽清理干净，为防止沥青与车箱板粘结，在车箱及底板上涂刷一层隔离剂。从拌和机向运料车放料时，应每卸一斗料挪动一下料车位置，以减少粗细集料的离析现象。沥青混合料运输过程中，加以覆盖，以防止混合料降温和结壳。运输途中不得随意停歇，到达施工现场时，检查沥青混合料温度，满足摊铺温度的要求。

3. 沥青混凝土摊铺、碾压

（1）沥青混和料摊铺

沥青混和料要连续稳定地摊铺是提高桥面平整度最主要措施，施工人员不得进人踩踏，对缺陷严重的地方应予清除，重新调整摊铺，为了保证摊铺厚度，要求随时进行调整松铺系数，摊铺遇雨时立即停止施工，并清除未压成型混和料。

（2）沥青混合料的碾压

沥青拌和料的碾压密实过程是对其组成颗粒成分的加压填实和定位以形成一种更为密实的颗粒排列体。沥青混凝土碾压密实程度将直接影响桥面铺装层的使用耐性，通常碾压工作包括初压、复压和终压三个过程。初压过程是整个碾压工作的基础同时也是重点，要求压路机必需紧随摊铺机边摊铺边碾压，其主要目的在于整平，稳定拌和料，同时避免拌和料温度下降过快导致施工不便的情况。复压过程是决定桥面铺装层密实程度好与坏的主要工序，使得拌和料密实．稳定和成型是其主要的作用目的。复压进程不宜过快，应根据现场实际情况和需要作合理地调整，以规定碾压速度。终压过程是桥面铺装层为清楚轮迹所做的扫尾工作，主要是为整平最终的压实面而服务，终压过程需控制好温度且碾压线路和方向控制不变，匀速行进，无法走压路机的隐蔽部位可采用小型振动行板紧随摊铺机进行补充性碾压。

4. 接缝、修边和清场

沥青混合料的摊铺应尽量连续作业，压路机不得驶过新铺混合料的无保护端部，横缝应在前一次行程端部切成，以暴露出铺层的全面。接铺新混合料时，应在上次行程的末端涂刷适量黏层沥青，然后紧贴着先前压好的材料加铺混合料，并注意调置整平板的高度，为碾压留出充分的预留量。

相邻两幅及上下层的横向接缝均应错位 1m 以上。横缝的碾压采用横向碾压后再进行常规碾压。

修边切下的材料及其他的废弃沥青混合料均应从路上清除。

二、伸缩缝安装施工

桥梁伸缩装置安装对行车的平稳性起着至关重要的作用，为保证伸缩装置的施工质量和伸缩缝使用的耐久性，必须严格按照施工工艺和施工流程精细化施工，为道路行车形成提供更好的服务性能。桥面伸缩缝施工工艺流程如图 4-2 所示。

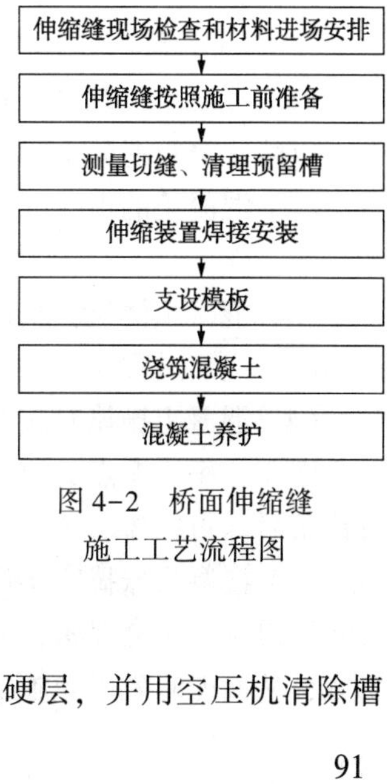

伸缩缝现场检查和材料进场安排
↓
伸缩缝按照施工前准备
↓
测量切缝、清理预留槽
↓
伸缩装置焊接安装
↓
支设模板
↓
浇筑混凝土
↓
混凝土养护

图 4-2　桥面伸缩缝施工工艺流程图

1. 测量切缝

伸缩装置安装采用开槽法。待桥面沥青混凝土铺筑完成后，在安装预留槽区上准确测量放样，并画出切割线。

采用切缝机根据上述的切割线对沥青路面切缝。切缝机切缝时应顺直，切割后的切割线不得有肉眼可见的弯曲，直线度满足 1.5mm/m。

2. 清理预留槽

将伸缩装置安装区域的沥青面层凿除干净，凿毛至混凝土坚硬层，并用空压机清除槽内的浮尘、杂物及松动的混凝土块，确保现场整洁，并检查开挖槽区的长、宽、深等尺寸是否满足施工要求。梁端间隙内的杂物清除干净后采用泡沫板填塞密实。凿毛后应在现场摆放交通标志，禁止车辆通行，同时严禁施工人员踩踏槽两侧边缘，以免槽两侧沥青混凝土受到损坏，影响施工质量。

开槽产生的所有弃料要堆放在距离施工场地 1m 外的区域，开槽完毕应及时清除出施工现场。

按照设计图纸要求，核对预留槽尺寸，同时调整伸缩缝预留槽内的预埋筋；检查有无漏埋或折断的预埋筋，如有应及时进行修复。满足要求后方可进行下一步伸缩装置的安装。

3. 伸缩装置焊接安装

由于伸缩装置的出厂温度和施工现场安装的实际温度有差异，因此安装前需要根据现场气温调整安装时的定位空隙值，用专用卡具将其固定。

安装伸缩装置时，采用吊车配合人工进行，吊车吊起伸缩装置就位，槽口上方垫 10cm ×10cm 方木或角钢(槽钢、工字钢)作定位垫块，先将伸缩装置放置于垫块。然后将伸缩装置缓慢入槽，同时调整其位置、方向和纵向直线度，最终使伸缩装置的中心线与桥梁中心线重合(偏差≤5mm)，并使其顶面标高与设计标高相吻合。伸缩缝上顶面的标高要低于路表两侧沥青面层约 2~3mm。同时应保证伸缩缝的间隙、纵坡(与桥面纵坡允许偏差为±0.3%)符合设计要求。

确定伸缩装置高度、平面度符合要求后，沿桥宽的一端向另一端依次采用焊条将安装螺栓组的螺栓及连接钢筋与预埋钢筋焊接牢固，逐条焊接，焊接时宜及时清除焊渣等，严禁出现点焊、跳焊、漏等现象。无法直接焊接时使用 U 型、L 型筋连接焊固。连接处焊缝长度应不小于 10cm。焊接结束后，焊渣应清除干净并清理施工现场。

4. 支设模板

模板一般采用泡沫板或纤维板，模板应固定牢靠，模板间隙用麻布料等填充物填塞密实，以防混凝土浇筑振捣时砂浆流入伸缩装置内。

5. 浇筑混凝土

(1) 混凝土浇筑前应将伸缩缝区两侧 1m 范围内的路面清扫干净，并在两侧铺上塑料布，以防止浇筑混凝土时污染两侧的沥青路面。

(2) 混凝土的坍落度控制在 80~100mm，在满足施工条件下，应尽可能选用低坍落度混凝土。

(3) 混凝土浇筑应从两头向中间进行，分层振捣，振捣要密实充分到位，防止上下分层。同时浇筑过程应注意不得将混凝土浆漏洒在伸缩缝区两侧沥青路面上。

(4) 混凝土振捣时应两侧同时进行，振动棒与模板间控制在 5~10cm 之内。为保证混凝土密实，每一振点的振捣持续时间为 20~30s，待混凝土停止下沉、不出现气泡、表面出现浮浆后即可抽棒。

(5) 混凝土振捣密实后，应确保混凝土表面与伸缩装置顶面齐平，用模板搓出水泥浆抹平使得两者接合严密，并应保证表面的平整度。混凝土表面比沥青路面顶面略低 1~2mm 为宜，从而能有效避免施工后路面行车跳车现象。

6. 养护

混凝土初凝前用毛刷拉毛，待其初凝后，用织物或草席覆盖在表面进行养护。养护期间应按时洒水，养护期不少于7d；养护期间应管制交通，严禁车辆及行人通行，避免外界因素的影响，并及时作好养护记录。

待混凝土强度达到设计强度的70%以上时，把纤维板、泡沫板进行拆除以及将夹缝中的其他杂物清理干净。拆模时应小心，不能造成混凝土棱角破损。填充完沥青膏后，嵌入橡胶条，完成伸缩装置安装。

三、其他附属工程施工

1. 人行道

人行道是用路缘石或护栏或其他设施加以分隔的专门供人行走的部分。桥梁上的人行道宽度由人行交通量决定，可选用0.75m或1m，大于1m时按0.5m倍数递增，行人稀少时可不设人行道。

按人行道的施工方法，有以下几种形式：

① 就地浇筑的人行道，用于跨径比较小的桥梁中，人行道与行车道板及梁整体连接在一起，若人行道板的恒载及活载较小，可将其设在桥梁行车道的悬挑部分。

② 整体预制装配式的人行道，是将人行道做成预制块件安装在桥面上，这种形式适用于各种净宽度的人行道，人行道下可以放置过桥管线，但是对管线的检修和更换比较困难。

③ 部分装配和部分现浇的人行道，是把预制的人行道梁、支撑梁及人行道板等构件通过与主梁上预埋件的连接，并使接缝部分填实，混凝土与桥面形成整体。

人行道顶面一般铺设20mm厚的水泥砂浆或沥青混凝土作为面层，并向桥内侧形成1%的横向坡度；桥面铺设中若设贴式防水层，要在人行道内侧设置路缘石，以便把防水层伸过缘石底面，从人行道与缘石之间的砌缝里向上叠起；人行道在桥面伸缩缝处也必须设断缝；人行道铺设应按照规定进行。

2. 安全带

不设置人行道的桥上，两边应设置宽度不小于250mm，高度为250~350mm的护轮安全带。

为了保证行车安全，安全带的高度可适当增加。安全带可以做成预制块件或与桥面铺装层一起现浇。预制的安全带有矩形截面和肋板式截面两种，以矩形截面最为常见。现浇的安全带宜每隔2.5~3.0m做一个断缝，以免参与主梁受力而破损。

3. 栏杆和护栏

（1）栏杆

栏杆既是桥梁上的安全措施，又是桥梁表面的建筑。桥梁栏杆不仅要结构坚固，而且要求具有美观的外表。栏杆的高度一般不小于1.1m，栏杆的间距一般为1.6~2.7m。桥梁栏杆设置在人行道上，防止行人和车辆坠入桥下。

栏杆选用时首先要考虑结构安全可靠、选材合理，栏杆或栏杆底座要与浇在混凝土中的预埋件焊牢，以增强抗冲击能力。同时，栏杆要经济实用，工序简单，方便互换。在造型上，栏杆的材料和尺寸与整体应协调，常采用简单的上扶手、下扶手和栏杆柱组成。

(2) 护栏

桥梁上的护栏，当设于人行道上时，主要作用是给行人以安全感，遮拦行人，防止行人坠入桥下；当无人行道时，桥上栏杆主要作用是与高填路堤或危险路段所设护栏相仿，用以引导视线，起到轮廓标示的作用，使车辆尽量在路幅之内行驶。用于高速公路、一级公路、城市快速道路、主干道路、立交工程等的护栏用以封闭沿线两侧，是人畜与非机动车辆公路的隔离设施，它同时能有效吸收能量、迫使失控车辆改变方向并使其恢复到原有行驶方向，防止其越出路外或跌落桥下的作用。栏杆和护栏块件必须在人行道板铺设完毕后才可安装，安装栏杆柱时，必须全桥对直、校平(弯桥、坡桥要求平顺)，竖直后用水泥砂浆填缝固定，栏杆、护栏安装质量应符合规定。

第五章

涵洞工程施工技术

第一节　涵洞工程与施工准备

一、涵洞工程基本知识

涵洞是公路工程中的小型构造物。虽然涵洞在总造价中仅占很小比例，但其施工质量直接影响公路工程的整体质量及其使用性能，以及周围农田的灌溉、排水等。因此，对涵洞施工同样不可忽视，应在施工前做好充分准备，周密安排；在施工过程中严格控制施工质量，确保其质量达到设计及规范要求。

按构造形式的不同，涵洞可以分为管涵（通常为圆管涵）、盖板涵、拱涵、箱涵、倒虹吸管涵等。

1. 圆管涵

圆管涵主要由管身、基础、接缝及防水层组成。

2. 盖板涵

盖板涵主要由盖板、涵台、基础、洞身铺底、伸缩缝及防水层等组成示。

3. 拱涵

拱涵主要由拱圈、护拱、拱上测圈、涵台、基础、铺底、沉降缝及排水设施等组成。

4. 箱涵

箱涵主要由钢筋混凝土涵身、翼墙、基础、变形缝等组成。因箱涵为整体闭合式钢筋混凝土框架结构，所以具有良好的整体性及抗震性能，但由于箱涵施工较困难，造价高，一般仅在软土地基上采用。

二、施工的准备工作

涵洞施工准备工作包括现场核对、绘制施工详图、施工放样。

1. 现场核对

涵洞开工前，应根据设计资料，结合现场实际地形、地质情况，对其位置、方向、孔径、长度、出入口高程以及与灌溉系统的连接等进行校对。核对时，应注意农田排灌的要求；需要增减涵洞数量、变更涵型或孔径时，应向监理工程师反映，按照合同有关规定办理。

2. 绘制施工详图

若原设计文件、图纸不能满足施工需要时，例如地形复杂处的陡峻沟谷涵洞、斜交涵洞、平曲线或大纵坡上的涵洞、地质情况与原实际资料不符合的涵洞等应先绘出施工详细图或变更设计图，然后再依图放样施工。

3. 施工放样

涵洞中线和涵台位置的测定。

三、涵洞长度计算

涵洞长度是指包括沉降缝、接缝在内的涵洞出入口两端墙外缘间的总长度。一般情况下，设计资料会提供涵长，可不必再进行计算；在设计文件比较简单，或需要变更设计时，则需要进行涵洞长度计算及八字翼墙尺寸计算。

第二节　各种类型涵洞施工

一、钢筋混凝土管涵施工

1. 沟槽土方开挖

（1）沟槽开挖前的准备工作

根据设计图纸的设计要求进行测量放线，定出中心桩、槽边线。先查明段地下管线及其他地下构筑物情况，会同有关部门作出妥善处理，确保施工安全。沟槽开挖前应做好沟槽外四周的排水工作，保证场外地表水不流入沟槽。

按工程监测要求，开挖前先布置各种类型的观测点，并测定初始资料。准备好所有的机械设备及场内外运输道路，以利土方开挖工作连续快速完成。土方的开挖填写沟槽隐蔽验收记录，回填做密实度检测资料以及按统表自检评定记录表。

（2）沟槽开挖方法

土方开挖采用自然放坡开挖，放坡系数为 1∶0.5，喷射 10cm 厚素混凝土硬化坡面。

开挖方式以机械开挖为主，人工开挖进行配合。土方采用分段分层开挖的方式进行，开挖深度 3.0 以内的，采用挖掘机一次开挖至距沟槽底 20.0cm；开挖深度超过 3.0m 的，采用挖掘机分两次开挖至距沟槽底 20.0cm，挖出的土方用自卸运土车运至指定余泥堆场。

沟槽基底标高以上 20cm 的土层，采用人工开挖、清理、平整，以免扰动基底土，严禁超挖。沟槽开挖过程中，不同土层面标高须报验监理、业主确认，并做好记录。土层与设计不符时，及时通知设计、监理单位，由设计、监理及施工单位共同商讨处理方法。

（3）沟槽排水措施

在沟槽外设置排水沟和集水井，截止沟槽外地表水流入沟槽，集水井内的污水经沉淀后排放。开挖时基底设置临时排水沟，排水沟的截面尺寸为 200mm×300mm，沿着临时排水沟每隔 20m 设置 600mm×600mm×800mm 的集水井，采用潜水泵把集水井的水抽出沟槽外在沟槽开挖过程中出现的渗漏水应及时进行处理，处理的方法为：渗漏水较少时，直接封堵；渗漏水较大时，在沟槽外侧施工摆喷或灌浆止水。

开挖后的土方如达到回填质量要求并经监理确认后应用于填筑材料，不适用于回填的土料弃于业主、监理指定地点。

沟槽开挖时其断面尺寸必须准确，沟底平直，沟内无塌方，无积水，无各种油类及杂物，转角符合设计要求。土方外运采用载重自卸车，沿施工现场临时施工便道，将余泥运至弃土场。

沟槽放坡段采用C15喷射混凝土支护，护坡施工前，必须用人工对边坡进行夯实修整，以免边坡失稳，喷射混凝土时由下而上进行，施工严格按喷射混凝土工艺进行，配合比的设计严格执行相关规范。夜间开挖时，应有足够的照明设施，并要合理安排开挖顺序，防止错挖或超挖。

2. 管涵基础

管涵基础采用钢筋混凝土管1800混凝土基础，具体图纸见国家建筑标准设计给水排水标准图集。开挖的沟槽人工整平后，标高复测无误即铺设砂碎石垫层，整平夯实后再次复测标高，无误再支模浇筑管涵基础。

混凝土强度等级为≥C10，第一次浇筑(管座平基)的高度为300mm，应振捣密实，表面应做成毛面。

第二次浇筑是在管道安装完毕后进行，浇筑的高度为150mm，浇筑前应将第一次浇筑的混凝土表面清洗干净，清除模板中的尘渣、异物，核实模板尺寸，并将管座平基与管材相接触的三角部位用同强度的混凝土砂浆填满、捣实。浇筑时应注意振捣密实。

3. 管材的选用

工程施工采用的钢筋混凝土管必须保证可以承受6.0m覆土压力，可以选用平口管。

4. 管道安装

钢筋混凝土管必须在内部热涂沥青一道后再安装连接。管道安装是在管道基础第一次浇筑完成后3d进行，安装前要进行标高复测，无误后才能安装。

用汽车式起重机下管：两侧用撑杆撑住，防止管节发生滚动，采用砖块、碎石等在管节两侧做垫块，用于调整管节中心位置及内底高程，使管节中心及内底高程符合设计规定。管节中心及内底高程经监理复验合格后，应及时进行管涵基础的第二次浇筑。

工程混凝土管接口采用1800混凝土管基现浇混凝土套管接口，见国家建筑标准设计给水排水标准图集。管节中心及内底高程经监理复验合格后，用1∶3水泥砂浆捻缝，再进行管涵基础的第二次浇筑。

在管涵基础的第二次浇筑后3d进行套环浇筑，支模板前将管基与套环相接处凿毛并清理干净。套环混凝土为C20，竖直段直接浇筑用振捣棒振捣密实，斜坡段和水平段用人工抹上去，混凝土浇筑完后要及时进行养护。

5. 土方回填

待管道安装完成并经验收合格后，方可进行土方回填。回填材料选用合适的并经监理确认的挖出土或经试验合格的外运材料。土方回填前，首先需要确保沟槽内无积水。严把填料质量关，不得回填淤泥、腐殖土、冻土及有机物质。土方回填采用分层对称回填、分层夯实的方法，严格控制每层填土的厚度，每层回填厚度不大于300mm。

回填土夯压密实度达不到要求的密实度时，可根据具体情况加适量石灰土、砂、砂砾或其他可达到要求密实度的材料。回填管道两侧土方时，应避免碰撞管道以免损坏，每层回填完后，采用打夯机夯实。管顶土方回填时，按照规定严格控制路基不同深度的压实度。路基面以下深度范围压实度要求为：0~800mm范围压实度不小于95%；800~1500mm范围压实度不小于93%；1500m以下压实度不小于90%。对填土的压实度按要求进行检验，确保压实度满足质量要求。

二、钢波纹管涵施工

1. 技术原理

钢波纹管涵洞采用多片波形板片用螺栓拼接而成，板片由厂家生产，连接螺栓采用M20，8.8级高强度螺栓及弧形垫圈，边缝及螺栓用密封胶处理，钢板表面采用热浸镀锌。连接时注意做好管片拼接处防水和防腐处理，施工完成后需要对涵管喷涂沥青防水层进行防护。

2. 施工工艺流程

施工放样→开挖基础→基础垫层施工→管节安装→喷涂防水层→涵背回填→洞口铺砌及防护工程→成品检测、验收。

3. 施工要点

（1）施工放样

平整施工场地，并合理安排各种材料的堆放。施工前先组织测量技术人员按设计文件要求放出管涵轴线，打好中边桩，并在涵管中轴线和基础范围边缘撒上白色灰线，测出高程，根据要求设置预拱度，高程及平面位置符合设计要求后开始安装管节，管节安装过程中随时复核钢波纹管轴线及管底高程。

（2）基础开挖

根据设计要求开挖地基，基坑开挖根据现场地质和基坑开挖深度，对开挖边坡进行放坡。开挖后基坑周边做好挡水捻，做好基坑防排水措施，对基坑中出现的积水采用明沟方式排放，防止基底出现浸泡。

（3）基底垫层施工

进行封底垫层施工时，采用22T压路机碾压，采用沉降差严格控制碾压质量。

（4）管身安装

1）原材及结构。管身采用Q235热轧钢板，轧制成波纹状凹凸槽，并按设计要求进行热镀锌防腐处理。螺栓采用10.9级M20×55高强度螺栓，螺帽为10.9级M20高强度螺母，垫片采用凸凹垫片，板片之间采用密封胶密封。

2）管身安装控制要点。①安装前一定要准确放出管涵的轴线和进出水口的位置，拼装时控制好端头板片和中间板片的位置；②安装时应紧贴在砂砾层上，以使管涵能够受力均匀，基层顶面坡度与设计坡度应保持一致，并且在管身沿横向设预拱度为管节长度的0.2%~1.0%，以确保管道中部不出现凹陷或逆坡；③5块管片连接成一环，整体成型，每环长度拼装成型后测定截面形状，达到标准再继续拼装，达不到标准应及时调整，圆周向拼装到环形圈合拢时，测定截面形状，采用定位拉杆固定，调整预紧螺栓之后再进行纵向拼装波纹管：④纵向搭接长度为100mm，且在搭接长度段添加密封圈，对正连接孔，拼装管节时上游管节的端头置于下游管节的内侧；⑤外圈搭接处用预紧力扭矩符合要求后，用专用密封材料密封，密封前管片接触部位应清洁、干燥并除去各种油渍和灰尘，保证连接处防水效果，以防止型板连接处渗水；⑥在管节安装时要在管节内外搭设施工脚手架，方便施工操作，中间管片的吊装采用小型吊车起吊。

（5）喷涂沥青

涵管及配套附件在出厂时已对其进行热镀锌处理。

镀锌厚度≥84μm，在没有盐碱水或有害工业废水浸泡以及涵管内不经常流水的情况下，其镀膜即可防止锈蚀。

钢波纹管喷涂前，应对钢波纹管涵表面进行处理，表面应干净，无浮尘、油渍、杂物等，保证沥青与波纹管表面黏结牢固。钢波纹管喷涂时，应在管片内外侧采用热沥青和喷枪喷涂，涂刷2遍沥青和石油的拌和物，以加强防腐蚀作用。采用喷枪喷涂的好处在于可以控制喷涂均匀，保证喷涂质量。

（6）台背回填

沥青晾干后，回填涵背。为保证涵管的回填质量，采用良好的机制砂及天然砂砾回填。波纹管涵洞楔形部位采用人工用木棒在管身外向内侧进行夯实，木棒作用点必须紧贴管身，每个凹槽部位都必须夯实到位。

在管身最大直径两侧50cm范围内使用小型夯实机械夯实，以避免压路机等大型机械设备对管涵的撞击。

在填筑时应分层填筑、分层压实、分层检测。每层压实后的厚度为20cm，压实度要求达到96%方可进行下一层填筑。填筑前在管节两侧上用红色油漆按每20cm高度标注，填筑时按标注线控制。

台背填土顺路线方向长度，底部距基础内缘不小于2m，涵洞填土长度每侧不小于2倍孔径长度。台背填筑与路基填土同步进行。

4. 质量控制

（1）原材料控制

钢波纹管管片出厂前进行严格的检验检测，主要检测管片壁厚度、波高、波距及螺栓孔位置和管片尺寸。同时，对管片镀锌层厚度进行严格检验，钢波纹管涵洞关键要做好防腐防锈蚀，在没有混凝土保护层的情况下，防腐层是防止金属管片锈蚀的关键防线。

（2）工序控制

钢波纹管涵洞为柔性结构，基底处理的好坏直接关系到整个涵洞的受力与整体稳定。

钢波纹管有一定的地基变形适应能力，不能坐落在坚硬且基底不平整的地基上，如果存在岩石地基需要进行回填柔性基础，否则不利于钢波纹管受力。

施工过程中对管片质量、拼接及防水情况进行检查，每环安装合格后方可安装下一环，螺栓紧固要采用扭矩扳手检查，保证螺栓紧固，对不符合相关标准要求的管片和配件坚决清理，不予使用。

三、钢筋混凝土盖板涵施工

某高速公路在具体的施工作业中，为了确保施工质量，专门采用了盖板施工技术，以此来对桥涵进行更为有效的处理。施工中所用的钢筋混凝土盖板涵实际长度为2~3m，实际高度为3m，涵的基本长度为24m。在盖板涵的施工中，C20钢筋混凝土发挥着重要作用，C15素混凝土在当中发挥着重要影响。

1. 盖板涵施工策略

从盖板涵的基本剖面来看，一般是下面比较大、上面比较小，实际净宽控制在1~6m，在设计上需要综合考虑基本跨度。盖板涵施工前需对涵洞最初的设计以及施工地形进行综合考虑。线路中心线是涵洞的基本界线，可以分成左半幅和右半幅进行工程建设。在涵洞基础区域施工中，一般是应用挖掘机进行开挖，在清基的时候，则需要通过人工来完成，基坑要尽量维持原状；在对基础侧壁进行支撑的时候，需要选用基本的木结构，对基槽中的积水要及时抽干净。所使用到的钢筋混凝土盖板需要按照要求在预制厂提前完成生产制造，通过大型运输车辆运送到施工现场，在吊装过程中需要用车辆来完成相关作业。

2. 盖板涵施工要点

盖板涵施工包括了放样、基坑开挖、基底夯实、基础及涵身砌筑等多个环节，必须严格按照既定流程进行施工作业，以确保施工质量。

（1）放样

首先需要明确涵洞的中心里程坐标，在把握涵洞的基本结构后充分明确剩余角点等的坐标。在对角点进行放样时，全站仪是一个极为重要的影响工具，还需要借助钢尺对各条边线进行深入核实，这样才能提高施工放样的基本质量。

（2）基坑开挖

在挖掘基坑时，必须要借助挖掘机，这样才能提高作业效率。如果施工中遇到了岩石等特殊地质，则需要打眼放炮，完成后需要人工对基底进行清理；如果开挖过程中有水，需要做好相关支护，这样能防范塌方现象的出现；同时，还需用抽水机进行抽水。在完成了基坑的开挖作业后，需对基底的实际承载力进行检测。在各种检查后，需对砂砾垫层及时进行回填。

（3）基础涵身砌筑

① 在对涵身、涵基等进行砌筑时，首先要做的就是科学放样及挂线，在后续砌筑时，一般选用挤浆法或坐浆法等来完成所有的砌筑工作。

② 如果基底多为岩石，就需要先清洗基底再砌筑石块，这时应重视基底的构成性质，要分清是土质还是其他材料，围绕基础混凝土开展浇筑，一定要防范跑模现象的出现。在所有的浇筑混凝土充分凝固后，就可以浇筑原来空出来的基础，在对沉降缝进行处理时可以采用木板。

③ 对所有的钢模进行组合拼装，混凝土需要整体浇筑并成型，应重视桥墩的浇筑，确保一次浇筑成型。在模板的选择上，桥台模板需要选用全钢模板，需要选用型钢或螺栓拉杆连接，在支撑选择上需借助钢管架来发挥作用。

④ 砌筑涵身时，一定要先完成角石的砌筑，之后对面石进行砌筑，最后完成填腹作

业。在对下层进行砌筑时，一定要优先选用大块的石头，随着向上施工的进行逐步选用各种小块的石头。

⑤ 在进行填腹作业时，需要采用浆液法，先进行静浆操作，之后将所有的石块放划整齐，在垂直缝中放入适当的砂浆。如果存在不能满足的情况，就需要以分层的形式适量插入灰浆。

⑥ 在砌镶面石时，需要保证镶面石与填腹石紧密连接。为了确保连接效果，一般是将丁石与顺石以相间排列的方式进行连接。每当完成了 3~4 层砌石的时候，就需要在四周吊线，最后需将中轴线翻在砌层面上且需要适时进行调整。

(4) 钢筋混凝土盖板安装

在完成了涵台施工后，要在确保盖板混凝土的实际强度满足施工标准要求后，再进行盖板安装。为了提高盖板施工安装的质量，需要做好以下几方面的工作。

① 现浇时应用 25#钢筋混凝土。施工中所需要的混凝土都需要由拌和站来提供，不能分散搅拌，需集中到一起完成拌和。拌和站中的混凝土需要由施工方安排专门的车辆进行运输，运输到施工现场后就需要进行浇筑。

② 盖板施工中所需要的钢筋都应在加工棚中完成集中加工，在完全成型后集中用车拉到现场进行安装，安装时一定要严格按照相关要求进行。

③ 盖板混凝土的浇筑是一个非常复杂的施工环节，需要做好各种准备工作。为了防范各种问题事故的出现，要对施工中用到的脚手架、支架等进行检查核实，确保每一个细节都符合基本的施工质量、安全要求后再进行浇筑作业。对模板中的各种杂物要及时清理。对模板中的缝隙需要及时填塞，防止其他杂物或者垃圾的进入。

④ 在所有的盖板架设完成后，需对盖板与支承面之间是否密合进行认真检查。如果密合存在问题，就应重新进行安装。如果检查符合要求，就需及时填充板与板之间的缝隙并对铺装层进行施工作业。

(5) 防水处理

在结构强度符合基本标准要求以及表面非常干燥的情况下才能进行防水层施工作业，需充分考虑涵上的填土高度，进而选择合适的防水层，防水层施工中所用材料一定要满足质量标准要求。为了避免其他因素可能产生的影响，还需做好防水层清理。同时，防水层施工还需要避开阴雨天。

(6) 台背回填

锚固栓的混凝土强度也应符合要求，强度须大于 70%，这样才能进行施工作业。回填正式开始前，一定要按照相关标准要求做好通道下的支撑梁施工。

四、装配式涵洞施工技术

云茂高速公路 TJ13 标共设置装配式涵洞 2 座。分别为 BK1+890 管形涵洞和 BK1+930 箱形涵洞。其中 BK1+930 箱涵轴线与线路中线右前方夹角为 110°，断面尺寸为 6m×4m. BK1+890 管型涵洞填土高度为 1.56m，孔径尺寸为 4m×4m。

1. 预制施工

装配式涵洞预制生产采用工厂化流水线作业，预制厂区设置钢筋加工区、半成品存放区、钢筋胎架绑扎整体吊装区、混凝土浇筑区、构件养护存放区、试拼检验区等 6 个区域。钢筋原材料、骨架、模板及质量养护处理方式如下。

1）钢筋原材料。钢筋原材采用锯切机锯切，数控弯曲中心弯制半成品，较传统弯曲工艺大大提高了弯曲精度和施工效率。另根据钢筋大样图编号，设计不同的钢筋存放台架存放半成品，保证了现场材料的堆码整齐。

2）钢筋骨架。钢筋骨架利用绑扎胎架成型，绑扎胎架与地面锚接牢固，防止胎架移位，胎架上刻有定型卡槽，有效确保钢筋定位精度。根据节段高度设有操作平台和可移动式爬梯，方便作业人员操作。采用多点钢筋吊装架吊装钢筋骨架入模。

3）模板。模板设计为整体式，支垫横梁与地面通过地脚螺栓锚接牢固，采用铰接式支撑杆，方便加固和脱模。模板底部设置高频振动器振捣密实。浇筑完毕后通过自主研发的可移动式喷淋养护台车进行带模养护。

4）质量养护。构件脱模后，吊装至构件存放区进行二次养护。构件底部通过预埋的地埋式管道实现自动喷淋养护，顶部通过喷淋台车养护。

喷淋管道采用地埋并联、接头采用万向管和转换接头，喷淋头雾化设计，并采用湿度和时间双控，每个区域均独立控制，确保了养护质量和养护的及时性。

2. 构件运输及拼装

为有效避免现场安装误差，提高拼装效率，构件出厂前在厂内进行试拼，试拼结束后利用卡车运输至施工现场。装配式管涵及箱涵主体分为 3 个构件：底板、侧墙、顶板。其中侧墙及顶板在预制场集中预制，底板为拼装完成之后的后浇带。

现场拼装时，预先通过测量定位，利用汽车吊吊装，辅以牵引定位。拼装结束进行底板预留部位钢筋绑扎及混凝土浇筑施工。各构件连接处利用高黏稠水泥砂浆和止水带止水，防水层施工完毕对涵背进行分层填筑。

3. 装配式涵洞施工技术难点及解决措施

1）箱涵顶板横向钢筋分为上下 2 层，跨度大，绑扎时钢筋不易固定，且影响后续箍筋绑扎。

解决措施：调整钢筋绑扎顺序，先进行箍筋绑扎，后进行主筋绑扎。利用胎架上的定位槽进行箍筋定位，辅以定位钢筋进行加固，对钢筋主筋采取水平穿入后垂直翻转的方式绑扎。

2）混凝土外观质量较难控制、色泽较差，出现较多蜂窝麻面。

解决措施：进行大量试验进行对比，选择较优方案。①脱模剂的选择，对模板脱模剂分别选用脱模剂、模板漆、机油+柴油组合这 3 种方式进行试验块制作，根据成型效果最终选择采用脱模剂。②对混凝土坍落度进行比选，分别制作了 160mm、180mm、200mm、220mm 坍落度的水泥进行试验块制作，最终发现坍落度在 180mm 下结构成型色泽和外观质量最佳。③对混凝土振捣方式和浇筑方量进行比选：根据运距和混凝土浇筑方量，充分考虑混凝土坍落度损失，最终确定了选用混凝土罐车浇筑方量为每车 4m^3。④振捣方式根据部位确定，在顶板混凝土浇筑时不进行高频振捣器振捣，在腹板混凝土振动时采用高频混凝土辅以人工振捣方式，高频振捣器时间控制在 30s 为宜。

3）钢筋保护层厚度控制难度较大，保护层厚度合格率要求≥90%。

解决措施：①钢筋保护层厚度采用滚轮垫块控制。传统工艺采用梅花形垫块，对梅花形垫块的绑扎难以控制，存在扎丝外露和垫块倾斜现象，严重影响保护层厚度检测结果，往往造成保护层厚度合格率较低，不能满足要求。采用滚轮垫块可以辅以钢筋穿入滚轮中心，有效调整不同主筋的保护层厚度，且不受扎丝外露影响，确保保护层厚度。②采用游标卡尺进行钢筋保护层厚度量测可有效获取真实数据，满足保护层厚度检测数值要求。③加强自检控制，严格执行三检制度，合格后方可浇筑混凝土。同时对已经浇筑的混凝土进行保护层厚度检测，根据检测数据分析改进方法，对不满足要求的构件部位加强后续控制。

4）构件养护及吊装控制。一般模板内混凝土需要养护4~5d方能达到吊装条件，因此，占据了较多时间，模板周转效率较低。

解决措施：①对混凝土浇筑完成后采用喷淋台车养护，缩短混凝土强度增长时间，提高模板使用效率；②设计图纸吊环位置为拼装之后的位置，预制混凝土模板摆放位置与设计不同，需要对吊环位置重新埋设。构件为异形构件，根据设计图纸对该构件起吊重心重新计算，根据实际预制位置对吊环埋设位置对称布置。

5）构件运输过程中容易损坏。

解决措施：①采用平板车运输，车上安装构件存放胎架，将构件吊装至存放胎架上；②构件与胎架接触处设置橡胶支垫，防止构件碰撞或损伤；③胎架与平板车之间安装楔形块等防撞措施，防止因弯道过多或急刹车等造成构件破损。

6）涵长、涵洞交角、路况等因素使得节段布置不可能全部使用标准节。

解决措施：①基本节段类型有3个，分别为3m标准节段、1m标准节段及3m非标准节段。3m标准节段是主要节段，使用量最大；1m标准节段用于调整结构的纵向长度，一般设于结构两端最后一个3m标准节段内侧；3m非标准节段是管型通道特有，主要用于结构端口，由3m标准节段去除顶板，切去部分侧墙形成；②通道总长(除去端口翼墙)为3N(N为节段数)m时，则采用N节3m标准节段即可满足要求；若通道总长为3N+1m，则采用N节3m标准节段和1节1m标准节段；若通道总长为3N+2m，则采用N节3m标准节段和2节1m标准节段。这样的节段划分设计，既满足了任意总长的通道设计，同时也最大程度上减少了预制节段的类型，体现了标准化设计、工业化生产的理念和要求。将每个节段在横向划分为顶板、底板、两侧墙4个构件的方法，则进一步降低了预制的难度，并大大减轻单件吊装重量，进一步为施工提供了便利；③同时3m节段布置能更好地适应地基沉降、复杂地区运输吊装能力，方便现场施工。

4. 构件安装施工技术难点及解决措施

1）装配式涵洞基础标高控制严格，平整度要求高，不易控制，安装后易造成接缝过大。

解决措施：施工装配式涵洞基础时，严格控制基础标高。基础施工前技术组测量放线，用水准仪精确测量各点标高，混凝土施工完成后，对基础进行复核，超高的地方采用水磨机磨平，不足的地方采用环氧树脂砂浆进行找平，确保平整度误差不得大于3mm。

2）构件拼装就位难度较大，混凝土拼装误差较大。

解决措施：①构件安装前先在基础上放出安装控制边线，边线外侧用槽钢固定，槽钢内边线与实际定位位置密贴，槽钢要确保无变形，外侧要固定牢固。安装时构件要紧贴槽钢内侧放置，防止偏离设计位置。②侧墙安装后进行顶板安装时，侧墙顶部铰缝暂不灌注混凝土，当全部构件拼装完成后，采用汽车吊稍微提起顶板至高出铰缝位置后，对铰缝进行灌注高标高水泥砂浆后，再将顶板落下至铰缝位置，利用重力挤压铰缝混凝土，拼装完成。

3）构件安装后在构件连接处存在一定缝隙。

解决措施：①内侧接缝处理，a. 以泡沫塑料板塞缝后用钢丝刷、抹布将缝内缝边清除干净，拉毛处理；b. 洒水湿润接缝，待晾干后再填塞 M7.5 高黏稠水泥砂浆；c. 填塞后约 2h，用泡沫板将接缝处砂浆搓刮，并进行修平处理，用铁抹子进行收光，用铝合金尺检查平整度；d. 用喷雾器洒水养护。②外侧接缝处理，a. 以泡沫塑料板塞缝后用钢丝刷、抹布将缝内及缝边清除干净，拉毛处理；b. 用 M7.5 高黏稠水泥砂浆将接缝填满抹平，待砂浆具有一定强度时洒水养护；c. 砂浆养护 7d 后，沿接缝先涂一层 25cm 宽的 911 聚氨酯防水涂料，再黏贴 25cm 宽的背贴式橡胶止水带，以专用胶水黏贴；d. 橡胶止水带安装应注意：止水带黏贴的混凝土基面平整、洁净、干燥、无裂缝，其平整度允许偏差为 3mm。为使止水带固定牢固，可每隔 1m 用高强钢钉固定；止水带与节段接缝界面黏贴要紧密，沿接缝方向不得留断点，不能被浮渣尘土等阻隔；止水带存放及运输时应避免潮湿和挤压，防水工程完成前，应避免止水带被雨水或施工用水浸泡。在通道外侧进行回填施工时应注意对背贴式止水带的保护。橡胶止水带应向专业厂家采购，技术指标需符合相关国家标准，并具备耐低温、耐腐蚀性能，正式使用前需进行试验以检验其遇水膨胀性能，并提供检验合格证方可使用。

五、倒虹吸管施工

1. 管节

倒虹吸管一般采用预制的钢筋混凝土圆管，管径可根据压力和流量选择，一般为 0.5~1.5m。管节长度一般为 1m，并有与路线正交和斜交两种，施工人员可根据实际情况选用。

2. 埋置深度

倒虹吸管的埋置深度应适当。如果埋置深度过浅则会受到车轮荷载的较大影响，管节有可能因压力过大而破裂，在严寒地区还会受到冻害影响；如果埋置深度过深则会导致工程量增加，造成浪费。一般埋置深度要求如下。

（1）管顶距路基边缘深度不小于 50cm。

（2）管顶距边沟沟底覆土距离不小于 25cm。

（3）管节顶部必须埋置在当地最深冰冻线以下。

3. 底坡

底坡一般均做成水平的，这是因为倒虹吸管内的水流是有压力的，水流状态与管底纵坡大小无关。

4. 管基

管基应采用外包混凝土形式。混凝土基础下面应填筑 15~30cm 厚的砂砾垫层，并用重锤夯实。

5. 防漏接缝

过去对管涵防漏接缝的处理，一般是采用浸过沥青的麻絮填塞，外用涂满热沥青的油毡包裹两道。这种处理方式对防止渗漏的效果并不好。现在比较好的办法是按上述程序处理之后，外包就地浇筑的钢筋混凝土方形套梁，使其形成整体。套梁底设置 15cm 厚的砂砾或碎石基础垫层。

6. 进出水口

倒虹吸管的进出水口应设置竖井和防淤沉淀井。进出水口应在完工后及时上盖，并按设计要求及时安装防堵塞装置。

第三节　涵洞附属工程施工

一、防水层铺设

公路涵洞使用的防水材料主要是沥青，一些部位也可按设计要求使用黏土，以节省工料费用。

1. 防水层的铺设部位

(1) 各式钢筋混凝土涵洞(不包括管涵)的洞身及端墙在基础以上被土掩埋的部分，均须涂抹热沥青两道，每道 1~1.5mm 厚，不用另外抹砂浆。

(2) 混凝土及石砌涵洞的洞身、端墙和翼墙被土掩埋的部分可不设防水层，只需将圬工表面凿平，使其无凹入存水部分，但北方严寒地区的混凝土结构仍需设防水层。

(3) 钢筋混凝土管涵的防水层敷设。管节接头采用平接，接缝中用浸以热沥青的麻絮填塞，管节上半部从外往内填塞，下半部从管内向外填塞。管外壁接缝处包裹以热沥青浸透的防水纸 8 层，宽度为 15~20cm。包裹方法：在现场用热沥青将防水纸逐层黏合在管外壁接缝处，外面再裹以塑性黏土。

在交通量小的县、乡公路上，可用质量好的软塑状黏质土掺以碎麻，沿全管敷设 20cm 厚，代替沥青防水层(接缝处理仍照前述施工)。

(4) 钢筋混凝土盖板涵的盖板表面可先涂抹热沥青两次，再于其上敷设 2cm 厚的防水水泥砂浆或 4~6cm 厚的防水混凝土。盖板上可按照设计铺设路面。

2. 防水材料的制作方法和质量要求

沥青可用锅、铁桶等容器以火或电热设备在工地下风方向熬制。注意容器内沥青不得超过容器容积的 2/3，熬制中应不断搅拌至沥青全部为液态为止。

沥青麻絮可采用工厂浸制的成品或在工地用麻絮以热沥青浸制。浸制后的麻絮表面应呈淡黑色，无孔眼、破裂和折皱。撕裂的断面应呈黑色，不应显示未浸透的布层。油毡是用软化点低的沥青浸透一种特制的毡胎(或其他纤维胎)而制成的，包括石油沥青油毡、煤沥青油毡等。为了防止油毡在储存过程中相互黏着，可在其表面撒一层云母粉、滑石粉或石棉粉。

防水纸(油纸)是用软化点低的沥青浸透原纸(又称加工原纸)而制成的，除沥青层较薄，没有防黏层外，其他性质与油毡相同。

油毡和防水纸可以从市场上采购，其外观质量应符合如下要求。

（1）油毡和防水纸外表不应有孔眼、断裂、折皱及边缘撕裂等现象，油毡表面的防黏层应均匀。

（2）毡胎或原纸内应吸足油量，表面油质均匀，撕开的断面是黑色的，无未浸透的空白层或杂质，浸水后不起泡、不翘曲。

（3）气温在25℃以下时，将油毡卷在直径为2cm的圆棍上，不应发生开裂和防黏层剥落等现象。

（4）将油毡加热至80℃时，不应有防黏层剥落、膨胀及表层损坏等现象。夏季在高温下不应粘在一起。

二、沉降缝设置

沉降缝是为了避免结构物因荷载或地基承载力不均匀而发生不均匀沉降，产生不规则的多处裂缝，引起结构物破坏而设置的垂直缝，它有利于结构物的安全、稳定和防渗(防止管内水流渗入涵洞基底或路基内，造成土质浸泡松软)。

1. 沉降缝的设置

涵洞洞身及其与端墙、翼墙、进出水口急流槽交接处必须设置沉降缝，但无圬工基础的管涵仅于交接处设置沉降缝，洞身范围可不设。沉降缝的具体设置位置可视结构物和地基土的情况而定。

（1）洞身一般每隔4~6m设置1处沉降缝，但无基础的涵洞仅在洞身涵节与出入口涵节间设置，缝宽一般为3cm。洞身两端与附属工程连接处也各设置1处沉降缝。

（2）凡地基土质发生变化处、基础埋置深度不一处、基础对地基的荷载发生较大变化处、基础填挖交界处、采用填石垫高基础交界处，均应设置沉降缝。

（3）凡置于岩石地基上的涵洞，均不设沉降缝。

（4）对于斜交正做的洞口，其沉降缝应与涵洞中心线垂直；对于斜交斜做的洞口，其沉降缝应与路基中心线平行，但拱涵与管涵的沉降缝，一律与涵洞轴线垂直。

2. 沉降缝的施工

沉降缝的施工应做到：缝两边的构造物既能自由沉降，又能严密防止水分渗漏，沉降缝必须贯穿整个断面(包括基础)。沉降缝端面应整齐、方正，基础和涵身上下不得交错，填缝料应填塞紧密。沉降缝的具体施工方法如下。

（1）基础部分可将原基础施工时嵌入的沥青木板或沥青砂板留下，作防水之用。若基础施工时不用木板，也可用黏土填入捣实，并在流水面边缘以1∶3的水泥砂浆填塞，深度约为15cm。

（2）洞身部分的沉降缝外侧以热沥青浸制的麻絮填塞，深度约为5cm，内侧以1∶3水泥砂浆填塞，深度约为15cm。

（3）各式有圬工基础涵洞的基础襟边以上，均应顺沉降缝周围设置黏土保护层，厚约20cm，顶宽约20cm。对于无圬工基础涵洞，保护层应使用沥青混凝土或沥青胶砂，厚度为10~20cm。

三、涵洞进出水口沟床加固处理

涵洞进出水口的沟床应整理顺直，与上、下排水系统(天沟、路基边沟、排水沟、取土坑等)的连接应平顺、稳固，保证水流顺畅，避免排水损害路堤、村舍、农田道路等。

进出水口沟床加固处理与涵洞本身设置的坡度和涵洞上下游河沟的纵向坡度有关。当涵洞设置的坡度小于临界坡度，上下游河沟纵向坡度也较小时，称为缓坡涵洞；反之，称为陡坡涵洞。

1. 缓坡涵洞进水口处理

当河沟纵坡小于10%且河沟顺直时，涵洞顺河沟纵向设置，涵前河沟纵坡有时稍作开挖与涵洞衔接，开挖后纵坡可略大于1：10，新开挖的部分是否需要加固，视土质和流速而定。

涵前天然河沟纵坡为10%~40%时，涵洞仍按缓坡设置，涵前河沟开挖的纵坡可取1：10~1：4，除岩石地基外，新开挖的沟底和沟槽侧向边坡均须采取人工加固，加固类型主要根据水流流速确定。由于涵前沟底纵坡较大，水流在进口处产生水跃(流体力学的一个现象)，故在进水口前应设置一段缓坡，其水平距离约为(1~2)l_0(l_0为涵洞孔径)。当水流挟带泥砂较多时，可在进水口处设置深约0.5m的沉砂池，这样既能沉淀泥砂，又可以起到消能的作用。

2. 陡坡涵洞进水口处理

涵前河沟纵坡较陡，但小于50%时，涵洞可按陡坡设置，涵底坡度与涵前沟底纵坡可直接平顺衔接。除人工铺砌外，无须采取其他措施。

当涵前河沟纵坡大于50%，且水流流速很大时，进水口处须设置跌水、消力池、消力槛等，以减缓水流，削弱水能。上游沟槽开挖的纵坡率应视河沟地质情况确定，以保证土体稳定。

3. 缓坡涵洞出水口处理

当河沟纵坡小于等于15%时，应设置缓坡涵洞(洞底坡度小于5%)，此时出水口流速不大，下游洞口河床可采用一般铺砌形式，并在铺砌末端设置截水墙。

4. 陡坡涵洞出水口处理

当河沟纵坡大于15%时，须设置陡坡涵洞。陡坡涵洞出水口一般可采用八字翼墙，同时视地形、地质和水力条件，采用急流槽、跌水、消力池、消力槛、人工加糙等消能设施。具体设置形式和相互衔接方式应根据水力计算确定。

四、涵洞缺口填土

(1) 建成的涵管、圬工基础达到设计要求的强度后，应及时回填，回填土的选择应严格按照有关施工规定和设计要求处理。

(2) 填土路堤在涵洞每侧不小于两倍孔径的宽度及高出涵顶1m范围内，应用非膨胀土从两侧分层夯实，每层厚度为10~20cm，特殊情况下也可用与路堤填料相同的土壤填筑。填石路堤在管顶以上1m范围内分三层填筑：下层为20cm厚的黏土，中层为50cm厚的砂卵石，上层为30cm厚的小片石或碎石。

(3) 用机械填筑涵洞缺口时，须待涵洞圬工达到设计强度后，在洞身两侧用人工或小型机具对称夯填，且至少高出涵顶 1m，然后再用机械填筑，不得从单侧偏推、偏填，使涵洞承受偏压。

(4) 冬季施工时，涵洞缺口路堤、洞身两侧及涵顶 1m 内，应用未冻结土填筑。

(5) 回填缺口时，应将已成路堤的土方挖出台阶。

第四节　涵洞质量检验与安全施工

一、涵洞质量检验

(一) 涵洞总体

1. 基本要求

(1) 涵洞施工应严格按照设计图纸、施工规范和有关技术操作规程要求进行。

(2) 各接缝、沉降缝位置正确，填缝无空鼓、开裂、漏水现象；若有预制构件，其接缝须与沉降缝吻合。

(3) 涵洞内不得遗留建筑垃圾、杂物等。

2. 外观鉴定

(1) 洞身顺直，进出口、洞身、沟槽等衔接平顺，无阻水现象。不符合要求时，减 1~3 分。

(2) 帽石、一字墙或八字墙等应平直，与路线边坡、线形匹配，棱角分明。不符合要求时，减 1~3 分。

(3) 涵洞处路面平顺，无跳车现象。不符合要求时，减 2~4 分。

(4) 外露混凝土表面平整，颜色一致。不符合要求时，减 1~3 分。

(二) 涵台

1. 基本要求

(1) 所用的水泥、砂、石、水、外掺剂、混合材料及石料的强度、质量和规格必须符合有关技术规范的要求，按规定的配合比施工。

(2) 地基承载力及基础埋置深度须满足设计要求。

(3) 混凝土不得出现露筋和空洞现象。

(4) 砌块应错缝、坐浆挤紧，嵌缝料和砂浆饱满，无空洞、宽缝、大堆砂浆填隙和假缝。

2. 外观鉴定

(1) 涵台线条顺直，表面平整。不符合要求时，减 1~3 分。

(2) 蜂窝、麻面面积不得超过该面面积的 0.5%，不符合要求时，每超过 0.5%减 3 分；深度超过 1cm 者必须处理。

(3) 砌缝匀称，勾缝平顺，无开裂和脱落现象。不符合要求时，减 1~3 分。

(三) 管座及涵管安装

1. 基本要求

(1) 涵管须检验合格后方可安装。

(2) 地基承载力须满足设计要求，涵管与管座、垫层或地基紧密贴合，垫稳坐实。

(3) 接缝填料嵌填密实，接缝表面平整，无间断、裂缝、空鼓现象。

(4) 每节管底坡度均不得出现反坡。

(5) 管座沉降缝应与涵管接头平齐，无错位现象。

(6) 防渗漏的倒虹吸涵管须做渗漏试验，渗漏量应满足要求。

2. 外观鉴定

管壁顺直，接缝平整，填缝饱满，不符合要求时，减 1~3 分。

(四) 盖板制作

1. 基本要求

(1) 混凝土所用的水泥、砂、石、水、外掺剂及混合料的质量和规格必须符合有关技术规范要求，按规定的配合比施工。

(2) 分块施工时接缝应与沉降缝吻合。

(3) 板体不得出现露筋和空洞现象。

2. 外观鉴定

(1) 混凝土表面平整，棱线顺直，无严重啃边、掉角。不符合要求时，减 1~2 分。

(2) 蜂窝、麻面面积不得超过该面面积的 0.5%，不符合要求时，每超过 0.5%，减 3 分；深度超过 1cm 者必须处理。

(3) 混凝土表面出现非受力裂缝，减 1~3 分，裂缝宽度超过设计规定或设计未规定时超过 0.15mm 必须处理。

(五) 盖板安装

1. 基本要求

(1) 安装前，盖板、涵台、墩及支承面检验必须合格。

(2) 盖板就位后，板与支承面须密合，否则应重新安装。

(3) 板与板之间接缝填充材料的规格和强度应符合设计要求，并与沉降缝吻合。

2. 外观鉴定

板的填缝应平整密实，不符合要求时，减 1~2 分。

(六) 箱涵浇筑

1. 基本要求

(1) 混凝土所用的水泥、砂、石、水、外掺剂及混合材料的质量规格必须符合有关技术规范的要求，按规定的配合比施工。

(2) 地基承载力及基础埋置深度须满足设计要求。

(3) 箱体不得出现露筋和空洞现象。

2. 外观鉴定

(1) 混凝土表面平整，棱线顺直，无严重啃边、掉角。不符合要求时，减 1~2 分。

(2) 蜂窝、麻面面积不得超过该面面积的 0.5%，不符合要求时，每超过 0.5%，减 3 分；深度超过 1cm 者必须处理。

(3) 混凝土表面出现非受力裂缝，减 1~3 分；裂缝宽度超过设计规定或设计未规定时，超过 0.15mm 必须处理。

(七) 拱涵浇(砌)筑

1. 基本要求

(1) 混凝土所用的水泥、砂、石、水、外掺剂、混合材料及石料的强度、质量和规格必须符合有关技术规范的要求，按规定的配合比施工。

(2) 地基承载力及基础埋置深度须满足设计要求。

(3) 混凝土不得出现露筋和空洞现象。

(4) 砌块应错缝、坐浆挤紧，嵌缝料和砂浆饱满，无空洞、宽缝、大堆砂浆填隙和假缝。

2. 外观鉴定

(1) 线形圆顺，表面平整，不符合要求时，减 1~3 分。

(2) 混凝土蜂窝、麻面面积不得超过该面面积的 0.5%，不符合要求时，每超过 0.5%，减 3 分；深度超过 1cm 者必须处理。

(3) 砌缝匀称，勾缝平顺，无开裂和脱落现象，不符合要求时，减 1~3 分。

(八) 倒虹吸竖井、集水井砌筑

1. 基本要求

(1) 砌块的质量和规格符合设计要求，砌筑砂浆所用材料符合规范要求。

(2) 井基符合设计要求。

(3) 应分层错缝砌筑，砌缝砂浆应饱满。抹面时应压光，不得有空鼓现象。

(4) 接头填缝平整密实、不漏水。

(5) 井内不得遗留建筑垃圾、杂物等。

(6) 按设计规定做灌水试验，试验结果应满足要求。

2. 外观鉴定

井壁平整、圆滑，抹面无麻面、裂缝。不符合要求时，减 1~3 分。

(九) 一字墙和八字墙

1. 基本要求

(1) 混凝土或砂浆所用的水泥、砂、水的质量应符合有关规范的要求，按规定的配合比施工。

(2) 砌块的强度、规格和质量应符合有关规定。

(3) 地基承载力及基础埋置深度必须满足设计要求。

(4) 砌块应分层错缝砌筑，坐浆挤紧，嵌填饱满密实，不得有空洞现象。

（5）抹面应压光、无空鼓现象。

2. 外观鉴定

（1）墙体直顺、表面平整，不符合要求时，减1~3分。

（2）砌缝无裂隙；勾缝平顺，无脱落、开裂现象。不符合要求时，减1~4分。

（3）混凝土墙蜂窝、麻面面积不得超过该面面积的0.5%，不符合要求时，每超过0.5%减3分；深度超过1cm者，必须处理。

（十）填土

1. 基本要求

（1）填土时涵洞圬工主体强度不得低于设计和规范规定的强度。

（2）填土土质、施工顺序应符合设计要求。

（3）洞顶及洞身两侧不小于两倍孔径范围的填土须分层、对称填筑压实，每层表面平整，路拱合适。

（4）已成的路堤应挖出台阶。

2. 外观鉴定

（1）表面平整，边线顺畅。不符合要求时，减1~2分。

（2）边坡坡面平顺、稳定，不得亏坡。不符合要求时，减2~4分。

二、涵洞工程质量监控要点

1. 钢筋混凝土圆管涵

（1）首先从基坑开挖开始，严格按图纸设计的平面位置、标高及几何尺寸，进行施工放样。

（2）基坑开挖过程中的重点是排水问题，必要的时候在基坑外深挖井方便基础底面彻底排水。

（3）基坑开挖后应检验地基承载力，合格后修整，在最短的时间里铺垫层及浇筑基座。若承载力达不到要求，应按实际情况进行基底处理。

（4）基础施工必须严格按照施工规程的要求进行，混凝土浇筑过程要符合基本规程中规定的要求，待基础混凝土强度达到75%以上时，开始安装管节。

（5）接缝：涵管接缝宽度不大于5mm，用沥青麻絮填塞接缝内外侧形成柔性封闭层，再用两层15cm宽的浸透沥青的油毡包缠接缝。

（6）洞口砌筑：砌体应分层坐浆砌筑，砌筑前应做好砂浆封面，然后才进行砌筑。砌筑完成后，应进行勾缝。

2. 钢筋混凝土盖板涵

（1）垫层施工前，先将基底平整、夯实，进行测量放线布点，然后用符合设计要求的砂砾进行人工铺筑，铺筑前用打夯机夯填密实。对于狭小地段不能使用机械压实时，用人工夯实。

（2）涵盖板预制一般采用集中预制。模板架设应平顺，不出现错开、扭曲现象。模板用木支撑和拉筋固定，不松动、不跑模。模板间用海绵条塞填，以防漏浆。混凝土严格按设计配合比拌制，保证有良好的和易性及坍落度。混凝土采用翻斗车运输，插入式振捣棒振捣密实。混凝土施工完毕后及时进行洒水养护。盖板预制按设计要求进行施工、养护。达到设计强度后，用吊车吊装，汽车运输至工地。

（3）盖板安装及铺装是在台帽强度达到设计强度的70%以后进行的。安装后，吊装位置用砂浆或监理工程师批准的材料填满，相邻板块之间用1：2水泥砂浆塞填密实。混凝土盖板或顶板、侧板外表面涂刷沥青胶结材料做防水层。

3. 石拱涵

（1）地基充分，均匀地碾压密实，防止因不均匀沉降造成涵台身断裂。

（2）特别做好分段分次施工的连接，其分段部位设沉降缝处理。

（3）石拱涵台背填筑在涵台及涵底部铺砌的砂浆强度达到706以上，且块石拱圈砌筑后方可进行，并在填筑时，两侧同时对称进行，并严格控制材料粒径及每层厚度、压实度，对于边角部位重型压路机无法碾压的地方，则采用蛙式打夯机反复夯打碾压，以确保台背填土密实。

4. 钢筋混凝土

对钢筋要检查其出厂证明，并进行抽检，合格后方可使用，钢筋在使用前进行调直、除锈、去氧化皮；电焊工必须持证上岗，焊接头要经过试验合格后才允许正式作业。钢筋在安装时必须采用钢筋限位，钢筋先画线后绑扎，竖向主筋和横向水平分布钢筋按照设计位置要求绑扎牢固，形成规范施工，严格保证钢筋的保护层厚度。混凝土施工脚手架及支撑要搭设牢固，模板做到横平竖直，杜绝跑模现象发生；捣固设专人作业，严格分层厚度、布点振捣，防止出现蜂窝、麻面现象。涵洞工程砌体圬工施工时，要认真选好石料，砂浆严格按照配合比拌制，采用挤浆法砌筑，层间搭接满足砌石规范要求，砌体要大面朝下，禁止立砌。砂浆饱满，灰缝统一采用凹缝。

三、安全施工

施工现场必须设置配电箱，且进出电缆线要有套管，电线进出不混乱。严禁使用花线或塑料胶质线，导线不得随地拖拉或绑在脚手架上。现场机械设备严格按安全技术操作规程作业，杜绝违章作业，严禁酒后操作机械设备。开挖基坑时，应根据设计的边坡开挖，做好临时支护工作，防止塌方。配备抽水设备，防止因水浸泡引起边坡坍塌、漏电事故发生。

第六章

隧道工程施工技术

第一节 新奥法与盾构法

一、新奥法隧道施工技术

(一) 新奥法的基础理论

在大量的地下工程实践中，人们普遍认识到，隧道及地下洞室工程，其核心问题，都归结在开挖和支护两个关键工序上。即如何开挖，才能更有利于洞室的稳定和便于支护：

若需支护时，又如何支护才能更有效地保证洞室稳定和便于开挖。这是隧道及地下工程中两个相互促进又相互制约的问题。

在隧道及地下洞室工程中，围绕着以上核心问题的实践和研究，在不同的时期，人们提出了不同的理论并逐步建立了不同的理论体系，每一种理论体系都包含和解决(或正在研究解决)了从工程认识(概念)、力学原理，工程措施到施工方法(工艺)等一系列工程问题。

1. 施工原理

(1) 新奥法中认为，岩体是结构体系中的主要承载单元，在施工中必须充分保护岩体尽量减少对它的扰动，避免过度破坏岩体的强度。

(2) 为充分发挥岩体的承载能力，应允许并控制岩体的变形。

(3) 为了改善支护结构的受力性能，施工中应尽快闭合而成为封闭的筒形结构。

(4) 在施工中的各个阶段，应进行现场量测监视，及时提供可靠的数量足够的量测信息。

(5) 为了铺设防水层，或为了承受由于锚杆锈蚀，围岩性质恶化，流变，膨胀所引起的后续荷载，可采用复合式衬砌。

(6) 二次衬砌原则上是在围岩与初期支护变形基本稳定的条件下修筑的，围岩和支护结构形成一个整体，因而提高了支护体系的安全度。

在大量的地下工程实践中，人们普遍认识到，隧道及地下洞室工程，其核心问题，都归结在开挖和支护两个关键工序上。即如何开挖，才能更有利于洞室的稳定和便于支护。

若需支护时，又如何支护才能更有效地保证洞室稳定和便于开挖。这是隧道及地下工程中两个相互促进又相互制约的问题。在隧道及地下洞室工程中，围绕着以上核心问题的实践和研究，在不同的时期，人们提出了不同的理论并逐步建立了不同的理论体系，每一种理论体系都包含和解决(或正在研究解决)了从工程认识(概念)、力学原理，工程措施到施工方法(工艺)等一系列工程问题。

2. 设计理论

(1) 松弛荷载理论其核心内容是：稳定的岩体有自稳能力，不产生荷载；不稳定的岩体则可能产生坍塌，需要用支护结构予以支撑。这样，作用在支护结构上的荷载就是围岩在一定范围内由于松弛并可能塌落的岩体重力。这是一种传统的理论，其代表人物有泰沙基和普氏等。

(2) 岩承理论其核心内容是：围岩稳定显然是岩体自身有承载自稳能力；不稳定围岩丧失稳定是有一个过程的，如果在这个过程中提供必要的帮助或限制，则围岩仍然能够进入稳定状态。这种理论体系的代表性人物有拉布西维兹、米勒·菲切尔、芬纳·塔罗勒和卡斯特奈等。

由以上可以看出，前一种理论更注意结果和对结果的处理；而后一种理论则更注意过程和对过程的控制，即对围岩自承能力的充分利用。由于有此区别，因而两种理论体系在过程和方法上各自表现出不同的特点。新奥法是岩承理论在隧道工程实践中的代表方法。

3. 基本介绍

(1) 岩体是隧道结构体系中的主要承载单元，在施工中必须充分保护岩体，尽量减少对它的扰动，避免过度破坏岩体的强度。为此，施工中断面分块不宜过多，开挖应当采用光面爆破、预裂爆破或机械掘进。

(2) 为了充分发挥岩体的承载能力，应允许并控制岩体的变形。一方面允许变形，使围岩中能形成承载环；另一方面又必须限制它，使岩体不致过度松弛而丧失或大大降低承载能力。在施工中应采用能与围岩密贴、及时筑砌又能随时加强的柔性支护结构，例如，锚喷支护等。这样，就能通过调整支护结构的强度、刚度和它参加工作的时间(包括闭合时间)来控制岩体的变形。

(3) 为了改善支护结构的受力性能，施工中应尽快闭合，而成为封闭的筒形结构。另外，隧道断面形状应尽可能圆顺，以避免拐角处的应力集中。

(4) 通过施工中对围岩和支护的动态观察、量测，合理安排施工程序、进行设计变更及日常的施工管理。

(5) 为了铺设防水层，或为了承受由于锚杆锈蚀，围岩性质恶化、流变、膨胀所引起的后续荷载，可采用复合式衬砌。

(6) 二次衬砌原则上是在围岩与初期支护变形基本稳定的条件下修筑的，围岩和支护结构形成一个整体，因而提高了支护体系的安全度。

上述新奥法的基本要点可扼要地概括为：“少扰动、早喷锚，勤量测、紧封闭”。

4. 弹簧解法

(1) 洞室边缘某一点 A 在开挖前具有原始应力(自重应力和构造应力)处于一个平衡状态。如同一根弹性刚度为 K 的弹簧，在 P_0 作用下处于压缩平衡状态。

(2) 洞室开挖后，A 点在临空面失去约束，原始应力状态要调整，如果围岩的强度足够大，那么经过应力调整，洞室可处于稳定状态(不需支护)。然而大多数的地质情况是较差的，即洞室经过应力调整后，如不支护，就会产生收敛变形，甚至失稳(塌方)，所以必须提供支护力 P_E，才能防止塌方失稳。等同于弹簧产生了变形 u 后，在 P_E作用又处于平衡状态。

(3) 由力学平衡方程可知，弹簧在 P_0作用时处于平衡状态；弹簧在发生变形 u 后，在 P_E的作用下又处于平衡状态，假设弹簧的弹性系数为 K，则有：$P_0=P_E+K_u$

讨论：

① 当 $u=0$ 时，$P_0=P_E$即不允许围岩变形，采用刚性支护，不经济；

② 当 $u\uparrow$时，$PE\downarrow$；当 $u\downarrow$时，$PE\uparrow$。即围岩发生变形，可释放一定的荷载(卸荷作用)，所以要允许围岩产生一定的变形，以充分发挥围岩的自承能力。是一种经济的支护措施，围岩的自稳能力 $P=P_0-P_E=K_u$；

③ 当 $u=u_{max}$时，发生塌方，产生松弛荷载，不安全。

5. 要点

(1) 围岩是受洞室开挖影响的那一部分岩(土)体，围岩是三位一体的即：产生荷载、承载结构、建筑材料。

(2) 隧道是修筑在应力岩体中的，具有特殊的建筑环境，不能等同于地面建筑。

(3) 隧道结构体系=围岩+支护体系。

(二) 新奥法的施工方法

1. 全断面开挖法

这种方法是先将洞室一次开挖成形，然后再衬砌。在围岩很稳定、无塌方掉块危险或断面只寸较小时，适于全断面开挖。这种方法的优点是施工场地开阔、出渣方便、掘进速度快。全断面开挖又可分为全断面一次掘进法和导洞全断面开挖法两种。

全断面开挖法又称全断面掘进法。按巷(隧)道设计开挖断面，一次开挖到位的施工方法。其开挖方式主要有三种：即新奥地利全断面开挖法、护板全断面开挖法和掘进机护板全断面开挖法。

(1) 施工顺序

全断面开挖法施工操作比较简单，主要工序：使用移动式钻孔台车，首先全断面一次钻孔，并进行装药连线，然后将钻孔台车后退到 50m 以外的安全地点，再起爆，一次爆破成型，出渣后钻孔台车再推移至开挖面就位，开始下一个钻爆作业循环。同时，施作初期支护，铺设防水隔离层(或不铺设)，进行二次筑模衬砌。该流程突出两点：增加机械手进行复喷作业，先初喷后复喷，以利于稳定地层和加快施工进度；铺底混凝土必须提前施作，且不滞后 200m。当地层较差时铺底应紧跟，这是确保施工安全和质量的重要做法。

(2) 适用范围

全断面法主要适用于Ⅰ~Ⅲ级围岩。当断面在 50m 以下，隧道又处于Ⅲ类围岩地层时，为了减少对地层的扰动次数，在采取局部注浆等辅助施工措施加固地层后，也可采用全断面法施工。但在第四纪地层中采用此施工方法时，断面一般均在 20m 以下，且施工中仍须特别注意，山岭隧道及小断面城市地下电力、热力、电信等管道工程施工多用此法。

(3) 优点

① 工序少，相互干扰相对减少，便于施工组织的管理。

② 全断面开挖有较大的作业空间，有利于采用大型配套机械化作业，提高施工速度。

③ 全断面一次成型，对围岩的扰动次数减少，对隧道的围岩稳定有利。

(4) 缺点

由于开挖面较大，围岩稳定性降低，且每个循环工作量较大。

2. 台阶开挖法

台阶法是指先开挖隧道上部断面(上台阶)，上台阶超前一定距离后开始开挖下部断面(下台阶)，上下台阶同时并进的施工方法。根据台阶长度，可分为短台阶、长台阶、超短台阶(微台阶)法等。

台阶法是两车道隧道Ⅱ级、Ⅲ级、Ⅴ级和部分Ⅴ级围岩深埋段常用的施工方法，一般划分为上、下两个台阶。该方法将设计断面分成上半部断面和下半部断面，错开一定距离L(台阶长度)先开挖上半断面，待开挖至一定长度后再开挖下半断面，上、下半断面在不同的工作面同时掘进施工。三车道隧道一般采用三台阶。

(1) 台阶法的优缺点：

① 增加了工作面，前后干扰较小，有利于机械化作业，进度较快。

② 一次开挖面积较小，有利于掌子面稳定，特别是下台阶开挖时较为安全。

③ 短台阶法相互干扰，增加对围岩的扰动次数。

(2) 分类

根据台阶长度不同，划分为长台阶法、短台阶法和微台阶法三种。

施工中采用哪一种台阶法，要根据两个条件来决定：第一是对初期支护形成闭合断面的时间要求，围岩越差，要求闭合时间越短；第二是对上部断面施工所采用的开挖、支护、出渣等机械设备需要施工场地大小的要求。对软弱围岩，主要考虑前者，以确保施工安全；对较好围岩，主要考虑如何更好地发挥机械设备的效率，保证施工中的经济效益，因此只考虑后者。

① 长台阶法

长台阶法开挖断面小，有利于维持开挖面的稳定，适用范围较全断面法广，一般适用Ⅰ~Ⅲ级围岩。在上、下两个台阶上，分别进行开挖、支护、运输、通风、排水等作业线，因此台阶长度长。但台阶长度过长，如大于100m时，则增加了支护封闭时间，同时也增加了通风排烟、排水的难度，降低了施工的综合效率。因此，长台阶一般在围岩条件相对较好、工期不受控制、无大型机械化作业时选用。

② 短台阶法

短台阶法适用于Ⅲ~Ⅴ级围岩，台阶长度定为10~15m，即1~2倍开挖宽度，主要是考虑既要实现分台阶开挖，又要实现支护及早封闭。上台阶一般采用小药量的松动爆破，出渣采用人工或小型机械转运至下台阶。因此，台阶长度又不宜过长，如果超过15m，则出渣所需的时间显得过长。

短台阶法可缩短支护闭合时间，改善初期支护的受力条件，有利于控制围岩变形。缺点是上部出渣对下部断面施工干扰较大，不能全部平行作业。

③ 微台阶法

微台阶法是全断面开挖的一种变异形式，适用于Ⅴ～Ⅵ级围岩，一般台阶长度为3～5m。台阶长度小于3m时，无法正常进行钻眼和拱部的喷锚支护作业；台阶长度大于5时，利用爆破将石渣翻至下台阶有较大的难度，必须采用人工翻渣。微台阶法上下断面相距较近，机械设备集中，作业时相互干扰大，生产效率低，施工速度慢。

（3）适用范围

台阶法一般适用于Ⅲ级、Ⅳ级围岩，Ⅴ级围岩应在必要的超前支护措施稳定开挖面后采用台阶法开挖，单线隧道及围岩地质条件较好的双线隧道可采用二台阶法；隧道断面较高、单层台阶断面尺寸较大时可采用三台阶法；当地质条件较差时，为增加掌子面自稳能力，可采用三台阶预留核心土法开挖。

台阶长度必须根据隧道断面跨度、围岩地质条件、初期支护形成闭合断面的时间要求、上台阶施工所需空间大小等因素来确定。地质条件较好时往往采用长台阶法开挖，通过普通凿岩机上下台阶同时钻孔和起爆，达到隧道同时开挖掘进的目的，效率比全断面开挖略低，但设备投入相对较低。地质条件较差时，为利于支护及时封闭成环，台阶长度应缩短，宜为5m左右，如采用三级台阶法，第一个台阶高度宜控制在2.5m以下。三级台阶法所采取的辅助施工措施使得上下台阶相互干扰较大，施工效率降低，需要解决好上下台阶施工干扰问题。

（4）施工注意

采用台阶法施工时应注意以下事项：

① 台阶长度不宜超过隧道开挖宽度的1.5倍。台阶不宜多分层。一般以一个垂直台阶开挖到底，保持平台长2.5～3m为好，易于掌握炮眼深度和减少翻渣工作量，装渣机应紧跟开挖面，减少扒渣距离以提高装渣运输效率。应根据两个条件来确定台阶长度：一是初期支护形成闭合断面的时间要求，围岩稳定性越差，闭合时间要求越短；二是上半部断面施工时开挖、支护、出渣等机械设备所需的空间大小的要求。

② 上部开挖时，因临空面较大，易使爆破面渣块过大，不利于装渣，应适当密布中小炮眼。但采用先拱后墙法施工时，对于下部开挖时，应注意上部的稳定，必须控制下部开挖厚度和用药量，并采取防护措施，避免损伤拱圈及确保施工安全。若围岩稳定性较好，则可以采取分段顺序开挖。若围岩稳定性较差，则应缩短下部掘进循环进尺；若稳定性更差，则可以左右错开，或先拉中槽后挖边帮。

③ 上台阶钢架施工时，应采取有效措施控制其下沉和变形，下台阶应在台阶喷射混凝土强度达到设计强度的70%后开挖。

3. 分部开挖法

分部开挖法是把设计的巷(隧)道断面划分成若干部分，进行二次及其以上开挖，最后达到巷(隧)道设计开挖断面的一种施工方法。

分部开挖法通常分为上下导坑法、台阶分部开挖法、单(双)侧壁导坑法、上导坑超前开挖法五种施工方案。分部开挖法利用对开挖断面进行局部开挖整体成型，因为分部开挖法是把某一部分作为前导提前开挖，所以又称导坑超前开挖法。与超台阶法相比，台阶分部法可以加长台阶，通常情况下单车道隧道为2倍洞跨，双车道隧道为1倍洞跨，适用于一般土质或易坍塌的软弱围岩地段；与单(双)侧臂导坑法相比台阶分部法机械化程度高，施工进度更快。对于上下导坑超前开挖法比较适用于Ⅱ级围岩，在地层比较松软的地段开挖隧道，通常采用上下导坑超前开挖先拱后墙法。

(1) 优点：利用导坑超前开挖，提前探明地质，便于调整后续施工方法。劳动力与小型机械协同施工，工作面多，有利于分工，便于拉开工序。

(2) 缺点：上、下导坑断面小，施工作业工序较多，施工进度慢，施工组织和管理难度比较大。

双侧臂导坑法：该法适用于围岩特别差和浅埋大跨度隧道，对地表下沉量要求严格。

特点是：施工安全系数高，施工进度慢，成本造价高。

单侧臂导坑法：隧道跨度较大、围岩不稳定、难以控制地面沉陷的地带多用此方法。

特点是：兼具正台阶法和双臂导坑法的优点。

(三) 新奥法隧道施工技术要点

新奥法隧道施工工艺主要体现在先排水、短开挖、弱爆破、强支护、早衬砌、勤测量的十八字方针上。

1. 必须有详细的施工方案为依据

施工方案是保证施工计划、施工组织设计等的基础，往往根据实际开挖过程中围岩条件变化与施工主客条件不同等因素影响，以施工安全为前提，质量为核心，利用经济技术可行性分析，结合施工单位与建设单位实际情况选用全断面法、台阶法、分部开挖法、中隔墙法、交叉中隔墙法等作为主要施工方案。施工方案的确定，为后续工作的开展提供了方法和依据。

2. 做好施工计划是项目成功的关键

施工计划是保证隧道顺利施工的指导纲领性文件，其内容很宽泛，施工组织设计、工期计划图表等对未来实施活动有计划性的文件，都属于施工计划的范畴。做好施工计划，是考查施工方案是否落实的关键。

3. 及时反馈岩体情况是保证施工安全的重点

施工过程中，不仅要采用超前钻孔、TSP(TGP)等超前地质预报手段对掌子面前方的地质情况有一定的认识，随时做到心中有数，而且要在钻爆开挖掌子面过程中随时监测前方岩体变化，以防止出现探报纰漏以及人员疏忽造成的意外瓦斯、涌水事故，造成不必要的经济损失和人员伤亡。

4. 及时锚喷支护是新奥法施工的主要手段

开挖后通过及时地锚喷支护，不仅能够控制岩层形状变化，防止围岩松动脱落，保证施工质量安全，而且利用混凝土与锚杆、钢支撑的全面黏结，能够形成初步的柔性支撑体系，为承受外界环境带来的各种应力提供帮助，加强了岩层的稳定性。不仅如此，组织及时地喷锚支护，可以最大限度地利用流水施工保证施工空间有效利用、满足进度计划的要求。

5. 监控量测是消除开挖安全隐患的核心步骤

根据《公路隧道施工技术规范》(JTG/T 3660—2020)中规定，复合式衬砌的量测内容主要有目测、收敛位移量测、地层性态参数的测定等。现场测量技术人员将系列量测数据进行分析，对隧道围岩的变化趋势进行预测，及时反馈隧道变形中出现的“反弯点”，进而通过调整支护参数，使围岩变形控制在规定的红线以下。所以，监控量测工作既是新奥法施工的前提，又是新奥法施工的核心。

6. 防水排水措施是保证施工顺利进行的重要因素

隧道施工过程中，造成岩体坍塌的大部分原因都与水患有关，如外部水压作用岩体、膨胀性地压和湿陷性黄土、流沙、熔岩等自身特性，都与水的存在有直接的联系。所以，在施工过程中必须采取排、堵、截、引等一系列措施手段，对地表水、衬砌背后的水以及地下水进行有效处理。

二、盾构法隧道施工技术

（一）盾构法施工

盾构法是暗挖法施工中的一种全机械化施工方法。它是将盾构机械在地中推进，通过盾构外壳和管片支承四周围岩防止发生往隧道内的坍塌。同时在开挖面前方用切削装置进行土体开挖，通过出土机械运出洞外，靠千斤顶在后部加压顶进，并拼装预制混凝土管片，形成隧道结构的一种机械化施工方法。

盾构机于1847年发明，它是一种带有护罩的专用设备。利用尾部已装好的衬砌块作为支点向前推进，用刀盘切割土体，同时排土和拼装后面的预制混凝土衬砌块。盾构机掘进的出碴方式有机械式和水力式，以水力式居多。水力盾构在工作面处有一个注满膨润土液的密封室。膨润土液既用于平衡土压力和地下水压力，又用作输送排出土体的介质。

盾构机既是一种施工机具，也是一种强有力的临时支撑结构。盾构机外形上看是一个大的钢管机，较隧道部分略大，它是设计用来抵挡外向水压和地层压力的。它包括三部分：

前部的切口环、中部的支撑环以及后部的盾尾。大多数盾构的形状为圆形，也有椭圆形、半圆形、马蹄形及箱形等其他形式。

1. 盾构法特点

（1）盾构法施工得到广泛使用，因其具有明显的优越性

① 在盾构的掩护下进行开挖和衬砌作业，有足够的施工安全性。

② 地下施工不影响地面交通，在河底下施工不影响河道通航。

③ 施工操作不受气候条件的影响。

④ 产生的振动、噪声等环境危害较小。

（2）适用条件

在松软含水地层，或地下线路等设施埋深达到10m或更深时，可以采用盾构法。

① 线位上允许建造用于盾构进出洞和出碴进料的工作井。

② 隧道要有足够的埋深，覆土深度宜不小于6m且不小于盾构直径。

③ 相对均质的地质条件。

④ 如果是单洞则要有足够的线间距，洞与洞及洞与其他建(构)筑物之间所夹土(岩)体加固处理的最小厚度为水平方向1.0m，竖直方向1.5m。

⑤ 从经济角度讲，连续的施工长度不小于 300m。

(3) 优点

① 安全开挖和衬砌，掘进速度快。

② 盾构的推进、出土、拼装衬砌等全过程可实现自动化作业，施工劳动强度低。

③ 不影响地面交通与设施，同时不影响地下管线等设施。

④ 穿越河道时不影响航运，施工中不受季节、风雨等气候条件影响，施工中没有噪声和扰动。

⑤ 在松软含水地层中修建埋深较大的长隧道往往具有技术和经济方面的优越性。

(4) 缺点

① 断面尺寸多变的区段适应能力差。

② 新型盾构购置费昂贵，对施工区段短的工程不太经济。

③ 工人的工作环境较差。

2. 施工步骤

盾构施工方法由以下几个步骤组成：

(1) 在置放盾构机的地方打一个垂直井，再用混凝土墙进行加固。

(2) 将盾构机安装到井底，并装配相应的千斤顶。

(3) 用千斤顶之力驱动井底部的盾构机往水平方向前进，形成隧道。

(4) 将开挖好的隧道边墙用事先制作好的混凝土衬砌加固，地压较高时可以采用浇铸的钢制衬砌加固来代替混凝土衬砌。

盾构法施工中，其隧道一般采用以预制管片拼装的圆形衬砌，也可采用挤压混凝土圆形衬砌，必要时可再浇筑一层内衬砌，形成防水功能好的圆形双层衬砌。

3. 施工工序

采用盾构法施工时，首先要在隧道的始端和终端开挖基坑或建造竖井，用作盾构及其设备的拼装井(室)和拆卸井(室)，特别长的隧道，还应设置中间检修工作井(室)拼装和拆卸用的工作井，其建筑尺寸应根据盾构装拆的施工要求来确定。拼装井的井壁上设有盾构出洞口，井内设有盾构基座和盾构推进的后座。井的宽度一般应比盾构直径大 1.6~2.0m，以满足铆、焊等操作的要求。当采用整体吊装的小盾构时，则井宽可酌量减小。

井的长度，除了满足盾构内安装设备的要求外，还要考虑盾构推进出洞时，拆除洞门封板和在盾构后面设置后座，以及垂直运输所需的空间。中、小型盾构的拼装井长度，还要照顾设备车架转换的方便。盾构在拼装井内拼装就绪，经运转调试后，就可拆除出洞口封板，盾构推出工作井后即开始隧道掘进施工。盾构拆卸井设有盾构进口，井的大小要便于盾构的起吊和拆卸。

其他施工主要有土层开挖、盾构推进操纵与纠偏、衬砌拼装、衬砌背后压注等。这些工序均应及时而迅速地进行，决不能长时间停顿，以免增加地层的扰动和对地面、地下构筑物的影响。

(二) 盾构隧道工程中的技术问题

1. 隧道管片设计问题

作为盾构施工的最终产物，隧道衬砌结构主要是由管片构成。而管片所形成的结构物是永久性的，因此，管片的设计是非常重要的环节。管片的设计要考虑隧道断面上的问题和轴线方向上的问题。除了地基可能发生较大不均匀沉降或特殊部位需要进行地震时轴线方向的计算以外。隧道管片主要还是根据断面上的受力进行计算。而断面上的设计计算主要涉及两个问题：一个是管片设计荷载的设定问题。另一个则是管片环的结构计算模型的问题。

2. 开挖面的稳定问题

盾构法的主要原理就是尽可能在不扰动围岩的前提下完成施工，因此其施工的关键就是维持开挖面的稳定性。泥水加压式盾构与土压平衡式盾构在维持开挖面稳定性方面机理稍有不同，主要区别于其控制开挖面的压力时分别采用了泥浆和流塑性土体。

泥水加压式盾构是通过压力舱内泥水的压力、泥水的特性来控制开挖面维持稳定的。

土压平衡式盾构需要在压力舱内充满开挖泥土，通过对开挖土体施加压力来平衡开挖面上的土压力和水压力。

3. 盾构姿态和线路控制的问题

盾构机是一个由盾构千斤顶驱动、在地中运动的庞然大物。而隧道设计对盾构机行走轨迹的要求非常严格。这是由于：

(1) 盾构机的过大偏移会造成隧道的偏移而影响使用。

(2) 盾构机的偏移会造成施工操作上的困难。

因为盾构机姿态的偏移会直接造成线路的偏移，同时也造成管片拼装困难，有时也会由于不得不偏心推进而对管片产生过大的施工荷载造成管片开裂。

4. 盾构施工对周围环境的影响问题

盾构技术之所以能够在城市地下工程中广泛使用。主要是可以将施工对周围环境的影响控制到很小的程度。除了对城市交通、商业、城市噪声、粉尘等环境的影响以外，对城市地面建筑物、地下建筑物(结构物)的影响也是一个重要的问题。

伴随盾构推进一般会发生一定的地基变形，其发生原因可以分为以下几点：

(1) 开挖面上的土水压力不平衡导致开挖面失去稳定性。此时，压力舱压力大于开挖面土压力和水压力时出现地基隆起，相反会出现地基沉降。

(2) 盾构推进对围岩的扰动。盾构壳板和围岩的摩擦、以及围岩的扰动会引起地基隆起和沉降。尤其在蛇曲修正、曲线推进时如采用超挖，会使围岩松动的范围变大加大地基的沉降量。

(3) 盾尾空隙的发生和壁后注浆的不足。盾构施工必然产生盾尾空隙，这一空隙会引起地基的应力释放而产生弹塑性变形。

(4) 管片的变形和变位。管片从盾尾脱出后，受到围岩荷载作用发生一些变形或变位，造成地基沉降，但其量一般较小。

(5) 地下水位下降。由于漏水或降水引起的地基沉降。

5. 无论任何技术问题都可从两方面进行概述：即从施工方与设计方两方面概述。

从施工方而言，重要的是保证扩挖时围岩的稳定和控制相邻管片应力的恶化，为此，需要重点研究管片拆除前对围岩的超前加固和拆除后扩挖过程中的临时支护技术；包括设置临时支柱，对管片后围岩超前注浆加固处理等措施；其次需要研究运用于异型断面区段的特殊管片形式以及连接异型断面与普通断面的合理连接构件。连接构件要保证异型断面处受力状态合理，外观上符合审美标准等。

从设计方而言，主要针对特殊异型断面形式的结构计算方法和模式。同时要能够全面模拟施工过程隧道的力学行为，即加固，管片拆除，开挖，模筑衬砌或拼装特殊管片等过程。在盾构隧道基础上扩挖的最大不同就是在原基本稳定的围岩和管片系统基础上拆除管片。管片拆除后围岩和相邻管片应力将重新分布，紧接着的开挖将再次破坏上一次的应力状态，管片安装后对这一应力状态又将产生新的调整，这些过程对于异型断面的施工安全都极为重要，需要系统地分析计算，找出应力变化和调整的规律，以便施工时采取相应的对策。

（三）盾构法隧道内部结构施工技术

1. 盾构机纠偏原则

下掘进过程中，铰接千斤顶形成较大，推进千斤顶分区控制，以确保盾构姿态。在小曲率段，自动导向系统的激光站每次移站的距离短，移站频率高，否则盾构机自动导向系统无法反映盾构机的真实姿态。但移站频率高、吊篮不及时复测，会对自动导向精度造成一定影响，因此需增加人工复测频率。为确保盾尾密封效果、管片质量，减小对地层的扰动，盾构机纠偏原则：每环的纠偏幅度不应太大，当水平、垂直都需要纠偏时，一个方向纠完，再纠另外一个方向，宜先稳住垂直姿态，再水平纠偏；同时纠偏效果不理想。盾构机在全、强风化凝灰熔岩地层中施工小曲率隧道，保证速度的稳定性，也可以比较容易控制纠偏的尺度，太快或太慢都不利于模拟机盾构机纠偏。

2. 盾构法隧道施工管片保护

隧道姿态不理想时，利用管片吊装孔，同步注水泥水玻璃速凝浆液。另外，考虑到曲线=超挖，浆液注入量也需要适当增加。在软弱地层中，由于围岩自稳性差，应力释放快，塑性变形大，这一环形空间在管片脱出盾尾后，拱顶围岩极有可能发生变形或拱顶围岩下沉，减小了围岩与管片之间的间隙，同时建压掘进和及时地同步注浆使此间隙能得到有效填充，有利于管片快速稳定。在盾构掘进施工中，盾构通常保持微微抬头姿势掘进，一般底部油缸推力较大，此推力会在设计轴线法线上产生一个向上的分力，特别是下坡段时，底部推进力增大，分力随之增大，这个分力加剧了管片的上浮，特别是在同步注浆浆液没有完全提供约束力的情况下。由于双液浆在同步注浆管过程中易堵管，可选择在管片注浆孔进行注浆，即管片脱出盾尾后采用人工对管片进行注浆。但通过吊装孔注双液浆往往要停止掘进，为减小注浆对施工进度的影响，可根据管片脱出盾尾后管片间相对上浮量不超过限界要求的前提下，选择隔环注双液浆的方式减小管片悬臂距离，同时优化同步浆液配合比。一方面可有效封堵后部来水，减小同步注浆浆液前窜几率；另一方面有效填充管片壁后，建筑间隙以达到防止管片上浮和稳定管片的目的。

3. 地铁隧道盾构机选用

盾构机是采用盾构方法挖掘隧道的高科技施工设备，能在施工过程中实现渣土装运隧道掘进及衬砌支护等一次性开挖成型功能。盾构技术是第二次工业革命之后相继传入法国、美国、日本、德国等国并得到改进和快速发展，从最初的人工开挖发展为机、电、液、压为一体的开挖方式。盾构机工作原理为利用盾体在挖掘隧道时作临时支护，并在其保护下通过拼装管片形成稳固的衬砌，反复重复上述动作直到贯通隧道为止。具体施工过程为在隧道某段的一端修建竖井，之后把盾构机相应的施工主体、配件放入井中并在预定始发位置上组成整机并调试设备。在地层中根据所设计的运动轴线从竖井的墙壁开孔处向另一竖井的设计孔洞推进，盾构机的刀盘在推进过程中不断对位于盾构机前端的开挖面进行切削并把产生的渣土送到竖井中并运送出竖井。在推进过程中通过盾构千斤顶将所受到的低层阻力传送到已拼装完成的管片上，平衡压力。盾构机每推进一定的距离，管片拼装机在盾尾支护下拼装一环衬砌管片并通过注浆装置向开挖隧道外围压注足够的浆体，该步骤的目的在于形成稳固的支护防止隧道及地面下沉，最后在盾构机挖掘到预定接收竖井时则表现挖掘完成。地铁隧道盾构机常见故障主要有刀盘故障和盾构机推进系统故障。这就需要控制盾构机推进的偏移量，同时也是控制超挖现象，保证盾构开挖面的稳定性。同时检测在盾构掘进时地面发生变形而产生的曲线并及时反馈，要不断调整和优化掘进参数保证施工参数的合理性，进一步从根本上对地面土体位移和地面沉降的程度进行控制。盾构机掘进偏移带来的一个较明显的后果即姿态控制难，即对油缸的有效控制。所以在推进油缸行程时要控制推进速度，不宜过快。要在推进时定期派人检查和监测盾构机的推进情况。检查范围为盾构机回的填料是否饱满，机体下部与导台的结合情况，同时还要检查盾构机的掘进参数。

4. 盾构法隧道施工通风技术

为了实现较好的节能降耗的效果，尽量采用可变化风量的轴流式通风机。当要求风量大时，风机以高转速运转；当要求风量较低时，风机又可以较低转速运行。为降低设备采购成本和便于管理，同一标段的各区间配置的设备型号规格不宜过多、过杂，尽量统一，也便于灵活组合。压入式通风机必须装设在洞外，避免污风的循环。通风机应设两路供电，并设风电闭锁装置，当一路电源停止供电时，另一路电源应在15min内接通，保证风机正常运转。必须有一套同等性能的备用通风机，并经常保持良好的使用状态。通风机开关应设置于专用开关箱内，采用专用线路、专用开关、专用断路器控制。隧道应采用抗静电阻燃的风管。风管口到开挖面的距离应小于5m，风管百米漏风率应不大于2%。为保证盾构法隧道施工通风安全，需要在采取的技术措施为：

（1）风机安装：风机必须具有产品合格证，使用前进行外观检查，风机的支座应稳固结实，避免运行中产生振动，风机出口处应设置加强型柔性风管与风筒布连接，风机与风筒布连接处应多道绑扎，减少漏风。通风机前后5m范围内不要堆放杂物，确保进气通畅，通风机进气口应设置铁丝网，并应装有保险装置。随着盾构机的掘进，自带风机以及后配套风管储存支架也在移动，应及时做好管片拼装后风管的及时延伸。

（2）风管安装：风管必须有出厂合格证，使用前进行外观检查，保证无损坏，黏接缝牢固平顺，接头完好严密。通风管应优先采用高强、抗静电、阻燃的软质风管。风管挂设应做到平、直，无扭曲和褶皱。在隧道作业时，已衬砌管片的区间隧道应根据衬砌管片缝在洞顶每5m标出螺栓位置，然后用电钻打眼，安置膨胀螺栓。布置八道时，应根据衬砌管片缝在洞顶每5m标出螺栓位置，然后用电钻打眼，安置膨胀螺栓。布置八号镀锌铁丝时，用紧线器张紧，风管吊挂在拉线下。为避免铁丝受冲击波振动、洞内潮湿空气腐蚀等原因造成断裂，每10m增加设置1个尼龙绳挂圈。通风管破损时，应及时修补或更换。通风管的节长尽量加大，以减少接头数量，接头应严密，每100m平均漏风率不宜大于2%。弯管平面轴线的弯曲半径不得小于通风管直径的三倍。

（四）盾构法隧道异型断面施工技术

盾构隧道异型断面通常是在原隧道的基础上进行扩挖修建，这一工程施工的关键在于扩挖技术的应用。现阶段，主要采用扩径盾构法以及在盾构隧道基础上的人工扩挖法两种方法进行异型断面施工。总的来说，在下述几种情况下，盾构隧道要进行地中扩挖：

（1）在平行设置的两个隧道间建造建筑物。

（2）建造地下设施的收容空间或者是组装扩径盾构的空间。

（3）隧道的分岔处或接合处。

1. 扩径盾构法

在隧道工程建设过程中，为了更好地满足修建地铁车站或者是安装其他设备的需要，往往采用扩径盾构法，在原有盾构隧道的部分区间进行直径扩展。在扩径盾构施工过程中，首先将撤去原有衬砌并要挖去部分围岩，从而保证有足够的空间作为扩径盾构机的出发基地。

在撤除衬砌过程中，难免会对原有隧道产生扰动，促使其作用荷载和应力发生变化，进而影响到原有结构的稳定性。因此，在实际施工中，应采取有效预防措施，特别是对原有隧道的开孔部及其附近进行加固处理，进而保证隧道结构的稳定性。

在撤除衬砌后，要对扩径盾构进行组装，在组装完成之后就可以开始掘进。通常情况下，应设置合适的反力支承装置以便于使推力均匀作用于机体尾部的围岩。在尾部围岩抗力不足的情况下，还要对围岩进行加强处理。除此之外，也可以采用设置有效装置的方式实现推力的转移。

采用扩径盾构法进行施工一般应遵循以下步骤：

一次盾构掘进，修建一次盾构基地，圆周盾构，圆周盾构掘进，完成扩径盾构出发基地，组装扩径盾构，扩径盾构掘进，完成扩径等。扩径盾构法是一项先进的施工技术，目前在隧道工程施工中的应用越来越多。扩径部位是特殊的异型断面，这个部位的应力状态极其复杂。在进行施工过程中，要注意以下几点：

（1）在实际施工开始之前，为了减小出发基地的规模，应尽量缩短盾构机长。

（2）开挖面作业空间对盾构开挖作业效率有着直接影响，因而，在确定开挖作业面的空间时必须要综合考虑其作业性，通常要达到30cm以上。

（3）进行扩进盾构施工，应配备能够迅速进行组装和拆卸扩径管片的装置。

（4）在拆除衬砌以及挖掉部分围岩可能会导致原有隧道的结构作用荷载和应力的变化，进而影响结构的稳定性，对此，要在原有隧道开孔部及其附近采取加固措施，除此之外，还要进行测量以掌握衬砌应力，在施工过程中实时监测围岩的状态。

2. 人工扩挖法

现阶段，我国还未实现大量采用扩径盾构法进行施工。综合考虑我国隧道工程的实际情况，在需扩挖的异型断面施工时，通常采用在盾构隧道的基础上进行人工扩挖的修建方法，也就是说，在盾构完成之后，再采用传统的方法进行扩挖。在具体施工过程中，通常是先采用盾构法贯通全部或部分暗挖区间，之后再在已形成的区间隧道基础上扩挖联络通道、车站等特殊异型断面。

总的来说，采用盾构隧道基础上的人工扩挖法修建异型断面能够有效地缩短建设周期，提高工程质量，而且能够有效确保施工安全，将对周围环境的影响降低到最低，除此之外，盾构法的长距离应用还能够产生规模效益，进而大幅降低工程成本投入，可以说一举多得。

总的来说，采用盾构隧道基础上的扩挖法进行异型断面施工的具体步骤为：对地层进行加固处理，隧道结构超前支护→拆除管片→扩挖施工→临时支护，保证结构的稳定性→模筑混凝土，管片安装→拆除支护。大部分隧道工程都是采用敞开开挖面的方法进行地中扩挖施工，先行隧道施工已经造成了围岩一定程度的松动，对此，在进行施工时要采用辅助施工法等来加固围岩，进而保证围岩的稳定性，随后再进行分步开挖。

除此之外，还应该采取适当的措施来避免隧道及结构物发生变形。通常情况下，可以采用特殊的管片或钢制支架等边支护围岩边扩挖。

在施工过程中，要重点考虑渡线和联络通道的接合方式，这是因为异型断面位置应力相对较为复杂，应给予足够的考虑与重视并采取有效的处理措施，避免出现质量问题。

（五）盾构法隧道软土地层盾构进出洞施工技术

1. 主要洞门土体加固技术

盾构进出洞时必须采取合理的土体稳定措施，使洞门外土体能稳定自立，为盾构进出洞提供条件。当前常用的土体稳定技术有 SMW 工法、高压旋喷桩、深层搅拌桩、降水法、分层注浆法、冻结法等。主要采取深层搅拌桩法洞门加固技术。洞门加固技术主要对洞门外一定范围内的土体采用深层搅拌桩进行土体加固，工作井边缘与搅拌柱之间的间隙采用高压旋喷柱进行封闭。土体加固范围向四周一般不小于一倍盾构半径，向前加固范围一般不小于盾构自身长度。为使土体密实，防止渗水，被加固需有一定的强度，但为方便盾构进出洞作业，其强度又不宜过高，一般加固土体的强度达到 0.8MPa 比较合适。

2. 影响盾构进出洞安全的主要因素

影响盾构进出洞安全的因素主要有以下几方面：

（1）洞门土体加固方案的合理性

洞门前土体加固区域是连接车站工程和区间工程的过度区域，其加固方案的合理性是决定盾构进出洞安全的前提。洞门土体加固方案需统筹考虑洞门埋置深度、水文地质条件、周边环境情况等，明确加固方案的目标和目的，进行合理的方案设计。对于复杂水文地质和工况条件下进出洞作业，在满足洞门土体自立稳定的同时，还应考虑到渗透稳定性及其他一些不利的影响因素。对于工程周边有重要建构筑物需要保护时，需明确环境保护等级，制订明确的变形控制要求和目标，按相关控制要求制订合理的土体加固方案。

（2）洞门土体加固施工质量控制

制订合理的洞门土体加固方案后，如何按设计要求做好洞门土体加固十分重要，如果洞门加固处理不到位，可能会造成洞门土体失稳、渗透破坏等重大事故。洞门土体加固在满足设计要求范围及强度的同时，土体加固的均匀性十分重要，土体加固不均匀，硬度过大的加固体将成为进出洞时的掘进障碍物，会造成盾构进出洞时姿态发生偏移，使土体扰动过大，对周边环境产生十分不利影响。

(3) 进出洞时盾构掘进参数控制

洞门土体加固区是车站与区间的过渡区域，土体加固区与天然土区域的地质条件相差很大。为确保盾构顺利进出洞，并且保证进出洞时对周边环境控制在可承受范围内，在盾构进出洞前必须请检测单位对加固土体的强度和均匀性进行检测，为盾构进出洞门加固土体区域时设定合理的掘进参数提供依据。在盾构掘进过程也必须清楚自身所处位置，经过不同地质区域时应及时调整掘进参数，防止盾构进出现严重超挖欠挖、轴线偏移、姿态突变等情况，对自身安全及周边环境造成不利影响。

(4) 进出洞时洞门防水装置的安装

洞门外部注浆孔的布设洞门防水装置的安装在进出洞过程中也起到重要的作用，在加固施工过程中不可能做到完美，因此进出洞过程中的防水装置及洞门外部的注浆孔起到了重要的作用。

3. 盾构进出洞质量控制措施

盾构进出洞风险控制是一项系统的工程，应该从前期周边环境排摸、方案制定，到后期监测、检测、施工阶段都做好充分的准备工作。

(1) 盾构进出洞作业前的周边环境排摸

盾构进出洞作业前，施工单位应委托专业单位对施工影响范围内的雨污水管进行探测。管径在 1.2m 及以上的雨污水管必须采取潜水员进入雨污水管内直接探测的方法；管径在 0.45~1.2m 的雨污水管应采取 CCTV 等探测方法，根据探测情况形成书面报告，书面报告应包括平面关系图、纵断面关系图、雨污水管病害探测情况、修理建议等。根据探测情况报告，并结合工程所处的水文地质及周边工况等条件，编制合理的盾构进出洞专项方案，提出进出洞对周边环境保护指标参数。

(2) 盾构进出洞施工作业中的监测和检测

盾构进出洞作业前，检测单位在对加固土体进行强度检测的同时，应采取垂直和倾斜取芯的检验方法(其中斜孔不少于 2 孔)对加固土体的均匀性进行检测，并出具检测报告。

在城市重要干线和敏感地段(包括施工影响范围内有重要建筑物、重要管线或管道和密集住宅小区等)盾构进出洞作业，必须设置深层监测点，加强对路面沉降的监测；在施工影响范围内有大口径管线的，应对管线布设直接监测点。

(3) 盾构进出洞作业的应急预案制度

盾构进出洞专项方案应包括应急预案，应急预案应明确工程一旦出险后的施救技术路线，确保相关抢险设备和专业抢险队伍能及时赶到现场救援。盾构进出洞作业前，应由建设单位组织召开进出洞作业涉及的各类地下管线单位会议，工程参建单位参加，确定工程出险后地下管线单位的抢险配合工作。

(4) 盾构进出洞施工的降低施工风险技术措施

① 进出洞区域加固应根据所处的水文地质条件，选择可靠的加固方法，其中对在砂性土层中进出洞，土体加固(非冰冻法)长度应不小于盾构机长度，如果条件不能满足，应采取相应措施。

② 盾构在复杂水文地质条件下进出洞作业时，应事先在加固土体外侧打设降水井、在洞门周边结构上预埋至少 8 个注浆孔，上下 4 个作为备用应急措施，但在降水过程中应注意环境保护，注浆孔注意堵塞。

③ 盾构在复杂水文地质条件下进出洞作业时，洞圈宜采用箱体密封装置。

④ 在规划设计阶段和管线搬迁规划时，重要的管线距洞口水平距离不应少于 10m，如不满足要求，应采取相应的技术措施。

第二节　沉管法与明挖法

一、沉管法隧道施工技术

（一）沉管法施工

沉管法是在水底建筑隧道的一种施工方法。沉管隧道就是将若干个预制段分别浮运到海面(河面)现场，并一个接一个地沉放安装在已疏浚好的基槽内，以此方法修建的水下隧道。

沉管法是预制管段沉放法的简称，是在水底建筑隧道的一种施工方法。其施工顺序是先在船台上或干坞中制作隧道管段(用钢板和混凝土或钢筋混凝土)，管段两端用临时封墙密封后滑移下水(或在坞内放水)，使其浮在水中，再拖运到隧道设计位置。定位后，向管段内加载，使其下沉至预先挖好的水底沟槽内。管段逐节沉放，并用水力压接法将相邻管段连接。最后拆除封墙，使各节管段连通成为整体的隧道。在其顶部和外侧用块石覆盖，以保安全。水底隧道的水下段，采用沉管法施工具有较多的优点。20 世纪 50 年代起，由于水下连接等关键性技术的突破而普遍采用，现已成为水底隧道的主要施工方法。用这种方法建成的隧道称为沉管隧道。

1. 发展历史

19 世纪末已用于排水管道工程。第一条用沉管法施工成功的是美国波士顿的雪莉排水管隧洞，于 1894 年建成，直径 2.6m，长 96m，由 6 节钢壳加砖砌的管段连接而成。20 世纪初叶，开始用于交通隧道，1910 年美国建成了第一条底特律河铁路隧道，水下段由 10 节长 80m 的钢壳管段组成。至 1927 年，德国于柏林建成了一条总长为 120m 的水底人行隧道。采用沉管法修建的第一条水底道路隧道为美国加利福尼亚州的奥克兰与阿拉梅达之间的波西隧道，建成于 1928 年，水下段长 744m，使用 12 节 62m 长的管段。它是钢筋混凝土圆形结构，其外径为 11.3m 该隧道采用圆形的双车道断面等许多重要特点，成了美国后来用沉管法的楷模。但从 1930 年建造的底特律—温莎隧道起又采用了钢壳制作的管段，而将其横断面的外形改为八角形。

沉管法修建水底隧道一个明显的进步，是 1941 年在荷兰建成的马斯河道路隧道。管段用钢筋混凝土制成矩形结构，内设 4 车道并附设自行车和人行的专用通道。管段断面为 24.8×8.4m，外面用钢板防水，并用混凝土作防锈保护层。因管段宽度大而创造了喷砂作垫层的基础处理方法。在欧洲由于向多车道断面发展，都采用这种矩形的钢筋混凝土管段，为第二代沉管隧道奠定了基础。

20 世纪 50 年代以后，由于水下连接技术的突破——采用水力压接法，并应用橡胶垫圈作止水接头，沉管法被广泛采用，并随之较快地发展。60 年代后期，又出现了不设通风道、又无通风机房的第三代沉管隧道。由于管段断面相应缩小，有利于提高沉管法的施工效益。丹麦于 1969 年建成的利姆水道隧道，即为这一形式应用的第一例。

沉管法也应用于建设地下铁道隧道。1960 年开始施工的荷兰鹿特丹市地下铁道隧道工程即为一例。

2. 优点

采用沉管法施工的水下段隧道，比用盾构法施工具有较多优点。主要有：

(1) 容易保证隧道施工质量。因管段为预制，混凝土施工质量高，易于做好防水措施：

管段较长，接缝很少，漏水机会大为减少，而且采用水力压接法可以实现接缝不漏水。

(2) 工程造价较低。因水下挖土单价比河底下挖土低；管段的整体制作，浮运费用比制造、运送大量的管片低得多；又因接缝少而使隧道每米单价降低；再因隧道顶部覆盖层厚度可以很小，隧道长度可缩短很多，工程总价大为降低。

(3) 在隧道现场的施工期短。因预制管段(包括修筑临时干坞)等大量工作均不在现场进行。

(4) 操作条件好、施工安全。因除极少量水下作业外，基本上无地下作业，更不用气压作业。

(5) 适用水深范围较大。因大多作业在水上操作，水下作业极少，故几乎不受水深限制，如以潜水作业实用深度范围，则可达 0m。

(6) 断面形状、大小可自由选择，断面空间可充分利用。大型的矩形断面的管段可容纳 4~8 车道，而盾构法施工的圆形断面利用率不高，且只能设双车道。

3. 适用条件

适合于沉管法施工的主要条件是：水道河床稳定和水流并不过急。前者不仅便于顺利开挖沟槽，并能减少土方量；后者便于管段浮运、定位和沉放。

4. 制作方法

按管段制作方式可分为船台上制作和干坞中制作两大类型：

(1) 船台型管段制作

船台型管段制作是利用船厂的船台，先预制钢壳，将其沿滑道滑移下水后，在浮起的钢壳内灌筑混凝土。该类管段的横断面一般为圆形、八角形和花篮形。由于管段内轮廓为圆形，在车辆限界以外的上下方空间虽可利用为送、排风道，但车道高程相应压低，致使隧道深度增加，因此沟槽深度和隧道长度均相应增大；又因其内径受限制而只能设置双车道的路面，亦即限制了同一隧道的通行能力；同时耗钢量大，管段造价高，而且钢壳焊接质量及其防锈尚未能完善解决，因此只是早期在美国应用较多。

(2) 干坞型管段制作

干坞型管段制作是在临时的干坞中制成钢筋混凝土管段，向干坞内放水后，将其浮运到隧址沉放。其断面大多为矩形，不存在圆形断面的缺点；不用钢壳，可节省大量钢材。但在制作管段时，对混凝土施工工艺须采取严格措施，以满足其均质性和水密性特别高的要求，并保证必需的干舷(管段顶部浮出水面的高度)和抗浮安全系数。这类管段较船台型管段的造价经济，自20世纪50年代以来，在欧洲已成为最常用的制作方式。荷兰鹿特丹马斯河水底隧道为用干坞制作管段的最早一例。

5. 沉放

用浮箱吊沉法是比较新的一种管段沉放法。通常在管段上方放4只方形浮箱，用吊索直接将管段系吊，浮箱分成前后两组，每组两只浮箱用钢桁架联成整体，并用锚索将各组浮箱定位，在浮箱顶上安设起吊卷扬机和浮箱定位卷扬机。管段的定位须在其左右前后另用锚索牵拉，其定位卷扬机则设于定位塔的顶部。这一沉放法的主要特点是设备简单，适用于宽度20m以上的大、中型管段。沉管法小型管段可采用方驳杠吊法，即在管段两侧分设4艘或2艘方驳船，左右两艘之间设钢梁作杠吊管段的杠棒。这一方法在沉放时较平稳，且在浮运时可以用左右的方驳夹住管段以提高稳定性。

6. 水下连接

20世纪50年代以前，对钢壳制作的管段，曾采用水下灌筑混凝土的方法进行水下连接。

对钢筋混凝土制作的矩形管段，普遍采用水力压接法。此法是在50年代末期在加拿大隧道实践中创造成功的，故也称温哥华法。它利用作用于管段后端封墙上的巨大水压力，使安装在管段前端周边上的一圈尖肋型胶垫产生压缩变形，形成一个水密性良好的止水接头。

施工中在每节管段下沉着地时，结合管段的连接，进行符合精度要求的对位，然后使用预设在管段内隔墙上的2台拉合千斤顶(或利用定位卷扬机)，将刚沉放的管段拉向前一节管段，使胶垫的尖肋略为变形，起初步止水作用。完成拉合后，即可将前后两节管段封墙之间被胶垫封闭的水，经前节管段封墙下部的排水阀排出，同时利用封墙顶部的进气阀放入空气。排水完毕后，作用在整个胶垫上更为巨大的水压力将其再次压缩，达到完全止水。

完成水力压接后，便可拆除封墙(一般用钢筋混凝土筑成)，使已沉放的管段连通岸上，并可开始铺设路面等内部装修工作。

7. 基础处理

处理沉放管段基础的目的是使沟槽底面平整，而不是为了提高地基的承载力。在水下开挖的沟槽，其底面凹凸不平，如不加以整平，管段沉放后会因地基受力不均匀而导致局部破坏，或因不均匀沉陷而开裂。为了提高沟槽底面的平整性，绝大多数建成的水底隧道采用垫平的方法。早期大多采用一种在管段沉放之前先铺沙石作为垫层的先铺法。它是在作业船上通过卷扬机和钢索操纵特制的刮铺机或钢犁，沿着沟槽底面两侧设置的、具有规定标高和坡度的导轨，将放下的垫料往复刮平。该法缺点较多。另一种垫平的方法为后填法。即先将管段沉放在沟槽底上的临时支座上，并使管底形成一定的空间(管段底板内预设液压千斤顶，在定位时可以顶向支座，调节管段高程)，随后用垫层材料充填密实。后填法中最早用的是灌砂法，仅适用于底宽不大的船台型管段。

20世纪40年代初创造成功的喷砂法，适用于宽度较大的大型管段。从水面上用砂泵将砂水混合料通过伸入管段底下的喷管向管底空间喷注，使形成一厚实均匀的砂垫层，喷砂作业须设专用台架和一套喷砂与回吸用的L形钢管。喷砂开始前，可利用它清除沟槽底上回淤土或塌方土。喷砂完毕，随即松开定位千斤顶，利用管段重量将砂垫层压实。这一基础处理方法在欧洲用之较多。

20世纪70年代日本用沉管法建造东京港、衣浦港等水底隧道时，采用了压浆法、压混凝土法等管段基础处理的新技术。

（二）沉管法隧道管内施工

当管段水下成功对接结束，对其管段基础底部灌砂及灌浆封孔完成之后，在管内施工中，首先要将管段的重量改由沙基础承托，即在管内将垂直千斤顶推杆回收到管段底部平齐管底；同时将上下鼻托间的临时导向装置拆除，以使管段完全支承在沙基础上；紧跟着对其管段外两侧及顶部抛石回填完成，即管段相对稳定后，可以进行置换水箱和端封墙的拆除。

管段沉放时是依靠管内水箱压载，使管段达到要求的负浮力进行沉放，沉放完成后也是靠在压载水箱内增加水量达到稳定压载。置换水箱就是分段分步地替换压载水箱，最后用压重混凝土来达到管内稳定压载。

管内施工是沉管隧道建设中一项非常重要、非常关键性的环节，直接影响管段沉放后的稳定，施工工艺步骤环环相扣，前后顺序不能有误，严格按照一套完善的技术方案进行，否则将会带来严重的甚至是难以弥补的后果，所以采用严谨的技术方案是保证管内施工顺利的唯一保障。

1. 垂直千斤顶推杆回收及同步进行上、下导向装置的拆除

管段沉放对接时，A端用导向装置支承在鼻托上，而B端用垂直千斤顶支承在临时垫块上。

垂直千斤顶是沉管沉放过程中管段尾部的高程调节系统即高程定位；垫块承载力按管段在1.05抗浮安全系数下所要求的负浮力进行设计。垂直千斤顶中心轴距管段B端15m左右，距边墙0.5m左右。

导向装置是沉管沉放过程中管段头部的定位，即轴线与高程定位；在管段沉放对接时，可通过导向装置把对接管段A端与已安装管段B端对接位置横向误差控制在±10mm范围内，导向装置由预埋件和主体结构两部分组成，在管段制作时先将预埋件埋入鼻托端面，导向装置主体结构安装时须严格按设计精度进行复测，以满足管段沉放精度要求。

当沉管沉放准确就位并对其底部灌砂、两侧锁定完成后的一个关键动作，就是垂直千斤顶推杆回收及同时进行导向装置的拆除：

（1）垂直千斤顶推杆回收到平齐管底，一定要注意不能有凸点。

（2）导向装置的拆除，必须要在消除导向装置残余应力后进行。

完成上述二个任务后，在沉管完全坐在砂基础上，然后对沉管两侧进行锁定工作，管面部分回填，沉管处于相对稳定后可以进行下道工序：浇筑压重混凝土，同时置换水箱。

2. 管内压重混凝土浇筑同时置换压载水箱

沉管安装有一套完整的沉放系统来保证管段沉放安装就位，其中沉放过程中向管内的压载水箱注水可以达到两个目的：一是调节沉管的平衡，确保吊驳的四个吊点受力均衡。

二是得到准确的负浮力。当沉管安装完成、底部灌砂和侧面回填完毕即是沉管相对稳定后进行管内压重混凝土的浇筑同时进行压载水箱置换。必须注意，在管段完成从临时支承转换到永久灌砂基础之前，抗浮安全系数均须严格控制在1.05，压重混凝土浇筑完毕后，管段的结构抗浮安全系数应不小于1.1。

3. 端封墙拆除

端封墙分混凝土端封墙和钢端封墙二种。端封墙就是将预制好的沉管两端封起来的一堵墙，使沉管成为一个密闭体，即是在管段浮运、沉放时密封管段的临时性结构，在进行端封墙的设计中，必须为管段沉放对接作业在封墙面板上留有进气管、进(排)水管、电缆孔管、水密门等。这样就可以将沉管浮在水面上，通过一套完整的沉管沉放系统控制可使沉管处在水中的任何位置，沉管沉放对接成功后，管内施工第三步就是端封墙拆除。

仑头隧道采用混凝土端封墙。端封墙的拆除必须是在管段对接完成，沉管底部灌沙、沉管外两侧及顶部抛石回填施工结束，沉管沉降量趋于稳定后，清除接头位置的淤泥、杂物及污水，并对GNA止水带进行临时保护，随后进行的工作是拆除接头位置的两道端封墙。

(1) 端封墙拆除工艺顺序

端封墙的拆除工作应严格按照施工工艺顺序进行。以E1、E2两条管段制订如下拆除计划。

E1管段与暗埋段对接安装完成并稳定→E2管段与E1对接安装完成并稳定→E1管内置换水箱完成→拆除暗埋段与E1沉管接头端封墙→E2管内置换水箱完成→拆除E1与E2沉管接头端封墙。

端封墙拆除施工尽量在暗埋段通路的情况下进行，也可在所有沉管沉放对接安装结束并稳定后进行。

(2) 端封墙拆除内容及工艺方法

① 端封墙包括有混凝土枕梁、钢牛腿、H型钢、水密门及封墙体。拆除施工先从H型钢开始，包括钢牛腿和混凝土枕梁，单根H型钢长度约6.5m左右，重量约2.6t左右，通过螺栓与预埋件上部牛腿、下部枕梁连接。

② 在H型钢两边近处及H型钢顶部1~1.5位置，腹板两面各焊接两只30kN眼板，左右各通过一只30kN手拉葫芦连接，并调整使其处于轻载状态，用气割割除H型钢顶部与钢牛腿连接的固定螺栓，缓慢收左侧葫芦同时松右侧葫芦，使H型钢偏离钢牛腿支座，接着在其上部重新锁定一条吊索，交于汽车吊或凿打机，同时松左右两个葫芦，并将重量交给汽车吊，解除两只30kN手拉葫芦，移离脚手架，将拆除的H型钢翻码装车。

③ 在脚手架上用气割割除钢牛腿固定支座。

④ 封墙体采用破坏性拆除，自上而下分区作业约3m×2m，每个孔分三层三列9个区，维修通道端封墙则不做分区，混凝土封墙体拆除后将与其相接的管段四周残留钢筋头清除，再用不低于管段混凝土标号的环氧砂浆填平、补平毛面。

⑤ 制作路面处理施工即防撞侧石、电缆沟、廊道排水沟、廊道中隔板等。

(三) 沉管法隧道最终接头施工

1. 钢封板止水式最终接头

管段制作分两次在芳村的轴线干坞内施工，第一次制作 E1、E2 管段，制作完成后浮运到海珠侧按照顺序先沉放 E1 管段与海珠暗埋段对接，当 E1 稳定后再沉放 E2 管段与 E1 对接。芳村的轴线干坞内第二次继续制作 E3&E4-1 和 E4-2 管段，制作完成后浮运到寄放区，等待芳村暗埋段制作完成后按照顺序先沉放 E4-2 管段与芳村暗埋段对接，再沉放 E3&E4-1 管段与 E2 管段对接。在 E3&E4-1 管段与 E4-2 管段之间有一个 2m 距离空间为最终接头。由于 E3&E4-1 与 E4-2 管段的砂基础会有不同的差异沉降，所以最终接头应具有一定的柔性，把 E4 管段分成三部分 E4-2 管段(85m)，E4-1 管段(3.5m)，最终接头(2m)。E4-1 短管与 E3 管段对接口为柔性接头，将 E4-1 短管与 E3 管段在陆上拉合并刚性稳固后再一起寄放，之后沉放与 E2 对接。E4-2 沉放与芳村暗埋段对接。在 E4-1 与 E4-2 之间的空隙即最终接头四周安装钢封板，管内排最终接头水后靠水压力将安装在钢封板上的 GNA 橡胶带压缩止水，管内浇筑结构混凝土，最终接头区域基础处理，完成最终接头施工。

2. 2E3 与 E4-1 陆上拉合及接头临时限位

(1) E3 和 E4-1 制作完成后，安装 GNA 橡胶止水带、安装拉合座及 36 根中 38 预应力拉杆，用穿心千斤顶对预应力拉杆进行对称循环张拉拉合 E3 与 E4-1 管段，使 GNA 橡胶止水带压缩约 55mm 后(设计值 74.3mm)，螺母锁定预应力拉杆。

(2) 在中墙混凝土垂直剪切键之间安装 4 对临时钢垫块。侧墙钢垂直剪切键安装后，并在钢剪切键之间安装另 4 对临时钢垫块。以限制 E3&E4-1 管段之间在竖向发生相对位移(垂直限位)。在设备孔底部浇筑钢筋混凝土梁即安装水平限位梁，以限制 E3&E4-1 管段之间在横向发生相对位移(水平限位)。安装钢封门等配套设施。

(3) E3&E4-1 管段在芳村干坞内起浮，出坞至坞口，然后拖运到寄放区进行寄放。

3. 安装止水钢封板及支撑梁

(1) E3&E4-1 管段沉放对接和底封板安装。在 E3&E4-1 管段浮运沉放对接之前，先对最终接头区域进行清淤、抛碎石整平、然后安放最终接头底封板。E3&E41 管段沉放前其之间的 GNA 橡胶止水带依靠接头预应力拉杆的拉力压缩，随着沉放的进行，水压对 GNA 橡胶止水带进一步压缩，接头拉杆的应力逐步释放到拉杆应力完全解除。

E3&E41 管段沉放对接结束基础灌砂完成(注意留下尾部二排砂孔不灌砂)后，安装底封板，潜水员水下通过吊梁对称逐步收紧螺杆，使底封板与 E4-1、E4-2 底板之间紧贴，此时底封板上的 GNA 橡胶止水带已有预压。

(2) 支撑梁安装。支撑梁安装在最终接头两侧，即事先预埋在 E4-1 和 E4-2 端部上、下支撑座上，共计 16 根纵向钢支撑梁，分别为上部 8 根，下部 8 根。为了保证 16 根钢支撑梁受力均匀，在每根钢支撑梁的两端与支撑座之间的空隙填入高强材料。确保最终接头排水后，钢支撑梁起到临时限位的关键性作用，防止管段回弹而引起接头止水失效。

(3) 侧封板和顶封板安装。支撑梁安装后，进行两侧封板和顶封板的安装。先安装有角度的侧封板，注意两侧封板位置不要调换搞错，之后再安装顶封板。潜水员水下对称收紧螺柱，使侧封板与 E4-1、E4-2 侧板之间紧贴，顶封板与 E4-1、E4-2 顶板之间紧贴，此时侧、顶封板上的 GNA 橡胶止水带已有预压。

钢封板的安装顺序为：底封板→支撑梁→两侧封板→顶封板。

4. 最终接头排水、结构混凝土及临时限位措施拆除

（1）最终接头排水。支撑梁两端的高强材料具有足够强度后，利用 E4-2 或 E4-1 管段内的抽排水系统将最终接头位置的水抽出，底、侧、顶钢封板为四个方向的止水墙，可以抵抗外部的水压。排水完成，装在钢封板上的 GNA 橡胶止水带被外面的水压压缩，最终接头位置形成了一个止水空间。打开 E4-1 西侧和 E4-2 东侧的水密门，此刻整个隧道结构贯通。

（2）最终接头结构混凝土浇筑。最终接头位置结构混凝土制作顺序：底板→二堵中隔墙→二堵外侧墙→顶板。施工中可保留 E4-1 西侧和 E4-2 东侧的钢封门。端面板的割除剥离、混凝土表面凿毛、预埋钢筋接驳器的外露钢筋绑扎、混凝土浇筑需通过水密门进入。

顶板结构施工采用无振捣无收缩混凝土，最顶层空隙通过预先预埋的注浆管采用注浆方法充填。此刻水中段结构混凝土施工完成。

（3）E3 与 E4-1 接头临时限位措施拆除。最终接头结构混凝土达到强度要求后，并对最终接头区域底部进行灌砂。之后拆除 E3 与 E4-1 软接头位置的临时竖向刚性限位和临时横向混凝土限位加固措施，最后两道 E4-1 西侧和 E4-2 东侧钢封门拆除后水中段全线贯通。

5. 施工过程中可能遇到的问题及其预防处理

（1）回淤的影响。由于底封板须提前在 E3&E4-1 管段沉放安装前放在最终接头位置底部，待管段沉放后才能安装底封板。期间约一个月的时间会有大量回淤。需提前准备气升式清淤设备。

回淤是最终接头施工中碰到的难题之一，不仅影响了工期，而且会影响到施工质量。设计在选择最终接头位置时应充分考虑回淤影响。对高回淤区最终接头就不适合选在江中。

（2）管段的制作误差、沉放对接误差、GNA 带的压缩量的影响。最终接头设计宽度为 2. 0m，封板宽度 2. 5m。如果管段的制作误差、沉放对接误差及 GNA 带的压缩量都在设计规定范围内时按照 2. 5m 宽度制作的封板可满足安装要求。反之，封板不能满足水密要求时就必须对封板进行修改，必要时通过实测数据定做钢封板。

二、明挖法隧道施工技术

（一）明挖法施工

1. 概念

所谓明挖法，是指地下结构工程施工时，从地面向下分层、分段依次开挖，直至达到结构要求的尺寸和高程，然后在基坑中进行主体结构施工以及防水作业，最后恢复地面的一种工法。明挖法施工简单、方便，地层表面附近（浅埋）的地下工程多采用明挖法进行修建，如房屋基础、地下商场、地下街、地下停车场、地铁车站、人防工程及地下工业建筑等。

明挖法通常分为无支护放坡开挖和基坑支护开挖两种形式。放坡开挖的优点是不必设

置支护结构，而且主体结构施工时场地较大，便于施工布置；缺点是开挖工程量相对较大，而且占用场地大，适合在旷野采用明挖法修建的地下工程。在场地条件受限的情况下，如城市地下工程施工，常采用基坑支护开挖方法。通常，为保证基坑侧壁稳定及邻近建筑物的安全，需采取基坑侧壁的支护加固措施，即设置基坑支护结构，包括支护桩墙、支撑系统、围檩、防渗帷幕、土钉及锚杆等。基坑支护结构安全与否，不仅直接关系到所建工程的成败，而且关系到邻近已建工程的安危。

施工时，采用无支护放坡开挖还是基坑支护开挖，应根据工程地质条件、开挖工程规模、地面环境条件、交通状况等因素综合确定。

2. 适用条件

明挖法的应用与许多因素相关，如建筑周边的环境条件，工程地质、水文地质条件，结构物的埋深及技术经济指标等。因此，选用明挖法修建各种地下工程时，应全面、综合考虑各种因素。

（1）浅埋地下工程施工。常见的浅埋地下工程主要有地铁车站、地铁行车通道、城市地下人行通道、地下综合管网工程等。这些浅埋工程的覆土厚度(埋入土中的深度)多为5~10m，一般都采用明挖法施工。在某些情况下，有的埋深达10多米甚至20多米的地下工程，也可采用明挖法施工。但是，明挖法施工明显受结构埋深的制约。当埋深较大时，由于施工技术难度大，同时往往因开挖和回填工程量很大，工程费用有可能比暗挖法高，此时从技术经济角度考虑，选用明挖法就不适宜了。

（2）平面尺寸较大的地下工程。某些地下工程埋深不大，但平面尺寸很大，如一些城市的地下广场、大规模地铁车站、地下商场等，其内部结构也多采用一般的梁板结构，这类工程适宜采用明挖法施工。对于这类大平面尺寸的地下工程，明挖法施工时通常采用分部开挖法或沟槽开挖法。先在周边开挖至设计标高，建造好外围结构，然后开挖中间部分，再进行内部结构施工及顶板施工和覆土回填。

（3）基坑工程。基坑工程是许多工程建设的辅助工程，并且基坑工程也只能采用明挖法施工。

（4）其他工程。与高层建筑深基坑工程类似，有些工程在施工中也需要深基坑作为施工辅助工程，如桥梁工程中的锚锭基坑工程，需要将锚锭板埋置于很深的地层中，这就需要开挖深基坑。此外，盾构法和顶管法施工的施工井也采用自地面垂直向下开挖的明挖法进行修建。

3. 分类

按照对边坡维护方式的不同，明挖法可分为放坡明挖法、悬臂支护明挖法和围护结构加支撑明挖法。应当注意的是，当采用悬臂支护明挖法或围护结构加支撑明挖法时，工程的重点和难点就转化为深基坑的维护问题。

（1）放坡明挖法

放坡明挖法是根据隧道侧向土体边坡的稳定能力，由上向下分层放坡开挖隧道所在位置及其上方土体至设计隧道基底高程后，再由下向上顺隧道衬砌结构和防水层，最后施作结构外填土并恢复地表状态的施工方法。

放坡明挖法主要适用于埋置特浅、边坡土体稳定性较好、且地表没有过多的限制条件的隧道工程中。放坡明挖法虽然开挖方量较大且易受地表和地下水的影响，但可以使用大型土方机械。施工速度快，质量也易得到保证，作业场所环境条件好，施工安全度高。边坡局部稳定性较差时，可采用喷射混凝土进行坡面防护或采用锚杆加固边坡土体。

（2）悬臂支护明挖法

悬臂支护明挖法是将基坑围护结构插入基底高程以下一定深度，然后在围护结构的保护下开挖基坑内的土体至设计隧道基底高程后，再由下向上顺作隧道主体结构和防水层，最后施作结构并回填土以恢复地表状态的施工方法。

悬臂支护明挖法常用的围护结构有打入木桩、钢桩、钢筋混凝土预制桩、就地挖孔或钻孔灌注钢筋混凝土桩、钻孔灌注钢筋混凝土连续墙等，以上各种措施也可联合采用。悬臂支护明挖法主要适用于埋置较浅、边坡土体稳定性较差，且地表有一定的限制性要求隧道工程中。

（3）围护结构加支撑明挖法

围护结构加支撑明挖法是当基坑深度较大、围护结构的悬臂较长时，在不增加围护结构的刚度和插入深度的条件下，围护结构的悬臂范围内架设水平支撑以加强维护结构，共同抵抗较大的外侧土压力；在主体结构由下向上顺作的过程中，按要求的时序逐层分段拆除水平支撑，完成结构体系转换，最后施作结构外回填土并恢复地表状态的施工方法。

围护结构加支撑明挖法主要适用于埋置不太浅、边坡土体稳定性较差、外侧土压力较大且地表有一定限制性要求的隧道工程中。

水平支撑的强度、刚度、间距、层数及层位等技术参数，应根据对水平支撑与围护结构的共同工作状态、结构体系转化过程工艺的要求进行力学分析计算确定。施工中必须经常检查支撑状态，必要时应对其应力进行监控和量测。采用水平支撑的优点是：墙体水平位移小，可靠安全，开挖深度不受限制。

水平支撑常用的形式有横撑、角撑和环梁支撑。平面矩形围护结构的基坑拐角或断面变化处用角撑，短边方向一般用横撑，平面环形同护结构也采用环形支撑。开挖基坑宽度较大，水平支撑刚度不足时，还可考虑加设中间支柱来保持其稳定性。水平支撑结构以钢管、型钢及型钢组合构件为好，因其拆装方便，占空间较小，回收率较高，故在实际工程中应用较多。

（二）明挖隧道止水帷幕补强施工技术

1. 施工技术准备

组织技术人员熟悉需补强的围护柱部位的具体情况，编制施工技术交底书，并向施工班组人员进行全面交底。

2. 开挖土方，桩空隙间挂网、喷混凝土封闭

（1）在喷射混凝土施工前，做好场地布置图、机具、混合料配合比资料，并附简要说明。

（2）原材料要求：

① 水泥采用425#粉煤灰水泥，使用前做复查试验。

② 细骨料采用硬质洁净的中粗砂，细度模数宜大于 2.5，预先用水冲洗浸润，使含水率达到 8%~12%。

③ 粗骨料采用坚硬耐久的碎石，粒径不大于 15mm，级配良好，预先用水冲洗浸润，使含水率达到 4%~6%。

④ 速凝剂使用前做与水泥相容性试验及水泥净浆凝结效果试验，使用时按最佳掺量准确计量。

(3) 喷射混凝土的配合比满足混凝土强度和喷射工艺的要求，可按经验选定并通过试验确定。一般水泥与砂、石重量比为 1∶4~1∶5，骨料含砂率宜为 45%~55%，水灰比宜为 0.4~0.45，速凝剂一般为水泥重量的 5%。

(4) 混合料的搅拌时间不小于 2min，运输时间不超过 20min，随拌随用。

(5) 工作风压一般为 0.12~0.25MPa，喷头处的水压不低于 0.15~0.2MPa。

(6) 喷射前用风冲洗受喷面，设置喷层厚度检查标志，检查机具设备及管路，并进行试运转。

(7) 喷射混凝土分段分片进行，喷射作业自下而上，复喷时先喷平凹面，后喷凸面，后一层喷射在前一层混凝土终凝后进行，若终凝后间隔 1h 以上再次喷射时，受喷面用风、水清洗。

(8) 喷射混凝土喷头垂直于受喷面，喷头距受喷面的距离以 0.6~1.0m 为宜，喷头运行轨迹为螺旋状，使喷层厚度均匀、密实。喷射混凝土终凝后 2h 起，即开始洒水养护。

(9) 喷射混凝土过程中，经常会发现喷料不均匀、不稳定和不连续，使混合料拌和不匀，水泥与砂、石分离，工作水压与水量突然变化，水环孔眼部分堵塞等情况，均会引起水灰比变化，对这些短时变化，及时判断予以调节。

(10) 喷射混凝土作业时加强通风、照明，采取防尘措施降低粉尘浓度，并且确保施工、机具设备安全。

3. 在桩缝之间对封闭后对土体进行注浆加固。

(1) 小导管制作

采用 ϕ32×3.25 普通水煤气管，管长 3.5m，一端呈尖头形，另一端焊上铁箍，沿管壁间距 100~200mm，呈梅花形布设注浆孔，孔位互成 90 度，孔径 6~8mm。

① 注浆管向漏桩外插角 20°~30°。

② 注浆压力根据地层致密程度确定，一般为 0.4~0.6Mpa。

③ 注浆小导管上下垂直间距 0.5m。

④ 水泥浆水灰比为 0.8∶1~1∶1，水玻璃模数 2.4~2.8，水玻璃浓度使用范围为 20~35 的波镁度，水泥与水玻璃浆体积比为 1∶1，初凝时间可通过配合比和掺入少量磷酸氢二钠来控制。

(2) 施工操作要求及注意事项

① 检查各种机具，进行试运转。

② 按设计要求选择好耐侵蚀性注浆材料，浆液配合比需经试验确定，并报监理工程师审定。

③ 注浆前喷射混凝土封闭作业面，防止漏浆。

④ 准确测定孔位，按照设计的外插角采用钻机顶入，其顶入长度不小于管长的90%。

⑤ 注浆过程中根据地质情况等控制注浆压力，注浆压力一般为0.3~0.5MPa，注浆终压为注浆压力的2~3倍，并设专人做好记录，注浆达到需要的强度后方可进行开挖。

⑥ 注浆过程中严格控制注浆压力，不得使浆液逸出地面及超出有效注浆范围，施工原则是“多打管，适量均匀注浆”。

⑦ 处理措施必须与开挖同时进行，直到基坑止水达到要求为止。

（三）明挖隧道结构防水层施工技术

1. 明挖隧道结构防水层施工概述

防水工程应该遵循“以防为主、防排结合、刚柔相济、多道防线、因地制宜、综合治理”等多种原则，在进行施工过程中要注意对使用材料以及技术的加工和处理，进行全面性的科学施工，从而在真正意义上达到防水的效果。

隧道无论是在进行施工期间还是建成后，一直都会受到地下水不同程度上的影响，这一点在建成后的隧道表现得最为明显。建成后的隧道经常处于地下水的包围之中的情况十分明显，从而破坏了隧道的整体使用功能。因为防水工程处理得不好，地下水就会通过漏洞源源不断的流入到隧道内，会对隧道整体结构造成毁坏，为行人的生命安全造成威胁。连正常的出行都无法得到真正保证。据有关数据显示，我国现在已经建成的隧道都在一定程度上存在着渗水的不良情况。所以，为了满足社会发展和人们安全的需要，加强明挖隧道的防水层施工技术问题我们必须予以重视。

2. 明挖隧道经常出现地下水渗漏的原因

（1）施工人员对防水层施工在明挖隧道中的意义认识不足

在进行明挖隧道的过程中，势必就会联系到防水设计、防水材料以及防水施工等多种工序。因为只有保证防水效果，才能真正保证隧道建成后的良好使用。可是在明挖隧道的过程中，施工人员却常常忽视对防水层的正确认识，只是使用传统的防水工艺，简单地进行了常规性操作，做足了表面工作，可是却没有从真正意义上为明挖隧道做好防水层工作。所以使得隧道在建成的初期就会出现不同程度的渗水情况，严重情况影响整个隧道的正常使用，还会危及乘客生命安全。

（2）在施工过程中使用的混凝土密度不够

在防水层的施工过程中，会使用到大量的混凝土。而混凝土作为一种非均质材料存在较多缺点，在它的内部有很多孔隙，而这些孔隙又大小不同。所以在施工过程中由于对混凝土的处理不到位，地下水就会通过这些大小不同程度的空隙进入到隧道当中，严重时还会引起隧道出现不同程度裂缝的情况，从而影响到隧道的正常使用效果。

（3）对材料处理的不当引起隧道渗水情况

在对防水层进行施工过程中，对使用材料进行搅拌十分重要，因为对材料的搅拌方式以及搅拌的时间处理不当，在涂抹的过程中，被涂抹的地方就会出现不均匀的情况，由于涂抹不均匀就会在涂抹的过程中出现大量的气泡或者是形成大小不同的气孔，使得隧道在基层就受到了损害，所以地下水就会通过这些基层的薄弱部位进入到隧道之中，这样也会引起隧道出现大面积水患的严重情况。

（4）设计人员对于不同隧道制订的防水方案不合理

对不同地质进行隧道的施工，要更注意方式方法。不能固守传统的思维模式，要制定有针对性的防水方案，因为有些地区是需要对混凝土进行加工处理，而且还有一些施工过程需要使用大量的防水板，所以要有针对性地进行防水层施工。可是现在有很多施工队伍在对要实施的路段，没有进行实质上的地质分析，而盲目地选择他们认为较为简单、实用的施工方案，可是由于所处环境的不同，他们所进行的操作根本无法达到要求，进而出现隧道渗水的问题也是难免的。

3. 如何加强对防水层的施工技术

（1）加强在施工过程中对使用材料的处理

在施工的过程中应该注意对所用材料的处理，因为对于材料的搅拌方法或是时间掌握的好坏都将直接决定材料的使用价值，所以材料在进行搅拌时要使用功率大但是转速不是很高的电动搅拌器，要尽量使用圆桶，以方便搅拌的均匀性。搅拌的时间要控制在2~5min，这样才能够保证搅拌的效果。涂抹防水层的基层一定要干净，不能留有沙粒或是大量灰尘存在，在涂抹过程中对于基层所出现的空隙要及时使用材料涂抹密实，这样才能从根本上保证防水层的防水效果。

（2）对防水层出现的不良情况要进行及时的处理

防水层由于人为或是不良环境的影响常会引起起鼓、翘边、破损等情况的出现，所以为了保证防水层的使用效果，就要对防水层出现的问题进行及时的处理。当发现防水层出现起鼓的情况时，要及时将起鼓部分割去，进而把潮气放出来，等基层真正干燥后，要对其进行涂料，然后再按照施工的正规方法进行逐层涂抹的过程，对于出现破损和翘边的地方也要使用专业方法进行处理，这样才会防患于未然，保证防水层的使用效果。

（3）对防水层施工技术进行加强

由于防水层对于隧道的使用影响巨大，所以一定要加强防水层的施工技术。随着时代的不断发展，越来越多的新设备、新技术不断产生，所以只有加强对技术的改造才能提高核心能力，加强对工人的技术培训，引进先进的设备，施工人员要进行全面了解和掌握，这样才会在施工过程中不断改善原有的传统方法，施工技术得到创新，从而保证防水层施工技术的完整。

（4）要对混凝土进行加工处理

对于表面有油污的混凝土要用高压水及时冲洗干净，用钢刷刷毛，并用水进行浸透，但保证表面不能有明水，以便加强表面的虹吸作用。由于混凝土的自身性质存在空隙较多的问题，所以要加强对混凝土的处理工作，可以通过调整混凝土配合的比例以及填入外加剂来增加混凝土自身的密实度，这样就会防止混凝土出现大小不同的空隙，从而达到混凝土的抗渗性强的能力，满足我们想要的防水效果。

（5）要对表面进行处理

隧道的基面常常会存有尖锐物质、钢管、铁丝等物体存在，从而对防水层造成破坏。所以，要保证隧道的基面平整和牢靠，要保持清洁干燥，对于已经存在的钢管、铁丝等尖锐物质要进行整理，对于钢管要从根部进行处理，以防止处理不当出现不良局面，所以想要保证防水层的良好使用，对于细微的问题也要进行及时的处理。

第三节 浅埋暗挖法

一、浅埋暗挖法施工

浅埋暗挖法是在距离地表较近的地下进行各种类型地下洞室暗挖施工的一种方法。在城镇软弱围岩地层中，在浅埋条件下修建地下工程，以改造地质条件为前提，以控制地表沉降为重点，以格栅(或其他钢结构)和喷锚作为初期支护手段，按照十八字原则进行施工，称之为浅埋暗挖法。

(一) 简介

浅埋暗挖法是在距离地表较近的地下进行各种类型地下洞室暗挖施工的一种方法。继1984年王梦恕院士在军都山隧道黄土段试验成功的基础上，又于1986年在具有开拓性、风险性、复杂性的北京复兴门地铁折返线工程中应用，在拆迁少、不扰民、不破坏环境下获得成功。同时，结合中国特点及水文地质系统，创造了小导管超前支护技术、8字形网构钢拱架设计、制造技术、正台阶环形开挖留核心土施工技术和变位进行反分析计算的方法，提出了“管超前、严注浆、短开挖、强支护、快封闭、勤量测”18字方针，突出时空效应对防塌的重要作用，提出在软弱地层快速施工的理念。由此形成了浅理暗挖法，创立了适用于软弱地层的地下工程设计、施工方法。

(二) 基本原理

浅埋暗挖法沿用新奥法基本原理，初次支护按承担全部基本荷载设计，二次模筑衬作为安全储备；初次支护和二次衬砌共同承担特殊荷载。应用浅埋暗挖法设计、施工时，同时采用多种辅助工法，超前支护，改善加固围岩，调动部分围岩的自承能力；并采用不同的开挖方法及时支护、封闭成环，使其与围岩共同作用形成联合支护体系；在施工过程中应用监控量测、信息反馈和优化设计，实现不塌方、少沉降、安全施工等，并形成多种综合配套技术。

浅埋暗挖法施工的地下洞室具有埋深浅、地层岩性差(通常为第四纪软弱地层)、存在地下水(需降低地下水位)、周围环境复杂、造价低、拆迁少、灵活多变、无须太多专用设备及不干扰地面交通和周围环境等特点，浅埋暗挖法在全国类似地层和各种地下工程中得到广泛应用。在北京地铁复西区间、西单车站、首钢地下运输廊道、城市地下热力、电力管道、长安街地下过街通道及深圳地下过街通道及广州地铁一号线等地下工程中推广应用，并已形成了一套完整的综合配套技术。

同时，经过许多工程的成功实施，其应用范围进一步扩大，由只适用于第四纪地层、无水、地面无建筑物等简单条件，拓广到非第四纪地层、超浅埋(埋深已缩小到0.8m)、大跨度、上软下硬、高水位等复杂地层及环境条件下的地下工程中去。

信息化技术的实施，实现了浅埋暗挖技术的全过程控制，有效地减小了由于地层损失而引起的地表移动变形等环境问题。不但使施工对周边环境的影响降低到最低程度，由于及时调整、优化支护参数，提高了施工质量和速度，使浅埋暗挖法特点得到更进一步的发挥，为城市地下工程设计、施工提供了一种非常好的方法，具有重大的社会效益和环境效益，该方法在总体上达到国际领先水平。

（三）浅埋暗挖隧道施工遵循的原则和方法

1. 施工原则

（1）按照“新奥法”进行设计和施工，初期支护采用较强的支护手段。

（2）先打施作超前支护，后开挖。隧道穿过松软薄覆盖层，围岩自承能力较差。因此必须先打超前锚杆、超前注浆导管或管棚，然后再开挖。支护一段，开挖一段，封闭一段，在确保安全的基础上稳中求快。

2. 开挖方法

（1）短进尺。开挖过程中严格遵循短进尺、快循环的原则。上导开挖采用人工风镐等对围岩扰动小的开挖方式，并及时打设超前导管等支护，多次开挖，每次开挖进尺以不超0.5m为限。

（2）快封闭。开挖以后及时封闭，防止围岩进一步风化，提高它的自承能力，开挖后先初喷5cm厚混凝土。

（3）强支护。按照初喷混凝土→架钢格栅支撑→挂钢筋网→再喷厚度为20cm混凝土的顺序进行初期支护施工，采取加大拱脚办法以扩大地基的承载能力。为了确保设计意图得到贯彻，环向锚杆的布设，格栅支撑连接布置、上螺栓等在施工中严格按要求进行。

（4）勤量测。以量测数据反馈指导施工是“新奥法”的基本出发点。浅埋段施工时应及时埋设各类监测点，设在拱顶、两侧起拱线位置，并里程对应。使整个浅埋段地层都处在严格监测控制中。

（四）浅埋暗挖隧道的几种通用施工技术

1. 双侧壁导洞法暗挖技术

双侧壁导洞法是变大跨度为小跨度的施工方法，其实质是将大断面分成多个小断面进行作业，即两侧导洞和中部导洞，导洞尺寸以满足施工开挖为条件。采用双侧壁导洞法施工时，在导洞内按正台阶法施工，当地质情况较差时，上台阶应考虑采用中隔墙法或者环形留核心土法开挖，在施工过程中左右侧导洞开挖时错开的距离不应小于15m（以15~20m为宜）以降低两洞在开挖过程中的相互影响，中洞与侧洞开挖时错开的距离不应小于20m（以20~30m为宜），而上下台阶之间的距离，可视具体情况而定，一般为3~5m。

由于开挖多个导洞，地层多次被扰动，会引起地层过大沉降，导洞断面不规则更加大了开挖引起的沉降，所以采用该技术时控制沉降并及时完成支护是隧道工程施工重点关注的项目。

2. 中洞法暗挖技术

中洞法是先开挖整个隧道的中间部分，由于中洞的跨度一般较大，施工中一般采用CD法、CD法等工法进行施作并应该遵守“小分块、短台阶、早成环、环套环”以及“竖向留坡、纵向错台”的施工原则。在完成中洞的隧道初支后，立即施作该部分的二次衬砌，实现对地层的刚性支撑，施工二衬可以采用洞内逆做法，能较好控制初支沉降变形及保护邻近构筑物。完成中洞施工后再用侧洞法施作其余部分，两侧洞应该对称施工，这样比较容易控制施工引起的地层沉降。

由于中洞施作二次衬砌是先要把顶部防水层做好，在浇筑混凝土时，因施工条件较差及混凝土的收缩，很难做到顶紧初衬结构，采用二衬背后注浆也因结构不封闭，难以达到注浆饱满，因此中洞在侧洞开挖时仍有叠加沉降。

3. 初支和二衬背后注浆技术

施工中增加了初支背后注浆，即在初支施作时在拱部范围内埋设注浆管，当初支封闭成环，封闭段距开挖面一定距离后即进行初支背后注浆，这样不仅对控制沉降有利，同时对防水也有利。

当二衬模筑混凝土施作完成后，由于混凝土的收缩等影响，隧道顶部一般都有月牙形空隙。同时暗挖隧道防水采用的防水板为无钉铺设，混凝土浇筑中会有空腔，混凝土收缩后，防水板与混凝土之间会有小的缝隙。经过二衬背后注浆后，结构防水得到明显改进。

4. 双排小导管超前支护技术

在暗挖隧道围岩极差时，一般采用长管棚支护技术。长管棚施工在隧道内较长时一般要加大施工断面做管棚工作室，而长管棚在曲线和变界面处施工困难，在施作长管棚时往往就出现沉降，有时这种沉降达到4~5mm，为弥补这些不足，实际施工时可采用了双排小导管技术，即在常规小导管的基础上，再增加一排倾角30°~45°小导管，通过双排小导管注浆，使开挖面外侧形成比单排小导管注浆厚的土体加固层，实践证明这种新型预加固技术可以有效控制沉降变形。

5. 锁脚描管技术

隧道台阶法开挖时，初支上半断面完成后开挖下断面，该过程中沉降发展最快，控制好这段时间的沉降十分重要。上半断面初支施作时，在拱脚处增加斜向45°，长2.5m的锁脚锚管，打入土层后注浆，在下部土体开挖时，由于锁脚锚管的作用，上半拱沉降大大缩小。在上下重叠导洞，上导洞底脚做锁脚锚管也十分有效。

二、浅埋暗挖电缆隧道施工技术

（一）技术特性

电缆隧道位于市区，施工穿河流、街道和建筑物，标准断面（净空：2.2m×3.5m），隧道设接头间、旁引隧道、施工井、风孔、四通等，过河段采用双衬隧道和双衬施工井，二衬采用免振混凝土。隧道埋深最浅5m，最深17m，四通拱顶埋深9m。暗挖隧道四通处正洞与侧洞间转弯半径为2.5m。防水等级为三级，对于变形缝、施工缝等薄弱环节采用埋设橡胶止水带。竖井、通风孔每隔7m设置防火隔层，隧道每200m设置防火隔断。电缆支架的固定用预埋螺栓的方式。

（二）施工工艺流程

测量放线→竖井施工→隧道施工→变形缝施工→背后注浆→抹灰施工→防水施工→接地与支架→竖井爬梯→工作井盖板。

（三）施工方法和要求

1. 测量放线

依据图纸和规划局提供的坐标桩建立地面控制系统，利用极坐标测出施工井中心位置，并设置隧道轴线的控制桩。

2. 竖井施工

经校核井位后开始挖土。为保证施工安全竖井土方及钢架每次只能施工一榀，待喷射混凝土初凝后再向下施工。钢架连接筋须与锁口圈梁预留的连接筋焊接，施工时，先将一部分打入土中，长度不小于搭接施焊长度，以便待下榀钢架施工时进行焊接。当施工至隧道洞口位置时，沿隧道中线开始预留马头门，最后进行竖井底板施工。

3. 隧道施工

（1）隧道内采用激光导向仪指导施工的水准及轴线。

（2）隧道沿竖井双向掘进采用正台阶法施工，先开挖上部断面 3 榀钢架长度，然后安装格栅钢架，铺设上部钢筋网片，喷射混凝土封闭上部，然后开挖下部断面。开挖循环进尺不大于 1m，台阶长度 2m。施工过程中严格控制开挖循环进尺，遵从“管超前、严注浆、短进尺、强支护、早封闭、勤测量”的原则。挖掘中要观察土层的变化，土层的塌落，地下水渗漏等现象。

（3）钢拱架制作、安装。钢拱架采用冷弯加工焊接而制成，要求尺寸准确，弧形圆顺，结构安全可靠，加工后要进行试拼。为安装方便，每榀拱架一般应分为 3 段且与施工方法相适应。

钢拱架安装时拱角应有一定的埋置深度，并必须落到原状土上，才能保持拱角的稳定即沉降值很小。钢筋网为内外环两层环向满铺。最后安装预埋螺栓及吊环，保证螺栓及吊环纵向在一条直线上。

（4）喷射混凝土。喷射混凝土严格按配合比控制，采用潮喷工艺。潮喷产生的粉尘较少，回弹较小，故障处理较容易，清洗养护较容易。将骨料预加少量水，使之呈潮湿状，再加入水泥搅拌，从而降低上料、拌和、喷射时的粉尘，大量的水在喷头处加入和从喷嘴射出。

喷射混凝土施工要点：严格控制速凝剂掺量；按程序分段、分部、分块喷射；调节好风压与水压；喷射混凝土的养护。

4. 伸缩缝施工

一般在隧道转折部位、高程差异处，结构形式变化处设置变形缝，原则上每 40m 设置一道。变形缝内填充聚乙烯泡沫塑料板，缝内用中埋式 30×20 的橡胶膨胀止水条一道，表面用双组份聚硫橡胶密封膏填充。油膏要填充密实，缝要求垂直，做到宽度一致，填充材料表面要求平整。

5. 背后注浆

注浆分批进行，拱顶开始，自上而下。注浆压力 0.4MPa、0.6MPa，注浆结束，标准注浆压力值持续升高至设计终压，持续 10min 以上。

6. 抹灰施工

抹灰层施工前，在环向作灰饼打点，保证抹灰表面平整。先清理隧道表面并洒水润湿，基底表面凹凸部位，整修补平。抹灰层与基底之间黏结牢固，不出现抹灰层脱落、空鼓和裂缝等现象。

7. 防水施工

隧道的防水等级为三级，包括结构本身喷射混凝土的防水和结构内贴刚性防水层。主体采用抗渗混凝土，抗渗等级为 P8。隧道施工完后，在喷锚混凝土面做防水砂浆，最外侧涂一层刚性防水材料。防水层的施工缝做成斜坡形状接茬，以便下次施工时衔接。防水层每段施工完毕 24h 后，洒水养护 14d。

8. 施工运输

隧道内土方及钢筋拱架等主要采用人力利用小推车运至施工井处。井口安设提升架及电动葫芦组成垂直运输系统。

9. 施工通信、通风、排水、供电

（1）洞内与洞外通信、联络采用对讲机、电铃。

（2）洞内通风，在竖井与横通道范围内设主供高压风，在区间隧道交叉口处接三通阀分别送风各个施工面。

（3）隧道内产生的积水一般为地表渗水和施工废水。将施工隧道内的积水汇集于集水坑用泵排水。

（4）动力线路采用三相 380V 供电线路，竖井段使用铠装电缆，施工作业面使用橡胶套电缆。供电线路上设漏电保护装置，值班电工对线路经常检查。照明线路，施工阶段采用 36V 安全电压，行灯变压器设在安全、干燥处，机壳接地。

10. 地质超前预警

为了掌握隧道在开挖过程中的动态变化和支护的稳定状态，必须进行现场监控量测，通过对量测数据的分析和判断，对支护体系的稳定状态进行预测，并据此确定相应的施工措施，以确保结构的稳定。

11. 双衬施工

（1）EVA 防水板施工

在施工防水板前，对喷射混凝土面凹凸显著部位抹灰找平，外漏的锚杆头及钢筋网齐根切除，然后再抹一层水泥砂浆找平层，再铺设一层土工布缓冲层，最后铺设 EVA 防水板。

EVA 防水板焊接注意质量，既要焊接牢靠不至于使后续施工时防水板脱落，也不能焊透破坏防水板。隧道拱角的防水板铺设不能拉得太紧，适当留点余量，这样在模板和混凝土施工时不至于破坏防水板。爬焊温度和速度根据材料和试验确定，防水板接头处不得有气泡、折皱及空隙，焊接头不定期作拉伸试验，各项指标不小于母体。

（2）钢筋绑扎

先加工拱部及边墙环向通长钢筋，在钢筋棚先成型后再绑及焊接，有效地防止拱部钢筋焊接施工难度及焊伤防水板。钢筋绑扎前，先用 5 根 5m 方木纵向分别设在拱顶、边墙及拱顶两侧 3m 处，从而保证钢筋绑扎时不损伤防水板，且保证钢筋及防水板之间的保护层厚度。

（3）模板施工

模板就位时注意隧道净空，先确定中线及拱顶标高，同时，拱顶预留下沉量 2cm。特别是曲线段模板和直段组合钢模板的拼接，一定要注意曲线的曲率变化，挡头板应固定牢固稳定且不伤及防水板。止水带安装时应用钢筋卡固定。

隧道中的预埋螺栓采用在直段组合钢模板上钻孔的方法预埋。确保其尺寸、位置准确。

当衬砌混凝土达到拆模强度时，拆除堵头板，然后松开边墙模板支撑系统，拆除边墙模板，使模板完全脱离。最后清除模板表面黏结的混凝土，喷涂脱模剂。

（4）混凝土施工

混凝土采用商品免振混凝土，浇筑混凝土时，拱部与边墙的灌注缝是结构上最薄弱的。

浇筑时保证混凝土中粗集料沉降而不离析。拱部的混凝土浇筑，一般采用向上灌注方式，向上灌注方式比引拔方式的混凝土充填性要好，也可采用充填性更好的挤压方式，为防止拱顶空洞。

12. 四通施工方法

四通断面较大，开挖难度较大，应提前做好防护措施。开挖顺序：沿隧道路径方向从一侧进行开挖施工，进行过渡断面→扩大断面施工→过渡断面→标准断面，而后进行垂直于隧道方向的四通出口开挖，当一侧出口施工完毕，混凝土强度达到设计要求后才能进行另一个四通出口施工。

施工方法：四通扩大断面尺寸为 4. 18m×6. 75m，开口断面尺寸为 4. 7m×5. 51m，以隧道中心线为界，采用 CD 断面法进行开挖，施工时注意井拱顶钢拱架连接板适当微调，当 C 断面完成 2～4m 后再进行 D 断面施工。

钢拱架制作：根据平面布置图提供个的转弯半径 $R=2.5$m，分别计算出过渡段 A 类及 B 类钢架的每榀钢拱架断面尺寸，按照间距 450m 画出出 A、B 类每榀钢拱架结构图，同时做出 C 类钢架(扩大面)，钢架制作完成后，应在制作场地试拼，检查正确无误验收合格后方可施工。

钢拱架安设：隧道每开挖一榀后立即安装钢拱架。

13. 后续工作

隧道防水施工后进行电缆支架、接地极、竖井爬梯、井盖等施工。

三、浅埋暗挖隧道穿越房屋施工技术

（一）隧道穿越建筑物技术

（1）概况：厦门机场路隧道下穿房屋段埋深 10. 38～13. 45m，房屋位于隧道洞顶 13m。为防止隧道施工时，房屋出现变形、开裂等不良现象，须进行预加固保护，采取相应隧道施工措施。房屋为七层、浅基、框架结构；浆砌毛石基础、埋深 1. 3m、厚 75cm，宽 1. 14m；房屋长 56m，宽 11. 2m。横跨隧道。

（2）地质情况：由地表以下 0～4m 范围内为填筑土，以生活垃圾为主；4～10m 为泥质粗砂，流动性较强；10m以下为风化岩，遇水容易流失、塌陷。

（3）加固方案：据房屋周边环境、与隧道位置关系及地层条件，采用对房屋基底注浆加固，提高基础承载力；洞内采用加强超前支护和CRD法施工。洞外加固方案分两个阶段：

① 施工前基底注浆，加固隧道通过前对房屋进行注浆预加固，范围为隧道穿越段房屋基础及基础外10m，深度至地表以下10m。采用WSS二重管注浆。

② 工中动态跟踪注浆，跟踪注浆是隧道通过房屋过程中，据施工对房屋引起的沉降进行适时注浆：抬升注浆前，预加固施工完毕并到一定强度后，此时实施补偿性注浆对地层中孔隙进行填补，以控制沉降并为抬升注浆提供条件。补偿注浆达到一定强度后开始抬升注浆。均采用袖阀管双液浆的施工方法。抬升注浆顺序按"自沉降最大处开始，至较小处结束；沉降大多注浆，沉降小少注浆；多次反复进行，控制流量、压力；多台设备对称施工"的原则进行。

③ 洞内技术措施隧道采用了准108超前大管棚预支护，CRD法开挖。合理控制步距，快速封闭成环；围岩径向跟踪注浆及时补充拱顶地层松弛损失；拆撑是力转化的过程，隧道穿越房屋段在不拆撑的情况下施作衬砌。

（4）补偿和抬升注浆补偿和抬升注浆是控制房屋沉降，减小差异沉降的主要环节。

均通过预先设置的袖阀管，实施后退式分段注浆，反复施工。为避免因注浆压力造成附近袖阀管变形或剪断，影响反复注浆施工。补偿注浆初期，据房屋沉降量，以注浆量为主要控制标准(200L/m)，按少量多次的原则进行，逐渐对地层挤密加固，控制房屋沉降。隧道施工进入房屋下方，沉降率加大，增加注浆量，以压力为结束标准(1.0~1.5MPa)。

（二）房屋沉降阶段

从房屋沉降历时曲线分析，房屋沉降经历五个阶段。

（1）第Ⅰ阶段，累计沉降-11.68mm，沉降率-0.39mm/d，房屋最大差异沉降19.83m。该阶段隧道接近房屋下方，地层失水及基础加固扰动引起沉降明显，但速率较小，曲线较平缓。

（2）第Ⅱ阶段，沉降明显加速，累计沉降量-40.15mm，平均沉降率-1.34mm/d，最大差异沉降26.44mm。该阶段前期隧道接近房屋下部，钻设补偿和抬升注浆孔对房屋扰动，从而沉降增加，后期进行补偿和抬升注浆，但因隧道在穿越房屋，施工对地层扰动，致房屋加速下沉。且前期补偿和抬升以注浆量为主要控制标准，抬升量小于由于沉降量，房屋表现为下沉趋势。

（3）第Ⅲ阶段，沉降速率减缓，最大沉降率-0.19mm/d。随补偿和抬升注浆进行地层已密实，抬升以压力为主要控制标准，抬升量增加，有效抑制了房屋继续沉降，差异沉降明显减小。

（4）第Ⅴ阶段，沉降加速，沉降率加大。因第Ⅲ阶段沉降率明显减小，且隧道开挖通过房屋，很难判断沉降率减小是施工还是抬升注浆原因，故停止抬升，以便和第Ⅲ阶段进行比较。从曲线可以看出，停止注浆后沉降再次加剧，平均沉降率达到-1.30mm/d，恢复注浆后，即第Ⅴ阶段房屋明显上升。

以上分析说明隧道施工过程，以压力作为抬升主要控制标准及时进行跟踪注浆，有明显抬升和阻止房屋沉降效果，其对房屋沉降控制量占总沉降的 73.2%。据沉降历时曲线看出，单点沉降历时曲线出现上下起伏现象，反映出抬升注浆对房屋沉降控制的工作状态。

由于隧道穿越房屋下方，房屋表现出明显上升趋势，停止注浆后，房屋又开始下沉。因此在隧道通过房屋期间，虽然房屋沉降处于加速状态，但通过跟踪注浆的方式能够有效地控制沉降率，阻止房屋继续沉降。施工结合历时曲线分析得出：

① 注浆压力达到 0.7~1.0MPa 时，房屋开始出现明显抬升。

② 据现场施工情况注浆压力达到 2.0MPa 时，房屋抬升达到最大单次抬升值，继续注浆，压力降低，房屋基础附近地表漏浆。

③ 房屋抬升注浆施工中，单次最大抬升值在 2.2~3.1mm 之间。

④ 房屋抬升注浆过程应以注浆压力作为主要的结束控制标准。

⑤ 抬升过程中，单点抬升影响半径可达到 5m。

第四节 其他施工技术

一、掘进机法

掘进机法是挖掘隧道、巷道及其他地下空间的一种方法。简称 TBM 法，是用特制的大型切削设备，将岩石剪切挤压破碎，然后，通过配套的运输设备将碎石运出。分为：全断面掘进机的开挖施工，独臂钻的开挖施工，天井钻的开挖施工，带盾构的 TBM 掘进法。

掘进机是全断面开挖隧洞的专用设备。它利用大直径转动刀盘上的刀具对岩石的挤压、滚切作用来破碎岩石。美国罗宾斯公司在 1952 年开始生产第一台掘进机。20 世纪 70 年代以后，掘进机有了较快的发展。开挖直径范围为 1.8~11.5m。在中硬岩中，用掘进机开挖 80~100m^3大断面隧洞，平均掘进速度为每月 350~400m。美国芝加哥卫生管理区隧洞和蓄水库工程，在石灰岩中开挖直径 9.8m 的隧洞，最高月进尺可达 750m。美国奥索引水隧洞直径 3.09m，在页岩中开挖，最高月进尺达 2088m。隧洞掘进机开挖比钻爆法掘进速度快，用工少，施工安全，开挖面平整，造价低，但机体庞大，运输不便，只能适用于长洞的开挖，并且本机直径不能调整，对地质条件及岩性变化的适应性差，使用有局限性。

二、盖挖法

盖挖法：当地下工程施作时需要穿越公路、建筑等障碍物而采取的新型工程施工方法，是由地面向下开挖至一定深度后，将顶部封闭，其余的下部工程在封闭的顶盖下进行施工。

主体结构可以顺作，也可以逆作。

盖挖法适用于松散的地质条件、隧道处于地下水位以上的地区。

特点：对结构的水平位移小，安全系数高，对地面的影响小，只在短时间内封锁地面交通，施工受外界气候的影响小。但是，盖板上不允许留下过多的竖井，后续开挖土方需要水平运输，出土不方便，施工空间较小，施工速度慢，工期长，费用较高。

（一）分类

1. 盖挖顺作法

盖挖顺作法是在地表作业完成挡土结构后，以定型的预制标准覆萧结构(包括纵、横梁和路面板)置于挡土结构上维持交通，往下反复进行开挖和加设横撑，直至设计标高。

依序由下而上，施工主体结构和防水措施，回填土并恢复管线路或埋设新的管线路。最后，视需要拆除挡上结构外露部分并恢复道路。

在道路交通不能长期中断的情况下修建车站主体时，可考虑采用盖挖顺作法。

2. 盖挖逆作法

盖挖逆做法是先在地表面向下做基坑的围护结构和中间桩柱，和盖挖顺作法一样，基坑围护结构多采用地下连续墙或帷幕桩，中间支撑多利用主体结构本身的中间立柱以降低工程造价。随后即可开挖表层土体至主体结构顶板地面标高，利用未开挖的土体作为土模浇筑顶板。顶板可以作为一道强有力的横撑，以防止围护结构向基坑内变形，待回填土后将道路复原，恢复交通。以后的工作都是在顶板覆盖下进行，即自上而下逐层开挖并建造主体结构直至底板。如果开挖面积较大、覆土较浅、周围沿线建筑物过于靠近，为尽量防止因开挖基坑而引起邻近建筑物的沉陷，或需及早恢复路面交通，但又缺乏定型覆盖结构，常采用盖挖逆作法施工。工程实例：南京地铁南北线一期工程的区间隧道在地质条件和周围环境允许的情况下，以造价、工期、安全为目标，经过分析、比较，选择了全线区间施工方法。其中，三山街站，位于秦淮河古河道部位，位于粉土、粉细砂、淤泥质黏土土层中。因为是第 1 个车站，又位于十字路口，因此采用地下连续墙作围护结构。除入口结构采用顺作法外，其余均为盖挖逆作法。

3. 盖挖半逆作法

盖挖半逆作法与逆作法的区别仅在于顶板完成及恢复路面后，向下挖土至设计标高后先浇筑底板，再依次向上逐层浇筑侧墙、楼板。在半逆作法施工中，一般都必须设置横撑并施加预应力。

（二）施工特点

1. 施工优点

（1）围护结构变形小，能够有效控制周围土体的变形和地表沉降，有利于保护邻近建筑物和构筑物。

（2）基坑底部土体稳定，隆起小，施工安全。

（3）盖挖逆作法施工一般不设内部支撑或锚固，施工空间大。

（4）盖挖逆作法施工基坑暴露时间短，用于城市街区施工时，可尽快恢复路面。

2. 施工缺点

（1）盖挖法施工时，混凝土内衬的水平施工缝的处理较困难。

（2）盖挖逆作法施工时，暗挖施工难度大，费用高。

（3）盖挖法每次分部开挖及浇筑衬砌的深度，应综合考虑基坑稳定，环境保护，永久结构形式和混凝土浇筑作业等因素来确定。

三、地下连续墙法

地下连续墙是基础工程在地面上采用一种挖槽机械，沿着深开挖工程的周边轴线，在泥浆护壁条件下，开挖出一条狭长的深槽，清槽后，在槽内吊放钢筋笼，然后用导管法灌筑水下混凝土筑成一个单元槽段，如此逐段进行，在地下筑成一道连续的钢筋混凝土墙壁，作为截水、防渗、承重、挡水结构。

（一）发展

中国的成槽机械发展得很快，与之相适应的成槽工法层出不穷；有不少新的工法已经不再使用膨润土作为泥浆；墙体材料已经由过去以混凝土为主的局面而转向多样化发展；不再单纯地用于防渗或挡土支护，越来越多地作为建筑物的基础。

经过几十年的发展，地下连续墙的技术已经相当成熟，其中日本在此项技术上最为发达，已经累计建成了 1500 万 m^2以上，目前地下连续墙的最大开挖深度为 140m，最薄的地下连续墙厚度为 20cm。1958 年，我国水电部门首先在青岛丹子口水库用此技术修建了水坝防渗墙，到 2013 年为止，全国绝大多数省份都先后应用了此项技术，估计已建成地下连续墙 120 万～140 万 m^2。地下连续墙已经并且正在代替很多传统的施工方法，而被用于基础工程的很多方面。在它的初期阶段，基本上都是用作防渗墙或临时挡土墙。

通过开发使用许多新技术、新设备和新材料，越来越多地用作结构物的一部分或用作主体结构，2003 年到 2013 年前后更被用于大型的深基坑工程中。

（二）分类

（1）按成墙方式可分为桩排式、槽板式以及组合式。

（2）按墙的用途可分为防渗墙、临时挡土墙、永久挡土(承重)以及作为基础。

（3）按墙体材料可分为钢筋混凝土墙、塑性混凝土墙、固化灰浆墙、自硬泥浆墙、预制墙、泥浆槽墙、后张预应力墙以及钢制墙。

（4）按开挖情况可分为地下挡土墙(开挖)以及地下防渗墙(不开挖)。由于受到施工机械的限制，地下连续墙的厚度具有固定的模数，不能像灌注桩一样根据桩径和刚度灵活调整。因此，地下连续墙只有在一定深度的基坑工程或其他特殊条件下才能显示出经济性和特有优势。

（三）一般适用于如下条件

（1）开挖深度超过 10m 的深基坑工程。

（2）围护结构亦作为主体结构的一部分，且对防水、抗渗有较严格要求的工程。

（3）采用逆作法施工，地上和地下同步施工时，一般采用地下连续墙作为围护墙。

（4）邻近存在保护要求较高的建(构)筑物，对基坑本身的变形和防水要求较高的工程。

（5）基坑内空间有限，地下室外墙与红线距离极近，采用其他围护形式无法满足留设施工操作要求的工程。

（6）在超深基坑中，例如，30～50m 的深基坑工程，采用其他围护体无法满足要求时，常采用地下连续墙作为围护结构。

(四) 作用

(1) 挡土作用。在挖掘地下连续墙沟槽时，接近地表的土极不稳定，容易坍陷，而泥浆也不能起到护壁的作用，因此在单元槽段挖完之前，导墙就起挡土墙作用。

(2) 作为测量的基准。它规定了沟槽的位置，表明单元槽段的划分，同时亦作为测量挖槽标高、垂直度和精度的基准。

(3) 作为重物的支承。它既是挖槽机械轨道的支承，又是钢筋笼、接头管等搁置的支点，有时还承受其他施工设备的荷载。

(4) 存蓄泥浆。导墙可存蓄泥浆，稳定槽内泥浆液面。泥浆液面应始终保持在导墙面以下 20cm，并高于地下水位 1.0m，以稳定槽壁。

(5) 防止泥浆漏失；防止雨水等地面水流入槽内。

(五) 特点

1. 优点

地下连续墙之所以能够得到如此广泛的应用，是因为它具有十大优点：

(1) 工效高、工期短、质量可靠、经济效益高。

(2) 施工时振动小，噪声低，非常适于在城市施工。

(3) 占地少，可以充分利用建筑红线以内有限的地面和空间，充分发挥投资效益。

(4) 防渗性能好，由于墙体接头形式和施工方法的改进，使地下连续墙几乎不透水。

(5) 可用于逆作法施工。地下连续墙刚度大，易于设置埋设件，很适合于逆做法施工。

(6) 可以贴近施工。由于具有上述几项优点，使我们可以紧贴原有建筑物建造地下连续墙。

(7) 用地下连续墙作为土坝、尾矿坝和水闸等水工建筑物的垂直防渗结构，是非常安全和经济的。

(8) 墙体刚度大，用于基坑开挖时，可承受很大的土压力，极少发生地基沉降或塌方事故，已经成为深基坑支护工程中必不可少的挡土结构。

(9) 适用于多种地基条件。地下连续墙对地基的适用范围很广，从软弱的冲积地层到中硬的地层、密实的沙砾层，各种软岩和硬岩等所有的地基都可以建造地下连续墙。

(10) 可用作刚性基础。地下连续墙不再单纯作为防渗防水、深基坑围护墙，而且越来越多地用地下连续墙代替桩基础、沉井或沉箱基础，承受更大荷载。工效高、工期短、质量可靠、经济效益高。

2. 缺点

(1) 在城市施工时，废泥浆的处理比较麻烦。

(2) 地下连续墙如果用作临时的挡土结构，比其他方法所用的费用要高些。

(3) 如果施工方法不当或施工地质条件特殊，可能出现相邻墙段不能对齐和漏水的问题。

(4) 在一些特殊的地质条件下(如很软的淤泥质土，含漂石的冲积层和超硬岩石等)，施工难度很大。

四、新意法

意大利的 Pietro Lunardi 教授在 20 世纪 70 年代中期开始对数百座隧道进行理论和现场试验研究，在围岩的压力拱理论和新奥法施工理论的基础上提出并逐步创立了岩土控制变形分析法(ADECO-RS 法)，并已纳入意大利隧道设计和施工规范。2006 年 11 月，在北京召开的“中国高速铁路隧道国际学术研讨会”上，意大利特莱维集团对 ADECO-RS 法做了专题报告，并将其用中文解释为“新意法”，即“新意大利隧道施工法”

1. 新意法的理念

(1) 隧道在开挖过程中，围岩出现的变形集中(包括挤出变形、预收敛以及收敛变形)应分析并加以控制。

(2) 超前核心土的应用(采用玻璃纤维构件加固、采用改良的超前地，层保护)是隧道开挖施工过程中变形反应的结构稳定性因素。

(3) 超前核心土的勘查、预测、防护、加固、开挖成为保证隧道施工，的最重要内容。必须予以足够的重视。

(4) 超前核心土的强度以及变形特性是隧道变形(包括挤出变形、预收敛及收敛变形)的真正原因。

新意法的一个非常重要特点就是它引进了一种新的看待地下工程的概念框架。它把超前核心土视为一种新的隧道长期和短期稳定的工具：超前核心土的强度以及对变形的敏感性在隧道施工中起着决定性作用，同时也，决定了掌子面到达时隧道的变形特性。隧道的稳定不可避免地与掌子面前方的超前核心土有关。采取措施作用于超前核心土的刚度就可以调整掌子面(挤出、预收敛)和隧道(收敛)的变形反应，保持超前核心土的稳定就是保持整个隧道的稳定。

2. 新意法的优点

(1) 可进行全断面施工，减少施工工序。

(2) 即使是在掌子面处，施工现场也可保持清洁，为施工人员提供了良好的施工环境，可以提高施工效率和保证施工安全。

(3) 现代化隧道施工，可以利用各种大型机械，既保证了施工速度，又能够降低施工风险。可以有良好的生产效率，进度持续、稳定。

(4) 新意法引进了超前约束理念，即使在最复杂的静力条件下，也可，以按预定计划有序地进行隧道施工，而无须在施工期间再采取加固措施。

(5) 费用可基本确定(工程完工时，通常比使用传统技术所用费用低)。

3. 新意法设计施工流程

新意法隧道设计施工主要包括勘察阶段、评价阶段、设计阶段、施工阶段和监控阶段五个阶段来进行动态施工。

(1) 勘察阶段：确定影响隧道稳定的围岩的岩土力学性质，根据地质力学性质分析地层原有的平衡状态。

(2) 评价阶段：根据勘察阶段获得的信息和数据，预测隧道在无支护条件下的变形响应，通过分析掌子面挤出压力和挤出形变之间的关系，将隧道划分为 A 类：掌子面稳定；B

类：掌子面短期稳定；C 类：掌子面不稳定。

A 类：

地层强度：能够保持隧道稳定。

成拱效应：接近开挖轮廓。

围岩变形：弹性。

地下水：只要地下水不降低地层的强度，隧道稳定性就不受地下水影响。

支护方式：一般处理，主要是防止围岩弱化和保持开挖轮廓面的稳定。

B 类：

地层强度：能够保持隧道短期稳定。

成拱效应：远离开挖轮廓。

围岩变形：弹—塑性。

地下水：地下水会降低地层强度，从而影响隧道稳定性，需要把动态地下水从超前核心土中排出。

支护方式：在掌子面后方采取传统的径向围岩约束措施，有时需要采取掌子面前方超前约束措施。

C 类：

地层强度：小于地层应力，隧道失稳。

成拱效应：无法成拱。

围岩变形：不稳定。

地下水：必须采取措施把动态地下水从超前核心土中排出，否则将严重影响隧道的稳定性。

支护方式：必须对掌子面前方地层进行超前加固，以提供能够形成人工成拱效应的超前约束作用。

（3）设计阶段：根据前两个阶段的分析，针对隧道稳定性的不同类别，提出加固隧道的设计方案、控制变形的技术手段及支护参数、监控方案等。对稳定性为 A 类隧道，可以采用与新奥法相同的常规支护方式。对稳定性为 B 类隧道，根据隧道所要达到的施工进度，在预支护和常规支护之间选择，控制好预收敛变形。对稳定性为 C 类隧道，在常规预支护外，采用加强预支护措施，控制好掌子面的挤出变形和预收敛变形。另外，对三类稳定性隧道，若有地下水影响还应插入排水管进行排水。

（4）施工阶段：确定隧道开挖进尺、掘进速度、下一循环支护措施的施作时间等参数。同时，采用全断面机械化开挖，减少对围岩的扰动、加快施工进度。及时施作仰拱，封闭衬砌，限制围岩的收敛变形。

（5）监控阶段：与施工阶段是同时进行的，施工阶段的监测内容包括围岩收敛变形、隧道预收敛变形和掌子面挤出变形，根据埋深不同可能会增加量测深度范围。根据实时监控反馈的信息，检验设计支护措施及施工方案是否正确，可优化支护措施、调整隧道掘进速度和开挖步骤等参数。

4. 新意法在浏阳河隧道过河段工程的应用

武广铁路客运专线浏阳河隧道过河段下穿浏阳河，长度 362m，洞顶覆盖层厚度 19.1~

23.8m，围岩为V级，开挖跨度15m，开挖高度13.48m，开挖面积约$170m^2$。工程设计采用新意法理论进行设计，判定隧道围岩稳定性属于B类短期稳定状态。施工中采用拱部140°范围内设置大管棚(ϕ108，长度18m，环向间距0.4m，纵向间距12m一环，搭接长度不小于6m，外插角不大于12°)配合超前小导管(ϕ42，长度3.5m，环向间距0.4m，外插角10°~20°，搭接长度不小于1m)注浆加固地层，控制隧道预约束变形，防止开挖面顶部的坍塌；掌子面超前核心土采用玻璃纤维锚杆(ϕ25，长度18m，按1.5m×1.5m梅花形布置，纵向间距12m一环，搭接长度不小于6m)注浆加固地层，控制掌子面超前核心土的挤出变形。虽然地质条件很差，但按新意法进行设计和施工，降低了风险，取得了较好的效果。

第七章

交通工程施工技术

第一节　交通工程常识

交通工程主要包括交通标志、交通标线、安全防护设施等。

一、交通标志

（1）道路交通标志是用图形符号、颜色和文字向交通参与者传递特定信息，用以管理道路交通的安全设施。该标志一般设置在路旁或道路上方，使交通参与者获得确切的道路交通情报，从而达到交通的安全、畅通、迅速的目的，同时交通标志对道路设施也有装饰和美化作用。

（2）交通标志主要分为六类：警告标志、禁令标志、指示标志、指路标志、旅游区标志和道路安全施工标志。

（3）交通标志的支撑方式有柱式、悬臂式、门式和附着式四种形式。

二、交通标线

（1）道路交通标线是由标画在路面上的各种线条、箭头、文字，立面标记、突起路标和轮廓标等构成的一种交通安全设施。它可以与交通标志配合使用，也可以单独使用。道路标线的作用主要有：

① 实行分道行驶。

② 渠化交叉路口的交通流。

③ 指示和预告驾驶员和行人通过标画的交通标线所规定的含义，可以预知道路情况，明确自己和通行道路的权利与方法。

④ 为守法者和执法者提供法律依据。

（2）交通标线按照设置方式分为三类：纵向标线、横向标线、其他标线。

（3）交通标线按照功能分为三类：警告标线、指示标线、禁止标线。

三、安全防护设施

（1）防撞设施。

（2）隔离设施

（3）防眩设施。

第二节　交通标志施工

一、标志施工的一般要求

1. 标志底板

（1）标志底板材料主要有四种类型：铝合金板、薄钢板、合成树脂类板材、铝合金型材。

（2）标志底板根据设计尺寸在工厂加工成型，并根据设计文件的要求进行加固、拼装、冲孔、卷边。挤压成型的铝合金型材应根据标志尺寸拼装，板面应保持平整

（3）加工完成后，标志板应进行脱脂、清洗、干燥等工序。

2. 标志面

（1）标志面组成材料主要由逆反射材料、油漆、油墨、胶黏剂、透明涂料和边缘填缝料等材料制造。

（2）标志面反光膜材料按照反光膜的不同逆反射原理分为玻璃珠型和微棱镜型；按照反光膜不同的结构分为透镜埋入型、密封胶囊型、微棱镜型三种。按照反光膜的不同，逆反射性能可以分成五级：一级反光膜为微棱镜型反光膜、二级反光膜为密封胶囊型反光膜、三级反光膜为透镜埋入型称之为超工程级反光膜、四级反光膜为透镜埋入型称之为工程级反光膜、五级反光膜为透镜埋入型称之为经济级反光膜。反光膜选择和使用时，应符合下列规定：

① 标志反光膜应在干净、无尘土、温度不低于18℃、相对湿度在20%~50%的车间内进行黏贴。

② 版面的形状、颜色、文字、箭头、编号、图形及边框应严格按照现行《道路交通标志和标线》(GB 5768)和设计文件的规定执行。

③ 标志反光膜的逆反射性能应符合设计要求。

④ 反光文字符号应采用电脑刻绘机完成。标志底膜应在专用的真空热敏压贴机或连续电动滚压贴膜机上完成贴膜。文字符号一般采用转移膜法黏贴。

⑤ 反光膜应尽量减少拼接。当不能避免接缝时，应使用反光膜产品的最大宽度进行拼接，接缝以搭接为主。当需要滚筒黏贴或丝网印刷时，可以平接，其间隙不应超过1mm。在距标志板边缘50mm范围内，不得拼接。

（3）当批量生产版面和规格相同的标志时，可采用丝网印刷的方法。

（4）包装、储存及运输标志面时，应符合下列规定：

① 采用丝网印刷的标志面应在油墨干透后才可以包装。

② 贴上反光膜的标志板应用保护纸进行分隔，并应存放在室内干燥的地方。标志可以分层储存，但应用发泡胶把两块标志分隔。标志也可以竖立储存以减少压力，一些小标志

可以悬挂储存。

③ 标志面应有软衬垫材料加以保护，以免搬运中受到刻画或其他损伤。

（5）采用其他标志面材料时，应符合设计文件的规定。

（6）公路的指路标志应采用汉字，根据需要可与其他文字并用。标志采用中、英两种文字时，地名应用汉语拼音，专用名词应用英文。

（7）地点、距离标志中，地点应放在最左侧，并由近而远、从上到下排列。如果几个独立的标志板组成一组，则各板的长度应相同。地点、方向标志中，直行标志应设置在最上部，其下为向左、向右可以到达的地点。

（8）当路段运行速度与设计速度之差大于 20km/h 时，宜按运行速度对交通标志的版面规格及视认性加以检验。

3. 钢构件加工

（1）所有钢构件的钻孔、冲孔、焊接均应按现行《公路桥涵施工技术规范》(JTG/T 3650—2020)和设计文件的要求在防腐处理之前完成。

（2）所有钢构件在运输过程中不应损伤防腐层。

4. 标志板的运输

（1）标志板的运输、储存和搬运方式应按要求进行，两块标志邻接面之间应用适合的衬垫材料分隔，以免在运输、搬运过程中磨损标志板面。

（2）标志板应储存在干净、干燥的室内。

5. 标志定位与设置

（1）所有交通标志均应按设计文件的要求确定设置位置。

（2）标志基础的地基承载力应满足设计文件的规定。设计文件中未规定时，地基承载力不得小于 150kPa。基础的施工应符合现行《公路桥涵施工技术规范》(JTG/T 3650—2020)的规定，浇筑混凝土时，应注意准确设置地脚螺栓和底座法兰盘。

（3）公路交通标志的设置，应以不熟悉周围路网体系的公路使用者为设计对象，综合考虑周边路网与公路条件、交通条件、气象和环境条件等因素，制订合理地设置标志，根据各种交通标志的功能和驾驶人员的行为特征进行合理设置。

（4）对二级及以上等级的公路和其他等级的国、省道公路应优先设置指路标志，其他公路或未设置相关指路标志公路，经论证可设置必要的警告标志。禁令标志应设置在交通法律、法规发生作用的地点附近醒目的位置，并应避免与其他交通标志互相影响。限速标志应根据不同路段的通行能力、车型构成比例、车辆的运行速度等分段进行设置。

（5）在选择路网中指路标志的目的地信息时，应根据路网密度、公路等级、公路功能、目的地知名度等进行统一考虑。不同种类的交通标志信息应互相呼应，不得出现信息中断。

（6）交通标志沿公路纵、横向设置的位置应符合现行《道路交通标志和标线》(GB 5768)的规定。位于高速公路、一级公路侧安全净区内的交通标志应根据标志结构规格采用解体消能结构或设置护栏加以防护，位于其他公路路侧安全净区内的交通标志宜进行必要的诱导。

6. 标志安装

（1）立柱必须在基础混凝土强度达到设计强度的 80%以上时才能安装。

（2）路侧柱式标志板可用抱箍固定在立柱上。

（3）悬臂、门架式标志吊装横梁时，应使预拱度达到设计文件的要求。

（4）公路交通标志的任何部分不得侵入公路建筑限界以内。路侧柱式交通标志的安装高度应考虑其板面规格、所在位置的线形特点和地形特征、是否有行人通行等因素，悬臂、门架式等悬空标志净空高度应预留 20~50cm 的余量。

（5）交通标志安装时，标志板面的法线应与公路中心线平行或成一定角度。路侧安装的禁令标志和指示标志为 0~45°，指路标志和警告标志为 0~10°。悬臂、门架或附着式悬空标志安装时，标志的安装角度应与道路中心线垂直或前倾 0~10°。

二、标志的施工方法

标志的一般施工工序为：施工放样→基础开挖→基底夯实→垫层料填充→模板安装及支撑固定→钢筋安装→预埋件安装及固定→基础现浇→现场清理→护脚回填及夯实→护脚硬化→绿化恢复→标志运输→标志安装。

（1）在开始施工前检查人员、材料、设备是否满足施工需求，材料的质量是施工前质量控制的重点，在施工前将用于工程的反光膜、立柱钢材样品及法兰盘、地脚螺栓、连接和紧固件等在监理工程师的见证下取样送检。用于基础施工的砂石、水泥、钢筋等材料要进行标准试验和工艺试验，经过监理工程师批准后才能进场。标志立柱和标志板面的质量检验参照国家和行业相关的标准和规范规定的要求进行。检查内容包括标志板面的外形尺寸、标志底板厚度、标志面的黏结质量和表面缺陷、字符的字体和尺寸、标志面反光膜等级及逆反射系数以及标志立柱的尺寸、表面缺陷及焊接质量等。

（2）施工放样：标志工程在路基完成后进行施工，施工放样时注意标志的设置位置与路面附属排水工程、通信工程、机电工程、监控设施等是否存在冲突，如果发生冲突应该立刻向监理工程师汇报，经过各方协调处理后才能进行基础施工。标志的基础放样检查内容包括标志的纵横向定位和高程。

（3）基坑开挖：基坑开挖时采取相应的措施避免污染路面，破坏绿化植被。基坑开挖检测内容包括基坑尺寸、基底承载力、基坑夯实情况等。在检查基坑深度时注意将垫层计算在内，检查基坑的宽度、长度时应将模板的安装尺寸计算在内。基坑壁和坑底开挖后应平整垂直。基坑承载力应满足设计文件要求。

（4）模板安装及钢筋布置检查：模板要求密实紧固，钢筋主要检查其规格、尺寸、绑扎质量。钢筋的规格与设计图纸说明应当相符，要求不小于设计值，绑扎要求牢固可靠。

（5）标志预埋件的安装及现浇检查：混凝土的生产按照施工配合比采用搅拌机拌和。

现浇时按照规范要求不大于 30cm 的填充厚度进行振捣。当法兰盘定位后，进行定位检查，法兰盘平面定位满足实测项目的要求。法兰盘地脚螺栓外露长度尺寸误差范围为 0~10cm，要求安装垂直、牢固，避免出现移位现象。

（6）基础完工后场地清理、恢复和护脚的硬化处理，要求清除干净现场淤泥和杂物，对周边工程无破坏和污染，护脚硬化充分，绿化恢复完善。

（7）标志贴膜：标志采用全反光、部分反光及反光膜的级别，应符合图纸要求。当用反光膜拼接标志图案时，拼接处应有 3~6mm 重叠部分，定向反光膜应用不剥落的热活性胶黏贴，将反光膜牢固黏贴在标志板上，其表面不得产生任何气泡和污损等缺陷。

(8) 标志板的运输：标志板的运输、储存和搬运方式应按要求进行，两块标志邻接面之间应用适合的衬垫材料分隔，以免在运输、搬运过程中磨损标志板面，标志板应储存在干净干燥的室内。

(9) 标志牌的安装定位：所有交通标志都应按图纸的要求定位设置。安装的标志应与交通流方向成直角；在曲线路段，标志的设置角度应由交通流的行进方向来确定。为了消除路侧标志表面产生的眩光，标志应向后旋转 50°，以避开车前灯光束的直射。门架标志的垂直轴应向后倾成一角度。对于路侧标志，标志板内缘距土路肩边缘不得小于 250mm，因此需要认真放线定位，严格按照图纸进行。基础位置的确定、开挖以及浇混凝土立模和锚固螺栓的设置等，应经监理工程师批准后施工。

三、标志的施工要点

在实际施工中，由于标志分布分散，混凝土土方量小，施工组织和管理困难，一般设置在边坡及中央分隔带中；标志施工期间路面工程已经开始施工或处于施工高峰期，与路面排水、通信和机电工程施工交叉影响多，文明和安全施工组织困难。因此在交通标志施工过程中，材料质量、标志基础混凝土强度、标志基础预埋件的安装位置及标志立柱、板面的安装是控制的重点部位，标志的基础施工和安装是施工的关键环节。

四、施工现场管理

(1) 熟悉施工图设计文件及相关的技术规范和验收标准。

(2) 认真研读审批后的总体施工组织设计，掌握施工总体进度计划，了解施工所需人员、机械设备配置和材料供应计划，以便后期施工进度发生变化时能够及时调整人员、设备和材料的供需计划。

(3) 能够落实项目总工及部门负责人的技术和安全交底内容。能够配合项目安全负责人做好安全教育培训工作和落实项目的各种安全管理制度和措施。

(4) 具备在工序交接和验收过程中能够配合质量检测部门进行过程现场检测的能力，在施工过程中能够发现质量通病并及时进行处理。

(5) 每天施工完毕后做好施工记录和施工日志，能够根据施工完成的工程数量反算材料和机械设备消耗是否满足设计规范和要求，如果发现有偏差及时向上级汇报。

(6) 具有一定的协调和沟通能力，能够与相关路面、绿化、通信、监控、机电等施工单位管理人员沟通和协调施工过程中出现的相互干扰和影响问题，并在施工过程中做好对成形路面、绿化、通信、监控等成品保护，避免污染和破坏周边相关设施。

五、质量检验

1. 基本要求

(1) 交通标志的制作应符合《道路交通标志和标线》(GB 5768) 和《公路交通标志和标线设置规范》(JTG D82—2009) 的规定。

(2) 交通标志在运输、安装过程中不应损伤标志面及金属构件的镀层。

（3）标志的位置、数量及安装角度应符合设计要求。

（4）大型标志的地基承载力应符合设计要求。大型标志柱、梁的焊接部分应符合钢结构焊接规范的质量要求，无裂缝、未熔合、夹渣等缺陷。

（5）标志面应平整完好，无起皱、开裂、缺损或凹凸变形，标志面上任一处面积为500mm×500mm表面上，不得存在总面积大于10mm^{2}的一个或一个以上气泡。

（6）反光膜应尽可能减少拼接，任何标志的字符不允许拼接。当标志板的长度或宽度、圆形标志的直径小于反光膜产品的最大宽度时，底膜不应有拼接缝。当黏贴反光膜不可避免出现接缝时，应按反光膜产品的最大宽度进行拼接。

2. 外观鉴定

（1）标志板安装后应平整，夜间在车灯照射下，标志板底色和字符应清晰明亮，颜色均匀，不应出现明暗不均的现象，不能影响标志的认读。

（2）标志反光膜采用拼接时，重叠部分不应小于5mm。当采用平接时，其间隙不应超过1mm。距标志板边缘50mm之内，不得有接缝。

（3）标志金属构件镀层应均匀、颜色一致，不允许有流挂、滴瘤或多余结块，镀件表面无漏镀、露铁等缺陷。

第三节　交通标线施工

一、交通标线的一般要求

1. 材料选择

（1）交通标线涂料按施工温度分为三类：常温型、加热型、热熔型。

（2）标线涂料应满足以下几点要求：鲜明的确认效果、夜间反光性能、施工时干燥迅速、附着力强、经久耐用、施工方便容易、安全防滑、耐候性好、抗污染和变色、经济合理。

（3）交通标线涂料的技术要求应符合现行《路面标线涂料》(JT/T 280—2004)和《道路交通标线质量要求和检测方法》(GB/T 16311—2009)的要求。

（4）选用标线材料时，应根据标线材料的逆反射值、防滑值、抗污性能、环保性能、与路面的附着力、性价比等综合考虑。

（5）突起路标应符合现行交通行业标准《突起路标》(GB/T 24725—2009)的要求。突起路标与涂料标线配合使用时，应选用定向反光型，其颜色应与标线颜色一致。

2. 路面标线设置要求

（1）交通标线的分类、定义及颜色应符合现行《道路交通标志和标线》(GB 5768)的有关规定。纵向或横向边续设置的交通标线应根据需要设置排水孔。

（2）车行道边缘线的宽度应为15~20cm，车行道分界线的宽度应为10~15cm，路面中心线的宽度应为10~15cm。交通标线的宽度应根据道路的设计速度和路面宽度确定。

（3）位于中央分隔带或路侧安全净区内未加护栏的桥墩、隧道洞口、交通标志立柱等构造物应设置立面标记，颜色为黄黑相间，线宽及间距均为 15cm。立面标记应向车行道方向以 45°角倾斜。立面标记宜设置为 120cm 高。

（4）一级以下等级的公路上设置减速丘设施时，应在距其两侧各 30m 的范围内设置减速丘预告标线。

（5）设置于路面中心线、隧道内的突起路标，应选用双面反光型。

（6）二级及以上等级的公路应采用反光型涂料。无照明设施的三级、四级公路宜采用反光型涂料，有照明设施的三级、四级公路可采用非反光型涂料。

二、路面标线的施工

（1）标线施工顺序：先主线后匝道，先普通标线后特殊标线，分段标线逐段连接，按段自检，确保全线优质完工。

（2）施工方法：先放出基准线后，再大面积进行作业，可大大提高速度和施工质量。

① 测放基准点：这是标线施工的首要环节，即根据图纸计算确定所放基准线的尺寸，然后每隔间距 10~20m 设间断点，为保证基准点的准确性，可采用经纬仪打点。

② 放线：在基准点测放确定后，放线人员据此放出一条临时基准线，而车载放线设备再根据此线放出一条稳定的基准线。

③ 检测：由专职人员对基准线的尺寸作出测量和记录，据实填写施工记录。

④ 清扫路面：在喷涂下涂剂前首先要清扫路面，该环节是为了清扫路面上的泥土、沙石等，保证下涂剂能牢固、均匀地覆盖于要作业的路面上。

⑤ 再次清扫路面：此次清扫是为了下一步标线施画做准备，旨在清扫路面上的浮石、沙土，使标线能紧密地和路面结合在一起，又不会产生石子画线的问题。

⑥ 正式施画前应进行试画，以检验画线车的行驶速度、线宽、标线厚度、玻璃珠撒布量等能否满足要求。调试合格后才能开始正式施工。

⑦ 标线施画：标线施画是整个标线施工环节中最重要的一环，要严格按程序操作，同时根据路面和当时的气温条件做好以下几个方面的工作：a. 涂料温度的控制；b. 标线接头、收放刀位置的控制；c. 标线反光效果的控制。

⑧ 修正：在标线完工后，经过自检，对存在的毛边及质量达不到优良的地方进行修复。

三、突起路标的施工

1. 突起路标设置要求

（1）隧道的车行道分界线上宜设置突起路标。突起路标可单独设置成车行道边缘线和车行道分界线。突起路标的壳体颜色、设置位置、间距应符合现行《道路交通标志和标线》（GB 5768）的规定。

（2）根据设计文件的要求确定突起路标的设置位置，反射体应面向行车方向。

2. 突起路标施工

（1）突起路标按图纸要求或监理工程师指示的地点设置。设置时路面面层应干燥清洁，无杂屑。

（2）在确定的点位用 AB 组环氧树脂黏结，做到黏胶饱满、安装端正，不斜歪，无缺损、无污染。

（3）路面和突起路标底部应清洁干燥并涂黏结剂。突起路标就位后，应在其顶部施加压力，排除空气，调整就位。

（4）突起路标设置高度，顶部不得高出路面25mm，设置间距及其他规定按图纸要求和监理工程师的指示进行。

（5）降雨天，路湿不安装。

四、轮廓标施工

轮廓标应在具备安装条件时施工，在施工安装前，应对轮廓标的埋设条件、位置、数量进行核对。按行车方向，配置白色反射体的轮廓标应安装于公路右侧，配置黄色反射体的轮廓标应安装于公路左侧。轮廓标不得侵入公路建筑限界以内。

1. 设置

（1）高速公路、一级公路的主线及其互通式立体交叉、服务区、停车区等处的进出匝道应全线连续设置轮廓标。轮廓标在公路前进方向左、右侧对称设置。直线路段设置间距不应超过50m，曲线路段和匝道处设置间距应符合具体的规定。公路路基宽度、车道数量有变化的路段及竖曲线路段，可适当加密轮廓标的间距。

（2）二级及以下等级公路的视距不良路段、设计速度大于或等于60km/h的路段、车道数或车道宽度有变化的路段，以及连续急弯陡坡路段宜设置轮廓标，其他路段视需要可设置轮廓标，设置间距可按具体的规定选用。

（3）安装轮廓标时，反射体应面向交通流，其表面法线应与公路中心线成0~25°的角度。

（4）各种类型的轮廓标设置高度宜保持一致，轮廓标反射体中心线距路面的高度应为60~70cm。有特殊需要时，经论证可以采用其他高度。

2. 柱式轮廓标施工

（1）柱式轮廓标应按设计文件的规定量距定位。

（2）混凝土基础可采用现浇或预制的方法施工，并应符合现行《公路桥涵施工技术规范》(JTG/T 3650—2020)的规定，预制时应按设计文件的规定预埋连接件。

（3）柱式轮廓标安装时，柱体应垂直于水平面，三角形柱体的顶角平分线应垂直于公路中心线，柱体与混凝土基础之间可用螺栓连接。

3. 附着式轮廓标施工

（1）附着于梁柱式护栏上的轮廓标可按立柱间距定位，附着于混凝土护栏和隧道侧墙上的轮廓标应量距定位，

（2）附着式轮廓标应按照放样确定的位置进行安装。反射器的安装角度应符合设计文件的规定。安装高度宜尽量统一，并应连接牢固。

五、质量检验

1. 标线

（1）基本要求

① 路面标线涂料应符合《路面标线涂料》(JT/T 280—2004)的规定。

② 路面标线喷涂前应仔细清洁路面，表面干燥，无起灰现象。

③ 路面标线的颜色、形状和标线画法应符合现行《道路交通标志和标线》(GB 5768)和设计文件的规定。

④ 路面标线设置位置和规格应符合设计文件的规定。

⑤ 标线线形应流畅，与公路线形相协调，曲线圆滑，不得出现折线。

⑥ 反光标线玻璃珠应撒布均匀，附着牢固，反光均匀。

⑦ 标线涂料表面不应出现网状裂缝，断裂裂缝、起泡、变色、剥落、纵向有长的起筋或拉槽等现象。

(2) 外观鉴定

① 标线施工污染路面应及时清理。每处污染面积不超过 $1000mm^2$。

② 标线线形应流畅，与道路线形相协调，曲线圆滑，不允许出现折线。

③ 反光标线玻璃珠应撒布均匀，附着牢固，反光均匀。

④ 标线表面不应出现网状裂缝、断裂裂缝、起泡等现象。

2. 突起路标

(1) 基本要求

① 突起路标产品应符合《突起路标》(GB/T 24725—2009)的规定。

② 突起路标的布设及其颜色应符合《道路交通标志和标线》(GB 5768)的规定和设计要求。

③ 突起路标与路面的黏结应牢固、耐久，能经受汽车轮胎的冲击而不会脱落。

④ 突起路标应在路面干燥、清洁，并经测量定位后施工。

(2) 外观鉴定

① 突起路标外观应美观，尺寸符合有关规范要求，表面光滑，不得有尖角、毛刺存在，表面无明显的划伤、裂纹。

② 突起路标纵向安装应成直线，不得出现折线。曲线段的突起路标应与道路曲线相吻合，线形圆滑、顺畅。

③ 突起路标黏结剂不得造成路面污染。

3. 轮廓标

(1) 基本要求

① 轮廓标产品应符合《轮廓标》(GB/T 24970—2020)的规定。

② 轮廓标的布设应符合设计和施工规范要求。

③ 柱式轮廓标的基础混凝土强度、基础尺寸应符合设计要求。

④ 柱式轮廓标安装牢固，逆反射材料表面与行车方向垂直，色度性能和光度性能应与设计相符。

⑤ 轮廓标安装完成后应与公路线形协调一致，夜间应反光明亮、线形流畅，安装高度宜保持一致。

⑥ 柱体表面不应有明显的划痕、气泡、裂纹及颜色不均等缺陷。

⑦ 钢构件表面防腐处理应满足设计文件的规定。

(2) 外观鉴定

① 轮廓标不应有明显的划伤、裂纹、损边、掉角等缺陷。表面应平整光滑，无明显凹

痕或变形。

② 轮廓标安装牢固，线形流畅。

③ 柱式轮廓标的竖直度不超过±8mm/m。

第四节　安全防护设施施工

一、防撞设施

防撞设施主要包括缆索护栏、波形梁护栏、桥梁金属和混凝土护栏及插拔式护栏等形式。

1. 缆索护栏施工

（1）施工放样

施工放样应根据现场桥梁、涵洞、通道、路线交叉、隧道等的分布确定控制立柱的位置，并测定控制立柱之间的间距，据此调整端部立柱、中间端部立柱、中间立柱的设置位置。调查立柱下是否存在地下管线、构造物等设施，并进行适当处理。

（2）立柱设置

端部立柱和中间端部立柱位置，应根据设计文件的要求，将立柱、斜撑及底板焊接成牢固的三角形支架。根据最终确定的立柱位置开挖基坑、浇筑混凝土基础，到达规定高程时，应对三角形支架进行准确定位。基坑开挖、地基检验、地基处理及混凝土的浇筑应符合现行《公路桥涵施工技术规范》(JTG/T 3650—2020)的规定。位于桥梁、涵洞、通道、挡土墙等构造物处的端部立柱和中间端部立柱，应根据设计文件的要求进行基础预埋。

中间主柱应定位准确，纵向和横向位置与公路线形一致。位于土基中的中间立柱，可采用挖埋法、钻孔法或打入法施工。立柱高程应符合设计要求，并不得损坏立柱端部；位于混凝土基础中的中间立柱，可设置在预埋的套筒内，通过灌注砂浆或混凝土固定，或通过地脚螺栓与桥梁护轮带基础相连。

（3）托架安装

中间立柱或中间端部立柱上的托架，应按设计文件规定的托架编号和组合正确安装。

（4）架设缆索

缆索架设按从上向下的顺序进行，在端部立柱和中间端部立柱的混凝土基础达到设计强度的80%以上时，缆索应支放在立柱的内侧，通过中间支架向另一端滚放。用楔子固定或注入合金的方法将一端的缆索锚固在索端锚具上。

根据索端锚具的规格，切断多余的缆索。缆索切断面应垂直整齐，不得松散，按规定的方法锚固在索端锚头上。索端锚具安装到端部立柱或中间端部立柱后，可卸除临时张拉力。

缆索调整完毕后，应护紧各中间立柱、中间端部立柱托架上的索夹螺栓。

2. 波形梁护栏施工

护栏安装首先由专人放线、记录、复核，弯道50为一工作段，用偏角法定位、控制弯曲线。直线段，路侧主柱400m为一工作小段，用经纬仪定位，50m为一间距，标程、高程逐根计算。护栏板通过拼接螺栓相互拼接，并由连续螺栓固定于立柱或托架上，护栏板拼接方向应与行车方向一致。

① 立柱放样。根据设计文件进行立柱放样，以桥梁、通道、涵洞、隧道、中央分隔带开口、紧急电话开口、路线交叉等控制立柱的位置，进行测距定位。立柱放样时可利用调节间距，并利用分配方法处理间距零头数。应调查立柱所在处是否存在地下管线、排水管等设施，或构造物顶部埋土深度不足的情况。直线段路侧立柱400为一工作小段，用经纬仪定位，50m为一间距，记录高程逐根计算；弯道50m为一工作段，用偏角法定位、控制弯曲线；由专人进行放线、记录、复核。逐点测量，记录高程，重点测变坡点；每公里闭合一次；专人复核里程桩及设计高程与实际高程之差；根据业主提供路段、路面、预留厚度而测定柱高高程。节距控制以中桩高程为起点，终点往中间赶；首次分节，尽量跨越路面流水簸箕，减少非标准板，算出余数，整段消化分配；再次分节，精确定位；特殊节距用非标准板调节。

② 立柱安装。立柱安装应与设计文件相符，并与公路线形相协调。位于土基中的立柱，可采用打入法、挖埋法或钻孔法施工。立柱高程应符合设计要求，并不得损坏立柱端部。

采用打入法打入过深时，不得将立柱部分拔出加以矫正，必须将其全部拔出，将基础压实后再重新打入。立柱无法打入到要求深度时，严禁将立柱的地面以上部分焊割、钻孔，不得使用锯短的立柱。采用挖埋法施工时，回填土应采用良好的材料并分层夯实，回填土的压实度不应小于设计规定值。填石路基中的柱坑，应用粒料回填并夯实。采用钻孔法施工时，立柱定位后应用与路基相同的材料回填，并分层夯填密实。在铺有路面的路段设置立柱时，柱坑从路基至面层以下5cm处应采用与路基相同的材料回填并分层夯实，余下部分采用与路面相同的材料回填并压实；位于石方区的立柱，应根据设计文件的要求设置混凝土基础；位于小桥、通道、明涵等混凝土基础中的立柱，可设置在预埋的套筒内，通过灌注砂浆或混凝土固定，或通过地脚螺栓与桥梁护轮带基础相连。立柱安装就位后，其水平方向和竖直方向应形成平顺的线形。护栏渐变段及端部的立柱，应按设计规定的立柱进行安装。

③ 防阻块、托架、横隔梁安装。防阻块、托架应通过连接螺栓固定于护栏板和立柱之间，在拧紧连接螺栓前应调整防阻块、托架使其准确就位。防撞等级为SA、SAm和SS的波形梁护栏在安装防阻块时，应同时安装上层立柱，线形应与下层立柱相同。

设有横隔梁的中央分隔带护栏，应在立柱准确定位后安装横隔梁。在护栏板安装前，横隔梁与立柱间的连接螺栓不应过早拧紧。

④ 横梁安装。护栏板应通过拼接螺栓相互连接成纵向横梁，并由连接螺栓固定于防阻块、托架或横隔梁上。护栏板拼接方向与行车方向一致。拼接螺栓必须采用高强螺栓。防撞等级为SA、SAm和SS的波形梁护栏通过螺栓将上层横梁与上层立柱加以连接。立柱间距不规则时，可以利用调节板、梁进行调节，不得采用现场切割护栏板的方法。所有的连接螺栓及拼接螺栓应在护栏的线性达到规定要求时才能拧紧。

⑤ 端头安装。各类护栏端头应通过拼接螺栓与护栏板牢固连接，拼接螺栓必须采用高

强螺栓。防撞等级为 SA、SAm 和 SS 的波形梁护栏上横梁必须按设计文件的规定进行端部处理。

⑥ 检查波形梁的各个端头是否满足图纸设计要求，如发现不能满足设计要求的及时调整或更换，以保证满足设计要求。用钢尺等测量工具，测量波形护栏和立柱，按照《公路波形梁钢护栏产品质量行业监督抽查实施规范》(JDCC 2020—03)及《公路工程质量检验评定标准　第一册　土建工程》(JTG F80/1—2017)的有关规定进行测量，调整护栏位置，满足规范规定的要求。

3. 混凝土护栏施工

(1) 根据现场条件确定并核对混凝土护栏的设置位置，确定控制点，检测基础承载力是否达到设计规范或设计文件的要求。

(2) 现场浇筑混凝土护栏，当采用固定模板法施工时，模板宜采用钢模板，钢模板的厚度不应小于 4m。浇筑混凝土前，应按设计文件的要求绑扎钢筋及预埋件，温度应维持在 10～32℃之间。

(3) 钢模板涂脱模剂后，可浇筑混凝土。采用滑动模板法施工时，滑模机的施工速度根据旋转搅拌车、混凝土卸载速度以及成型断面的大小决定，可采用 0.5～0.5m/min。混凝土振捣由设置在滑模机上的液压振动器完成，振动器应能根据混凝土的坍落度无级调速，一边振动一边前进。振动器的数量可根据混凝土护栏断面形状，配置 5 根左右。

(4) 两处伸缩缝之间的混凝土护栏必须一次浇筑完成，伸缩缝应与水平面垂直，宽度应符合设计文件的规定，伸缩缝内不得坐浆。混凝土初凝后，严禁振动模板，预埋钢筋不得承受外力。应根据气温和混凝土强度确定拆模时间，一般可在混凝土终凝后 3～5d 拆除混凝土护栏侧模。拆模时不应损坏混凝土护栏的边角，并应保持模板的完好状况。假缝可在混凝土护栏拆除模板后，按设计文件要求的间距和规格采用切割机切开，并应保证断面光滑、平整。

(5) 预制混凝土护栏应采用钢模板，模板长度应根据吊装和运输条件确定，宜采用固定规格，施工场地应平整、坚实、排水良好、交通方便。每块预制混凝土护栏必须一次浇筑完成，在起吊、运输和堆放过程中，不得损坏混凝土护栏构件的边角，否则在安装就位后，应采用高于混凝土护栏强度的材料及时修补。混凝土护栏的安装应从一端逐步向前推进，护栏的线形应与公路的平、纵线形相协调。拆模时间应根据气温和混凝土达到的强度而定，拆模时混凝土强度不应低于设计强度的 70%。拆模时不得损坏混凝土护栏的边角，并应保持模板完好。中央分隔带混凝土护栏在超高路段，应按设计文件要求处理好排水问题。

4. 金属桥梁护栏施工

(1) 桥梁护栏应在桥梁车行道板、人行道板施工完毕，跨中支架及脚手架拆除后，桥跨处于独立支承的状态时才能施工。对于焊接的金属护栏，在进行防腐处理前应对所有外露焊缝做好磨光或补满的清面工作。桥梁护栏施工前应对所有预埋件的设置位置、强度、腐蚀程度进行检查，不符合要求的必须整改。

(2) 立柱放样与预埋件设置应以桥梁伸缩缝附近的端部立柱作为控制立柱，并在控制立柱之间测距定位。立柱间距出现零数时，可用分配的办法使其符合横梁规定的尺寸，立柱宜等距设置。在车行道板或人行道板上应准确地设置套筒或地脚螺栓等预埋件，并采取适当措施，使预埋件在桥梁施工期间免遭损坏。

（3）伸缩缝位置

① 当伸缩缝处的纵向设计总位移小于或等于 5cm 时，伸缩缝应能传递横梁 60%的抗拉强度和全部设计最大弯矩；伸缩缝处连接套管的长度应大于或等于横梁宽度的 3 倍。

② 当伸缩缝处的纵向设计位移大于 5cm 时，伸缩缝应能传递横梁的全部设计最大弯矩；伸缩缝两侧应设置端部立柱，其中心间距不应大于 2.0；伸缩缝处连接套管的长度应大于或等于横梁宽度的 3 倍。

③ 当伸缩缝处发生竖向、横向复杂位移时，桥梁护栏在伸缩缝处可不连续，但应在伸缩缝两端设置端部立柱，其中心间距不应大于 2.0，两横梁端头的间隙不得大于伸缩缝设计位移量加 2.5cm。横梁端头不得对失控车辆构成危险。

（4）护栏安装

① 横梁和立柱的安装位置应准确。连接螺栓和拼接螺栓开始时不宜过早拧紧，以便在安装过程中充分利用横梁和立柱法兰盘的长圆孔进行调整，使其线形流畅，不应出现局部的凹凸现象。调整完毕后，必须拧紧螺栓。

② 横梁、立柱等构件在安装过程中应避免损坏防腐层。安装完成后，应对被损坏的防腐层按规定的方法进行修复。

5. 钢筋混凝土墙式和梁柱式桥梁护栏施工

（1）一般要求

① 宜采用现场浇筑的方式进行施工，当采用预制件时，护栏与车行道板或人行道板间应按照设计文件的要求可靠连接。

② 钢筋混凝土墙式、梁柱式护栏在桥面伸缩缝处应断开，其间隙不应大于桥面伸缩缝的设计位移量，钢筋混凝土梁柱式护栏在伸缩缝两端应设置端部立柱，护栏伸缩缝内清理干净后，应填满橡胶或沥青胶泥等弹性、不透水的材料。

③ 端部翼墙应根据设计文件的要求加工模板，设置在桥梁上或路基段的端部翼墙应采用现场浇筑施工方法，并设置预埋件。

（2）施工质量要求

① 桥梁护栏的形式、设置位置、构件规格及基础连接应与设计文件相一致，线形应与桥梁相协调。

② 护栏伸缩缝的宽度应与桥梁主体结构相一致。

③ 钢构件应连接牢固，符合设计规范和设计文件的要求。防腐处理表面应光洁，焊缝处不应有毛刺、滴瘤和多余结块，防腐层应均匀。

④ 钢筋混凝土护栏表面不应出现裂缝、蜂窝、剥落、露筋等缺陷。

⑤ 桥梁护栏与路基护栏连接应设置符合设计文件要求的护栏过渡段。

6. 插拔式活动护栏施工

（1）一般要求

① 插拔式活动护栏的预埋基础应在面层施工前完成，其余部分应在路面施工后安装。插拔式活动护栏应在工厂加工制作。

② 插拔式活动护栏基础应根据设计文件放样，并与中央分隔带护栏端头相协调。应调查基础与地下管线是否冲突，经论证可对基础的埋设位置或高程进行适当调整。

③ 混凝土基础可采用现浇法施工，并应符合现行《公路桥涵施工技术规范》(JTG/T 3650—2020)的规定，混凝土浇筑时应按设计文件的规定预埋连接件。基础施工完成后应采取措施，防止杂物落入预埋套管内。

④ 基础混凝土强度达设计强度的70%以上后，可将焊接成整体的插拔式活动护栏片插入预埋套管内。

⑤ 对有防眩和视线诱导要求的路段，应按设计文件要求安装防眩设施和轮廓标。设置反射体时，规格为4cm×18cm，可由反光片或反光膜制作，反光等级应为二级以上，颜色和设置高度应与中央分隔带轮廓标保持一致。

(2) 施工质量要求

① 活动护栏的形式、规格、钢构件的防腐处理应符合设计文件的要求。

② 插拔式活动护栏的预埋套管应定位精确。

③ 移动护栏宜与两端护栏齐平，线形与公路保持一致。

④ 充填式护栏的充填材料和数量应符合设计文件的规定。

⑤ 有防眩和视线诱导要求的路段应安装相应的防眩设施和轮廓标。

7. 质量检验

(1) 缆索护栏

① 基本要求

a. 缆索性能、缆索直径、单丝直径、构造(3股7芯)、锚具及其镀锌质量应符合设计及施工规范的要求，缆索抗拉强度、镀锌质量须经抽检，合格后方可使用。

b. 张拉前应标定拉力测定仪。

c. 立柱埋深不得小于设计值。采用挖埋法施工，立柱埋入土中时，回填土应分层(每层厚度不超过100m)夯实；立柱埋入混凝土中时，基础混凝土的几何尺寸、强度等应符合设计要求。

d. 立柱壁厚、外径、长度不小于设计要求。

e. 采用打入法施工时，立柱顶部不应出现明显变形、倾斜、扭曲或卷边等现象。

② 外观鉴定

a. 缆索护栏金属构件表面不得有气泡、剥落、漏镀及划痕等表面缺陷。

b. 缆索护栏线形应与公路线形协调一致，直线段没有明显的凹凸现象，曲线段应圆滑顺畅。

c. 索端锚具，托架、索夹螺栓应安装到位、固定牢固；托架编号和组合应与缆索护栏的类别相适应；上、下托架位置正确，中央分隔带缆索护栏的托架应两边对称。

(2) 波形梁施工质量要求

① 基本要求

a. 波形梁钢护栏产品应符合《公路波形梁钢护栏产品质量行业监督抽查实施规范》(JDCC 2020—03)的规定。

b. 护栏立柱、波形梁、防阻块及托架的安装应符合设计和施工的要求。

c. 为保证护栏的整体强度，路肩和中央分隔带的土基压实度不应小于设计值。达不到压实度要求的路段不应进行护栏立柱打入施工。石方路段和挡土墙上的护栏立柱的埋深及基础处理应符合设计要求。

d. 波形梁护栏的端头处理及桥梁护栏过渡段的处理应满足设计要求。

e. 所有构件不应因运输、施工造成防腐层的损伤。

② 外观鉴定

a. 焊接钢管的焊缝应平整，无焊渣、突起。构件镀锌层表面应均匀完整、颜色一致，表面具有实用性光滑，不得有流挂、滴瘤或多余结块。镀件表面应无漏镀、露铁、擦痕等缺陷。构件镀铝层表面应连续，不得有明显影响外观质量的熔渣、色泽暗淡及假浸、漏浸等缺陷。构件涂塑层应均匀光滑、连续，无肉眼可分辨的小孔、空间、孔隙、裂缝、脱皮及其他有害缺陷。

b. 直线段护栏不得有明显的凹凸、超伏现象；曲线段护栏应圆滑顺畅，与线形协调一致；中央分隔带开口端头护栏的线形应与设计文件相符。

c. 波形梁板搭接方向应正确，搭接平顺，垫圈齐备，螺栓紧固。

d. 防阻块、托架、横隔梁、端头的安装应与设计文件相符，安装到位，不得有明显变形、扭转、倾斜。

e. 波形梁板和立柱不得现场焊割和钻孔。

f. 立柱及柱帽安装牢固，其顶部应无明显塌边、变形、开裂等缺陷。

(3) 混凝土护栏

① 基本要求

a. 混凝土所用的水泥、砂、石、水及外掺剂的质量和规格必须符合有关规范的要求，按规定的配合比施工。

b. 混凝土护栏预制块件在吊装、运输、安装过程中，不得断裂。

c. 各混凝土护栏块件之间、护栏和基础之间的连接应符合设计要求。

d. 混凝土护栏块件标准段、混凝土护栏起终点及其他开口处的混凝土护栏块件的几何尺寸应符合设计要求。

e. 混凝土护栏的地基强度、埋入深度应符合设计要求。

f. 混凝土护栏块件的损边、掉角长度每处不得超过 20m，否则应予及时修补。

g. 混凝土护栏的线形应与公路线形相一致，直线段不得出现明显的凹凸，曲线段应圆滑顺畅。

h. 混凝土护栏外观、色泽应均匀一致，不应出现漏石、蜂窝、麻面、裂缝、脱皮、啃边、掉角以及印痕等现象。

i. 混凝土护栏施工时，不得损坏已完工的超高路段纵向排水沟、集水井、盲沟及管线等设施。

② 外观鉴定

a. 混凝土护栏块件之间的错位不大于 5mm。

b. 混凝土护栏外观、色泽均匀一致，表面的蜂窝麻面、裂缝、脱皮等缺陷面积不超过该面面积的 0.5%。

c. 护栏线形适顺，直线段不允许有明显的凹凸现象，曲线段护栏应圆滑顺畅，与线形协调一致。中央分隔带开口端头护栏尺寸应与图纸相符。

二、隔离设施的施工

1. 隔离栅施工要求

（1）隔离栅遇桥梁、通道时，应在桥头锥坡或端墙处围封；遇尺寸较小、流量不大的涵洞时，可直接跨越。中心线应沿公路用地范围界限以内 20~50cm 处设置。

（2）应根据设计文件中规定的隔离栅设置位置和实际地形、地物条件确定控制立柱的位置和立柱中心线，在控制立柱之间按设计文件规定的柱距定出柱位。

（3）每个柱位均应按设计文件的要求确定高程，并应按实际地形进行调整。

（4）应根据设计文件的规定开挖基坑，场地应进行清理，软基应进行处理。

（5）立柱应根据设计文件的规定设置在现浇混凝土基础或预制混凝土基础内。立柱的埋设应分段进行。可先埋设两端的立柱，然后拉线埋设中间立柱，控制立柱与中间立柱的平面投影应在一条直线上，柱顶应平顺。预制混凝土立柱和基础在运输及装卸时应避免折断或损坏边角。

（6）混凝土基础强度达到设计强度的 70%以上时，可按下列规定安装隔离栅网片：

① 安装无框架卷网时，应从端头立柱开始，沿纵向展开，边铺设边拉紧，挂钩时网片不得变形。

② 安装有框架的片网时，网面应平整，框架应整体平顺、美观，框架与立柱应连接牢固。

③ 安装刺丝网时，应从端头立柱开始。刺钢丝之间应平行，绷紧后应与立柱上的铁钩牢固绑扎，横向与斜向刺钢丝相交处也应绑扎牢固。

（7）隔离栅网片安装完毕后，应对基础周围进行夯实处理。

2. 隔离栅的施工

（1）立柱放样

严格按照设计要求进行施工放样，首先根据图纸要求确定好隔离栅中心线，然后按设计的柱距、撑距，定出立柱位置，并在每个柱位定出标记。对安装线内外 1m 范围内进行清理平整，做到隔离栅安装后顶面平顺。

（2）立柱的基坑开挖

根据已测好的中心线和作出的柱位标记，放石灰线进行挖坑，并达到设计要求，将柱坑基底清理干净，经现场监理工程师检验。

（3）立柱及斜撑浇灌

将立柱及斜撑放入立柱基坑中，检查柱顶高程及立柱顺直度，并用临时支撑固定立柱，检查其竖直度，符合要求后用混凝土浇灌基础坑。

立柱埋设应分段进行，先埋两端的立柱，然后拉线埋设中间立柱，从纵向看，立柱的轴线应在一条直线上，不得出现参差不齐的现象；从高度看，柱顶应平顺，不得出现高低不平的情况。立柱基础混凝土强度达到设计强度 70%以后，方可安装网片。

（4）网片安装并紧固

网片安装从立柱端部开始，用螺栓固定好，向另一端延伸，需紧固的必须紧固好，并保持与立柱配合良好，协调一致。

(5) 调整、验收

应将安装好的网片进行调整，使其平顺、美观，并达到设计要求，进行交工验收。

3. 质量检验

(1) 基本要求

① 隔离栅和防落网用的材料规格及防腐处理应符合《隔离栅　第1部分~第6部分》(GB/T 26941.1~26941.6—2011)及设计和施工规范的规定。

② 用金属网制作的隔离栅和防落网，安装后要求网面平整，无明显翘曲现象。铁刺丝的中心垂度小于15mm。

③ 防落网应网孔均匀，结构牢固，围封严实。

④ 金属立柱弯曲度超过8mm/m，有明显变形、卷边、划痕等缺陷者，以及混凝土立柱折断者均不得使用。

⑤ 隔离栅起终点应符合端头围封设计的要求。

⑥ 隔离栅应与公路线形走向一致，顺直、流畅，纵坡起伏自然、美观。

⑦ 混凝土基础尺寸和埋深、立柱的竖直度和柱间距、网面高度以及混凝土立柱和基础的强度等级应符合设计文件的规定。

⑧ 安装完成的金属网片不得有明显变形，电焊网不得脱焊、虚焊。

⑨ 镀锌层表面应均匀完整，着色一致，不得有气泡、裂纹、疤痕、折叠裂缝等缺陷。

⑩ 混凝土立柱应密实平整，不得有裂缝、翘曲、蜂窝、麻面等缺陷。

⑪ 桥梁护网的防雷接地处理应符合设计文件的规定。

(2) 外观鉴定

① 电焊网不得脱焊、虚焊。

② 镀锌层表面应具有均匀完整的锌层，颜色一致，表面具有实用性光滑，不允许有流挂、滴瘤或多余结块。镀件表面应无漏镀、露铁等缺陷。涂塑层应均匀光滑、连续，无肉眼可分辨的小孔、空间、孔隙、裂缝、脱皮及其他有害缺陷。

③ 混凝土立柱应密实平整，无裂缝、翘曲、蜂窝、麻面等缺陷。

④ 有框架的隔离栅和防落网，网片应与框架焊牢，网片拉紧。整网铺设的隔离栅，端柱与网连接牢固，网面平整绷紧。

⑤ 隔离栅安装位置应符合图纸规定。安装线形整体顺畅并与地形相协调。围封严实，安装牢固。

三、防眩设施施工

桥梁段或混凝土护栏上设置防眩板、防眩网时，应对预埋件的设置位置、强度和腐蚀程度进行检查，不符合要求的应整改。

防眩设施应按部分遮光原理设计，直线路段遮光角不应小于8°，平、竖曲线路段遮光角应为8°~15°。设置防眩设施不应减小公路的停车视距。

1. 设置于混凝土护栏上的防眩板或防眩网安装

(1) 防眩板或防眩网可通过混凝土护栏顶部的预埋件及连接件安装在混凝土护栏上。

未设置预埋件时，可采取后固定的施工工艺安装。

（2）混凝土护栏强度低于设计强度的70%时，不得安装防眩板或防眩网。

（3）防眩板或防眩网下缘与混凝土护栏顶部的间距应符合设计文件的规定。

（4）防眩板或防眩网安装后，不得削弱混凝土护栏的原有功能。

（5）防眩板在施工过程中，不得损坏中央分隔带上通信管道及护栏等。

（6）按图纸要求处理好路段与桥梁上的防眩板的位置和高度，外形上不得有高低不平和扭曲现象。

（7）施工过程中不损伤构件金属涂层，如有损伤，应及时予以修补或抽换。

2. 设置于波形梁护栏上的防眩板或防眩网安装

（1）防眩板或防眩网可通过连接件安装在波形梁护栏上。

（2）防眩板或防眩网安装在波形梁护栏上时，不得削弱波形梁护栏的原有功能。

（3）防眩板或防眩网下缘与波形梁护栏顶面的间距应符合设计文件的规定。

（4）施工过程中不应操作波形梁护栏的防腐层，否则应在24h之内予以修补。

3. 独立设置立柱的防眩板或防眩网安装

（1）施工前，应清理场地、协调与其他设施的关系。

（2）防眩板或防眩网单独设置立柱时，可根据所在位置将立柱埋入土中、设置混凝土基础或固定于桥梁、通道、明涵等构造物上。设置混凝土基础，其强度达到设计强度的70%以上时，才能在立柱上安装防眩板或防眩网。

（3）立柱施工时，不得破坏地下管线和排水设施。

4. 质量检验

（1）基本要求

① 防眩设施的材质、镀锌量应符合《防眩板》(GB/T 24718—2009)相关规定及设计和施工规范的要求。

② 防眩设施的几何尺寸应符合设计要求。

③ 防眩板的平面弯曲度不得超过板长的0.3%。

④ 防眩板或防眩网安装完成后，其设置路段、防眩高度、遮光角应满足设计要求。

⑤ 防眩板或防眩网整体应与公路线形协调一致，不得有明显的扭曲或凹凸不平。

⑥ 防眩板或防眩网外观不应有划痕、着色不均等缺陷。防腐层不得有气泡、裂纹、疤痕、端面分层、毛刺等缺陷。

⑦ 防眩板或防眩网应牢固安装。

（2）外观鉴定

① 防眩板表面不得有气泡、裂纹、疤痕、端面分层等缺陷。

② 防眩设施色泽均匀。

第八章

生态公路与公路改建

第一节　生态公路的概念与特征

一、生态公路概念辨析

“生态公路”这一概念虽出现不久，但已受到多方关注。许多以生态公路为名的公路建设项目也已陆续上马。然而关于“生态公路”的概念，目前并没有一个比较公认的确切定义，围绕着这一概念存在很多争论。对这个概念的不同理解直接影响到公路建设的思想、理念和实践。因此，首先明确这一概念正确的、合理的、全面的内涵，是非常必要的。

“生态”一词源于希腊文“oîkos”，原意为“家”和“住所”。德国学者赫克尔(Haeckel)首次提出生态学是一门研究生物之间、生物与环境之间相互关系的科学。人类生态学把生态学的研究领域从传统的动植物领域扩展为人与环境之间相互关系的研究。生态城市、生态建筑理论的发展即是生态学原理在规划建筑领域的应用。之后，“生态”这一概念不断地被丰富拓展，现已更多被用来描述一种和谐、健康、可持续发展的状态。英国生态学家坦斯利在 1935 年就提出了“生态系统”的概念，他把物理学上的系统整体性概念引入生态学，认为“生态系统”既包括有机复合体，同时也包括形成环境的整个物理因素的复合体，它的组成结构主要有生物群落和自然环境，生态系统的这种结构决定它的基本功能，即物质生产、物质循环、能量流动和信息传递。在生态平衡受到破坏后，由自然环境的生态调整系统开始一种信息的传递，并通过相应的能量变化得到生态平衡的目的，然而当今社会由于自然被破坏的原因众多、程度之重，破坏的自然生态系统短时间内很难进行恢复，于是生态修复作为一种理念被很好的应用开来，生态修复的提出就是调整生态重建的思路，摆正人与自然的关系，以自然演化为主，进行人为引导，加速自然的演替过程，遏制生态系统的进一步退化，加速恢复地表植被的覆盖，防治水土流失，从而保护自然使其得到一种自我的平衡，这也是生态学的基本思想。

“生态公路”中的“生态”二字，实际上就是“生态”概念的发展与深化。“生态”二字首先唤起一种新的生态意识，是人类向自然生态系统学习的过程，是把生态学思想注入公路体系。从生态学的角度来看，生态公路系统作为按人类的需要建立起来的人工生态系统，是对原有自然生态系统的入侵，形成了以交通运输为主体的新的生态系统，它是一个开放的不完整的生态系统，生物因子主要由消费者构成，非生物环境也主要是由人类为了满足自身需要而建造的人工构造物所组成，这样的系统是不能自身维持的，它只有从其他系统输入能量，才能维持其自身的运行。经过长期的生态演替处于顶级群落的自然生态系统中，其系统内的生物与生物、生物与环境之间处于相对平衡状态，整个生态系统中没有废物和污染产生。公路生态系统作为一个以消费为主的人工生态系统，如果按传统的发展模式，单纯考虑公路对人类运输需求的满足，则它的发展方向是反自然、高投入与开放性，并且以现在的科技能力和人类的意识形态，人工生态系统所产生的环境问题如对非生物资源的消耗，物质循环的不完全性、系统的开放性与不稳定性是不可避免的。生态公路的提出是强调公路的生态性，并不是要求也不可能要求生态公路向健康的自然生态系统那样能够自维持稳定性，而是以生态学的理论指导生态公路的发展，注重其在现有条件下最大生态化的实现。

生态公路系统是建立在交通发展与环境相互协调的基础上，以自然生态系统的良性循环为基本原则，综合考虑决策、设计、施工、运营、管理的全过程，在一定区域范围内结合环境、经济和社会发展状况而建立起来的公路系统。它是生态学与公路建设相结合的产物，其发展应遵循自然生态规律与区域公路的发展要求。

2002 年，美国景观生态学之父——哈佛大学 Forman 教授，出版了专著《道路生态学：理论与实践》。目前，公路生态学的理论体系尚未成熟，多是借用其他学科理论，如景观生态学、生态学、美学、水文学、交通规划、生物学等方面的学科知识，加以应用和发展，并形成公路生态学的基础。

从宏观角度来讲，生态公路是由生态环境、社会经济和建设技术等多种构成因素相互作用、相互影响、相互制约而形成的综合体，是可持续发展战略在公路领域的具体体现，与区域的环境承载力相适应。

从微观(公路实体)角度来讲，生态公路是以生态学原则为指导，以生态环境和自然条件为取向所进行的一种既能获得社会经济效益，又能促进生态环境保护的边缘性生态工程和建造形式。

从实施过程来讲，生态公路是指在公路的设计、施工运营中与自然环境相融合，尽量减少对环境的破坏与污染。

针对公路的“路域生态系统”，明确以提高安全和舒适性以及美化、生态恢复和优化等为目的，按照事先设计的步骤，主要采用生物材料，这样进行的设计与实施，被称为“公路生态工程”。

其范围从仅限于原来的路侧扩大到包括公路征地范围内的用地，有中央分隔带、土路肩、上下边坡、排水沟、隔离栅隧道、桥梁、声屏障等构造物及其周围，以及立交区、服务区、管理所等，还有取弃土场地、临时道路等需要复垦的土地。

生态工程应注重层次感和长期效果，注重多样性。以生物防护为主，尽量减少人工支护痕迹。对不得以采用的满铺浆砌片石防护、隔离栅等也考虑采用攀缘植物覆盖，使道路与环境融合。

虽然目前关于生态公路建设没有形成统一的学科体系，但就西方国家和我国关于生态公路建设的情况而言，将众多议论综合分析，对“生态公路”的理解目前国内外主要有以下几个观点：

一是绿化说。这是目前大多数从事公路建设实际工作的人员所持的观点。他们认为生态公路就是要在路界范围内绿化美化，以草皮护坡、绿树分割防眩为特点，再加以大面积的路旁行道树减噪吸尘。持这种观点的人首先应肯定他们已认识到绿色植物作为生态系统初级生产力的重要性和由于人类所具有的与生俱来的绿色情节而产生的景观生态效应。这种观点其可操作性和现实性较强，然而却具有片面性和局限性，从而大大地弱化了生态公路的内涵。

二是质疑说。很多学者认为公路作为一种带状的人工构造物，如果以自然生态系统的结构标准衡量，公路是一个失衡的生态系统，它在建设过程中已经破坏了原生态结构，是不可能实现生态的自然调节的，因此生态公路的提法是不科学的。这实质上是一种形而上学的观点，这里的"生态"不是简单地把公路看作生态系统，它是一种新的发展理念，是以生态学的理论与规律指导公路这一人工生态系统的建设，使公路的发展与环境相协调。

如果死抠"生态"二字的生物学意义，那么任何受人工影响的地方或事物都不能称为"生态"，像生态城市、生态建筑甚至生态农业等概念都不具有严格的科学意义。

三是替换说。这些人认为"生态公路"这一概念有些含糊不清，主张用"生态化公路"或"生态型公路"代替生态公路的概念。"化"强调转变过程，"型"强调状态模式，二者都有一定道理，但又都不全面，因为公路的建设与营运既有过程又是状态。还有人干脆不提生态公路只提公路生态工程，从工程的角度研究环境保护。这种提法概念具体，含义明确，易于操作，然而却根本无法代替"生态公路"。因为首先它们是针对两个事物的不同概念，一个是公路而另一个是公路工程；其次公路生态工程与生态公路的关系是子集与母体的关系，前者从属于后者，生态公路工程是实现生态公路的工程手段，公路生态工程的有益研究和实践必将对生态公路的发展起到了良好的促进作用；再次"公路生态工程"只是一个点或至多可称为一条线，却难以形成面的概念，难以形成系统和体系也必将局限于狭小的空间发展，用"生态公路"意义更全面，也与现存的"生态城市""生态建筑"等相近学科的提法一致。"生态公路"在概念上具有一定的含糊性，也许这正是其力量所在，因为定义过于精确反而限制了它的扩展空间和影响力。

事实上，把握生态公路并不应在表面上死抠字眼儿，而主要应深刻理解它的思想精髓，要把握住它的神而不是形。生态公路主要是为我们指明了未来公路发展的方向，从这一点来看其基本思想和总体思路是相当明确的，具体的细节问题要由我们在实践中不断探索和充实。因此，称谓和说法倒是次要的，关键在于在公路建设中要充分体现生态的发展标准，坚持人与自然相和谐的思想，树立可持续发展的战略意识，使公路既能高效、快捷、安全、舒适地提供良好的行车环境又能与自然生态系统和谐相容。因此，与其说"生态公路"是一个类型概念，不如说他是一个评价性的概念，即它主要不是指某一种、某一类公路，而是指一种公路营建的思想和理念，是公路建设的方向和目标。

从哲学观点来看"生态公路"有三种主要的哲学思想。

其一是可持续发展的宏观理念。"可持续发展思想"是生态公路最高的指导思想，是贯穿于生态公路建设全过程的思想。可持续发展就是要实现发展的可持续性，他要求公路建设必须从全局出发，从"既满是当代人的需求又不影响后代人的利益"的思想出发，从代际公平、代内公平、物种公平的生态伦理出发在满足社会发展对其更高要求的同时(包括适度超前)，既能满足公路交通运输系统内部和综合运输体系的协调发展，又使公路与经济、环境和社会各系统的长期动态协调发展。最终目的是保证公路交通的发展能力和持续的发展状态，以满足和促进国民经济的需要和社会的全面进步。

其二是“天人合一”辩证的自然观。这里的“人”主要是指“公路”这个人工构造物。即公路与自然达到最大融合的思想。这一思想要求人们要充分地尊重自然，正确认识自然，合理而有效地利用自然规律去建设、管理公路，使公路建设对自然产生的破坏最小，人工恢复自然生态系统的效能最大。一方面使公路从景观上与自然融合，做到“路中有景，景中有路”，将代表自然的绿色植物引入路界，弱化公路的界限，并根据周围地形、地貌以及本土植物的生长特点选择植物种类、设计景观格局；另一方面更要使公路与自然生态系统相互融合。如公路产生的廊道效应一面使系统更为开放，起着通道作用，促进景观间的物质和能量交换；另一面，四通八达的道路网将均质的景观单元分割成众多的岛状斑块，在一定程度上影响景观的连通性，阻碍生态系统间物质和能量的交换，导致物质和能量的时空分异，增加景观的异质性。“天人合一”的自然观就是运用自然规律，根据生态学的原理设计公路，减少公路系统对自然生态系统的不良影响。

其三是辩证的系统观。公路系统是一个由多层次、多变量组成的时间和空间相协调的系统，是一个与环境、资源相联系的开放系统。公路运输系统与社会经济系统及自然生态系统之间的关系是辩证统一的。公路构筑于自然系统之中，其本身受到自然条件的制约，但同时公路建设又极大地改变着自然，当两种系统产生冲突时，谋求一种平衡发展则是生态公路最终要达到的目的。这里我们必须明确一点，虽然公路系统是人工系统，但它并不完全是自然生态系统的对立面，从某种角度来说，应用哲学观点把他们看成一对既对立又相互统一的矛盾则更为贴切。如果公路建设无视生态环境，破坏超出了环境的承载力阈值，那最终必将受到自然的惩罚，由于不合理的高填深挖破坏植被、改变地貌、改变自然排水系统而造成的边坡失稳、路基塌陷、水土流失甚至泥石流冲毁路段就是非常惨痛的教训。

相反如果能够充分地尊重自然，利用公路建设的契机改良不利的自然条件，则是对自然生态系统平衡稳定的促进和贡献。将公路系统置于整个区域系统之中，确保在公路建设的同时，充分维护自然生态系统和社会系统的协调统一，尽量减少对自然生态环境的破坏和扰动，实现区域经济、生态环境和社会系统健康可持续发展，这也是生态公路建设的主要宗旨。

基于上述分析，可将生态公路界定为：生态公路是指建设者在公路规划设计和建设过程中，将自然、人和公路进行有机地结合，融入了生态设计方法，不会以牺牲生态资源为代价进行开发和建设，不仅考虑到人的活动和公路之间的相互影响，而且也特别注重维护人们与生存的自然条件相互融洽和遵循其自然发展规律，形成行车安全舒适，运输高效便利，景观完整和谐，保护自然的可持续的公路发展模式。

生态公路的内涵是非常丰富的。由于认识的原因，理解会有一定的区别，但生态公路要达到公路与自然环境相互协调发展从而实现人类的可持续发展的基本思路却是人所共识的。有了这样一个共同的基点，就不难完成探索生态公路真谛，指导生态公路实践的理想和目标。

二、生态公路的特征

事物的内涵是其特征的最本质、最集中、最突出的表现。要界定生态公路的概念，不能忽视对生态公路特征的明晰。生态公路与传统公路相比，从思想理念到实践行动都存在着较大差别。从侧重公路的功能因素(安全、迅速)，强调经济效益传统的狭隘的建设思想转变为整体考虑区域经济、环境、社会综合系统的可持续发展思想；由传统的以填方为主节约工程造价的建设模式转变为利用各种高新技术、生物工艺、材料以减小对生态系统影响的建设模式。从单纯注重公路经济合理性、技术可行性的陈旧的评价方法转变为综合经济、线形、环境、景观、可持续发展的多目标评价体系。因此，生态公路的出现标志着人类公路建设的生态意识从觉醒走向自觉的里程碑。然而由于它的宏观性和抽象性往往使人不易去理解和把握，因此需要分析生态公路的具体特征。

生态公路从字名来看，其本身就有生态二字，这说明公路的生态属性不是自然产生的，它是随着公路建设过程中人的努力和对自然环境的考虑，需要从生态技术方面和人为方面对公路建设过程中给自然的破坏进行一种恢复和保护的所采取的相应措施。因此说，这种公路与普通的公路是有一定的区别，主要表现在生态公路的生态性，可见生态公路具有生态性和人工性的双重属性。

良好的生态环境：生态公路就是要在现有条件下，综合运用各种工程措施、生物措施、农艺措施、管理措施将公路建设的破坏限制在最小范围内，降低到最低程度。对于已经造成的破坏，采取最大可能的恢复措施，重建新的生态系统，使其与原群落相容，并对占用土地进行补偿。

整体协调性：生态公路最终要实现经济效益、社会效益和环境效益的统一和综合最大化。在公路规划、设计、施工、营运、管理各个阶段统一思想，把研究对象放在地球环境、生物、资源、污染等诸要素构成的“公路—自然—经济—社会”复合系统中进行全面考虑，把性质不同的生态环境系统与公路经济系统研究有机结合起来，把对技术、经济、环境分析放在同等重要的地位，协调公路项目实施过程中遇到的各种关系和问题。

对生态环境最小破坏和最大恢复：公路建设受到地质、地形、水文等自然条件的制约，又受到现有生产力水平、生产工艺、生产工具等技术条件制约，还受到社会经济水平的制约，使公路建设不可避免地对沿线的生态环境造成一定的影响，如植被破坏、水土流失、土地分割等。生态公路就是要在设计施工中充分调研论证，进行优化选线，少破坏环境，努力做到对公路沿线鰗丈限度恢复生态表征。当前我国对建设项目引起的自然资源破坏(如侵占森林、草原、湿地等)通常采用经济补偿措施，这虽可限制小合理的开发活动但却解决不了实质性问题。欧洲国家普遍实行生态补偿政策，即占怎样的林地，则在邻近的地方营建同样的林地，这种方法值得我国在建设生态公路中学习借鉴。

良好的景观效应：生态公路在景观层面上的特征是最直观、最易被人感知的特征。生态公路给行者的印象不应只是钢筋网、混凝土墙和沥青路面，生态公路要营造的是“脚下是路、周围是景”的行车环境。因此，生态公路必须通过合理选线和利用路线特点，使公路路线最佳地适应于景观，通过公路的布局和设计来展示和加强公路景观，通过科学的绿化美化来改善公路景观。一方面给行者带来美的感受，另一方面维护自然生态系统的平衡。

安全性与高效性：生态公路要求行车安全舒适、运输高效便利。因此，生态公路基础设施应该为货流、客流、能源流、信息流、价值流的运动创造必要的条件，并且在加速各种流的有序运动过程中，减少经济损耗及对公路沿线生态环境的污染。“生态”一词本身就代表着和谐与健康，生态公路自然也应是和谐健康之路。因为公路的基本职能就是为运输服务，所以这种“和谐健康”首先就应是公路系统的运输环境的和谐健康。

第二节　公路建设对生态环境的影响

20 世纪 50 年代以来，日趋严重的生态环境问题引起了国内外工程界的广泛关注，各国都采用不同手段和措施进行环境保护与环境污染治理工作。与此同时，各国开展了对环境保护与污染防治的理论、技术、政策、法规等的研究，逐步形成了环境科学及各门类学科，以寻求人类社会与环境协同演化，持续发展。

一、公路对路域环境的综合影响

高速公路是社会文明和经济发展的产物，公路建设和营运在不同程度上对沿线的生态环境产生直接或间接影响。如何减少和消除这种影响所带来的负面作用，实现发展与保护的可持续，必须充分认识公路对路域综合环境的影响，并提出相应的措施和对策。

（一）噪声污染

噪声是指对人的生活、工作、心理和生理产生不利影响的声音，噪声污染具有分散性、地域性、时间性和无残留性等特点，是一种感觉性公害。公路建设过程中噪声来源主要是各种施工机械产生，对施工人员与附近居民的正常工作和生活造成影响。经济学家分析，高速公路噪声直接影响路域沿线的经济，特别是土地价格，交通噪声每增加 1B，土地价格就会下降 0. 08%～1. 26%。在公路环境影响评价中对高速公路路域环境内噪声有强制性规定，噪声污染超标情况下必须制定防护措施。

尽管目前公路施工的机械化水平已经相当高，但是，各种施工机械施工时仍难免产生噪声，对施工人员与附近居民的正常工作和生活造成影响。

（1）施工现场的运输机械、筑路机械和其他施工机械以及进行爆破等作业时产生的噪声。

（2）稳定土拌和站、水泥混凝土拌和站和沥青混凝土拌和站工作时产生的噪声。

（二）水污染

内建设过程中水污染主要有：

（1）道路施工中的弃土弃渣等固体废物直接排放水体，造成水污染；

（2）桥梁施工对河流的污染；

（3）施工时产生的施工、生活污水所造水污染。

（三）水土流失

高速公路每千米建设占地约 5. 3hm^2，在平原地区会占用大量的农田。建设初期由于公路线形需要根据设计要求在施工过程中需要进行大量路基挖填和土方异地运输，对原地面植被和地貌破坏较大，导致地表裸露，而在短时间内无法用植被方式进行有效覆盖，在重力、水力和风力作用下极易造成水土流失。

公路建设离不开土方石方作业。在施工过程中造成的水土流失有以下几点：

（1）破坏地面植被和原有地貌，导致地表裰露，造成新的水土流失。

（2）弃土、弃渣不采取适当措施妥善处理，而随意倾倒，加剧了水土流失。

（3）施工中使用的临时便道以及建筑材料，若不采取相应的水土保持措施，遇到暴雨或大风都会造成一定的水土流失。

（四）对土壤环境的影响

高速公路建设对土壤最重要的影响源于公路建设引起的水土流失，水土流失将导致土壤中有机质含量减少，大量无机元素流失，土层厚度变薄，土壤粒度变大，土壤结构和质地变差，最终导致土壤朝沙土和大团粒结构转化，对动植物和微生物产生直接或间接影响。

另外，通过大气的迁移和扩散，水迁移和机械迁移等途径形成高速公路对路域范围内土壤环境的污染，土壤环境污染的结果主要表现在：土壤理化性质和结构的改变，土壤微生物数量减少，土壤重金属、有毒有害元素含量增加和土壤肥力和保水力降低等。在高速公路施工期间，由于土方的频繁挖填和运输，严重破坏原肥沃表土层。裸露面土壤以生土为主，有机质含量低，土壤肥力差，土壤不疏松，不利于植被的生长。

（五）对动植物的影响

由于赤通鲁高速公路选线需要，道路通过草原、沙地、河流和湖泊等，引起路域范围内的生态环境发生很大的变化，从而导致当地部分生物种群由于生态环境变化而发生迁移和死亡等现象，种群数量、种类和种间交流也会发生相应的变化。

公路建设中的土方挖填和结构物施工及人的因素都会对路域环境内的植物种类、种群密度，植被覆盖等造成破坏，公路施工期产生的空气、水源、噪声和重金属污染给路域环境内的植物生长和繁殖产生很大的影响，严重时将导致部分物种消失，影响生态系统的稳定性。对公路建设破坏的生境进行植被恢复的过程中，还可能由于外来植物种类引进不当造成新的物种入侵现象。英国一项研究表明，固沙林释放出的含氨物能够影响 100～200m 范围内的植物生长，附近农田带来的富氧化可以促进大量农田杂草的生长，并成为乡土植物种群的主要胁迫因素。

二、各类具体施工项目对路域环境的影响

在公路建设过程中，必然会对沿线一定范围内生态环境产生不同程度的影响。赤通鲁高速公路穿越生态环境脆弱的科尔沁草原。草原地区公路建设对自然生态系统影响明显，施工不当会引起局部自然生态失调，会对沿线生态环境产生不良影响。公路施工过程中因施工人员活动增多也将成为局部地区生态环境失调的新的诱发因素。

（一）路堤、路堑施工对自然环境的影响

公路施工有时需要取土填筑路堤，开挖山丘形成路堑，必将破坏原有植被，干扰动物栖息环境，破坏土体的自然平衡，引起边坡失稳、水土流失。在施工期取土、弃土场及暴

露的工作面成为水土流失的主要发生源，丘陵坡面弃土可带来长时间的水土流失，给自然生态环境造成一定的影响。

在施工期将进行土石方的挖掘和填筑，裸露的地面在旱季引起大量扬尘，覆盖于附近的农作物和树木枝叶上，将影响其光合作用，导致农作物减产。在花期，还影响植物坐果，减少产量。另外，施工便道两侧的农作物和树木也容易受到运输车辆引起扬尘的影响，覆盖其枝叶花果，影响其生长。雨季施工雨水冲刷松散土层流入施工场区周围的农田，造成淤积、淹埋农作物和植被，对农作物的生长和周围植被会产生不良影响。

（二）桥梁施工对自然环境的影响

桥梁施工时，使河床过水断面受到压缩形成桥前局部壅水，水流速度减缓，泥沙下沉。

桥下水流速度加快，造成局部冲刷。此外，施工期间基坑开挖、筑捣钻孔、打桩，使河床受到扰动，泥沙上浮以及泥浆废渣排放，致使下游局部河段水质变差。

第三节　生态技术在公路建设中的应用

一、景观设计在公路工程的应用

公路景观是指导公路用地范围内公路本身形成的景观以及对用地范围内一定宽度的带状走廊里的自然景观和人文景观的保护、利用、开发、创造、设计与恢复，使公路建设和自然景观、人文景观浑然一体，相容协调，共同形成一个良好的公路景观环境。对此在做好公路建设景观设计工作中就要加强前期准备工作，按照公路选线和当地特点并结合风土人情，充分考虑自然、和谐、人本理念。做到景观设计应贯彻以防为主、以治为辅、综合治理的原则，因地制宜，针对不同路段的特点及与周边环境的关系，有针对性地提出景观设计、环境保护、水土保持和生态恢复的防治措施与设计方案；坚持“不破坏就是最大的保护”和“最小限度破坏和最大限度恢复”的基本原则。具体说来在实际设计中要遵循以下几个原则：

安全性原则：所有的生态公路设计都要把安全作为重要的因素来考虑，安全是公路景观设计的基础和前提，路域防护首先要满是道路交通安全性要求，使行车视线良好，并有诱导驾驶员安全行车的功能。

恢复性原则：在公路景观设计运用多种科技手段来恢复因为公路施工等原因造成破坏的生态环境。针对高等级公路建设过程中形成的大量边坡，过去传统的做法是种植种类单一的草皮来固土护坡、减少水土流失，可是人工的种植的草皮看似整洁优美但却不符合自然规律的要求，经过一定时间后，要么是枯黄消失，要么是被当地的野生植物所吞噬，效果均不理想。在边坡植物防护技术较为领先的日本，已将植物防护的新技术即“生态恢复设计”技术作为主导，在公路边坡设计初期，设计人员对边坡的地质条件、气候、水文条件和周围植被情况等因素进行综合考虑和调查，在此基础上再模拟原有植被类型的绿化植物选择设计方案，目的就是使之与原有的生态系统相适应，做到与原有的植被尽可能地相融合。

保护性与自然性原则：保护设计是指公路路域内的生态因子和生态关系进行科学的研

究分析，通过合理设计减少公路建设对自然的破坏，从而保护现有良好的生态系统。公路景观环境要素包罗万象，应重点体现对原有景观资源的保护、利用和开发，以及公路主体与原有自然及社会环境的相融，“不破坏就是最大的保护”，除非不得已，否则任何通过后天的人为绿化方式也无法与经过长时间的自然形成的结构功能稳定、物种景观多样的自然植被相媲美，所以在设计中应强调对原有植被的保护和利用，因征地需要，非移走不可的树木、植被可集中先移植保护起来，等到工程差不多时再移植到原先生长条件相似的地方，达到“事半功倍”的效果。从长远自然经济效益考虑，尽量避免破坏古树名木、文物古迹等自然原始的风景区，要想办法从设计和线形选择上考虑保护各种动植物和名胜古迹，合理地利用。在保护原有风景的同时，高等级公路它的设计要符合自然发展的规律，自然设计与传统设计相对应，通过植物群落设计，从形式上表现自然，立是于将公路景观充分融入自然环境中，创造和谐、自然、美观的新景观。自然式设计的核心就是运用生态的原理和技术，借鉴地域植物群落的组成情况、结构特点和演绎规律，科学而艺术地再现地带性群落特征的公路路域生态景观，它是顺应自然规律发展、能够实现自我维持和更新调节的一个生态小系统，增强植物群落的稳定性和抗变性，实现人工低度管理和景观的可持续稳定发展。

融合与协调原则：公路是一个有机整体，公路是一个具有线性特征的工程，纵向跨度大。在景观设计时既要注意内部各组成部分之间的协调，使其有机地融合在一起，又要注意与地形、环境等外部因素相协调。沿途景点、附属设施以及绿化植物要有统一性和连续性，使公路在满足运输功能的基本前提下，其生态功能基本恢复和完善到原有景观环境水平。

服务社会原则：公路建设应有利于社会进步和发展，对社会环境有重大影响路段，应根据可持续发展原则进行方案论证，主旨是服务经济发展和方便人民群众出行需要。

尊重地区特性原则：景观设计中要与当地风土人情、历史文化相协调，展现出当地的文化内涵与韵味，体现乡土特色和气息，使设计切合当地的自然条件，反映当地的景观特征，特别是植被选择上要遵循“乡土树种为主”“适地种树”的原则，否则绿化树种引入不当，会带来灾害性的后果，这一点在我国华东、华南作为饲料引进的水葫芦等大量蔓延，开始对本地的生物多样性造成了巨大威胁，已经到了难以控制的程度。因此说在公路路域生态树木的选用上更要考虑实际情况和生长环境，要符合周围生态条件。

经济性与动态性原则：贯彻生态景观学的思想，走可持续发展之路。在公路景观的塑造过程中，坚持动态性原则，既要达到景观效果，又要经济合理。

统一与变化原则：公路的景观设计要在统一的主题下表现出各自的特色和韵味，适当的风格、造型、色彩变化及线形起伏等，都会使人感受到沿途景观富有韵律感、多变性，达到消除疲劳的目的，在统一中变化，在变化中统一。

精心设计和严格实施是生态公路付诸的重要内容，没有这两条，生态公路只能是空说白说。设计部门在结合地方规划设计取弃土石方案时，应综合考虑地质、水文、挡护等情况，做到不造成水土流失，不诱发地质灾害。在实施过程中，建设单位应责成施工单位严格按照设计方案的要求取、弃土石。

概括来说，在公路设计中对景观生态的研究要注重实际，将应用与理论相结合，正确分析和掌握第一手资料，搞清情况，结合经济发展现状，做到切实坚持以人为本，按照科学发展观的要求，既结合当前我们国家公路建设的实际情况，又兼顾目前社会经济发展的现状，对于适当完善改善公路生态体系建设会大有益处，从而在公路建设中能够做到从优从快。在公路设计中要做到“七至”理念，即安全至上、目标至高、环境至尊、设计至优、质量至严、景观至美、成本至廉。如果都能做到以上几个观点，相信我们的公路在设计过程中会按照良好的态势发展下去，对公路生态的保护会有利无害。

对于设计中的环境保护要贯彻以人为本、保护优先、治理为辅、再生结合的原则，在公路建设中必须超前考虑，将环保工作贯彻于设计之中，切实把好工程设计这一关键环节，重点是优化设计方案，把建设项目对沿线自然环境和社会环境的不利影响降到最低，对沿线房屋、电力设施、通信设施、水利设施等的拆迁改建，要充分重视和听取公众合理意见，力求把影响降低到最低限度，以求长远协调发展，公路线位的选择尽可能调到离环境敏感点较远的位置，合理使用和规划公路用地，重视路基、路面的排水设计，桥梁位置和结构不宜明显改变河道流向，加强设计过程中的水文调查和分析，尽可能掌握详细的资料，设置适当的排水构造物，保护较好的生态环境。在考虑公路景观设计的同时，更要在公路设计特别是干线公路设计中环境保护与创建中重点抓好以下工作：

（一）自然环境的保护

路线的选择要综合考虑地形、地质与环保情况，合理利用地形既可减少工程量又减轻对环境的破坏，规避不良地质可避免地质灾害的发生，上述两个方面与环保紧密相关。湖北在沪蓉西高速公路设计中提出了“地形选线”“地质选线”与“环保选线”的设计原则，三者互为条件、有机结合，有利于减少路基填挖，规避地质灾害，保护自然环境，创建优美的公路营运环境。

路基设计应视地形、地质情况合理选取断面形式，避免大填大挖。在山坡陡峭的坡面尽可能采用半路半桥或路基分幅形式，减少路基土石方的挖填；路基的石方开炸应进行科学爆破，尽量减少对岩体的扰动；路基深挖地段应根据路基边坡的稳定情况采取不同的防护形式，对于顺层、滑坡等不良地质地段应对边坡稳定性进行定性与定理的分析，确定边坡的防护形式，应把工程防护和生物防护结合起来，并尽可能减少工程防护；路堑的边坡建议不拘于相同的坡比，应根据具体的情况作适当的调整，对于开挖边坡地段为荒山荒地时，应尽可能降低边坡坡度，有利于进行生物防护，减少或取消工程防护，既可减少工程造价又可最大限度地恢复原始地貌。

隧道洞口设置要遵循“早进晚出”的原则，尽可能与自然保持一致，减少对山体的切割；隧道选线应充分考虑水文地质情况，通过钻探、物探等多种形式超前探明地下水联通及流通情况，对影响环保、人畜用水的隧道，宜贯彻“以堵为主、限量排水”的原则对隧道内涌水进行治理，确保隧道开挖不影响当地群众生产生活，不影响山体的稳定，不影响工程的安全。

桥梁要视地质情况选取合理桥型和基础以及施工工艺，避免地质灾害的发生，当桥基位于山体完整性、稳定性差的斜坡上时，应对斜坡的稳定性进行分析研究。如桥基位于顺层坡面时，应选择对坡面扰动小的桥基形式，桥基的开挖或钻孔应选用对坡面振动小的施工工艺。

(二) 生态环境与营运环境的创建

生态环境的创建：山区公路特别是高等级公路所能利用的地形往往是当地群众赖以生存的宝地，在设计中，一是尽可能减少占用耕地，要对修建路基与架设桥梁两个方案进行比较，如建桥对工程量增加不大时尽可能采用建桥方案，少占耕地；二是要充分利用隧道、路基的废方为群众造地，要结合当地的规划，对弃渣场的位置、规模、地形、地质、排水、挡护、绿化及复耕等方面进行全面科学合理的设计，做到变废为宝，变害为利。

营运环境的创建：由于地形地质条件复杂，公路线形难以达到理想的水平，小半径、长大纵坡不可避免。加之高等级公路重车比例大，山区气候条件复杂，驾驶员操作失误等多方原因，极易引发交通事故。因此，创造山区高等级公路良好的运营环境十分必要，对以下几个方面应引起足够的重视：

(1) 要设计完善的引导标志、警示标志与禁令标志，引起驾驶员的注意；

(2) 长、大纵坡下坡路段应考虑安全避险车道；

(3) 公路设计除平、纵、横立体线形外，尚需引入“时间”要素，形成顺畅、连续和可知性的优美三维空间；对连续下坡路段平曲线半径不宜过小，应控制在600m以上；

(4) 应对长、大纵坡路段的路面抗滑进行研究，确定路面的结构形式；

(5) 长大隧道设计中，应以司乘人员的安全、舒适为目标，其线形不宜设置过长的直线段，以减少司机因注意力降低而渐渐不觉得加速所带来的风险。同时有必要采取变化的灯光或投影景观等措施消除司乘人员在隧道内运行时因视野局限所带来的烦躁和单调感。于2000年建成的世界上最长的挪威来尔多公路隧道(长达24.5km)，自1990年起就开始了对长公路隧道内司机行为的研究，他们认为解决隧道内给司乘人员带来的“烦躁和单调”的最好办法是寻找和运用刺激物，在该隧道的设计中设拐点15处，隧道内的任意点安全视距在100m以上，隧道线形以短直线和缓和曲线相接，另辅之以灯光综合作用，以此减少在隧道内运行的单调感。

(6) 对公路营运安全环境进行综合研究，确定合理的安全技术指标。

公路运行所需的时间，一般习惯于以“绝对时间”来计，往往忽视“相对时间”，运行时间应该是两者有机的结合。大家在旅途中都有这样的体会，如果一路风景会让人感到时间的短暂。若在行进中环境单调甚至给人一种严重的不舒适感，便感到时间的漫长。建议在公路设计时有必要引入“相对时间”的设计理念，不能把绝对运行时间作为衡量某路段行车时间的唯一标准。创建优美的营运环境，会让司乘人员感到旅途愉快，心态平和，不知旅途疲倦，觉得时间短暂。要创建优美的公路环境，一是要把周边环境与公路线形相结合，与动中观景相协调。静止观察的美景，在高速的车上观察可能会让人眼花缭乱，甚至有头晕之感，必须通过三维动画设计出动态的景观环境；二是要考虑隧道中噪声、废气及视野的局限给司乘人员不良的影响，特别是长大隧道与隧道群带来的不舒适感，建议尽可能少设隧道，对隧道中路面应进行降噪设计，减少或降低噪声源的噪声能量；对大隧道和隧道群应进行隧道内景观设计研究，要充分利用现代的光电技术创建隧道景观，达到能在洞中见景又能实现景观引导视线的目的；三是路基边坡的防护、绿化及隧道进口的设计应有特色，富于变化；四是路基、桥梁、隧道应与地形相协调，左、右两幅路基应有分幅的变化，实现分与合的巧妙的结合，消除行车的单调感、疲劳感，让驾驶员始终保持清醒的意识。

二、生态管理制度在公路工程的应用

搞好环境保护与创建的关键在于设计，抓实施是搞好该项工作的重点。在以往的公路建设中，对环境保护工作强调多，具体抓得不细，责任不明确，约束机制不力，没有环保专职管理，基本上是兼职管理，更谈不上对生态公路技术的研究和掌握，公路施工中只管建设，不顾环保。现行的公路建设就是要在现有的体制下，建立一套适合我国国情的公路建设生态指标硬性要求，从制度上予以保证和完善，注重对生态管理机构的约束和建立，重点是建立生态管理制度体系，把生态公路的制度和公路建设纳入在一起实施，在审查公路设计的同时，也要审查公路生态工程的设计方案，认可后方能进行下一步的工作。着力从机制上、制度上、机构上给予保证和约束，形成强有力的管理措施。不符合生态公路工程技术指标要求的一律不得开工，只有待各项准备工作妥当，通过专家验收认可后再开工。

在以后的公路建设中应从完善管理机构和管理措施入手，重点抓好以下几方面的工作：

（一）加强合同管理，强化环境保护与创建责任

施工单位主要是以创造利润为目的，环境保护与创建意识一般较淡薄，业主必须在承包合同条款中明确环保的具体内容与有关的责任，形成约束机制。

（二）制定环境保护与创建行动计划

在工程尚未动工之前，按照设计要求制订明确的实施计划，以此指导工程施工。如在不稳定山体上爆破石方时，应明确爆破方式及相关的规定要求，实行科学爆破，避免扰动山体；在路基清除表土时，应要求施工单位对地表沃土集中存放，用于取、弃土场复耕。

（三）成立环保管理专班

业主、承包商及监理单位应安排足够数量的环保管理人员，成立环保专班，建立管理制度及管理措施，明确职责和义务，对环保工作进行动态的管理。

（四）加强环保工作检查

要适时地开展环保工作检查，及时予以纠正环保工作中存在的问题，不能以环保验收代替管理，避免造成难以弥补甚至无法弥补的缺陷。如在弃土不及时处理防排水问题，以致无法恢复水土流失后造成其他土地沙化。有些施工单位在路基及取土场清表时，对地表层土随意弃放，以致在取弃土场复耕时难于找到适合耕种的表层土。

（五）尽快实施环保监理

要切实搞好环保工作，必须进行严格的环保监理。但目前公路环境保护监理工作刚刚起步，管理体制、办法不健全，须尽快形成环保监理机制，形成完整的环保监理规范，对工程环保工作实施规范性管理。

在保护自然生态环境的同时，要以人为本创建环境，优美与安全的营运环境可由公路建设单位要求设计部门完成，而生态环境的创建则需要地方政府、设计单位与施工单位及相关部门的密切配合，存在着较多的组织、协调、管理工作。

要树立把握公路建设契机创建生态环境的意识。在以往的公路建设中，建设单位只是从环保出发对公路取、弃土石方案提出原则性的要求，基本上由施工单位从有利于自身利

益出发确定取弃土石方案，对利用废弃的土石方创建新的生态环境考虑较少。而地方政府对此基本上不予关心。但实际上公路建设大量土石方的取、弃在对自然环境造成影响时也对创建环境带来了很好的机会，可取土蓄水、弃土造地，是变废为宝、变害为利、造福子孙后代的大事，应当引起有关方面的高度重视。

科学规划，共商创建。公路建设单位应与当地政府及相关部门沟通有关创建情况，地方政府应组织有关部门积极与公路建设单位配合，共同商定取、弃土石的方案。对在创建生态环境时可能增加的工程费用，地方政府应从长计议，组织必要的人力、财力抓住公路建设的契机创建生态环境。

三、生态监控与环评在公路工程的应用

山区较之平原、丘陵地区的公路又有着许多不同的特点，公路建成后，工程安全与运营安全及环境污染上可能存在着某些不安定的因素，因此必须通过现代信息技术加强监控，完善监控系统设计，及时掌握有关的情况，以便对不利情况进行处理：

（一）环境污染监控

除对沿线收费站、停车区、服务区及隧道内污水和噪声污染进行监控外，更重要的是要对隧道内受污染的空气进行监控，汽车排放的一氧化碳是一种无色、无味而人体感觉器官又不能分辨的毒性较强的气体，对隧道内该气体超过人体的承受能力时应实行自动报警控制。

（二）营运安全监控

山区公路营运安全受多方面的影响，必须对有关方面监控，应对雾区的分布、路段的冰冻情况、隧道内火灾等情况及时提供信息，让驾驶员预知前进方向的道路状况，以便提前采取相应的处理措施。

（三）工程安全监控

山区公路高、陡边坡较为多，顺层、泥石流、滑坡等地质病害较普遍，应对影响路基稳定和危及桥梁、隧道安全的隐患建立信息化管理，掌握工程安全动态，以便及时采取有关保护措施，避免重大事故的发生。

公路与环境是有机的结合体，公路建设离不开环境的影响，因此应将公路建设与环境影响评价有机结合起来，尽量做到“三个同时”，那就是在项目前期施工阶段，坚持公路建设项目与环境影响评价同时立项、同时建设、同时运营的制度。在工可研究阶段委托有相应资质的环评机构对项目沿线的弃土、弃渣、噪声、尾气、灰尘、生态恢复等进行综合评价，预可、工可、施工图设计等方案的审查论证都邀请并认真听取部门专家的意见，并把节约耕地和有利于环保作为方案评比的重要指标，在项目招标文件中明确约定中标单位的施工行为必须符合环保要求，否则将采取相应措施，项目开工前，可以聘请有关环保专家讲解环保要求和注意事项，特别是在项目实施过程中要经常加强环保检查和巡查，一旦发现问题要及时处理和整改，项目完成后，组织有关人员进行验收，达不到要求的一律不准参加交工和竣工验收，从制度上进行严格约束。

四、公路边坡的生态防护应用

考虑公路施工对周边环境的影响很大，特别是如果处置不当，很可能因为施工本身的原因造成对公路沿线本身地质的破坏，比如边坡不稳定导致沿线自然环境的破坏，如塌方、滑坡、泥石流等诸多破坏因素对公路造成的损害，由于公路施工中难免会有大量的填、挖方，甚至桥梁、隧道、新改线路段的存在，必然会在一定程度上给原来的生态环境造成破坏，当然破坏的程度会有所不同，如何有效地把生态破坏以后的路段适当恢复，或者加大对公路本身的抗灾害程度，通过一些手段的运用，来达到对公路沿线环境的最大保护和恢复，本身也就是对公路生态保护的最好应用，主要来说在技术上目前分为生态防护和工程防护两种，生态防护是对自然环境的拓展，而工程防护是对生态防护的最大保护，并通过一定的技术处理，让工程防护和生态防护相互运用，相互作用，相互结合，两者相辅相成，相互补充。

（一）公路边坡的生态防护

边坡生态防护即边坡植被，主要是靠植物根茎与土壤间的附着力以及根茎间的互相缠绕来达到加固边坡、提高坡表抗冲刷的能力，保护路基边坡免受大气降水与地表径流的冲刷。公路边坡生态恢复技术目前较为成熟，概括起来有以下几类措施：人工植被、植生带、液压喷播、厚层喷播、锚固三维网复合植被、框格工程、挖沟钻孔工程、有机基材喷播。

生态防护不仅可以涵养水源，减少水土流失，而且还可以净化空气，保护生态，美化环境，保证行车安全，具有良好的经济效益、社会效益和生态效益，在我国越来越重视环境保护和人们生存质量的今天，生态防护已成了公路边坡防护的一种趋势，代表着边坡防护的发展方向。因此，对公路边坡用植物的选择进行探讨是必要的，它必将促进我国公路边坡生态防护事业进一步的发展，具有重要的现实意义。

采用植物防护，增加植被面积，减少地表径流，可从根本上减少路基的水土流失。植物覆盖对于地表径流和水土冲刷有极大的减缓作用。枝叶繁茂的树冠能够截留一部分降水量，庞大的根系能直接吸收和涵蓄一部分水分，还可稳定地表土层。而没有植被覆盖的地方，降水量全部落在地表面，形成径流，造成水土侵蚀和冲刷。植被的根系能与土层密切地结合，根系与根系的盘根错节，使地表层土壤形成不同深度的、牢固的稳定层，从而有效地稳定土层，固定沟坡，阻挡冲刷和塌陷，起到很好的防护作用。

在我国温暖多雨的南方地区，植物防护已较多地用于土质上下边坡的防护中，既保护了边坡，又美化了环境。在北方地区，植物防护措施还仅限于下边坡的防护，上边坡经常干旱缺水，不易养护，况且坡度较陡不利于植物生长。在西北黄土地区，黄土路堑边坡往往陡于1：0.75，边坡较高时才放缓到1：1。在河北，土质边坡坡度一般采用1：1，靠边坡自然降水维持植物生长往往比较困难，因坡面较陡，水分难以保持，植被成活率较低。

近年来有不少绿化专家试图在北方较陡的上边坡搞公路的绿化防护，像辽宁的抚顺市就对东部山区公路的植物生态防护技术进行了课题研究，取得了较好效果，他们主要是以公路边坡坡面防护为切入点，针对不同的地域特点，利用植被涵水固土的原理稳定岩土边坡同时美化生态环境，根据不同土壤性质分别栽种火炬树、青杨等不同树种，采取既经济又适用和环保的生态植物坡面防护措施，以提高公路的整体减灾、抗灾能力，同时改善公路绿化效果。与传统土木硬防护相比，植物防护虽然材料及其强度不同，但在防护功能上却一点也不逊色，对于降低公路的养护成本、减低公路养护的资金压力有着重要意义，同时对于在全国范围进行推广也有广阔前景。另外有的采用三维土工网等措施，但没有在公路上大面积推广。因此，上边坡植物防护问题仍需进一步研究，给北方地区光秀秀的上边坡披上绿装。实践证明，对于路基冲刷和崩塌等病害，利用植物防护，通过选取不同的绿化树种，方案设计、特别地区路段的处理和栽植技术研究的应用，会对以上公路的边坡防护起到积极有益的保护作用。

植物防护包括在边坡上种草、植草皮、植树等。在河北，由于一般地区供挖取使用的草皮缺乏，所以，种草、植树更便利一些。种草一般选取多年生、耐寒、耐旱、根系发达的草种，植树优选容易成活的树种(包括灌木)。黑麦、小冠花均是耐寒、耐旱植物，黑麦、小冠花联合种植技术在北方较寒冷、干旱的一些地区获得了成功，较适用于北方地区的气候条件。黑麦生长快，当年就能长成，但其扎根较浅，适宜短期防护；小冠花生长慢，一年以后才能长成，但扎根较深，尤其耐旱，并且其蔓延繁殖能力强，适合于路基边坡的长期防护，二者结合起来就能达到短期防护与长期防护相结合的目的。

公路沿线植树我们习惯上称之为行道树，一般是指沿公路两侧带状用地范围内所栽植的乔灌木等植物的总称，是公路绿化系统的重要组成部分，具有促进交通安全、维护路基稳定、保护路域环境、改善公路景观等作用。应该说我国沿道路两侧栽种植物的历史十分悠久，近年来交通行业的发展特别是生态公路理念的提出对公路两侧绿化也提出了新的更高的要求，其重视程度也是逐年提高，科学发展及与环境和谐统一发展的新思路新理念也是深入人心，仅公路绿化而言行道树的选择也是十分重要，并得到充分的利用和体现。近年来河北省在多条公路边坡上栽种紫穗槐，已经取得了许多宝贵的经验，比如京石高速公路、石黄高速公路等，都采用了这种防护措施，并取得了成功，既防护了边坡，又美化绿化了公路。行道树的功能主要有以下几个方面，向驾驶员及时预告公路线形的变化、增进行车安全，同时也具有防眩、防撞、缓冲事故车辆的效果，还有稳定路基，防止水土流失，丰富公路景观，改善行车环境，一定程度上消除司乘人员的视觉和旅途疲劳，吸收日光辐射，减少路面光的反射，使路面温度下降，延长公路的使用寿命，此外还可以种植一些经济作物，从而产生一定的经济收入等等。然而在沿线种植植物的同时，传统的公路行道树也存在一些共性问题，主要有树种单调，千路一树，没有地域特色，地方优良树种得不到很好的应用，栽种的形式也非常单一，有的栽种不考虑当地的气候和土质条件，所栽种的树木难以成活，甚至部分不规范的栽种。当树木长大的时候，大的枝干侵占路面或者挡住标志牌，十字路口因为树木过多导致视线不良等情况时有发生，带来了一定的交通安全隐患。此外有的公路两侧栽种树木没有系统考虑公路所处的环境，为了增加绿化的视觉效果，大量征用土地，将公路和周边的环境分隔开来，既浪费了大量的可用土地，也使整个公路景观协调性差，公路内的过往车辆人员很难有效看到沿线美丽的风光和风土人情，一定程度上降低了公路的使用舒适度，如何解决此类问题，使得公路沿线的绿化也能遵循科学发展的理念，使道路真正意义上成为美丽的风景线，单就公路绿化而言现在也形成了一定的发展理念值得我们注意。综合来说目前有以下四种理念，一是以人为本的理念，那就是行道树的栽植不能仅考虑路的主体因素，而是充分体现人的因素，主要是为公路沿线的居民和过往的司乘人员提供良好的公路绿化环境；二是尊重自然的理念，按照自然发展的规律办事，体现在公路植物的选择上充分考虑公路原有沿线的物种，将体现地方特色和乡土、适合当地生长的好的植物作为行道树的第一选择，比如在西北干旱的地区、南方水网地区、北方平原地区、热带地区、山区和丘陵地区的树木选择和种植的方式和方法都有所区别；三是最大化保护理念，不破坏就是最大的保护同样也适于行道树的发展理念，那就是在公路建设过程中也充分保护原有的公路沿线植物，最大限度地利用原有植物，使其成为公路行道树的有机组成部分，达到事半功倍的效果；四是和谐统一的理念，在选择能够体现地方特色的行道树的基础上，科学合理的设计行道树的栽种方式成为决定一条公路绿化风格的重要环节。与传统的公路两侧栽种植物行道树不同的是新的绿化理念更多地强调公路绿化与公路线形和公路周边环境的和谐统一，在平原区可引入“景观走廊”的手法，隔一定距离可以取消行道树栽植，提供一定区域的观景区；在以自然景观为主的微丘和重丘区，可以结合用地情况和周围自然植物的分布生长情况，采用仿自然生长的效果方式进行种植，在树种的选择和搭配上都以自然植物群落为目标，从而形成和谐统一的公路行道树绿化带，并完全地融入自然环境之中。

公路植物防护简单地理解也可认为是一种公路绿化工程或者说是一个生态绿化系统，是交通环境的重要组成部分，当前我们国家公路建设中公路绿化往往是以种植乔木、灌木、藤本、花卉等植物为主要手段，其树种的选用非常重要，一般来说是根据公路的地理位置及植物的生态性、公路的功能要求、针对性、长远性、经济性的原则进行选择。就植物本身而言，它们在公路绿化中体现的效果也会不同，因此选用时要“适地而树、适树而树”。所选树种间树形、色彩、线条、质地等方面要有一定差异，也要有一定的配合和联系，在统一中变化，在变化中统一，从而通过多样性、相似性，产生出自然协调、鲜明突出的感受。了解了树种的特点后，我们就要结合有关公路的实际情况合理地选取树种，大致说来是要结合公路的地理位置及植物生态特性、公路的使用功能、公路的特点和经济性方面来选择树种。其选择应充分考虑到因地制宜、适地植树和自然生长环境特点以及长远规则等因素。种一片成一片，能够适应沿线环境并能很好地融入原有的生态体系中去，便于管理和养护，使之适应自然的成长。

公路边坡植物选择的依据，主要是气候条件和土壤条件。光照、气温、湿度、降水风等气候条件都影响着边坡植物的生长发育，但是在选择边坡植物时主要应考虑的气候因素是气温和降水。最高气温和最低气温决定着植物能否正常生长发育，能否顺利越夏、越冬等；降雨(雪)的时期及雨量也是决定采用植物种类的重要依据。

目前我国公路边坡坡度一般都较大。由于边坡坡度较大，降水落于坡表后，极易由于重力的作用，沿坡面往下流失，造成坡体土壤缺水干旱，直接影响植物的正常生长发育，甚至导致植物的死亡，这一点在北方干旱地区的边坡上表现得尤为突出。

土壤成分、肥力、土壤结构、酸碱性、盐碱性、土壤厚度等土壤因素与植物的生长发育密切相关，从而决定着边坡植物能否良好地生长。其中，在选择植物时比较重要的因素是土壤肥力状况、土壤结构和土壤 PH 酸碱度等。

公路在施工过程中，因开挖使地表植被完全遭到破坏，原有表土与植被之间的平衡关系失调，表土抗蚀能力减弱，在雨滴、重力和风蚀作用下水土极易流失，植物种子定植困难；公路边坡土壤一般为没有熟化的生土，养分含量一般很低。同时由于坡度大，土壤渗透性差等原因，边坡土壤对降水截流较小，造成水土和养分流失，使坡面土壤变得贫瘠，立地条件差，不利于植物生长；另外，公路边坡土壤有机质含量一般很少，结构不良，经过一定时期的沉降作用后，容重增加，孔隙度降低，不利于土壤中水分和空气的有效运移以及肥料的协调转移，从而对草坪植物正常生长产生不利影响。

公路边坡植被的主要目的是固土护坡，防止公路边坡水毁，稳定公路路基，以及美化公路沿线景观环境。因此，要求边坡植物根系深，能快速覆盖地表。

公路边坡植物应具备的条件：

植物品种选择应以本土化为原则，根据公路沿线的自然条件，合理确定物种配置方案。

根据公路边坡的特点和边坡种植的目的，边坡生态防护的植物一般应满是以下要求：适应当地气候，抗旱性强；根系发达、扩展性强：耐瘠薄、耐粗放管理；种子丰富，发芽力强，容易更新；生长快，绿期长，多年生：育苗容易并能大量繁殖；播种栽植的时期较长；不会在当地恶性生长，造成生态危害。价格低，无须养护或便于养护；草灌花结合，点缀乔木。

绿化物种选择的原则：

顺利实现公路路域植被恢复，科学合理地利用植物。物种选择原则应遵循生态适宜性原则、生物多样性原则、经济适用性原则、交通安全性原则、道路美学性原则。达到空间绿化和三季常绿、四季有花的效果。护坡植物的选择首先要分析不同种类护坡植物，然后再讨论有关植物的选择，这对正确选取适合公路沿线植被是非常重要的。

公路边坡可用的植物种类较多，主要有草本植物、灌木、藤本植物，以及乔木等。目前我国的公路边坡一般坡度较大，坡比一般为 1∶1，即 45°，有的甚至达到 60°以上，栽植乔木会提高坡面负载，增加土体下滑力和正滑力，在有风的情况下，树木把风力转变为地面的推力，造成坡面的不稳定和坡面的破坏，同时，边坡栽植乔木还可能影响司乘人员观测公路两侧景观的视野，因此一般不宜在公路边坡栽植乔木。

目前，我国公路边坡生态防护用植物在多数情况下是采用草本植物，在国外草本植物也仍被广泛使用。草本植物的选择：可用于护坡的草本植物大部分属于禾本科和豆科。禾本科植物一般生长较快，根量大，护坡效果好，但需肥较多。而豆科植物苗期生长较慢，但由于可以固氮，故较耐瘠薄，耐粗放管理。其花色较鲜艳，开花期景观效果较好。根据各草种对季节性温度变化的适应性，可分为暖季型与冷季型两类。冷季型草比较耐寒，但耐热性和耐旱性较差。而暖季型草较耐热耐旱，但不耐寒，以地下茎或匍匐茎过冬，故冬季景观效果较差，但其管理较冷季型草粗放。草本植物的繁殖可采用营养繁殖，也可采用种子繁殖。

草本植物的优点在于：

（1）草本植物种植不仅方法简便，而且费用低廉；

（2）早期生长快，对防止初期的土壤侵蚀效果较好；

（3）作为生态系统恢复的起点，有利于初期表土层的形成。

但是，草本植物与灌木相比具有以下缺点：

（1）草本植物具有根系较浅，抗拉强度较小，固坡护坡效果较差。在持续的雨季里，高陡边坡有的会出现草皮层和基层剥落现象；

（2）群落易发生衰退，且衰退后二次植被困难；

（3）开发利用的痕迹长期难于改变，与自然景观不协调，改善周围环境的功能差等；

（4）坡地生态系统恢复的进程难于持续进行，易成为藤本植物滋生的温床；

（5）需要采取持续性的管理措施等，维护和管理作业量大。因此，单纯的草本植物用于公路边坡的绿化并不理想。

由于草本植物作为护坡植物的缺点，因此在某些发达国家已开始重视灌木的护坡作用，并做了大量研究。灌木的选择：日本对灌木护坡进行了大量研究，且在边坡防护中得到了大量的应用。我国目前在边坡生态防护中使用的灌木较少，目前已使用的灌木主要有紫穗槐、柠条、沙棘、胡枝子、红柳和坡柳等。灌木的种植可以采用扦插的方式，也可采用播种的方式。灌木宜和草本植物混合种植，以充分发挥两者的优势，又避免两者的弊端，达到快速持久护坡的效果，同时具有良好的景观效果。灌木作为护坡植物主要的缺点是成本较高，早期生长慢，植被覆盖度低，对早期的土壤侵蚀防止效果不佳。但是可以通过与草本植物混播，草本植物早期迅速覆盖地面防止土壤侵蚀，后期由灌木发挥作用的方式解决。

当草本植物和灌木采用种子混合播种时有时会遭到失败，主要原因是草本植物生长比较快，在草本植物生长茂盛的状况下，引起以下几种后果：

（1）灌木的幼苗被草本植物所覆盖，其后由于光线不足而死掉；

（2）有些灌木在其幼苗期对于枯萎病的抵抗力很差，在过分潮湿状态下会因菌害而致枯死；

（3）由于土壤含氮过多引起枯萎病菌为害致死；

（4）在草本植物的根部和灌木的根部处于同一土层时，由于彼此进行竞争，所以灌木会枯死。

对于以上情况可采取限制草本植物株数和采用含氮量少的肥料类型限制草本植物生长的方法加以控制解决，通常情况下草本植物株数应控制在200~500株 m^2范围内。

藤本植物主要应用于坚硬岩石边坡或土石混合边坡的垂直绿化，垂直绿化是公路边坡生态防护的特殊形式。藤本植物的选择：目前，我国的垂直绿化主要应用于城市园林中，公路边坡采用垂直绿化的还较少。藤本植物宜栽植在靠山一侧裸露岩石下一般不易坍方或滑坡的地段，或者坡度较缓的土石边坡。可用于公路边坡垂直绿化的藤本植物主要包括爬山虎、五叶地锦、蛇葡萄、三裂叶蛇葡菊、藤叶蛇葡萄、东北蛇葡萄、地锦、葛藤、扶芳藤、常春藤和中华常春藤等。藤本植物主要采用扦插的方式进行繁殖，用藤本植物进行垂直绿化的好处是投资少，用地少，美化效果好，缺点是由于边坡一般较长，藤本植物完全覆盖坡面的时间长。

（二）公路边坡的工程防护

公路边坡对公路路基的稳定性非常重要，一旦遇到边坡破坏，对公路的损害和影响是非常之大，甚至导致公路交通中断，影响行车安全，从目前有关情况看，公路边坡破坏的主要形式与机理有以下几种。

1. 公路下边坡

路基下边坡一般为填土路堤。受力稳定的路堤边坡的破坏，主要表现为边坡坡面及坡脚的冲刷。坡面冲刷主要来自大气降水对边坡的直接冲刷和坡面径流的冲刷，使路基边坡沿坡面流水方向形成冲沟，冲沟不断发展导致路基发生破坏；沿河路堤及修筑在河滩上、滞洪区内的路堤，还要受到洪水的威胁，这种威胁表现为冲毁路堤坡脚导致边坡破坏。

边坡破坏还与路基填料的性质、路基边坡高度、路基压实度有关系。一般来说，砂性土边坡较黏性土边坡易于遭受冲刷而破坏，较高的路基边坡较低的路基边坡更容易遭受坡面流水冲刷，压实度较好的边坡，比压实度较低的边坡耐冲刷。

2. 公路上边坡

上边坡是人工开挖的斜坡，其强度应满足稳定边坡的要求，这样的稳定边坡在降雨、融雪、冻胀及其他形式的风化等作用下，容易发生病害，其主要破坏形式为冲刷、崩坍等。

冲刷破坏一般发生于较缓的土质边坡，如砂性土边坡、亚黏土边坡、黄土边坡等，在大气降水的作用下，沿坡面径流方向形成许多小冲沟，如不采取任何防护措施，有逐年扩大的趋势；在边坡坡脚，冬季往往发生积雪，造成坡脚湿软，强度降低，上部土体失去支撑，发生破坏；同时，高速行驶的汽车溅起的雨雪水，也冲刷坡脚。总之，土质边坡的坡脚部位，是边坡的最薄弱环节。

边坡的崩坍，一般分为三类：落石型、滑坡型、流动型，有时在一次崩坍中会同时具有这三种形式。

落石型崩坍一般指较陡的岩石边坡，易产生落石的岩层必然是节理、层理或断层影响下裂隙发育，被大小不一的裂面分割成软弱的断块，这些裂面宽而平滑，有方向性。落石和岩石滑动易沿陡的裂面发生。裂隙张开的程度用肉眼不一定就能识别，但能渗水，由于反复冻融，长时间的微小移动，裂缝逐渐扩大，由于降雨，裂缝中充满水，产生侧向静水压力作用，造成崩坍。一般裂隙发育岩体，更易发生落石现象，此外硬岩下卧软弱层时，也会发生这种现象。此类破坏形式必须严格控制，崩坍滚落的岩石极易对行车构成威胁。

滑坡型崩坍，指岩层在外力作用下剪断，沿层间软岩发生顺层滑动，多发生于倾向于路基、层间有软弱夹层的岩体中。另外，当基岩上伏岩屑层、岩堆等松散的堆积物时，堆积物也易沿岩层的层理面、节理面或断层面发生崩坍。

流动型崩坍多因大雨的原因，砂、岩屑、页岩风化土等松散沉积土，多会受水的影响而产生崩坍，流动型崩坍没有明显的剪切滑动面。

很显然，边坡高度大时，以上边坡破坏的类型都较低边坡容易发生。

由上面的分析可知在边坡的防护设计中，既要做好坡面防护设计、排水防水设计、控制好水的问题，又要根据地质条件、岩体性质、岩层产状、边坡高度做好边坡坡面设计。

目前公路边坡主要有以下几种工程防护措施：

(1) 框格防护

框格防护是用混凝土、浆砌块(片)石等材料，在边坡上形成骨架，能有效地防止路基边坡在坡面水冲刷下形成冲沟，同时，提高了边坡表面地表粗度系数，减缓了水流速度。

一般冲刷仅限于框格内局部范围，采用框格防护与种草防护结合起来的方法，提高了防护效果，同时美化了环境。

框格防护多用于路基下边坡，是一种辅助性的防护措施，除具有对路基边坡的一定防护作用外，还有对路容的美化效果，尤其在互通立交范围内边坡应用最多，近年来人们越来越重视公路对环境的影响，重视路容美化，因此往往采用这种防护形式。

框格形状可根据人们的想象及人们对美的追求，做出各式各样的造型，如斜 45°大框格，六角形混凝土预制块防护，浆砌片石拱形防护，浆砌片石或预制块做成的麦穗型等。框格防护措施同时可用于土质上边坡防护，既增加美的效果，并可防止边坡出现冲刷，但由于框格需在上边坡中嵌槽镶进，施工难度大，仅在重要景点使用，一般较少采用。

沪宁高速公路部分路段和贵阳至黄果树高速公路下边坡均采用了浆砌片石拱形防护北京八达岭高速公路下边坡部分路段采用大 45°框格内镶六角形混凝土预制块的小框格，河北省石黄高速公路部分路段的麦穗型，都给人以美的享受。

（2）护坡

在稳定的边坡上铺砌(浆砌或干砌)片石、块石或混凝土预制块等材料以防止地表径流或坡面水流对边坡的冲刷称之为护坡。铺砌方式一般采用浆砌，冲刷轻微时，可采用干砌。

位于河滩或滞洪区内的路基，往往处于洪水的直接威胁之下，因此必须采用护坡防护措施，防护高度应至少在路基设计洪水位加浪高、壅水高及 0.5m 安全值以上。另外当路基沿溪，路基边坡侵占河道时，也要采取护坡防护措施。

在软土地基上的路堤护坡，无水流冲刷影响时，可采用干砌片石护坡，以适应地基沉降引起的路堤边坡变形。

（3）封面

封面包括抹面、捶面、喷浆、喷射混凝土等防护形式。

① 抹面防护与捶面防护

抹面防护、捶面防护由于其使用年限较短，各等级公路上使用较少，尤其在高速公路的边坡上尚未采用过这样防护措施。不过当路基较低时采用抹面防护合理掺加草籽，既能起到建设初期的防护作用，又能起到运营期的防护与绿化作用，在今后的建设中可做尝试。

② 喷浆防护与喷射混凝土防护

喷浆防护和喷射混凝土防护适用于边坡易风化、裂隙和节理发育、坡面不平整的岩石边坡，其主要作用是封闭边坡岩石裂隙，阻止大气降水及坡面流水侵入，从而阻止裂隙中侧向水压和冰裂，防止边坡岩石继续风化，保护边坡不发生落石崩坍。

在公路上广泛采用的封面防护措施是喷射混凝土，该防护要求在混凝土内设置菱形金属网或高强度聚合物土工格栅，并通过锚杆或锚固墩固定于边坡上，这主要是为防止混凝土硬化收缩产生裂缝或剥落。在河北石太高速公路及山西太旧高速公路上处理裂隙发育岩石边坡，效果很好，尤其是河北用于处理蚀变安山岩边坡，非常成功，处理后落石崩坍不再发生。但在某段坡体采用喷射混凝土防护，亦产生了剥落现象。该岩体为全风化石灰岩，新喷射混凝土与之结合不好，接触不均匀，局部强度很低，加之喷射混凝土未加设金属网或土工格栅，整体性不好，从而在内部与外界双重因素作用下，产生局部剥落。

由此，在施工喷射混凝土防护前，坡面不应有风化碎渣、风化土层，全风化岩石不宜采用喷射混凝土防护措施，为防止喷射混凝土硬化收缩产生裂缝或剥落，加设防裂金属网或高强聚合物土工格栅是必要的。当岩体具有沿倾向路面的岩层顺层滑动的潜在危险时还应采取加抗剪锚杆的锚固措施。

(4) 护面墙

为了覆盖各种软质岩层和较破碎岩石的挖方边坡以及坡面易受侵蚀的土质边坡，免受大气影响而修建的墙，称为护面墙。

护面墙多用于易风化的云母片岩、绿泥片岩、泥质灰岩、千枚岩及其他风化严重的软质岩层和较破碎的岩石地段，以防止继续风化。可以有效地防止边坡冲刷，防止滑动型、流动型及落石型边坡崩坍，是上边坡最常见的一种防护形式。

护面墙除自重外，不担负其他荷载，亦不承受墙后土压力，因此护面墙所防护的挖方边坡坡度应符合极限稳定边坡的要求。护面墙有实体护面墙、孔窗式护面墙、拱式护面墙等。

实体护面墙用于一般土质及破碎岩石边坡；孔窗式护面墙用于坡度缓于 1 : 0.75 的边坡，孔窗内可捶面(坡面干燥时)或干砌片石，拱式护面墙用于边坡下部岩层较完整而需要防护上部边坡者，用护面墙防护的挖方边坡不宜陡于 1 : 0.5。

为增强护面墙的稳定性，在护面墙较高时应分级砌筑，视断面上基岩的好坏，每 6~10m 高作为一级，并在墙顶设≥1m 的平台；墙背每 4~6m 高设一耳墙，耳墙宽 0.5~1m。

护面墙顶部应用原土夯实或铺砌，以免边坡水流冲刷，渗入墙后引起破坏。修筑护面墙前，对所防护的边坡应清除松动岩石、松散土层。对风化迅速的岩层如云母岩、绿泥片岩等边坡，清挖出新鲜岩面后，应立即修筑护面墙。

在我国山区高等级公路的防护设施中，护面墙是上边坡采用较多的防护形式，而且多是实体护面墙，一般根据边坡的高度、岩石的风化程度及岩土的工程地质特性采取半防护或全防护措施。在半防护措施中，有时采用坡脚护面墙，由于路堑的开挖，改变了空气的流向，在路堑内形成旋转气流，雨雪天气，该气流携带着雨雪对坡脚的冲刷破坏能力最大，同时汽车高速行驶溅起的雨雪水也直接冲刷坡脚；自然降水自坡顶沿坡面向下流，流至坡脚时，速度最大，冲刷最严重，因此在坡脚处设置矮墙是最起码的防护措施。从另一方面讲，在坡脚设置护面墙还起到诱导行车视线的作用。对于土质边坡，技术、经济条件允许时，还可以搞绿化，种植一些藤本植物，美化环境。

做好公路的排水和防护设计。近年来，公路排水问题已成为公路建设中环保要求的主要制约因素，通常会因水的原因造成公路两边的破坏，进而影响到公路沿线的环境变化，作为公路的重要附属设施排水系统非常重要，其类型的选择应从安全、视觉效果及周围环境协调角度综合考虑，重点为做好路基排水、路面排水及中央分隔带排水，同时兼顾边坡防护工程的应用，使得公路的排水系统和排水工程防护有机地结合统一起来，防护工程的应用，确保了路基的稳定，减少了水土流失，直接起到了保护环境的效果，同时通过适当的绿化处理，改善了排水系统的环境状况。

总之，搞好公路建设，确保公路边坡稳定、安全、搞好环境保护是非常重要的，如何才能做到以上要求，这就要求我们在平时的公路边坡治理中要深入了解公路边坡破坏的形式与机理，并结合不同情况按照相关要求，加强分析和梳理，找准针对不同工程对象的土质、水文、气候等特点，灵活采用不同的防护形式，加强设计理念的更新和适应，加强施工建设管理，建安全之路、生态之路、优美之路。

五、公路“安全示范保障工程”的应用

坚持以人为本，树立全面、协调、可持续的发展观，对新时期公路交通工作提出了更高、更新的要求。公路行车安全与否事关人民群众的生命财产安全，事关人民群众安居乐业。加强和完善公路防护设施，保障人民群众生命财产安全，是实现好、维护好、发展好最广大人民群众的根本利益的实际行动。

2004 年初，交通运输部决定在全国组织实施以“消除隐患、珍视生命”为主题的公路安全保障工程。计划用 3 年时间完成全国国省干线公路上的急弯、陡坡、视距不良、路侧险要等路段的综合整治工作，最大程度上减少公路交通事故伤害，降低事故死亡率，为人民群众的生命财产安全提供保障。

针对不同的路线特点，考虑交通事故类型，因地制宜地确定技术方案是安保工程的关键环节，只有提升设计思想与理念，才能将安保工程做得实用、具有特色。

安保工程的设计思想与理念是：“安全、经济、环保、有效”。

这个理念体现着“经济上可能、技术上可行、方案上有效”的思想，即必须从实际出发，注重环境保护，因地制宜，采用合理的技术措施，达到“主动引导、突出重点、适度防护”的目的。

安全是一个复杂的问题，交通事故是由人、车、路、环境等多方面因素不协调而产生的。安全保障的工作应在没有发生事故前进行主动的安全引导；在发生事故后进行被动的安全防护，最大限度地保证道路使用者的生命与财产安全。

主动安全引导。通过(禁止、警告、指示)标志、标线、线形诱导标、轮廓标、主动降速设施的合理运用，提前将相关道路交通信息告知道路使用者，使其安全通过危险路段。

部分地段可采用提高道路表面的摩擦系数、弯道处适当设置超高等方法提高道路的安全性。

公路安全保障工程是在不同地理、地质和气候条件下，针对不同道路安全隐患实施的，具有较大的差异性，因而深入调查研究、注重工程质量是关键要素。

确定技术方案时，应在全面分析交通安全隐患的基础上，合理确定技术方案，注重环境保护和综合处治措施，充分考虑部分地区生态环境的脆弱性。重视现场调研和科学分析，采用主动与被动安全措施相结合的综合性方法，达到“安全、经济、环保、有效”的目的。

由于安保工程实施的内容非常广泛，其采取的相应措施也很多，集中起来主要有：交通标志、交通标线、视线诱导设施、减速设施、安全护栏、其他综合措施等，这里面的安全护栏的选择和应用与公路生态环保的联系非常紧密。

护栏形式的选择。应针对每条公路的具体情况，充分比较各种护栏的性能，分析行驶安全感、压迫感、视线诱导、瞭望的舒适性，并考虑与公路周围环境的协调，结合经济性、施工条件及养护维修等因素，在综合分析的基础上确定。

① 波形梁护栏刚柔相兼，具有较强的吸收碰撞能量的能力，具有较好的视线诱导功能，能与道路线形相协调，外形美观，损坏处容易更换。较混凝土护栏具有一定的通透性，可用于美观性要求较高的一般路段和沙漠、积雪地区。

② 混凝土护栏防止车辆越出路(桥)外的效果好。由于混凝土护栏几乎不变形，因而维

修费用很低。但当车辆与护栏的碰撞角度较大时，对车辆和乘员的伤害大。可用于山区急弯路段外侧、路侧为深沟、陡崖，车辆冲出将导致严重伤亡事故的部分路段。

③ 缆索护栏属柔性结构，车辆碰撞时缆索在弹性范围内工作，可以重复使用。缆索护栏立柱间距比较灵活，受不均匀沉陷的影响较小。积雪地区缆索护栏对扫雪的障碍少，但缆索护栏施工复杂，端部立柱损坏修理困难，不适合在小半径曲线路段使用。缆索护栏视线诱导性较差，架设长度短时不经济。风景区公路采用缆索护栏较为美观。

④ 考虑到山岭重丘区的施工、材料运输、维修便利，可采用经验证的其他形式的护栏，如钢管护栏、木制抗冲撞护栏、石砌护栏等。

六、公路地质防治工程的应用

自然界内外动力的地质作用所产生的环境地质灾害，如地震、崩塌、滑坡、泥石流等，虽然是自然原因引起的，但它们与公路工程活动是相互联系、相互影响、相互制约的，而且直接影响公路的运营环境。从形式来看地质原因造成对公路的损害主要有：一是自然灾害，比如因为泥石流和水毁期间的影响导致路基不稳定而造成的公路路基被冲毁、路基上下塌方等都是因为自然原因产生的公路灾害，这一类的灾害就本身而言，其公路沿线的边坡和护坡本身结构就很脆弱，一旦遇到其他外因的影响，地质结构会发生相应变化，加上内部的自然力作用，于是就会发生一系列公路灾害，影响公路的通行，这一点在山区公路特别是有地质灾害隐患路段极为常见。对此可以通过实施地质灾害防治工程对公路沿线环境进行有效治理，并采取相应的处理措施，交通运输部已经在着手建立干线公路地质灾害防治相关方面的工作和方案，目前正处于探索和试验阶段，从目前所实施的路段情况看，其理论应用大都来源于生态技术和相应的观点，并且获得较为明显的成效，通过实施相应的防治后，路段的环境得到了很大改观，路段的抗灾害能力大大提高，这也充分说明了生态技术和理论在公路灾害防治中的应用是有着重要的地位和作用，也对今后这样的路段提供了很多技术经验和借鉴。二是人为灾害，人为的灾害显然是人的原因造成的，是因为在公路建设项目中，没有采用正确的方法和措施，破坏了主要是公路建设过程中产生的地质变化，比如对地块的结构进行开挖，像公路的纵断面和横断面开挖，公路的降坡，路线的改线，软土路基的填筑等，因为这方面施工的原因导致地质结构发生相应的变化，破坏了原有的地质结构，在某些作用力的影响下，导致地质灾害的发生，影响了公路的沿线环境，甚至可以产生生态性的破坏。对于这一类的灾害，要求建设单位和设计单位在进行工程可行性研究前后对公路线形的选择要高度重视，同时对公路沿线的地质情况要进行深入了解走访，掌握第一手资料，便于为下步设计做好充分准备，在设计中尽量不破坏原有的地质结构体系。从而在以后的工程施工中尽可能做到最小限度地破坏原有环境。当然对实在不能避免的公路沿线的地质灾害路段，那就要求施工单位和建设单位在公路建设的同时充分考虑到地质灾害可能产生的后果，提前准备并采取相应处治措施，保证不因地质原因而发生公路灾害，同时在后期施工中加强对公路生态的恢复。

七、公路交通噪声的治理

公路噪声的来源很多，有施工过程中机械工作的声音，也有车辆运行时发出的声音，同时也有车辆轮胎与公路路面接触摩擦所产生的声音等等。此类声音的产生对周边群众和行人及过往车辆都有很大影响。因此在公路建设设计时可以考虑采用声屏障、加强路面的平整度、改善车辆性能等一系列措施减少各类噪声产生的途径和分散声音传播路径。尽量减少这种声音源的产生，通过各种措施减小因公路建设运营后带来的噪声污染，影响到沿线和周边群众的生活，这也是生态公路建设的要求所在，同时也是路域生态公路恢复研究的重要课题之一，不能简单地把公路生态研究作为生态景观学的延伸和发展，因为还要考虑到美学、生物学、设计和环境保护的方方面面，对此就公路噪声的防治也显得十分重要。

在施工期间对居民点较多的地点应合理安排施工场地、时间和运料通道，降低声音的影响，加强对路面的质量把关和控制，选用较好的路面材料减少公路施工和今后运营期产生的噪声，对于公路附近的居民处根据路线情况修建声屏障，其高度和长度根据影响居民区的范围而定。根据公路沿线的风貌和自然环境，还要结合当地的风土人情，所以就选择材料和形式而言，也要充分考虑生态环境的因素，借助声学的原理，科学合理地设计声屏障的建立和设置的问题。总的来说就是要通过一系列的技术处理和相应的声音减噪措施，来进一步美化和改善公路沿线的人居环境，为人们提供文明、健康、有序的生活作息环境，同时这也是符合建立生态文明和构建和谐社会的要求。

第四节　公路改建工程的技术分析

一、设计方面

1. 弯道设计

为满足日益增长的交通量的通行要求，更好地服务地方经济，旧路改建一般都是在原有的基础上提高公路等级。旧日路公路等级低、基础差，一般都弯道多，弯道半径小，甚至有很多弯道都是极限半径，行车视距差，有很大的安全隐患。通过公路改建，优化路线线型，提高通行能力，这也是大家的共识。

具体到一个建设项目，受到国家 18 亿亩(1 亩 = 666. 67m^2) 耕地红线的限制，并且用地指标审批难度大，手续烦琐，无形中给优化线型带来了很大的制约；同时，山区公路改建中，受到地形的限制，线型的优化很难实施。如何在现有的条件下达到线型最合理、最优化，建议加快工程建设前期审批进度，提高公路建设周期，在旧路具有一定用地宽度的情况下，线型设计应尽量不占用新的耕地，在《公路路线设计规范》(JTG D20—2017)规定的容许范围内尽量采用较大半径的线型，也可以采用极限半径，同时，增设限速标志以加强安全性。

极限半径设置也会涉及弯道超高的设计问题，规范中根据公路等级、设计时速和拟采用半径，弯道超高有明确的 4%~8%的规定范围，但个人建议除高速公路，人车混行的干线公路易采用规范规定的最小值，最好不要超过 4%。弯道超高过大，平时运行通畅，但一到雨雪天气，道路湿滑，机动车行驶速度缓慢容易侧滑，行人在弯道外侧通行时因高差大很容易内心恐慌而发生意外。弯道超高过大路段是事故易发路段，因此，为平衡舒适性和安全性，超高易采用规范规定的低限。

2. 结构层的加强设计

为增加公路寿命，节约建设资金，个人建议在结构层设计中采用差别设计，对重载通行量大的半幅，加厚路面结构层，增强路面承载力。另外，在国省干线路段上，常有平面交叉路口以及道路安全监控卡口，重型车辆来到此处启停、减速，很容易产生车辙，给行车安全性和舒适性带来很大的隐患。在改建工程设计中，可以在红绿灯启停行车方向和重要安全监控卡口 300m 长度设计加强结构层，有针对性地设计粗级配型路面基层和面层，增加大粒径的配比，同时，路面上面层采用改性沥青等新型材料，增强路面抗车辙能力。

随着人们出行要求的提高，高速公路的服务区给大家提供了舒适的出行便利，普通公路也可以借鉴高速公路的做法，在公路沿线设置服务区或停车区。国省干线公路沿线的站、区，随着一级、二级公路收费站的撤销和养护机械化的提高，原有的收费站动公地、养护工班大部分处于闲置状态，并且其地理位置分布比较均衡合理，公路改建设计中，可以因地制宜，利用沿线原有的站、区，适当地进行升级改造，建成服务区或停车区，不仅盘活了置资产，而且提高了公路的服务水平，为人们的出行提供更多的便利。

二、施工方面

1. 填土路基的处理

公路改建加宽的难点在于路基处理，新老路基结合、处理不好，很容易出现剪切变形，产生滑坡；同时，新老路基沉降不均，也很容易产生纵裂，造成质量安全隐患。

公路填土路基的加宽要点如下：路基加宽，首先要清表，人工和机械配合，对老路边坡进行彻底清理，去除树根，杂草等杂物，对路基底部进行压实处理；如果路基底部有腐殖土，也要彻底清理，换填新的土层、然后压实。同时，填筑路基的土质要与老路基土质尽量一致，土质液限指数需小于 50，塑性指数需小于 26，杜绝使用粉质土、含有生活垃圾或腐殖质的土等不合格的填筑材料。

路基施工中，开挖台阶至关重要。开挖台阶时，分层碾压在路基加宽施工中得到广泛的应用。台阶的尺寸应根据老路边坡的现状、施工方法等具体确定，在开台阶分层碾压过程中，要保证碾压宽度，路基加宽宽度不足时，要采取超宽填筑或旧路翻挖的方式施工，确保压实宽度，使新老路基结合平顺。

压实度是保证路基质量的关键，为提高压实度，要采用 18t 以上的大吨位振动压路机碾压，压实变数和压实机械的组合、土质的最佳含水量、松铺系数等，要通过试验段确定。

路基施工完成后，尤其是高路基路段，需经过一段时间的自然沉降，待路基更稳固后再进行路面基层的施工。具体到一个建设项目，往往受到工期的限制，路基完成后，要开始路面基层的施工。为提高路基稳定性，不得不采取一些加固措施。

铺设土工格栅是常见的方法。土工格栅具有良好的抗拉性和延伸性，在新老路基搭接位置铺设土工格栅，搭接宽度要控制在 30cm 以上，使路基不容易产生变形和位移。

针对高路基加固，最常使用的是强夯法。在路基顶标高处，进行强夯，采用 10t 夯锤，通过强夯机牵引到高度约 10m 的位置后，让其脱钩自由落体，进一步夯实路基，具体夯实遍数根据沉降量确定。一开始施工，仅是夯实加宽部分，后来渐渐发现，隔壁老路路基也有薄弱路段，现在施工基本都是采取全幅强夯的施工方法，确保新老路基的完美结合。

2. 老油路路面的再生利用

目前，基本上没有路面破损率严重、雨雪天不能通行的道路，改建时，大部分路段现状是面层有局部坑槽、网裂、龟裂多，基层开裂、破碎严重，不是板体，都有再生利用的价值。

老路再生利用，有路拌法和旷厂拌法 2 种施工方法。路拌法是指用维特根等大型路拌机现场对老油路进行粉碎，再依次加入粉煤灰、石灰、水泥等凝结材料进行充分拌和，在最佳含水量下进行压实形成基层的方法；厂拌法是指把老路面进行现场粉碎，将粉碎后的集料运送到拌和场，水泥白灰稳定混合料用强制式稳定料拌和机进行集中拌和，再将混合料运送到现场用摊铺机进行摊铺、压实的施工方法。

随着公路等级的提高，厂拌法施工由于配料精度高，混合料拌和质量好，滩铺均匀等优，点越来越被采用。路拌法施工的混合料由于集配均匀性较差，容易产生夹层而被舍弃。老油路再生路拌法施工因就地施工，减少了运输成本，虽有其局限性，但施工中严格施工工序，加强关键质量节点控制管理，能有效控制其劣势，达到事半功倍的效果。

针对路拌法容易产生夹层的现象，可以着重从两方面人手解决。首先，在施工前，对老路结构层进行取芯检测，以便于掌握老路真实的结构层情况，在路拌机粉碎前，确定合理的粉碎厚度，既要保证粉碎厚度以下紧邻的结构层厚度达到 10cm 以上，避免不人为造成夹层，同时，要保证粉碎厚度满足做水泥稳定基层的用料。其次，施工中，在加入水泥、白灰、粉煤灰等材料拌和时，要安排专人负责，紧跟拌和机后进行现场挖坑检测，确保拌和的深度和均匀度，避免产生素土夹层。同时，在水泥的选料上，采用终凝时间长的水泥，并且施工工序紧凑衔接，在水泥延迟时间内多拌和一遍，增加均匀度，切实弥补路拌法施工的短板。

第五节　BIM 技术在公路改建工程上的应用

一、研究现状

改建工程不同于新建工程，是在既有道路的基础上进行改扩建，大多与既有通行道路交叉，部分段落可能跨越铁路，或者下穿高速公路，施工难度和保通难度较大，与既有线路交叉的节点处往往工况复杂，常规施工模式下，施工方很难对复杂节点处的工况及施工环境进行预判。BIM 技术在公路工程上应用，多体现在可视化交底，对复杂关键节点记性可视化展示，将二维书面交底转换为更为直观的三维立体表现形式，少有施工方在公路工程的 BIM 技术应用上有所创新。对 BIM 技术在公路工程应用新形式的探索，迫在眉睫，且势在必行。

二、研究方向

1. 工程重点、难点分析

本研究依托的新增 G343 豫皖交界至永夏界段改建工程，是纵穿永城境内的一条重要的国省干线，线路起于豫皖交界侯岭乡止于永夏交界蒋口镇，线路长 45 公里，总结出以下重点、难点：

（1）多处上跨运煤铁路线和永登高速大动脉，安全保通风险大；

（2）线路长达 45 公里且工程体量大，要求临时场站建设多且建设费用大；

（3）桥梁结构物多工序复杂，施工技术难度大。

2. BIM 应用策划

针对工程重点、难点，以及可优化的专业工程，对项目初步编制的临时驻地方案、场站设置方案、桥梁施工方案等进行了探讨式研究分析。结合其他市政公用工程项目的 BIM 应用情况，分阶段开展 BIM 工作。

3. BIM 应用实施

（1）基于 BIM 技术对场地合理化布置，减少用地、用材

a. 利用 BIM 技术可视化，直观感受临建设施间位置关系，快速进行临时给排水、消防系统、供配电及照明系统布置，设置多种方案，通过一键提取材料，比较不同规划路线材料用量，在满足规范、项目部选取用材最少的水电布置方案，减少用材。

b. 在建设大型场站过程中结合当地生产资源植入 BIM 技术，将混凝土、沥青、水稳拌合站融入一体规划设计，通过 BIM 动游模拟三合一站生产高峰期的设备运营、后场供应、车辆进场，从而优化场站布局、压缩用地、减少管理人员、降低场站建设费用。

（2）基于 BIM 技术对危险工程可视化方案解析

a. 线路内有多处上跨铁路、公路所设桥梁，在跨线安装预制箱梁过程中是属于超过一定规模的危险性较大的施工工序，为更好的模拟周边环境和方案实施过程，采用 BIM 动画演示解析保通措施，验证可靠性，增加方案一次通过率，避免施工中安全事故的发生。

b. 大青沟特大桥、沱河大桥悬臂主桥采用搭设满堂支架现浇的施工工艺，属于超过一定规模的危险性较大的分部分项工程，须进行安全专项方案论证，采用 BIM 技术进行方案解析，形象直观，增加方案一次通过率。

（3）基于 BIM 技术对设计优化、碰撞检查优化

大青沟特大桥与沱河大桥悬臂梁施工技术复杂、工序衔接多、钢筋与应力束相互交织，项目采用 BIM 模型以满足设计碰撞检查，结构内部三向预应力管道空间相对关系错综复杂，而二维 CAD 图纸通常在不同的图纸表示不同的构件，容易导致设计时考虑不周发生管道碰撞、部件位置冲突等现象，BIM 技术可以清楚地看到桥梁的纵、横、竖三向预应力钢束按原布置方式发生的位置冲突，能使施工人员及时进行调整以避免给后期造成工期和质量影响。

第九章

公路工程施工项目管理

第一节　进度控制与质量控制

一、进度控制

（一）进度计划的审批

1. 进度计划的提交

（1）总体性进度计划：在中标通知书发出后合同规定的时间内，承包人应向监理工程师书面提交以下文件：一份详细和格式符合要求的工程总体进度计划及必要的各项关键工程的进度计划；一份有关全部支付的现金流估算；一份有关施工方案和施工方法的总说明（可通过施工组织设计提出）。

（2）阶段性进度计划：在将要开工以前或在开工以后合理的时间内，承包人应向监理工程师提交以下文件：年、月（季）度进度计划及现金流估算和分项（或分部）工程的进度计划。

2. 进度计划的审查要点

施工单位编写完进度计划后，应组织有关人员进行审查，审查要点如下：

（1）工期和时间安排的合理性：①施工总工期的安排应符合合同工期；②各施工阶段或单位工程（包括分部、分项工程）的施工顺序和时间安排与材料和设备的进场计划相协调；③易受冰冻、低温、炎热、雨期等气候影响的工程应安排在适宜的时间并应采取有效的预防和保护措施；④对动员、清场、假日及天气影响的时间，应有充分的考虑并留有余地。

（2）施工准备的可靠性：①所需主要材料和设备的运送日期已有保证；②主要骨干人员及施工队伍的进场日期已经落实；③施工测量、材料检查及标准试验的工作已经安排；④驻地建设、进场道路及供电、供水等已经解决或已有可靠的解决方案。

（3）计划目标与施工能力的适应性：①各阶段或单位工程计划完成的工程量及投资额应与设备和人力实际状况相适应；②各项施工方案和施工方法应与施工经验和技术水平相适应；③关键线路上的施工力量安排应与非关键线路上的施工力量安排相适应。

（二）进度计划的检查

项目部每天按单位工程、分项工程或工点对实际进度进行记录，并予以检查，以作为掌握工程进度和进行决策的依据，并及时向监理和建设单位汇报。

（三）工程施工延误的处理

处理延误事件，首先可采用进度检查方法，判断其延误是否造成误期影响，工期将拖延多少，对于无误期影响的延误事件一般无须处理，但对延误较大虽然还未造成误期影响的这些准关键工作（即已接近关键工作的工作）要极为关注。其次应通过现场记录和有关文件或资料分析这些延误事件的原因或责任。由于延误原因或责任有两类，与之相对应的也有两种不同处理方式。

1. 施工单位自身原因或责任的延误引起误期影响的处理

施工单位自身原因的延误引起工期拖延，没有超过一定比例时，施工单位一般可通过加强内部管理来自身消化。达到或超过一定比例，施工单位提出和采取的加快工程进度的措施必须经过监理工程师批准。

2. 非承包人原因或责任的延误引起误期影响的延期申请条件

处理方式有：①由于非承包人的责任，工程不能按原定工期完工；②可获延期的情况发生后，承包人在合同规定期限内向监理工程师提交工程延期的意向通知书；③承包人承诺继续按合同规定向监理工程师提交有关造成工期拖延的详细资料，并根据监理工程师需求随时提交有关证明；④可获延期的事件终止后，承包人在合同规定的期限内，向监理工程师提交正式的延期申请报告。

（四）进度计划的调整

如果发现工程现场的组织安排、施工顺序和人力、设备与进度计划上的方案有较大不一致时，应对原工程进度计划及现金流动计划予以调整，调整后的工程进度计划应符合工程现场实际，并应保证满足合同工期的要求。

进度计划的调整，根据调整的原因分为两种，一种是延期后应按新合同工期调整计划；另一种是延误了工期却又无权获得延期，因此需要调整计划使后续计划的工作内容改变或缩短时间以符合合同工期。前一种相当于给定的工期内以原来计划为参考重新编制符合新合同工期的计划；后一种是在原计划的基础上压缩工期，使计划的计算工期符合合同工期。压缩工期就是网络计划优化中的工期优化，就是压缩关键线路，所以调整计划就是调整关键线路。

1. 压缩工期的两种主要途径与方法。

（1）改变原计划中关键工作之间的逻辑关系：可将顺序施工关系改为平行施工关系或将顺序施工关系改为搭接施工关系。

（2）压缩关键工作的持续时间：通过网络图直接进行压缩工期很方便，在压缩时首先要考虑的是，要选择哪个关键工作进行压缩并且应压缩多少才合适。

2. 压缩关键工作持续时间的措施。

（1）组织措施：①增加工作面，组织更多的施工队伍；②增加每天的施工时间（多班制或加班）；③增加关键工作的资源投入（劳力、设备等）。

（2）技术措施：①改进施工工艺和技术，缩短工艺技术间歇时间（如混凝土的早强剂等）；②采用更先进的施工方法以缩短施工过程的时间（如现浇方案改为预制装配）；③采用先进的施工机械。

（3）经济措施或行政措施：①用物质刺激和精神刺激的方法提高效率；②对所采取的技术措施给予相应经济补偿。

（4）其他配套条件：①改善外部配套条件；②改善劳动条件；③实施强有力的调度等。

3. 调整计划压缩工期的步骤

① 用进度检查的方法计算出工期拖延量，以确定压缩天数；②简化网络图，去掉已执行的部分，以进度检查日期作为新起始节点起算时间，并将尚需日期的实际数据代入正施工的工作的持续时间，保留原计划后续部分；③以简化的网络图及代入的尚需日期为基础的网络图计算各工作最早开始时间；④以计算工期值反向计算各工作最迟结束时间；⑤计算各工作的总时差和自由时差，以便于计算线路的长短：线路与关键线路长度之差称为该线路时差，其数值在双代号网络图中等于该线路上各工作的所有自由时差和；⑥借助自由时差来比较线路长短的方法：多次压缩关键工作的持续时间，保证做到关键工作每压缩一定值，工期也随之缩短一定值，一直压缩到合同工期为止。

二、质量控制

（一）质量控制方法

现场质量检查控制的方法主要是：测量、试验、观察、分析、记录、监督、总结改进。

1. 审核与分析有关技术文件、报告或报表

对技术文件、报告、报表的审核与分析是对工程质量进行全面控制的重要手段，项目经理应负总责，各相关部门应恪守职责，做好本职工作，确保控制有效。

2. 现场质量检查控制

现场工程质量检查分开工前检查、施工过程中检查和分项工程完成后的检查。

（1）开工前检查：开工前首先要对上一道工序的完成情况进行检查，主要检查上道工序是否经过验收，如上道工序为隐检工序，验收手续是否齐备，上道工序中是否有需要处理的质量问题尚未处理，只有上道工序的所有工作全部完成后才能开始下道工序的施工。针对拟开工工序的开工前检查一般包括五个方面的内容：①人员准备检查，劳动力需求是否能满足要求，是否需要特殊工种，特殊工种有没有证件，质量管理人员是否有相应资格并熟悉相关规范；操作班组是否经过交底，必要时经过相关培训；②机械设备检查，拟进行工序所需机械设备是否齐备，设备性能满足施工规范和施工方案要求，状态完好；③材料检查，现场材料准备是否充足，需经试验才能使用的材料是否经试验合格；④施工方案和施工方法检查，施工方案是否经过审批，是否经过三级交底，交底手续是否齐全，必要时与现场监理沟通。关键质量控制点的参数要了解；⑤施工环境检查，现场是否具备足够的工作面，特别是冬、雨期施工天气条件是否满足施工工艺参数的要求。

（2）施工过程中检查：施工过程中检查的内容同施工前的检查，除落实开工前检查的各项内容外，重点检查以下方面的内容：①各项技术参数是否正常，操作工作有无误操作；②过程中应该做的试验检验工作有没有完成；③可能影响施工质量的紧急突发

情况。

（3）施工后检查：施工后的检查除按工艺标准或规范要求必须进行的检查、检测外，检查重点为对后续验收、检验评定和下道工序的支持作用及成品保护工作。同时要注重施工过程中可追溯性资料的收集整理工作。

（4）停工后复工前的检查：因处理质量问题或某种原因停工后再复工时，均应检查认可后方可复工。

（5）分项、分部工程完工后的检查：应按规定的程序和要求，经检查认可并签署验收记录后，才允许进行下一工程项目施工。

（6）巡视检查：对施工操作质量应进行巡视检查，必要时还应进行跟踪检查。

3. 工程质量评定方法

公路工程质量评定方法是根据建设任务、施工管理和质量检验评定的需要将工程划分为单位工程、分部工程和分项工程，依据质量检验评定标准对分项工程进行评分，采用加权平均值计算方法确定分部或单位工程相应的评分值。

工程质量情况依据得分情况按照分项、分部、单位工程、合同段和建设项目逐级评定，工程质量等级评定分为合格、不合格两个等级。

（二）质量控制关键点的设置

公路工程质量控制关键点要根据设计文件、项目专用技术规范和施工质量控制计划的要求设置，通过公路质量控制关键点的设置确保建造出符合设计和规范要求的工程。公路工程质量管理必须以预防为主，加强因素控制，确定特定、特殊工序的质量控制关键点，实施公路工程施工的动态管理。

1. 质量控制关键点的设置

应根据不同管理层次和职能，按以下原则分级设置：①施工过程中的重要项目、薄弱环节和关键部位；②影响工期、质量、成本、安全、材料消耗等重要因素的环节；③新材料、新技术、新工艺的施工环节；④质量信息反馈中缺陷频数较多的项目。关键点应随着施工进度和影响因素的变化而调整。

2. 质量控制关键点的控制

① 制定质量控制关键点的管理办法；②落实质量控制关键点的质量责任；③开展质量控制关键点 QC 小组活动；④在质量控制关键点上开展一次抽检合格管理和检查上道工序、保证本道工序、服务下道工序的“三工序”活动；⑤认真填写质量控制关键点的质量记录；⑥落实与经济责任相结合的检查考核制度。

3. 质量控制关键点的文件

包括：①质量控制关键点作业流程图；②质量控制关键点明细表；③质量控制关键点（岗位）质量因素分析表；④质量控制关键点作业指导书；⑤自检、交接检、专业检查记录以及控制图表；⑥工序质量统计与分析；⑦质量保证与质量改进的措施与实施记录；⑧工序质量信息。

4. 质量控制关键点实际效果的考查

质量控制关键点的实际效果表现在施工质量管理水平和各项指标的实现情况上。要运用数理统计方法绘制工程项目总体质量情况分析图表，该图表要反映动态控制过程与施工项目实际质量情况。各阶段质量分析要纳入施工项目方针目标管理。

5. 土方路基工程施工中常见质量控制关键点

① 施工放样与断面测量；②路基原地面处理，按施工技术合同或规范规定要求处理，并平整压实；③使用适宜材料，必须采用设计和规范规定的适用材料，保证原材料合格，正确确定土的最大干密度和最佳含水量；④每层的松铺厚度，横坡；⑤分层压实，控制填土的含水量，确保压实度达到设计要求。

6. 路面基层(底基层)施工中常见的质量控制关键点

① 基层施工所采用设备组合；②路面基层(底基层)所用结合料(如水泥、石灰)剂量；③路面基层(底基层)材料的含水量、拌合均匀性、配合比；④路面基层(底基层)的压实度、弯沉值、平整度及横坡等；⑤如采用级配碎(砾)石还需要注意集料的级配和石料的压碎值。

7. 水泥混凝土路面施工中常见质量控制关键点

① 基层强度、平整度、高程的检查与控制；②混凝土材料的检查与试验；③混凝土配合比设计和试件的试验。混凝土的水灰比、外掺剂掺加量、坍落度应控制；④混凝土的摊铺、振捣、成型及避免离析；⑤锯缝时间和养护的掌握。

8. 沥青混凝土路面施工中常见质量控制关键点

① 基层强度、平整度、高程的检查与控制；②沥青材料的检查与试验；③集料的级配、沥青混凝土配合比设计和试验；④路面施工机械设备配置与组合；⑤沥青混凝土的运输及摊铺温度控制；⑥沥青混凝土摊铺厚度的控制和摊铺中离析控制；⑦沥青混凝土的碾压与接缝施工。

9. 桥梁基础工程施工中常见质量控制点

① 扩大基础：基底地基承载力的确认，满足设计要求；基底表面松散层的清理；及时浇筑垫层混凝土，减少基底暴露时间；大体积混凝土施工裂缝控制；②钻孔桩：桩位坐标控制；垂直度的控制；孔径的控制，防止缩径；清孔质量(嵌岩桩与摩擦桩要求不同)；钢筋笼接头质量；水下混凝土的灌筑质量。

10. 桥梁下部结构施工中常见质量控制点

① 实心墩：墩身锚固钢筋预埋质量控制；墩身平面位置控制；墩身垂直度控制；模板接缝错台控制；墩顶支座预埋件位置、数量控制；②薄壁墩：墩身锚固钢筋预埋质量控制；墩身平面位置控制；墩身垂直度控制；模板接缝错台控制；墩顶支座预埋件位置、数量控制；墩身与承台联结处混凝土裂缝控制；墩顶实心段混凝土裂缝控制。

11. 桥梁上部结构施工中常见质量控制点

① 简支梁桥；②连续梁桥；③拱桥。

12. 公路隧道施工中常见质量控制关键点

① 洞口工程质量控制关键点；②洞身开挖质量控制关键点。

(三) 质量缺陷处理方法

在公路行业施工过程中，机械化程度相对较低，在施工过程中，难免出现各种各样的质量缺陷，如何确定质量缺陷的性质，针对不同性质的缺陷采取相应的处理措施，是保证工程质量的一项重要内容。

1. 质量缺陷性质的确定

质量缺陷性质的确定，是最终确定缺陷问题处理办法的首要工作和根本依据。一般通过下列方法来确定缺陷的性质。

（1）观察和查阅记录资料：是指对有缺陷的工程现场情况、施工过程、施工设备和施工操作情况等进行现场观察和检查。主要包括查阅试验检测报告、施工技术资料、施工过程记录、施工日志，施工工艺流程、施工方案、施工机械运转记录等相关记录，同时在特殊季节关注天气情况等。

（2）检验与试验：通过检查和了解可以发现一些表面的问题，得出初步结论，但往往需要进一步的检验与试验来加以验证。

（3）专题调研：有些质量问题，仅仅通过以上两种方法仍不能确定。如某大桥在交工后不到一年的时间里出现了超过规范要求的裂缝，仅通过简单的观察和查阅现有资料很难确定产生裂缝的根本原因，找不到原因也就无从确定进一步的处理措施，在这种情况下就需要采用专项调研，通过对勘测、设计、施工各个环节的调查、分析研究，辅之以辅助的检测手段，确定质量问题的性质和为随后采取的措施提供依据。

在这种情况下，为了查明产生问题的根本原因，有必要组织有关方面的专家或专题调查组提出检测方案，对所得到的一系列参考依据和指标进行综合分析研究，找出产生缺陷的原因，确定缺陷的性质。这种专题研究，对缺陷问题的妥善解决作用重大，因此经常被采用。

2. 质量缺陷处理方法

（1）整修与返工：缺陷的整修，主要是针对局部性的、轻微的且不会给整体工程质量带来严重影响的缺陷。如水泥混凝土结构的局部蜂窝、麻面，道路结构层的局部压实度不足等。这类缺陷一般可以比较简单地通过修整得到处理，不会影响工程总体的关键性技术指标。由于这类缺陷很容易出现，因而修补处理方法最为常用。

返工的决定应建立在认真调查研究的基础上。是否返工应视缺陷经过补救后能否达到规范标准而定，对于补救后不能满足标准的工程必须返工。如某承包人为赶工期，曾在雨中铺筑沥青混凝土，监理工程师只得责令承包人将已经铺完的沥青面层全部推除重铺；一些无法补救的低质涵洞也被炸掉重建温度过低或过高的沥青混合料在现场被监理工程师责令报废等。

（2）综合处理办法：主要是针对较大的质量事故而言的。这种处理办法不像返工和整修那样简单具体，其是一种综合的缺陷（事故）补救措施。能够使得工程缺陷（事故）以最小的经济代价和工期损失，重新满足规范要求。处理的办法因工程缺陷（事故）的性质而异，性质的确定则以大量的调查及丰富的施工经验和技术理论为基础。具体做法可组织联合调查组、召开专家论证会等方式。实践证明，这是一条合理解决这类问题的有效途径。

第二节 成本控制与合同管理

一、成本管理原则与方法

(一) 成本管理的原则

1. 成本最低化原则

施工项目成本管理的根本目的，在于通过成本管理的各种手段，促进不断降低施工项目成本，以达到可能实现最低的目标成本的要求。但是，在实行成本最低化原则时，应注意研究降低成本的可能性和合理的成本最低化。一方面要挖掘各种降低成本的潜力，使可能性变成现实；另一方面要从实际出发，制定通过主观努力可能达到合理的最低成本水平，并据此进行分析、考核评比。

2. 全面成本管理原则

全面成本管理是全企业、全员和全过程的管理，亦称“三全”管理。长期以来，在施工项目成本管理中，存在“三重三轻”问题，即重实际成本的计算和分析，轻全过程的成本管理和对其影响因素的控制；重施工成本的计算分析，轻采购成本、工艺成本和质量成本；重财会人员的管理，轻群众性的日常管理。因此，为了确保不断降低施工项目成本达到成本最低化的目的，必须实行全面成本管理。

3. 成本责任制原则

为了实行全面成本管理，必须对施工项目成本进行层层分解，以分级、分工、分人的成本责任制作保证。施工项目经理部应对企业下达的成本指标负责，班组和个人对项目经理部的成本目标负责，以做到层层保证，定期考核评定。成本责任制的关键是划清责任，并要与奖惩制度挂钩，使各部门、各班组和个人都来关心施工项目成本。

4. 成本管理有效化原则

所谓成本管理有效化，主要有两层意思：一是促使施工项目经理部以最少的投入，获得最大的产出；二是以最少的人力和财力，完成较多的管理工作，提高工作效率。提高成本管理的有效性：一是可以采取行政方法，通过行政隶属关系，下达指标，制定实施措施，定期检查监督；二是采用经济方法，利用经济杠杆、经济手段实行管理；三是用法制手段，根据国家的政策方针和规定，制定具体的规章制度，使人人照章办事，用法律手段进行成本管理。

5. 成本管理科学化原则

成本管理是企业管理学中一个重要内容，企业管理要实行科学化，必须把有关自然科学和社会科学中的理论、技术和方法运用于成本管理。在施工项目成本管理中，可以运用预测与决策方法、目标管理方法、量本利分析方法和价值工程方法等。

6. 工期、质量与成本均衡原则

在整个工程施工过程中，成本、质量、工期三者的关系是辩证统一的。适当加快施工进度可以减少间接费的支出，对降低成本起到了一定的作用，但是，如果盲目追求高速度，必然会增加直接费用，而且会损害工程质量，质量成本也会增加，从而使总成本开支加大。同理如果不考虑工程建设项目的合理寿命，过分片面追求高质量，同样也会导致成本的增加。因此，加强公路施工项目成本管理必须遵循工期、质量、成本均衡的原则，正确处理三者的关系，寻找最佳质量成本与最佳工期成本，在合理的工期内，达到质量高的要求，并努力提高资源的利用率，始终把总成本目标控制在最低点。

（二）公路工程项目施工成本控制方法

公路施工项目成本控制的方法很多，一般在工程实践中只要在满足质量、工期、安全的前提下，能够实现成本控制目的的方法都认为是可行的。下面重点介绍四种成本控制方法。

1. 以目标成本控制成本支出

在公路工程施工项目的成本控制中，可根据项目经理部制定的目标成本控制成本支出，这是最有效的方法之一。该方法主要从以下几个方面加以控制：人工费的控制；材料费的控制；周转工具使用费的控制；施工机械使用费的控制；现场管理费的控制。

2. 以施工方案控制资源消耗

施工项目中资源消耗是成本费用的重要组成因素。因此，减少资源消耗，就等于减少成本费用；控制了资源消耗，也等于控制了资源费用。

3. 用净值法进行工期成本的同步控制

成本控制与施工计划管理、成本与进度之间必然存在着同步关系。因为成本是伴随着施工的进行而发生的，施工到什么阶段应该有什么样的费用，应用成本与进度同步跟踪的方法控制部分项目工程成本。如果成本与进度不对应，则必然会出现虚盈或虚亏的不正常现象，那么就要对此进行分析，找出原因，并加以纠正。

4. 运用目标管理控制工程成本

运用目标管理控制工程成本，应从组织、经济、合同等多方面采取措施。要有明确的组织机构，有专人负责和明确管理职能分工；技术上要对多种施工方案进行选择；经济上要对成本进行动态管理，严格审核各项费用支出，采取对节约成本的奖励措施等；合同措施主要是收集、整理设计变更、工程签证、费用索赔、决算书发文等。总之，综合各种有效的成本控制方法是实现施工项目成本控制的要求，是降低额外消耗、实现目标成本，实现项目盈利的关键。

二、施工成本目标考核

（一）公路工程项目施工成本构成

1. 概述

公路工程建筑安装费由直接费、间接费、利润和税金四部分组成，项目施工成本仅包括直接费和间接费两部分。直接费中其他工程费和间接费需依据不同的工程类别分别确定计算费率进行计算。公路工程项目工程类别划分如下：①人工土方。②机械土方。③汽车运输。④人工石方。⑤机械石方。⑥高级路面。⑦其他路面。⑧构造物Ⅰ。⑨构造物Ⅱ。

⑩构造物Ⅲ。⑪ 技术复杂大桥。⑫ 隧道。⑬ 钢材及钢结构。购买路基填料的费用不作为其他工程费和间接费的计算基数。

2. 直接费

直接费由直接工程费和其他工程费组成。

3. 间接费

间接费由规费和企业管理费组成。

（二）公路工程项目施工成本目标考核内容

施工项目成本考核，就是在施工过程中和施工项目竣工时通过定期对成本指标和成本效益指标的对比分析，对目标成本和成本计划以及成本效益指标的完成结果进行全面审核、评价和奖罚。考核经济责任是手段，实现成本控制是目的，而实现奖惩又是考核经济责任的有效措施，因此施工项目考核的过程也是成本控制的过程。

1. 施工项目成本考核的依据

① 以国家的方针政策、法规和成本管理制度为考核前提。②以施工项目成本计划为考核依据。③以真实可靠的施工项目成本核算资料为考核的基础。④以项目成本岗位责任为评价标准。

2. 施工项目成本考核的内容

施工项目成本考核，般可以分为两个层次，一是企业对项目经理部完成各项经济指标情况的考核；二是项目经理对所属各职能部门、作业队和班组的考核。通过以上考核，可以督促项目经理、责任部门和责任者更好地完成责任成本，从而形成实现项目成本目标的保证体系。

三、合同管理

（一）公路工程施工有关合同

1. 承包商的主要合同关系

承包商是工程施工的具体实施者，是工程承包合同的履行者。承包商通过投标接受业主的委托，签订工程承包合同。工程承包合同和承包商是任何建筑工程中都不可缺少的。承包商要完成承包合同中约定的责任，包括由工程量清单中所确定的工程范围的施工、竣工和缺陷责任及保修，并为完成这些工程提供劳动力、施工设备、材料，有时也包括技术设计。任何承包商都不可能也不必具备所有的专业工程的施工能力、材料和设备的生产和供应能力，因此，其必须将一些专业施工或工作委托出去，这样，除了与业主签订的承包合同之外，还形成了承包商复杂的合同关系。

2. 工程分包合同及合同管理

（1）分包合同的分类和概念：①一般分包合同是指在执行工程承包合同过程中，承包商由于某些原因，将自己承担的部分工程，在经业主或监理工程师批准后，交给另外的承包商施工，承包商和分包商双方签订工程分包合同。一般分包合同的特点：分包合同由承包商制定，即由承包人挑选分包人；分包合同必须事先征得业主的同意和监理工程师的书面批准；对合同总的执行没有影响。强调承包商不能将全部工程分包出去，自己一定要执行主体工程合同；承包商并不因搞了部分工程分包，从而减少其对分包工程在承包合同中应承担的责任和义务。②指定分包合同是业主或监理工程师指定或选择的分包工程施工、供货或劳务人员，在承包商同意后，与承包商签订的分包合同。指定分包合同的特点：指定的分包合同直接涉及业主和监理工程师；在标书中，应明确写出指定分包的项目或指定分包商的名单；指定分包合同所用的暂定金额应包括在合同的工程量清单之内；指定分包商应当向承包商承担如同承包商向业主所承担的同样的义务和责任，以保证承包商对指定分包商满意并合作共事。

（2）分包合同的主要内容：①工程范围和内容。分包合同应十分明确地划分工程范围，工作内容要详细说明，另外应附工程量清单。②工程变更。合同中应注明工程变更的确认程序和变更价款的分配办法。③支付条件。包括预付款的支付比例和扣还的方式；进度款的支付方法和时间；支付货币的种类和汇率等。④保留金和缺陷责任期。包括保留金的扣除比例和返还时间、缺陷责任期的时间等。⑤拖延工期违约损失赔偿金。⑥双方的责任、权利和义务。总承包商在分包合同中可以转移责任义务和风险给分包商，但应注意业主和监理并不因此而解除承包商的任何责任和义务。⑦其他方面。诸如合同的变更、中止、解除、纠纷解决等条款，可以参照总承包合同订立。

3. 材料采购合同及合同管理

建筑材料是公路工程施工必不可少的物质资源，涉及面广，品种多，数量大。材料费用在工程总投资中占有很大比例，一般都在40%以上。

建筑材料按时、按质、按量供应是工程施工按计划进行的前提。材料的供应必须经过订货、生产(加工)、运输、存储、使用(安装)等各个环节，经历一个非常复杂的过程。建筑材料采购合同是连接建筑生产、流通和使用的纽带，是公路工程建设一系列合同中的重要组成部分之一。

（1）建筑材料的采购方式：建筑材料按批量、货源的不同，应采用不同的采购方式和供应方式。具体有：①公开招标。②“询价—报价”方式。③直接采购方式。

（2）建筑材料采购合同的主要内容：①标的。②数量。③包装。④材料的交付方式。⑤价格。⑥结算。⑦违约责任。⑧特殊条款。

（3）建筑材料采购合同的管理：材料采购合同签订以后，供需双方应严格按照合同约定全面履行各自的义务。材料采购合同管理主要应包括以下内容：①按约定的标的履行。②加强对材料的验收。③按时支付材料款。

（二）公路工程变更、索赔及价格调整

1. 公路工程变更

合同变更是指合同成立以后和履行完毕以前，合同当事人依法对合同的内容所进行的修改，包括合同价款、工程内容、工程的数量、质量要求和标准、实施程序等的一切改变都属于合同变更。公路工程变更一般是指在公路工程施工过程中，根据合同约定对施工的程序、工程的内容、数量、质量要求及标准等做出的变更。工程变更属于合同变更。

（1）公路工程变更的范围和内容：根据《公路工程标准文件》通用合同条款15条规定，工程变更的范围和内容包括：①取消合同中任何一项工作，但被取消的工作不能转由发包

人或其他人实施。②改变合同中任何一项工作的质量或其他特性。③改变合同工程的基线、标高、位置或尺寸。④改变合同中任何一项工作的施工时间或改变已批准的施工工艺或顺序。⑤为完成工程需要追加的额外工作。

（2）公路工程变更的程序：工程变更的程序包括意向通知、资料搜集、费用评估、协商价格、签发变更令等。

2. 公路工程施工索赔

施工合同索赔是指在施工合同履行过程中，合同一方因对方不履行或不适当履行合同义务而遭受损失时向对方提出的价款与工期补偿的要求。其既包括承包商向业主提出的索赔，也包括业主向承包商提出的反索赔。承包商的索赔一般是关于工期、质量和价款的争议，业主向承包商的索赔一般是因承包商承建项目未达到规定质量标准、工程拖期等原因引起。

由于公路工程施工现场条件、社会和自然环境、地质水文等的变化，招标文件和合同条款难免出现与实际不符的错误等因素，因此，索赔在工程施工中是难免的，引起索赔的原因也是多方面的。在分析引起索赔的众多因素中，比较普遍的因素是开工受阻、赶工、气候影响、工程量的增减、合同条款中与索赔密切相关的工程变更、增加工程及工程进度变化引起的工期与费用的索赔。

3. 公路工程中价格调整

公路施工过程中，由于市场物价的变化具有很强的不确定性和不可预见性，造成施工成本因物价的变化上涨或降低。价格调整在国际竞争性招标项目中是一种惯例，其使招、投标工作处于公平竞争的水平上，既使业主承受合理的价格风险；同时也减少承包人在施工期间因价格波动带来的风险。在比较稳定的经济环境下，合同价格容易控制。但是，当出现急剧的通货膨胀，人工、材料、设备使用大幅上涨的情况下，合同价格调整尤有必要。一些发展中国家尚无条件提供物价指数，难以用公式法进行调价；采用文件证据法调价时弊端又较多。因此，一些国家的业主愿意采取固定总价合同的发包形式，而不进行价格调整。这对规模小、工期短的工程项目是可行的，但对工期长的大型项目，不做价格调整，往往是行不通的；或者承包人普遍提高投标报价，将不合理的价格风险转嫁给业主。

（三）公路工程施工投标文件的编制

1. 投标文件的内容

① 投标函及投标函附录。②法定代表人身份证明或附有法定代表人身份证明的授权委托书。③联合体协议书。④投标保证金。⑤已标价工程量清单。⑥施工组织设计。⑦项目管理机构。⑧拟分包项目情况表。⑨资格审查资料。⑩投标人须知前附表规定的其他材料。

投标人须知前附表规定不接受联合体投标的或投标人没有组成联合体的，投标文件不包括上述第三条所指的联合体协议书。

2. 投标文件的编制要求

① 投标文件应按中华人民共和国《标准施工招标文件》中的“投标文件格式”进行编写，如有必要，可以增加附页，作为投标文件的组成部分。其中，投标函附录在满足招标文件实质性要求的基础上，可以提出比招标文件要求更有利于招标人的承诺。②投标文件应当

对招标文件有关工期、投标有效期、质量要求、技术标准和要求、招标范围等实质性内容作出响应。③投标文件应用不褪色的材料书写或打印，并由投标人的法定代表人或其委托代理人签字或盖单位章。委托代理人签字的，投标文件应附法定代表人签署的授权委托书。投标文件应尽量避免涂改、行间插字或删除。如果出现上述情况，改动之处应加盖单位章或由投标人的法定代表人或其授权的代理人签字确认。签字或盖章的具体要求见投标人须知前附表。④投标文件正本一份，副本份数见投标人须知前附表。正本和副本的封面上应清楚地标记“正本”或“副本”的字样。当副本和正本不一致时，以正本为准。⑤投标文件的正本与副本应分别装订成册，并编制目录，具体装订要求见投标人须知前附表规定。

第三节　风险管理与安全管理

一、风险管理

（一）风险管理的定义

风险管理，是指对风险从认识、分析乃至采取防范和处理措施等一系列过程。项目风险管理是指通过对于项目风险识别和风险度量等工作去发现项目风险，然后以此为基础通过运用各种项目风险应对措施和管理方法对项目风险实行有效地控制，以及妥善地处理项目风险事件所造成的有利和不利结果，以确保项目总体目标的全面实现的专项管理工作。

（二）公路施工企业在风险管理中存在的问题

1. 风险防范意识不强

目前，我国许多公路工程施工企业的一些管理者风险意识不强，对具体项目风险管理的重要性认识不足，即使在施工中实施了一些风险管理的措施，但是也往往缺乏比较明确的风险管理目标。与此同时，在施工企业内部风险管理的概念依据模糊，企业在整体项目管理中缺乏建立积极的风险防范管理体系。

2. 风险管理机制不健全

许多公路工程施工企业在日常的施工规范中，没有对工程项目中遇到的各种风险进行必要的识别，也没有制定与之相对应的风险防范措施。在施工工程项目部的组织结构设置上，许多企业并没有充分考虑到风险管理部门的职能，缺乏必要的风险管理人员来履行风险管理职责。此外，在项目工程运作流程上，当前很多施工企业都没有形成有效的风险管理流程，当公路施工项目遭遇风险的时候，施工企业抵御并化解风险的能力还比较差，这在一定程度上也增加了组织机构的运行风险。

3. 风险管理的方法比较单一

现阶段，一些公路工程施工企业在风险管理的过程中缺少必要的管理手段，选择方法比较单一，大多数施工企业还没有建立起完善的风险管理信息系统。许多企业在项目投标前的可行性分析不够，对项目潜在的风险估计不足，因而在风险到来时就不能够及时、有效地做出反应。

（三）公路工程项目风险管理制度体系

公路工程施工企业应建立项目风险管理制度体系，明确各层次管理人员的风险管理责任，减少在项目实施过程中的不确定因素对项目的影响。建立风险管理制度的核心，就是针对公路工程建设领域中存在的突出问题(如招投标行为不规范、合同履约率低、拖欠工程款严重、工程质量安全问题突出等)，尽快建立起参照国际惯例并符合国情的工程担保和工程保险制度。

1. 投标信用担保制度

投标担保是担保人为保障投标人正当从事投标活动而做出的一种承诺。投标信用担保目前已在一些工程上实行，关键是要完善制度，规范操作。根据建筑施工企业现状，当前宜采用银行保函、担保公司保证书和投标保证金等方式，具体可由招标人在招标文件中规定。

2. 履约信用担保制度

履约担保是担保人为保障承包人履行承包合同而做出的一种承诺。履约担保可以采用银行保函或担保公司担保书、履约保证金的方式，也可以引入承包商的同业担保，即由实力强、信誉好的承包商为其他承包商提供履约担保。对于履约担保，如果是非业主的原因，承包商没能履行合同义务，担保人应承担其担保责任：一是向该承包商提供资金、设备、技术援助，使其能继续履行合同义务；二是直接接管该工程或另觅经业主同意的其他承包商，负责完成合同的剩余部分，业主只按原合同支付工程款；三是按合同约定，对业主蒙受的损失进行补偿。

3. 预付款信用担保制度

预付款担保是指业主预先支付一定数额的工程款以供承包人周转使用，为了保证承包人将这些款项用于工程建设和业主的资金安全而建立的信用担保制度。根据建筑施工企业现状，参照西方发达国家的常见做法，可按下列办法实行：承包人在取得业主提供的工程预付款时，需向业主提供与预付款额相同的银行保函。预付款保证金按合同价的10%～30%，并与合同确定的预付款比例相同。对承包人来说，在已定的比例区间内，由银行提供的保函金额越大，预付款额度可相应增大；反之则减少。若承包人不能提供预付款保函，业主可以取消预付款。采用这种办法，既可以有效保障业主的合法权益，又可对施工企业提高资本有机构成形成一种激励机制，促使企业合理配置资金，增强企业活力，逐步改变企业经营机制，为企业更好地参与竞争奠定经济基础。预付款银行保函随着业主按照工程进度支付工程款并逐步扣回，预付款担保责任随之逐渐降低直至最终消失。

4. 业主支付信用担保制度

业主支付担保是指业主通过担保人为其提供担保，保证业主按照合同规定的支付条件，如期将工程款支付给承包人。如果业主不按合同支付工程款，将由担保人代向承包人履行支付责任。业主支付担保，实质上是业主的履约担保，因此，应当与承包商履约担保对等实行，即业主要求承包商提供履约担保的，也应同时向承包商提供支付担保。业主支付担保可以是银行保函或者是担保公司的担保书。

根据公路工程建设领域现状，业主支付担保宜采用以下办法：业主在进行招标时应出具项目资信证明，在正式签订工程合同时需按合同价款提供银行保函。其担保责任随着业主按照工程进度支付工程款至工程竣工结算结清尾款，而逐渐降低直至消失。施工中业主因提高标准或扩大规模等需要增加工程造价，在提出设计更改时，应提供相应额度的补充银行保函。建立业主支付信用担保制度，对于规范市场交易行为，有效防止业主拖欠工程款，保障工程建设的顺利完成，具有重要的制约作用。总之，风险管理制度在我国的落实与推广需要一个循序渐进的过程，目前应加强政策引导和宣传，完善各项规章制度和法律规范，努力培育实力雄厚的担保人市场和保险中介咨询市场，并以此为基础，最终形成具有中国特色的建设工程风险管理制度体系。

（四）公路工程项目施工风险管理内容

公路工程项目施工阶段的风险可以定义为：在公路工程项目的施工阶段，由于各种不利因素给公路工程项目造成损失或损害的可能性。根据公路工程项目施工风险产生的原因，可将公路工程项目施工风险分为主观风险和客观风险。客观风险包括自然风险、社会风险、市场风险、政治风险以及环境保护风险等。主观风险则是指因为项目参与主体的主观行为或决策给项目带来的风险，包括承包商行为风险、业主代表行为风险、监理单位行为风险、材料设备供应商以及政府部门行为风险。随着公路工程项目建设投资主体多元化和建设体制改革的不断深入，公路工程项目施工阶段的主体行为风险越来越得到项目管理者的重视。只有将公路工程项目施工过程中的相关主体行为风险的结论和建议反馈给政府主管部门和项目管理者，建立一套成熟的施工阶段主体行为风险防范措施体系，才能极大地降低公路工程项目施工阶段的主体行为风险，使项目的主观风险尽可能地低，才能保证投资的有效性。

公路工程项目风险管理是公路工程项目管理的重要组成部分，它是风险管理的思想和方法在公路工程项目中的具体运用。公路工程项目风险管理可以定义为：公路工程项目主体对公路工程项目的风险进行识别、度量和评价，并在此基础上对公路工程项目风险进行处理和监控，实现以最低成本换取最大安全保障的目标的活动。公路工程项目风险管理的执行者是公路工程项目主体，例如：项目经理或项目风险经理等。在公路工程项目风险管理过程中，风险识别、风险度量和风险评价是基础，风险处理是关键。公路工程项目风险管理的目标是以最低成本换取最大安全保障。为了避免或减少风险损失，有效地进行成本控制，保证施工承包合同的正常履行，公路施工企业必须加强风险管理。

（五）公路工程项目风险管理计划

1. 风险管理计划的含义

项目风险应对计划的结果应形成以项目风险管理计划为代表的书面文件，其中应详细说明风险管理目标、范围、职责、对策的措施、方法、定性和定量计算、可行性以及需要的条件和环境等。公路工程风险管理计划的编制应该确保在相关的运行活动开展以前实施，并且与各种项目策划工作同步进行。

风险管理计划可分为专项计划、综合计划和专项措施等。专项计划是指专门针对某一项风险（如资金或成本风险）制定的风险管理计划；综合计划是指项目中所有不可接受风险的整体管理计划；专项措施是指将某种风险管理措施纳入其他项目管理文件中，如新技术的应用中，风险管理措施可编入项目设计或施工方案，与施工措施有机地融为一体。从操作角度来讲，公路工程项目风险管理计划是否需要形成专门的单独文件，应根据风险评估的结果进行确定。

2. 风险管理计划的主要内容

风险管理计划是对公路工程项目风险处理工作的安排与筹划，是对公路工程项目风险管理的目标、任务、程序、责任和措施等内容的全面规划。公路工程项目风险处理计划的主要内容有：(1)已识别的公路工程项目风险的描述，包括风险的成因，风险的评估和风险对公路工程项目目标的影响。(2)公路工程项目风险承担人及他们应分担的风险。(3)针对每项风险所采取的策略和措施。(4)采取措施后，期望残留风险的水平的确定。(5)成功的标准，即将风险处理到什么程度可以认为处理好了的标准。(6)实施风险管理的开始日期、时间安排和关键的里程碑。(7)实施风险处理策略所需资源的分配，包括费用、技术和时间进度。(8)处理风险的应急计划和退却计划。

二、安全管理

（一）安全计划

针对施工项目的特点进行安全策划，规划安全作业目标，确定安全技术措施，最终所形成的文件称为安全计划。安全计划应在项目开始实施前制定，在项目实施过程中不断加以调整和完善。安全计划是进行安全控制和管理的指南，是考核安全控制和管理工作的依据。

安全计划应针对项目特点、项目实施方案及程序，依据安全法规和标准等加以编制。主要内容包括：

1. 项目概括

包括项目的基本情况、可能存在的主要的不安全因素等。

2. 安全控制和管理目标

应明确安全控制和管理的总目标和子目标，且目标要具体化。

3. 安全控制和程序

主要应明确安全控制与管理工作过程和安全事故的处理过程。

4. 安全组织机构

包括安全组织机构形式、安全组织机构的组成。

5. 职责权限

根据组织机构状况，明确不同组织层次、各相关人员的职责和权限，进行责任分配。

6. 规章制度

包括安全管理制度、操作规程、岗位职责等规章制度的建立应遵循的法律法规和标准等。

7. 资源配置

针对项目特点提出安全管理和控制所必需的材料、设施等资源和具体配置方案。

8. 安全措施

针对不安全因素，确定相应措施。

9. 检查评价

明确检查评价方法和评价标准。

10. 奖惩制度

明确奖惩标准和方法。安全计划的结果是形成包括安全计划所有内容在内的文件。

(二) 安全控制

在项目实施过程中，通过采用计划、组织、技术、控制等手续，依据并适应项目进行中人、物、环境等因素的运动规律，使其既能充分发挥自身作用，而又有利于控制安全事故不致发生的行为过程称为安全控制。安全控制的目的是保证项目实施中能避免危险、避免造成人身伤亡和财产损失。安全是为质量服务的，质量应以安全为保证。

1. 安全控制工作内容

项目实施过程中存在着许多不安全因素，控制人们不安全行为和物的不安全状态是安全控制的重点。其主要内容包括：

(1) 进行安全立法、执法和守法

项目实施人员首先应熟悉相关的法律法规，并在项目实施过程中严格执行；同时，应针对项目的特点，制定自己的安全管理制度，并以此为依据，对项目实施过程进行经常性的、制度化和规范化的管理。按照安全法规的规定进行工作，使安全法变为行动，产生效果。

(2) 建立安全控制体系

建立安全控制组织机构，形成安全组织系统；明确各部门、人员的职责，形成安全控制责任系统；配备必要的资源，形成安全控制要素系统。最终形成具有安全控制和管理功能的有机整体。

(3) 进行安全教育与训练

进行安全教育与训练，能增强人的安全生产意识，提高安全生产素质，有效地防止人的不安全行为减少人的失误。安全教育、训练是进行人的行为控制的重要方法和手段。因此，进行安全教育、训练要适时、宜人、内容合理、方式多样，形成制度。组织安全教育、训练应做到严肃、严格、严密、严谨，讲求实效。

(4) 采取安全技术措施

针对项目实施中已知的或已出现的危险因素，采取的一切清除或控制的技术性措施，统称为安全技术措施。针对项目的不安全状态的形成与发展，采取安全技术措施，将物的不安全状态消除在生活活动之前，这是安全管理的重要任务之一。安全技术措施是改善生产工艺、改进生产设备、控制生产因素不安全状态预防与消除危险因素对人产生伤害的有效手段。安全技术措施包括为使项目安全实现的一切技术方法与措施，以及避免损失扩大的技术手段。安全技术措施应针对具体的危险因素或不安全状态，以控制危险因素的生成与发展为重点，以控制效果的好坏作为评价安全技术措施的唯一标准。

(5) 进行安全检查与考核

安全检查与考核的目的是及时发现、处理、消除不安全因素，检查执行安全法规的状况等，从而进行安全改进，清除隐患，提高安全控制水平安全检查的形式有定期安全检查，突击性安全检查和特殊检查。定期安全检查是指列入安全管理活动计划，有较一致时间间隔的安全检查；突击性安全检查是指无固定检查周期，对特别部门、特殊设备等进行安全检查；特殊检查是指对预料中可能会带来新的危险因素的新安装设备、新采用的工艺、新完成的项目，以发现危险因素为专题的安全检查。安全检查的内容主要是查思想、查管理、查制度、查现场、查隐患、查事故处理。

（6）作业标准化

在操作者产生的不安全行为中，由于不熟悉正确的操作方法，而坚持自己的操作习惯等原因所占的比例较大。按科学的作业标准规范人的行为，有利于控制人的不安全行为，减少人的失误。实施作业标准化的首要条件是制定作业标准。作业标准的制定应采取技术人员、管理人员、操作者三结合的方式，根据操作的具体条件制定，并坚持反复实践、反复修订后加以确定的原则。

作业标准应明确操作程序、步骤，并尽量使操作简单化、专业化；作业标准必须符合生产和作业环境的实际情况，不能将作业标准通用化；作业标准还应考虑到人的身体运动特点和规律，作业场地布置、使用工具设备、操作幅度等，应符合人机学的要求。

2. 安全控制方法及工具

不同的项目，其安全控制的方法和工具可能有所不同，但有两种方法是通用的。

（1）安全系统工程

安全是项目目标之一，但该目标并不是孤立存在的，它与其他目标之间存在着相互统又相互矛盾的关系。项目实施的各个环节、各个要素都有可能产生不安全因素。所以安全管理和控制是一个系统工程。安全系统工程就是采用系统的理论、观点和方法对安全进行管理和控制。这是安全管理控制中的一种重要方法。

（2）安全心理学

不安全行为是表现出来的，是与人的心理特征相违背的、非理智的行为。人的自身因素是人的行为内因，环境因素是人的行为外因。非理智行为是引发安全事故的重要因素。非理智行为的产生是由于侥幸、逆反、凑巧等心理所支配的。安全心理学就是运用心理学原理研究人的心理特征及其受环境因素影响变化的规律，以达到控制人的非理智行为的目的。

（三）公路施工安全事故的预防

1. 公路施工常见安全事故

根据资料统计表明，公路项目施工中常见的安全事故有以下几种：

① 物体打击。如坠落物体、滚石、锤击、碰伤等。

② 高空坠落。如从高架上坠落，或落入深坑、深井等。

③ 机械设备事故引起的伤害。如绞伤、碰伤、割伤等。

④ 车祸。如压伤、撞伤、挤伤等。

⑤ 坍塌。如临时设施、脚手架垮塌、岩石边坡塌方等。

⑥ 爆破及爆炸事故引起的伤害。如炸药、雷管、锅炉和其他高压容器爆炸引起的伤

害等。

⑦ 起重吊装事故引起的伤害等。

⑧ 触电(包括雷击)事故。

⑨ 中毒、窒息。如煤气、油烟、沥青及其他化学气体引起的中毒和窒息。

⑩ 烫伤、灼伤。

⑪ 火灾、冻伤、中暑。

⑫ 落水等。

2. 公路施工安全事故原因分析

发生安全事故不是偶然的，究其原因主要有：

① 纪律松弛，管理混乱，有章不循或无章可循。

② 现场缺乏必要的安全检查。

③ 从领导到群众思想麻痹。

④ 机械设备年久失修，开关失灵，仪表不准，超负荷运转或带病作业。

⑤ 缺乏安全技术措施。

⑥ 忽视劳动保护。

⑦ 工人操作技术不熟练，安全意识差，违章作业。

⑧ 领导违章指挥。

3. 公路施工伤亡事故的预防

安全工作要以预防为主，消除事故隐患。小事故要当大事故抓；别人的事故要当自己的事故抓；险肇事故要当事故抓。另外，不应把搞好安全生产单纯看作技术性工作，而必须从思想上、组织上、制度上、技术上采取相应的措施，综合治理才能奏效。

(1) 思想上重视

首先是项目部领导要重视。要批判“安全事故难免论”和“对安全生产漠不关心”的官僚主义态度，纠正只管生产、不管安全；只抓进度、不抓安全；不出事故、不抓安全的错误倾向。其次，要加强对职工进行安全生产的思想教育，使每个职工牢固树立“安全第一”的思想。

(2) 建立健全安全生产规章制度

首先要建立安全生产责任制、各级项目部门的各级领导的安全管理责任制和职工的安全操作责任制，真正做到“安全生产，人人有责”。其次，要坚持安全生产检查制度。通过检查及时发现问题，堵塞事故漏洞，防患于未然。第三，要坚持安全生产教育制度。第四，要建立安全事故处理制度。事故发生后，应认真吸取教训，防止同类事故重复发生。对事故要按照“三不放过”的原则进行处理。即事故原因分析不清不放过；事后责任者和群众没有受到教育不放过；没有新的防范措施不放过。

(3) 制定切实可行的安全技术措施

公路施工的安全技术措施，如针对土石方工程、高空作业、超重吊装以及采用新工艺、新结构工程的特点制定的安全技术规程；机械设备使用中的安全技术措施，如使用前通过检验排除隐患，按性能使用，超负荷运转应经过验算、加固和测试，以及加设安全保险、安全信号、危险警示和防护装置；改善劳动条件和作业环境的技术措施，如开展文明施工活动，做到施工现场整洁有序，平面布置合理，材料、构配件堆码整齐，各种防护齐全有效，各种标志醒目，合理使用劳动保护用品，改善照明、通风、防尘、防噪声、防振动等方面的技术措施。

（四）公路施工安全技术措施

公路施工应当符合交通部门发布的《公路工程施工安全技术规范》(JTG F90—2015)的各项要求。现在仅介绍主要施工的安全技术措施。

1. 桥涵施工安全技术措施

（1）桩基施工

首先要做好河道内的防洪抢险工作。河道的主要用途是排涝防洪，特别是季节性河流，必须从计划安排上避开汛期施工，如果因特殊情况部分桩基需要在汛期施工时，要与当地水利部门保持经常性的联系。遇有险情，施工设备和人员可及时撤离到安全地带。

（2）围堰打桩

围堰设计满足河道最高水位和有利于洪汛期施工，要设专人值班，现场备足抢险物资。

（3）墩台施工

高度超过 2.0m 时，四周应设作业平台和护身栏杆；作业人员上下墩台时，应走专用马道，禁止沿脚手架爬行。大梁安装单片安装就位后，禁止人员在上边行走；整跨梁安装完毕，应立即采取临边防护措施，正式桥梁栏杆安装之前，临边防护，设施不得拆除此外，桥梁上部结构施工时，桥梁两端应设警告标志和围挡，防止非施工车辆和人员进入。

2. 基槽开挖和砌筑的安全措施

① 基槽开挖深度在 1.5~6.0m 范围内，应视土质情况放坡，深度超过 6.0m 或虽不超过 6.0m，条件又不允许放坡时，应编制单项施工方案。

② 基槽边 1.0m 范围内不准堆放土石和其他材料，基槽周围松动的石块应随时清除干净，防止坠落伤人。

③ 构筑物砌筑时，每天砌筑高度不宜大于 1.8m，相邻两段砌筑高差不宜大于 1.2m，砌筑作业面应水平增长，保证砌体整体强度。

④ 砌体高度超过 1.5m 时，应搭设作业平台，超过 2.0m 时，应搭设垂直运输设施和脚手架，其他技术要求应符合有关规范标准。

⑤ 石料装卸运输过程中，防止超载和遗洒，搬运时要量力而行，防止砸伤；正在砌筑的挡墙土，石料堆放不超过两层，距挡墙边 1.0m 范围内不准堆放石料。

3. 沥青作业中的安全措施

① 沥青作业人员应事先进行体格检查，患眼病、喉病、皮肤病及对沥青有过敏反应的人不宜参加沥青作业。

② 直接接触到沥青的作业人员，应按要求配载个人防护用品(如工作服、过滤式呼吸器、防护眼镜、围裙、隔垫鞋)；工作结束后，应对全身进行沐浴冲洗。

③ 人工熬制、喷洒沥青时，应站在上风口作业，防止喷溅到皮肤上；用烙铁修补路面的人员，要防止烙铁烫伤以及火源与沥青接触引起火灾。

4. 爆破作业的安全措施

① 爆破工程的施工方案必须报请当地公安机关批准后，方能组织实施。

② 爆破工程的作业人员必须经公安机关或公安机关指定的部门培训，考试合格后，持有县级以上公安机关核发的有效操作证件，才能参加施工。

③ 爆破点距村庄太近时，必须采取防震措施：一是分散爆破点，每隔 50m 左右设一个爆破点，依此循环进行；二是减少装药量；三是采用表层震动爆破法，减轻震动波。

④ 爆破点上空有高压走廊横穿路基时，必须采取防护措施；采取防护措施的同时，在爆破点上部应用草袋子、胶管帘和安全网三层覆盖，并用钢钎将网绳固定在石缝中，保证爆破碎石飞掷高度不超过 1.0m，以保证高压走廊的安全运行。

⑤ 每一次爆破作业结束后，必须对现场进行认真的清理，防止瞎炮和爆炸物的丢失。

5. 隧道施工安全措施

（1）一般规定

进洞前应先稳定好洞口的边坡和仰坡，做好天沟、边沟等排水措施，确保地表水不致危及隧道的施工安全。所有进入隧道工地的人员，必须佩戴安全防护用品，遵章守纪，听从指挥。遇有不良地质地段施工时，应按照先治水、短开挖、弱爆破、先护顶、强支护、早衬砌的原则稳步进行。

（2）开挖、凿孔及爆破

开挖前应先检查支护、顶板和两帮是否牢固稳定，如有危险应先行排除。钻眼时，应检查风钻(电钻)是否正常，严禁在残眼中继续钻眼。钻孔台车行走时应将钻架和机具都收拢到放置位置，就位时要刹住车轮，放下支柱，防止移动爆破作业除执行(四)的规定外，隧道接近贯通时，一端装药爆破时，另一端人员应撤离到安全地点。

（3）支护和衬砌

洞内支护，宜随挖随支护，支护至开挖面的距离一般不得超过 4m，如遇石质破碎、风化严重和土质隧道时，应尽量缩小支护工作面。衬砌使用的脚手架、工作平台跳板、梯子等应安装牢固，不得有露头的钉子和突出的尖角。采用模板台车进行全断面衬砌时，台车距开挖面的距离不得小于 260m，台车下的净室应能保证运输车辆的顺序进行。混凝土灌筑时，必须两侧对称进行。

6. 施工机械安全防护

（1）基本安全要求

① 各种机械设备的操作人员必须经过相应部门组织的安全技术操作规程培训，考试合格后，持有效证件上岗。

② 机械操作手上岗前，要进行身体健康状况检查，有禁忌病症的人员，不准从事机械操作工作。

③ 机械操作人员工作前，应对所使用的机械设备进行安全检查，严禁带病使用，严禁酒后作业。

④ 机械操作人员只要离开机械设备，必须按规定将机械平稳停放于安全位置，并将驾驶室锁好，或把电气设备的控制箱拉闸上锁。

⑤ 严禁在行走机械的前后方休息(包括乘凉、午睡)，行走前应检查周围情况，确认无障碍时鸣笛操作。

（2）土方机械施工安全

① 挖掘机作业安全

作业时，应保持水平位置，行走机械予以制动；铲斗工作没结束时，不准旋转大臂和走车。进行装车作业时，铲斗应尽量接近车箱，但不得碰撞汽车的任何部位；汽车未停稳，司机未离开驾驶室时，不准装车；铲车装车升降时，不能过猛。挖掘司机离开驾驶室时，铲斗应停放落在地面上，挖掘机禁止用来起吊重物。在有地管线的区域作业时，必须先用人工将地下管线探明并采取保护措施后，方准使用机械。

② 推土机作业安全

在斜坡上推土时，应先推土填平工作场地；坡道行驶时，要低档前进，并不得换挡，也不准空挡滑行；横向行驶坡度不得超过 10°。沟槽边沿作业时，刀片不能超出沟槽边沿，并且要有专人指挥。在电杆附近推土时，电杆周围应保留一定的土堆，保证电杆的稳定。两台以上推土机在同一现场作业时，前后距离不得小于 8m，左右距离不得小于 1.5m。工作结束时，应将机械停放在平坦安全的地方，放下刀片，锁好门窗。

③ 压路机的作业安全

作业中，需要人工清除碾子上的黏物时清理人员要站在两旁，禁止正面跟进；压路机工作时速不得大于 5km/h。两台以上压路机在同一施工场地作业时，前后间距不得小于 5.0m，左右不得小于 1.5m。坡道上不得纵队行驶。作业中不得对其进行擦拭维修。作业后应将压路机停放在平坦安全的地方，不得停放在土路边缘及斜坡或妨碍交通的地方。

④ 平地机作业安全

平地机行驶的前方不得有坚实障碍物和人员行走或站立。转弯或调头时应用最低速度，下坡时不得用空挡滑行；行驶时必须将刮刀升到最高位置，并将其斜放，两端不得超出后轮外侧。作业后应停放于平坦安全的地方，并拉上制动器。

⑤ 装载、铲运机作业安全

作业时禁止任何人上下机械或传递物件，行驶时应用低速挡，并不得进行铲斗升降和翻转动作，严禁用铲斗载人。两台以上机械在同一场地作业时，应保持不小于 5.0m 的作业的距离。上下坡道时应低速行驶，中途不得换挡，行驶坡度不得大于 6°。在坡道上不得进行维修保养作业，不得进行转弯、倒车和停车，车在坡上熄火时，应将铲斗落地，制动牢靠后，再启动行走。

（3）打桩机械施工安全

打桩前，应对地下各种管线进行调查，并采取安全保护措施。打桩机安装必须平稳牢固，必要时应安装防缆绳。桩机工作时桩孔四周应设围栏防护，停机后，孔应设置盖板防护打桩机械的传动部位要有可靠的防护装置，制动装置必须齐全有效，否则不准使用。打桩机兼作吊运钢筋笼使用时，应有专人指挥作业，防止作业人员坠入桩孔内，造成人员伤害。打桩机的电气部分，应单独设漏电开关和可靠的接零或接地保护。

（4）吊装机械施工安全

① 起重机作业时，工作场地应平坦、坚实，兼有排水措施；起重回转半径范围内不得有障碍物。夜间作业要有充足的照明设备。

② 起重机操作人员和信号指挥人员必须密切配合。指挥人员必须熟悉所指挥的起重机

械的性能及被吊物的实际重量；操作人员必须执行指挥人员的信号指挥。

③ 起重机的变幅指示器、力矩限制器、行程限位开关等安全保护装置，必须齐全完备、灵敏可靠，不得随意调整和拆除，严禁用限位装置代替操纵机构进行操作。

④ 起重作业时，重物下方不得有人员停留或通过；无论何种情况，严禁用起重设备吊运人员。严禁斜拉、斜吊或起吊埋设地下和凝固在地面上的重物，现场浇筑的混凝土构件，必须全部松动脱离模板后才能进行起吊。起吊构件吊挂时应平稳，应用卡环不得用挂钩。吊挂位置点要选在适当处或在标明的位置上，钢丝绳与被吊物的夹角应大于45°。

⑤ 跨过铁路线进行桥梁安装时，要编制特殊的吊装工程安全技术方案，并将方案报当地铁路部门批准同意；成立企业、政府、铁路部门等有关人员参加的现场指挥组，统一负责铁路瞭望和桥梁安装。在实施现场吊装的过程中，还应准备1~2套应急方案，以防不测。

⑥ 使用的钢丝绳必须有制造厂的质量合格证，钢丝绳的规格、直径、强度必须符合该型起重机的要求；卷筒上的钢丝绳应连接牢固，排列整齐，放出钢丝绳时，卷筒上必须保留三圈以上。钢丝绳不得打环、打结、弯折和有接头。

（5）加工预制场站的设备安全防护

① 设备安装必须严格按照施工平面图和设备使用说明书进行。安装工作要有组织、有计划，防止发生意外事故。设备安装完毕，必须进行综合试运转。试运转时，要有厂方代理人、工程技术人员、安装人员、操作使用人员联合参加，并办理验收手续，方准正式投入使用。

② 每间操作间应悬挂安全操作规程，操作人员必须严格按程序操作。每天工作前，操作人员要全面检查传动润滑、紧固、安全阀等安全装置，确认完好后方能上岗作业。

③ 巡查和辅助人员工作时，必须穿戴合格的劳保用品，人体和工具严禁进入传动部位，如齿轮、胶带机、搅拌鼓、吸风口等。

④ 作业中如发现故障需要检修时，必须切断电源，开关加锁，在有人监护的情况下进行；严禁边运转边检修，以免造成人身伤害。

⑤ 道路出入口、易燃易爆物品、重要安全装置处要悬挂安全警告标志和完好的消防器材。

⑥ 大型混凝土构件模板拆除后，应立即采取防倾覆支撑措施，两侧每隔6~10m有一处可靠支撑。张拉梁板时，端头应有防护措施，作业人员应站在侧面监护仪表。

⑦ 浇筑梁板混凝土时，作业人员站在工作平台上，平台临边设护栏防护。

⑧ 混凝土构件采用蒸气养护时，锅炉安装使用应符合《锅炉压力容器安全技术规范》；养护棚内工作时，要防止蒸汽烫伤。

（6）路面施工机械安全

① 各种运输车辆在未竣工的路面上行驶时，最大时速不得超过40km；小型机动翻斗车最大时速不得超过15km；严禁超载、超员。

② 混凝土搅拌车行进中，严防搅拌鼓倒转时造成遗散；运转中的搅拌鼓应低速搅拌。

③ 自卸汽车维修车厢顶升到位后，必须用木块垫实，防止失压时车厢回落造成人员伤害。沥青摊铺机工作时，非司机人员禁止在机上活动；熨平板上严禁站人。

④ 自卸汽车与沥青摊铺机要密切配合，汽车司机要服从指挥，保证沥青混凝土缓缓卸

入摊铺机。摊铺工作结束时，摊铺机应垂直于线路停放在路侧，并设专人警卫；摊铺机沿线路两端各 100m 处设警告标志，以防意外。

⑤ 往压路机碾子上喷洒隔离剂的人员应在压路机左右两侧操作，严禁正面跟进。路面机械施工的区域内，要实行交通管制，非施工人员、车辆不准随便穿行。

（7）临时用电安全保护

① 临时用电必须符合当地供电部门的有关安全运行规程。

② 构件预制场、沥青混凝土搅拌站和电力设备集中使用的场所，应由技术人员编制临时用电施工组织设计，经技术负责人审核，主管部门批准后实施。

③ 在路面设计高程范围内和其他施工现场施工时，施工设施最高处与外电架空线路垂直距离应根据相关规定。

④ 使用自备电源或与外电线路共用同一供电系统时，电气设备应根据当地要求作保护接零或作保护接地，不得一部分设备作保护接零，另一部分设备作保护接地。

⑤ 移动式发电机供电的用电设备，其金属外壳或底座，应与发电机电源的接地装置有可靠的电气连接。

⑥ 低压架空线必须采用绝缘铜线或铝线，架空线必须设在专用电杆上，严禁架设在树干脚手架上；施工现场的架空线最大弧垂距不小于 4.0m。

⑦ 电缆线沿地面敷设时，不得采用老化脱皮的电缆线，中间接头应牢固可靠，保持绝缘强度；不得承受拉力，过路处要穿管保护，电源端必须设漏电保护装置。

⑧ 构件预制场、沥青混凝土搅拌站等集中用电场所配电箱，开关要分开设置，并采用两级漏电保护装置；配电箱、开关箱必须安装牢固，电具齐全完好，注意防尘。

⑨ 必须坚持一机一闸用电和下班断电加锁的原则。

⑩ 手持电动工具和单相回路的照明开关箱内必须装设漏电保护器，照明灯具的金属壳必须做好接零保护。

⑪ 施工现场临时用电要定期进行检查，防雷保护、接地保护、变压器及绝缘强度，每季度测定一次；固定用电场所每月检查一次；移动式电动设备、潮湿环境和水下电气设备每天检查一次。对检查不合格的线路设备要及时维修或更换，严禁带故障运行。

第十章

高速公路项目管理与监理

第一节　高速公路 PPP 项目风险管理

一、PPP 项目理论研究

1. PPP 项目概念

就目前来看，关于 PPP 项目的标准概念依然未形成同一定论，不同研究单位对 PPP 项目的定义存在细小差距。联合国培训研究院认为 PPP 项目属于为满足公共产品建设需求而建立起的公共方与私人倡导者之间的合作关系；欧盟委员会认为 PPP 项目就是公共部门与私人部门的合作关系，双方可依据自身优劣势共同承担项目风险。

2. PPP 项目形式

依据公私合作制的不同，PPP 项目可分为以下几种形式：①运营及外包或租赁形式。基础设施所有的所有权为政府部门，借助签署合同等方式，将基础设施建设工作交由民营方完成。②租赁、建设及经营形式。政府部门与民营部门之间存在长期合作的关系，政府部门用资金扩展及经营现有基础设施，民营部门依据相关合同款项收取一定回报。③建设、转让及经营。由民营方为基础设置建设项目提供融资及建设服务，在建设完毕后，将基础设施所有权转交给政府部门。

3. PPP 项目优势

在高速公路工程中应用 PPP 模式具有以下优势：①切实提升建设成本利用率，保障政府及民营部门资金正常周转。②更好整合高速公路项目建设资源，由民营部门借助商业运作及项目技术优势，改善政府采购限制问题，切实提升项目建设效率。③不断优化高速公路风险管理工作，降低民营部门及政府部门风险承担比重，从根本上保障合作双方的综合效益。

二、高速公路 PPP 项目面临的主要风险分析

1. 建设管理风险

建设风险也是常见管理风险之一。由于高速公路建设过程的时间跨度一般比较长，而在漫长的建设实施中，由于原材料市场价格变化、人力成本上涨等客观因素的影响，很容

易造成高速公路建设项目资金超支的情况。另外，由于高速公路项目都为室外作业，环境变化对项目影响较大，地势环境和天气等因素导致的工期延误，也是建设中常见的风险，需要进行提前管理规划。

2. 技术风险

技术风险是一项在整个高速公路 PPP 项目施工建设过程都存在的风险，不论是技术方案的不合理还是技术的差异性都会造成项目损失。一旦有项目技术风险出现，不单单会造成项目成本预算的提升，还会导致施工工期的延误，甚至还会对工程项目的整体质量都造成比较大的影响，使政府出资人代表能够获得的经济效益出现极大程度的下滑。

3. 运营管理风险

因为管理人员的检查力度相对较低，对管理流程也没有一个足够的了解和认识，所以很多高速公路项目的功能都没有得到有效发挥，对公路的通行能力以及行车能力都造成了极大的影响。不仅使公路运营管理维护的成本出现了极大程度的提升，也对公路的盈利能力造成了消极影响，最终导致了运营管理风险的出现。

三、高速公路 PPP 项目的风险管理应对策略

1. 高速公路 PPP 项目的建设风险管理措施

针对高速公路 PPP 项目中的建设风险，可以采取以下应对措施：①在进行项目建设前就采取深入的市场调查，对施工原材料、人工成本价格等做出深入调查和合理预判估计，设置项目预备资金和必要的材料储备，避免建设后期由于原材料和人力成本变化给项目的建设进度和质量带来的风险。派遣专业技术人员全程跟进项目材料采购环节，严格把控施工材料入场关口，确保施工材料质量符合项目建设标准，防止施工材料管控不严而引发工程质量问题及严重经济损失。②合理运用合同管理，与材料供应商和施工方签订长期合同，提前规避由于材料等费用的变化所导致的建设风险。③在选择供应商和施工合作方时，就对其信誉和市场口碑进行调研，选择优质合作方，为建设工期的顺利推进提供基础保障。

2. 技术风险管理措施

高速公路 PPP 项目会遇到的技术风险主要包含建设质量方面的风险以及技术方案上的风险。要想有效避免这些风险的出现，项目技术负责人可以选择风险控制以及风险转移的方式完成该风险的有效管理。所以，在进行相应承包合同签订的时候，发包人应该在合同上明确完成相应质量性能保证的条款设计，并要求相关项目承包人做出明确担保，并尽量延长相应的担保期限。同时，在施工合同里面，双方还应该加入一些更有意义的、更新的补充条例，并加入一些操作性更强、更严格的惩处条例，这样才可以为施工方案的可行性得到有效提升，并保证不会有质量问题产生。除此之外，在进行工程项目施工和设计的时候，应该对相关方案的适用性以及可行性进行深入探究，及时发现施工风险因素，制定专项风险预控方案，这样才可以完成风险的根源控制，为高速公路项目施工建设工作的顺利进行打下一个更坚实的基础。

3. 运营风险管理措施

要想有效完成运营风险控制管理工作，相关单位可以通过风险控制以及风险转移的方

式来解决这些问题，并对相应的经营管理模式进行积极深入的创新改革以及探索研究，并和更具经验的组织展开合作，以此来完成相应的运营风险转移，有效降低工程施工需要花费的经济成本。除此之外，在进行高速公路 PPP 项目运营管理的时候，相关单位还应该切实做好相应的公路维护以及养护工作，并完成相应的运营成本预算控制工作，增强相关管理人员的综合素质，针对公路维护及管理方式，在相关管理人员群体中定期开展教育培训活动，这样才可以使运营风险得到降低，为相关工作的顺利进行提供更有力的支持和保障。

第二节　高速公路施工项目管理分析

一、高速公路施工项目的目标管理

1. 进度目标管理

最首要的问题是建立一个符合实际、科学的发展目标，编写确保项目建筑发展所使用的材料的供应计划，掌握建筑发展速度。由于在一个项目的设计执行时，其管制目标是确定的，不会发生改变，但是因为材料受限或者建筑中存在的一些不稳定的原因，致使在项目中常常会有项目变动的现象，因此，在建筑中管制人员应该清楚了解项目的实际建筑情况，保证项目建筑的速度。

2. 目标管理

在工程开工之前，对造价进行预测，分析是亏损还是盈利，根据标准编写设计方案，单位中标之后，要对建筑现场环境、交通要道、材料价格等开展考察。然后按照开发单位对建筑时间的需要，综合本身的建筑水准，编写出既能够保证质量，又能够按时完工的最经济的设计方案，设计方案要把每一个步骤都划分清楚。对工程造价管制的目标有以下两点：(1)建立完善的机构与责任控制制度。(2)按照规范严格控制支出。

3. 安全目标管理

加强对建筑工人的安全意识培训，提升他们的安全生产观念，对于非常岗位的建筑者，更要加强安全建筑的教育；在建造非常步骤的时候，一定要实施安全保护手段；建筑现场安全检查工作者对大规模的设施要按时进行检查养护：工地建筑者休息区不能和建筑现场距离太近，建筑设施以及材料要摆放整齐、规范。保证通道的畅通；布置安全条幅，同时要摆放在显眼的地方。

4. 质量目标管理

采用全面的工程质量管理机制、建立完善的质量保证体系。在施工前让所有的施工人员了解自己岗位的质量目标，根据资料分析在高速公路施工过程中所有可能会出现的质量问题，并制作成表。在日后施工过程中如果出现问题，马上通报并处理。

5. 生态目标管理

在一般施工过程中，往往会产生如废水、化学物质、燃油、噪声等各类污染，应该采取有效举措，最大程度减少在施工中产生的污染，降低其对周边环境的影响。

二、高速公路施工项目管理中存在问题

1. 不正当竞争和有效竞争力不足

在现有建筑行业中，普遍存在“不正当的竞争”问题，由于很多地方政府跟主管单位对自身利益的考虑，不按照相关法律法规，插手工程项目的投标，干扰了项目投标的公平竞争原则。这样的情况可能会造成高速公路工程施工项目被一些施工水平较低的单位承包。致使另外那些施工水平高的企业不能很好地融入市场竞争机制中，导致企业缺乏对自身竞争力能力培养的动力。

存在个别的机构或者企业无意识或者故意减少建筑标价。建筑单位势必就会盈利较小还有可能会出现赔本的情况。

但是一些单位明知道会出现赔本，但是为了占据市场，还是开展承包。期盼能够在项目更改或者其他渠道中获得利润，弥补亏损。所以，很多工程管制起初的管制都已经脱离了标准规范开展的，在项目费用都没有办法保证的状态下，想既又保证建筑品质又要按时完成还要开展安全生产，必将不可能实现。

2. 业主和施工单位的自主性差

对签订的合同进行管制，是建筑工程管制的根本，按照业主和建筑单位签订的建筑合同，但是存在一些地方政府部门为了满足自己的需求，就指使建筑机构在建筑条件都没有到位完整的状态下建筑，还存在一些业主为了自身的需要，不管法律法规条例，在建筑合同上增加很多不公平条约：有的还毫无顾忌地违背签订的合同，例如没有根据合同内容标准为建筑工作者供应建筑方法，致使建筑不能顺利开展；建筑款项不能及时到位，致使建筑机构出现资金不足，并且有的在工程已经建筑完成验收合格后还没有支付建筑款。

3. 施工单位的管理水平、施工效率低

施工单位本身施工水平不高缺乏核心竞争力和专业的人才，由于业主将工程项目划分得过细，致使竞争激烈，造成标价过低，施工单位为了生存，在外大量承包工程，导致单位的管理人员不够用，经常出现一个管理人员同时在多个工地挂名，这样必定会对工程的正常施工产生影响。

三、高速公路施工项目管理问题的应对策略

1. 选拔一个优秀的项目经理，组建一个专业的管理团队

组织在选择工程经理时，要根据公平公正的标准，择优选择。对项目经理开展职业化管制。一个足够好的工程经理应该熟悉建筑过程中的全部内容，从投标过程开始，对项目可能会出现的威胁开展推测。对建筑现场实地考察，清楚掌握建筑地区的市场经济，在投标之前按照自己所了解清楚考查到的被容进行评估，然后参与到编写标书以及建筑方案中。在建筑时因为当地建筑材料价格的增长出现的损失、业主没有按照合同规范自作主张大致的损失，应该向业主提出索赔，获取补偿，保护单位的利益以及名誉不受到损失，这也是工程经理应尽的义务。

2. 对施工中的质量、安全、进度、成本进行有效控制

建筑项目建筑的过程中会牵扯到很多内容，尤其是建筑的过程很复杂，无论再小的不安定的原因都可能会对建筑的工程品质产生威胁，甚至会出现建筑故障。因此，在工程施工时对建筑安全、品质以及建筑速度、费用掌控看上去都是十分重要的。

3. 建立合理的激励和约束制度

制定奖励政策就是为了能够提升建筑工作者以及管制工作者的作业积极性，最大化地挖掘他们潜在的能力，推动每个建筑工程的工作者的个人目标能够符合建筑目标，而限制机制的存在主要是为了使建筑工作者以及管制工作者工作时能够有所依靠的标准，限制其滥用私权。

在建筑高速公路时，没有工程管制会出现建筑时间的拖延、项目品质不达标等现象，要防止在建筑中不会出现这些情况，就要增加工程管制的品质，保证项目能够顺利地建筑完成。

第三节　高速公路监理工作的优化

一、高速公路监理及其作用

高速公路监理是根据相关法律规范以及技术规范，以工程项目建设合同以及设计文件为依据，代表建设单位，对承包方的施工过程、工期以及资金使用情况等进行监督管理。

高速公路监理是一项系统性的管理行为，通过加强施工监理，可保证高速公路工程建设符合国家法律规范的要求，避免施工过程盲目随性，确保项目建设符合设计要求。

二、高速公路监理要点

根据相关规范以及标准开展各项监理活动，监理人员应熟练掌握高速公路工程项目建设流程和进度。高速公路施工复杂程度比较高，涉及很多子项目，在高速公路监理中，应注意以下几点的审查：

(1) 承包商资格审查。对承包商各类文件进行仔细审查，确保所有建设人员均持证上岗，每日均需对工程人员数量以及工作情况进行检查。

(2) 工程组织设计审查。不同项目工程的组织设计内容基本相同，包括确定施工条件、施工方案，对组织设计方案进行审查，合理安排施工进度，确定施工资源。

(3) 工程机械审查。对高速公路施工中各类机械设备的规格、数量和使用性能进行审查。

(4) 工程质量审查。对承包人员的职业证书、专业培训情况进行检查，并将各类文件提交上级相关部门，获得批准后即可开工。

三、高速公路监理优化措施

1. 加强监理组织建设工作，提高监理人员素质

在高速公路监理中，所有监理人员都应秉持认真、负责的工作态度，在施工现场监理中，可采用"大组巡视，小组旁站"的监理方式，定期组织监理工作人员开展例会，对监理工作中遇到的问题以及解决策略进行分析，提升监理人员的工作水平。在施工现场监理中，监理人员还应对施工进度进行全面检查，如果发现施工安全隐患以及质量隐患，应与承包人进行沟通交流，协同解决施工中的各类问题。

2. 定期开展监理工作会议

监理小组与承包人进入高速公路施工现场，对各个施工合同段的水准点、原地面、现场各类机械设备、施工组织设计方案、施工质量控制体系进行检查，同时，还应与承包人共同对施工材料质量进行抽样检测，要求承包人在施工现场设置质量检查实验室。检查各类施工材料进场情况、施工现场堆放情况，为高速公路施工奠定基础。另外，监理小组应定期开展工地例会，对于重大施工方案，可组织开展工地会议对方案的可行性进行审核分析。工地会议资料应做好详细记录并整理归档。

3. 加强工程质量、进度、费用监理及合同监理

（1）质量监理

在高速公路工程施工质量监理中，应根据高速公路项目建设条件制定施工质量检测控制方案。对施工现场地质条件、坡度、路基硬度等进行详细调查，并根据调查结果制定施工技术指导方案。在高速公路实际施工中，监理单位可要求施工单位采用项目部的方式加强施工质量监管。

高速公路工程施工量较大，施工技术复杂，因此，监理单位可组建技术顾问小组，有效解决施工过程中所遇到的各类施工技术问题。另外，施工材料质量对于高速公路施工质量的影响较大，对此，要求施工单位采用集中招标采购方式，对各类施工物资进行统一管理，选择优质供应商，在保证施工材料质量的基础上尽量降低施工成本。

（2）进度监理

高速公路工程是重要的民生工程，对施工进度控制有较高要求。对此，在施工进度监理中，应保证施工材料能够及时到位，施工人员应掌握先进的施工技术，对施工机械设备进行维护管理，根据施工合同要求制定施工进度控制方案。在施工进度监理中，可创建现场监理机构，并采用监理负责人责任制度，对施工过程加强检查和指导。在施工材料供应方面，应与优质供应商建立长期合作关系，保证施工现场材料供应及时。此外还应注意，在高速公路施工中，如果施工机械设备出现故障，则会影响施工工期，应要求机械设备管理人员定期对各类施工机械设备进行性能检查以及维护管理，加强设备操作流程管理，减少零件磨损，保证施工机械设备正常的使用性能。

为提升施工进度监理水平，应注意以下几点：

① 现场监理人员对高速公路建设分布分项工程施工进度进行分解，并单独控制，针对管理工程细目制定月进度、旬进度控制图和进度表，便于实际进度与计划进度进行比较，督促施工单位及时整改。

② 采用网络计划方式对施工进度进行监督管理，网络计划是一种先进的进度管理方式，在编制网络计划时，应对各类影响因素进行归纳分析，便于随时查看进度进展情况，掌握关键线路改变情况，进而指导施工计划。

③ 协调业主与施工单位之间的关系，业主对于施工进度的影响较大，对此，监理单位应协调业主与施工单位加强沟通交流，为进度计划的落实奠定基础。

（3）费用监理

高速公路工程施工质量是费用支付的重要基础，而进度则是计量支付的保障，因此，在高速公路工程监理中，必须加强费用管理。在费用控制方面，可采用计量支付方式，通过采用科学合理的计量支付方式，能够有效提升公路工程项目管理水平。在费用监理中，应注意以下几点：

避免超前支付，超前支付会造成建设单位资金紧张，同时还容易导致承包商产生依赖思想。避免滞后支付，如果滞后支付，则会造成承包商资金紧张，影响工期以及施工质量。在费用监理方面，还可根据高速公路施工现场实际情况优化工程设计方案，通过合理地变更设计，充分利用建设单位资金。

（4）合同监理

在高速公路合同签订中，可邀请律师或专业技术人员，对合同中各项条款进行仔细分析，如果发现争议问题，则应及时修改。在签订合同前，应对高速公路建设区域施工环境、气候等进行现场勘察，并在合同中增加风险条款，尤其需明确与工期以及造价相关的条款内容。在合同监理中，还应确定施工进度控制方案，在实际施工中，根据施工合同中的各项规定加强变更控制，如果需进行设计变更，则应与设计人员进行沟通交流，尽量协调处理，避免二次施工。

（5）加强工程计量管理

在高速公路施工中，计量管理水平与高速公路建设各方经济利益密切相关，通过采取有效的计量管理方式，可保证高速公路施工质量以及施工进度。监理单位应要求施工单位选择业务能力强、认真负责且有一定工作经验的计量工作人员。计量工作的复杂程度较高，涉及测量、试验、质量检测等内容，对此，监理人员必须坚持认真、负责的工作态度，高度重视计量工作，调节项目合同双方利益。

4. 严格监理、热情服务

科学有效的监理工作是保证高速公路项目施工质量的基础，监理人员在日常工作中，应将施工质量控制作为目标，严格依据施工合同、高速公路施工规范等对施工现场加强质量控制，在施工现场巡查中，如果发现不符合施工规范和施工方案的情况，应及时通知承包商整改，直至符合工程项目建设要求。高速公路施工工序较多，在各项施工工序完成后，监理人员应及时进行质量检查，在检查合格并签字确认后，方可进行下一道施工。在施工材料质量监管方面，所有施工材料都必须经过质量验证，在验证合格后方可投入使用。高速公路施工人员的技术水平参差不齐，一些施工人员质量控制意识较薄弱，对此，可采用旁站监理方式，督促承包商做好施工技术交底工作，保证项目建设的顺利进行。在高速公路工程监理工作中，监理单位还应与承包商做好协调配合工作，只要施工现场有承包商在组织施工，则监理人员必须进入施工现场进行旁站监理。另外，监理人员必须严格遵循职业道德，对施工质量、施工进度以及费用等进行全面的监督管理，为施工单位提供有效的监理服务。

第四节　高速公路施工监理精细化管理

一、精细化监理的内涵与在高速公路施工中应用的必要性

1. 精细化监理的内涵

受到竞争的影响，监理行业中渐渐衍生出了一种新的管理理念，这种理念主要是指以传统监理理念为基础，将整个过程的工作方式都进行精细化处理的一种监理模式。对此，施工建设单位和建筑企业必须严格遵循以施工质量为上的基本原则，不仅要加强监管人员的思想建设工作，还要对监管员工进行专业的职业技能培训，提升监管员工对施工监理工作开展的重视程度；另外，还需要加强对监理过程产生的流程数据进行总结和归纳工作，进而保证施工质量与经济效益都能够得到有效的控制和保障。

2. 精细化监理在高速公路施工中应用的必要性

高速公路在我国交通运输事业中占据着十分重要的作用，其中高速公路工程一直都受到国家的高度重视，高速公路建设单位也在不断地对施工技术以及管理方式进行改进和完善。

但是，近些年受到一些行业竞争因素的影响以及社会其他行业给施工管理模式带来的冲击，使得我国目前的高速公路施工监理工作出现了很多问题，重点突出的高速公路施工质量方面的问题，严重影响了我国的高速公路发展速度。对此，相关人员应及时对高速公路施工监管进行精细化改革，及时改变这种不良现象的继续发展，这对于高速公路进行精细化监理是十分重要的。

二、高速公路监理工作的精细化管理分析

将精细化管理积极引入到高速公路监理工作之中，能为监理工作的顺利开展提供良好的指导原则，同时还能够为提升监理工作水平发挥积极作用。

1. 高速公路精细化管理的原则

针对高速公路进行监理工作，积极采用精细化管理方式，首先需要按照国家相关法律法规的各项要求开展施工，在具体的施工工作进行当中需要选择好合适的施工工艺和施工流程，重点控制好施工过程中的各项薄弱环节。其次，精细化管理模式应用的过程中，需要优化设计环节，全面贯彻动态设计理念，使得设计方案能够更好地符合工程建设的实际情况。再者，高速公路建设过程中，需要针对施工作业指导书进行细致研究，按照其中的各项规定开展施工，保证新型工艺、技术手段都能够做好细致的交底工作。再者，增强高速公路实体质量和工艺质量通病的治理力度。采用良好的预防和控制措施，保证各项设计要求和施工规范都能够落实到位，将一些质量通病彻底消除。最后，还需要强化重要单项工程和重要部位的管理工作。采用首件工程认可制管理方式，即只有当首件工程获得认可

之后，才能够正式投入到后续的施工作业之中。

2. 高速公路施工监理方的主要职责

针对高速公路项目建设情况进行监理，主要是监理企业接受了公路建设方的委托，针对项目建设情况进行全方位、全过程的监督和管理工作，同时还承担合同规定的质量以及期限标准制定原则，将合同之外的一些附加费用进行有效控制，全程监控高速公路工程建设的费用、进度和实际建设质量。

三、高速公路施工监理精细化管理的方法分析

科学的监理方法，将能够有效促进高速公路施工工作按照规定工期完成，合理控制好费用，并积极提升质量管理工作的整体水平。

1. 高速公路项目进度监理控制方法

针对高速公路的工程进度进行全面监理，是保证工程项目按照约定工期顺利竣工的重要前提条件。监理工程师需要从高速公路项目的整体计划入手，针对各个工程阶段的监理工作情况进行合理性的安排，减少工程延误的情况出现，同时还要能够将项目的进展情况及时反馈到项目建设方。项目进度监理控制方法在高速公路工程施工中的具体应用，可以分为以下几个部分：第一，施工单位需要制定好详细的施工进度计划表。施工单位针对自身施工方面的各方面计划、施工要求、施工设备等方面的各项条件进行全面细致的分析和研究，积极制定出合理的年度进度计划表，并将该表交由项目监理公司开展审核。第二，针对施工进度计划进行审核和批准。高速公路的建设方和监理公司，可以针对施工进度计划表进行考察，看其是否具有良好的合理性和科学性。第三，施工实际进度的检查工作。按照施工进度计划表，监理单位已经基本掌握了高速公路的施工进度，为了保证施工的顺利进行，监理方还能够到施工现场进行检查。

2. 高速公路项目质量方面的控制方法

工程施工质量，是检验高速公路项目施工情况最为基本的标准。针对高速公路项目的施工质量进行全方位的监管，同样是监理方的一项重要工作内容。监理方需要从高速公路施工的各方面情况入手，全面管理具体的施工工艺、施工材料和具体施工环节。首先，监理方需要严格把控原材料的质量控制情况。高速公路项目工程实际施工过程中，需要采用钢材、沥青、砂石、水泥等材料，保证这些材料的施工质量，监理方需要针对原材料的整体购买计划进行全面了解，并做好材料的审核工作。其次，施工方需要积极开展质量自查工作，针对进场的各方面施工材料进行全面检查，同时还要选派专门人员控制好具体的施工环节，面对施工过程中出现的不合理问题，需要及时采用切实有效的改进方式。最后，还需要发挥政府质量监督的积极作用。政府交通部门需要针对高速公路工程的施工情况进行良好监控，同时还要针对各个监理单位组织一些定期或者不定期的工作检查，将监理行业发展过程中的违法乱纪行为进行有效控制。

第十一章

高速公路工程施工安全与创新应用——以开阳高速公路为例

第一节　工程概况

一、工程概述

沈阳至海口国家高速公路水口至白沙段（简称为“开阳高速公路”）是国家高速公路网规划“2 纵”G15 沈阳至海口国家高速公路的一段，同时也是广东省“十纵五横两环”高速公路主骨架中第五条横线的一段。开阳高速公路全长 125.2km；扩建全线采取双向八车道高速公路标准设计，设计速度 120km/h，路基宽度 42m。

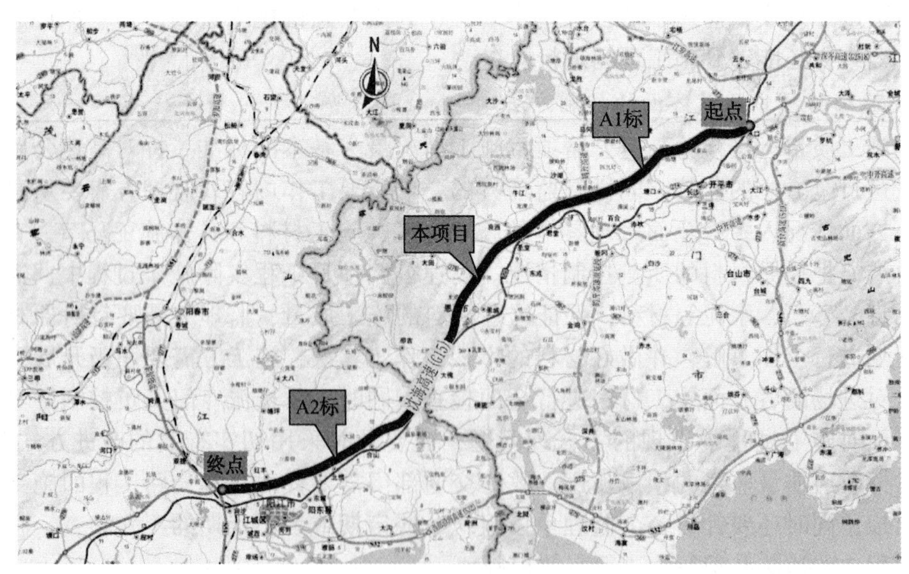

图 11-1　开阳高速公路项目地理位置

本标段为沈阳至海口国家高速公路水口至白沙段改扩建工程 T1 标合同段（以下简称：T1 合同段）；起点桩号 K3157+345.520（开阳高速养护起点），终点桩号 K3214+952.251；

路线全长 57.808km。工程主要内容有：大桥 14 座，中小桥 144 座，涵洞 224 座，路基填方 553 万 m^3、挖方 419.7 万 m^3，扩建互通 7 座，新建互通 1 座，新建服务区 1 座，扩建服务区 1 座；交安工程单幅 140km。

二、主要工作内容

本合同段主要工作内容：路基土石方、桥涵工程、防护排水、互通改造、服务区新建改造、路面工程、交安工程等。

路基工程主要工程量：清淤换填 40 万 m^3，预应力管桩 71.47 万 m，高压旋喷桩 8.7 万 m，填方 553 万 m^3、挖方 419.7 万 m^3，气泡轻质土 20 万 m^3，挡土墙 5.78 万 m^3。

桥梁工程主要工程量：大桥 14 座/4183.08m，中小桥 144 座，桩基 2327 条，立柱 2218 条，盖梁 1083 个，预制梁板 6885 片；盖板涵 100 道，圆管涵 117 道，箱涵 4 道。

交安工程主要工程数量：波形护栏 130km，标志标牌 3312 块，门架 115 个，标线 176496.5m^2；隔离栅 131.778km 等。

路面工程主要工程量：水泥稳定碎石底基层 442754m^3，水泥稳定基层 808093m^3，ATB-25 柔性基层 159387m^3，下面层（AC-25C、AC-20C）143565m^3、中面层（AC-20C）276683m^3、上面层（SMA-13、PAC-13）220224m^3。

三、工程起止时间

本合同段工期为 32 个月；2018 年 7 月 1 日开工，2020 年 12 月 1 日完工，历时 29 个月。

第二节　质量保证体系及措施

一、质量管理机构

建立质量保证组织机构（图 11-2）及质量保证工作程序（图 11-3）。

二、质量保证体系

坚持“百年大计，质量第一”方针，按照 ISO 9001 标准，结合本标段工程质量管理的特点，制定完善的工程质量管理制度，建立有效的、系统的质量保证体系（图 11-4），从保证质量的组织措施、管理措施及控制措施三方面入手，在分部、分项施工工序技术上严格把关。建立系统、完善的工程质量保证体系，确保工程质量目标的实现。

三、质量保证措施

（一）首件工程认可制度

为加强质量管理，确保工程施工质量，本项目实施首件工程认可制。首件工程认可制立足于“预防为主，先导试点”的原则，通过首件工程施工，对施工组织、施工工艺和各项

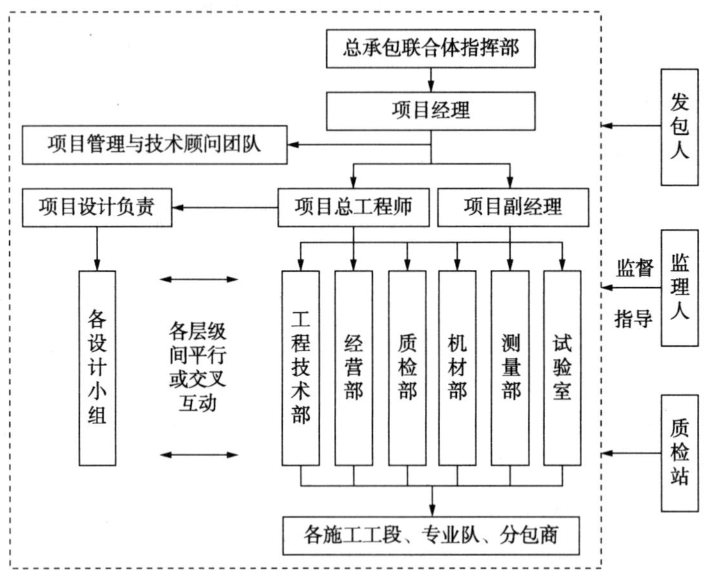

图 11-2 质量保证组织机构

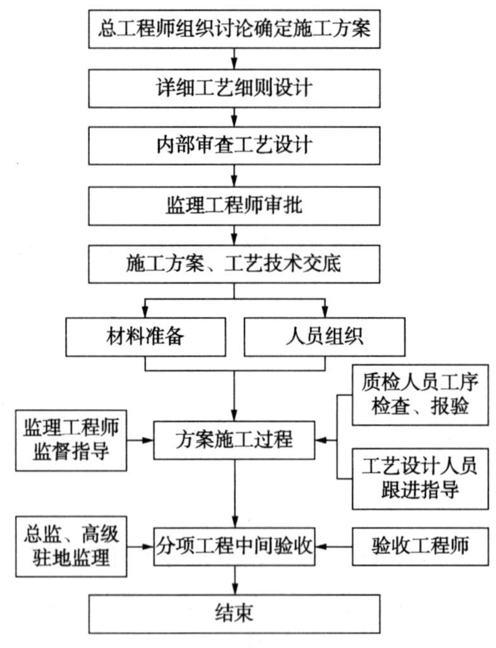

图 11-3 质量保证工作程序

质量指标进行综合评价和总结分析，以指导后续工程批量生产，预防和纠正批量生产可能产生的各种质量问题，带动、推进和保障工程的质量。本办法规定需要实施首件工程认可制的项目，必须在首件工程通过评定后方可大面积推广施工。

1. 首件工程认可制实施范围

（1）路基工程：不同压实标准及不同填料的路基实验段、管桩沉桩、排水与防护、台

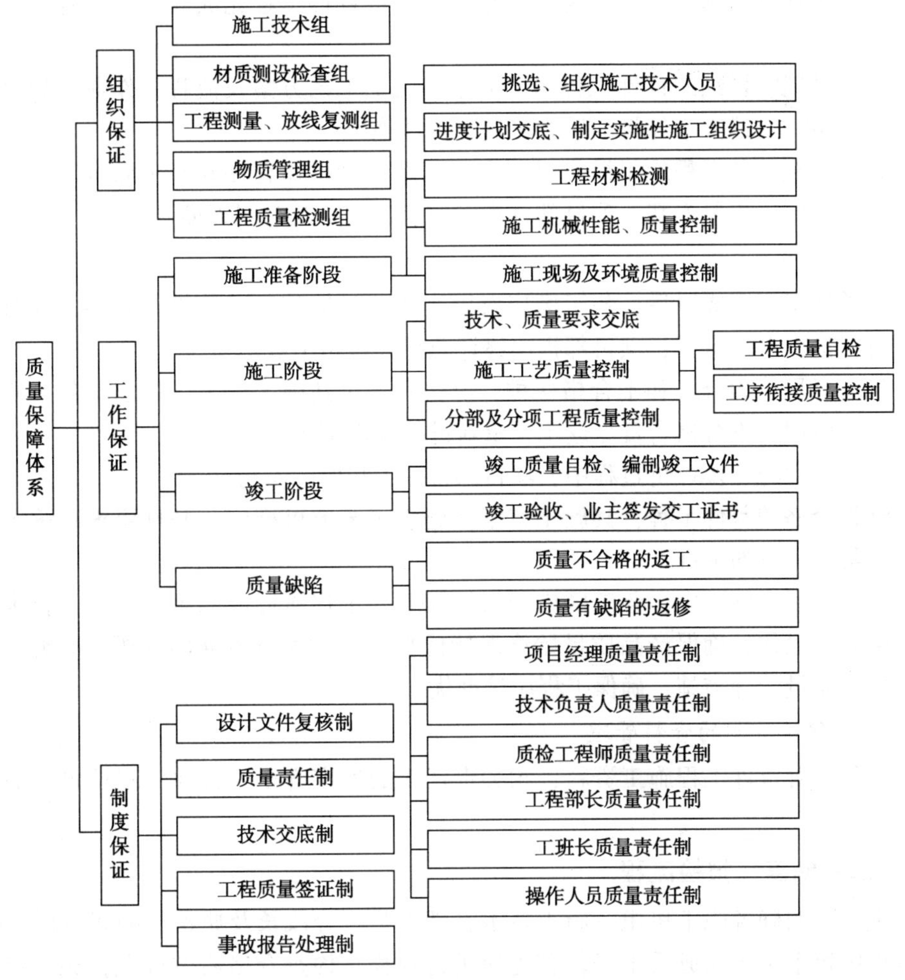

图 11-4　质量保证体系

(墙)背填筑。

(2) 小型结构物：涵洞、小型预制件。

(3) 桥梁：桩基、墩身、盖梁、各类型梁板预制及安装、各类型支座安装、空心板、小箱梁、T 梁施工、现浇及悬浇箱梁各类型预应力张拉及压浆、桥面铺装、桥头锥坡。

(4) 路面工程：路面铺装试验段。

2. 首件工程认可制的综合评价依据

(1)《公路工程质量检验评定标准　第一册　土建工程》(JTG F80/1—2017)。

(2) 施工图、专用施工技术规程、相关技术规范。

(3) 经批准的施工方案、施工工艺、作业指导书。

(4) 监理、业主有关文件规定。

3. 首件工程认可制的实施程序

(1) 在工艺相同的各类分项工程中，若含“首件工程认可制实施范围”规定的需进行首件施工认可的项目，则承包人需在各类分项工程第一个施工的分项工程中选择一个构件或路段作为首件工程首先施工，其他构件或路段需待该首件工程完成施工及同意推广施工后方可施工。

（2）各工区制定详细的首件工程施工方案、施工工艺方案及流程、作业指导书等报总承包项目部批准。上述方案经批准后方可进行首件施工。

（3）各工区在首件工程施工操作过程中要详细记录操作程序和有关数据，及时修正完善作业指导书和施工工艺方案。项目部督查操作全过程并及时纠正偏差。

4. 评价和认可

（1）在首件工程完成以后，各工区应对已完成项目的施工工艺进行总结，并对质量进行综合评价，提出自评意见；项目部提出终评意见并报备上级单位。

（2）评价意见分为合格和不合格两种，合格者，对其施工工艺、技术参数及质量控制措施进行推广应用；不合格者责令返工，重新进行首件施工。

（3）首件工程施工及评价过程中，项目部将派人观摩、参与。

（4）终评合格的首件工程，其施工方案及施工工艺方可推广，并且要求后续工程的质量不能低于首件工程的标准。

（5）在工程展开施工中，各工区应严格按照首件工程所形成的施工工艺、技术参数及质量控制措施去操作，确保产品质量始终保持优良，同时通过不断的分析、研究，完善施工工艺，提高质量管理措施，确保工程质量创优。

5. 首件工程认可制的资料管理

各工区须完善首件工程施工资料，相关责任人的签字齐全。首件工程认可制的资料须妥善保管。

（二）三检制度、报检流程

（1）进一步明确各施工班组、施工技术管理人员、分段长及质检员的职责(图 11-5)。在施工过程中每个工序完成后工班长首先应进行自检，检查合格后方可上报施工员，然后由施工技术人员进行复检，如检查有问题需及时进行整改，整改合格后方可以上报质检员，质检合格后方可以进行下道工序施工，如质检员在检查过程中仍存在问题，施工员应要求工班再次整改，整改完成后由施工员检查，检查合格后才可上报质检员。同时要求各施工班组、施工技术管理人员、质检员做好施工过程的检查记录(施工过程的三检记录表)和整改通知书。在施工过程严格执行自检、互检、交接检制度，合格后告知监理进行终检，监理终检合格，签字确认后方可进行下道工序施工，工段需督促队伍积极配合监理对现场进行工程质量管理：

① 工序间内部检查制度：班组质检员自检→工班间交接互检→施工技术员复检；

② 单项(子分项)工程质量检查制度：工段施工技术员→质检工程师复检→监理工程师验收。

（2）项目部质检部已经完成在建施工的各项工序的三检表，对现施工的工艺实施 100% 覆盖率，做到质量可控。在新的工艺或工序开始施工前，相关施工段负责人在做好三级技术交底的同时应做好三检制度交底，明确各工序施工过程中质量控制点，教好工班三检的三检表格填写要求。

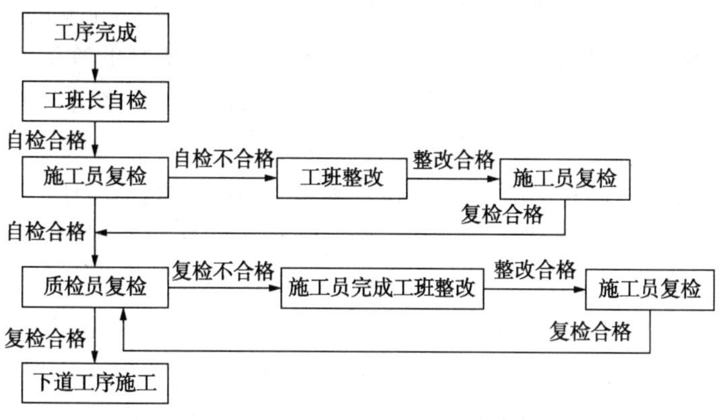

图 11-5　工序间内部检查流程图

（3）严格按质检程序办事，在每道工序完成后施工员在报检质检的同时需认真如实填写好三检表，未填写好的三检表的质检员不得进行复检和申报监理检查。

（三）项目部成立以项目经理为组长的质量检查小组

质量管理小组将每月对各队伍进行质量考评，按照省质监站对各个项目的检查项目对各队伍进行检查、评分、排名，并结合对项目部内质检部、工程部进行三检执行情况进行考核，每次检查按照百分制控制，每次检查结果与每个月度的绩效考核相联系，考核成绩在每个月的绩效考核中体现。同时项目部经理、项目总工、质检工程师对三检执行情况进行不定期检查，检查也按照百分制进行执行，每次检查结果与每个月的定期检查汇总后作为每个月的总成绩，成绩于每月底公布张贴。

（四）实行并奖并罚措施

根据第(三)点的检查办法每个月对各工点的分数进行排名，获得第一名的施工段对整个施工段内的相关人员(段长、施工员、质检员、工班)进行奖励；倒数第一名的施工段对整个施工段内的相关人员(段长、施工员、质检员、工班)进行罚款。奖金和罚款在月度生产会议上公布。队伍因其施工质量受到业主、监理等其他单位的褒奖/罚款，工段按照所罚金额3%~5%并奖并罚。

（五）外业质量管理措施

（1）实行“五不施工”“三不交接”的管理措施。“五不施工”即：未进行技术交底不施工；图纸和技术要求不清楚不施工；测量标桩和资料未经核签不施工；材料无合格证和试验不合格者不施工；工程不经检查不施工。“三不交接”即：无自检记录不交接；未经专业人员验收合格不交接；施工记录不全不交接。

（2）实行关键工序、隐蔽工程旁站措施。工段需督促队伍安排专人对关键工序、相关隐蔽工程如管桩沉桩施工、钢筋笼下放、大体积混凝土浇筑、预应力张拉等进行全程旁站并按要求进行影像资料留底，工段需按时收集相关影像资料交由质检部归档、整理。

（六）内业质量管理措施

（1）项目部自备相关专业指导书籍，相关规范及评定标准，以便施工及资料编写过程中“查漏补错”。项目部安排专门的资料员负责及时准确完成相关工程施工资料的编写，并交由相关人员签字确认，妥善保存，每个月计量工作以现场实际完成的工程量结合对应部位的资料进行签字确认，如资料未完成，质检部将拒接相关资料的签认。

（2）质检部将建立《监理、业主指令台账》、《监理、业主奖罚台账》、《队伍奖罚台账》等，并按照《开阳高速改扩建工程品质工程质量指标控制细则（试行）内相关规定对各项数据进行检测并建立检测数据台账，检测数据台账包括《保护层合格率检测台账》、《墩柱周长及相邻间距检测台账》、《钢筋安装数量、间距检测台账》、《混凝土强度试验室、现场检测台账》、《路基压实度及厚度检测台账》、《排水工程铺砌厚度检测台账》等。

（3）质检部将汇同质量小组成员每个月对检测数据进行整理、分析，并形成季度质量报告，季度质量报告将分发至各个项目管理人员，甚至抄送公司。

（4）质检部将对各个队伍进行相关文件的宣贯、交底，如项目部的各项质量管理办法，业主单位各项质量管理办法等。

第三节　施工安全与文明施工

一、安全目标

1. 施工安全目标

施工安全评定总目标如表 11-1 所示。

表 11-1　安全评定总目标

序号	安全评定总目标	指标
1	安全重点工作计划和方案实施完成率	100%
2	新入场员工安全“三级”培训教育履行率、特种作业人员取证（复审）率、全员安全培训教育率	100%
3	作业许可办证率、防范措施技术交底及现场落实率	100%
4	生产及生活废弃物、噪声、大气污染物达标处置率	100%
5	安全技术措施费足额提取并专款专用率	100%
6	安全隐患整改完成达标率	100%
7	重大安全事故应急预案编制率及定期培训、演练率	100%
8	杜绝工业死亡责任事故、职业病危害事故、船舶碰撞及倾覆事故、较大及以上环境污染事故、放射性污染事故	

2. 环境管理目标

生产、生活用水达标排放；固体废弃物实现分类管理，有毒有害废弃物处置率达到 100%；施工现场目测无明显扬尘；噪音达标排放。

二、安全情况

本项目边通车边施工的扩建施工项目不仅要有效防止和减少交通拥堵，保证道路畅通，同时还要保证充足的作业时间、空间和施工安全，安全管理难点如下：

(1) 本项目点多、面广，施工工序多且复杂，安全管理难度、幅度大。

(2) 边通车，边施工，交通组织、安全防护及交通转换安全管理难度大。

(3) 既有老桥需要拆除，旧路基与旧结构物的保护，安全风险大。

(4) 路堑挖方段既有边坡施工(尤其旧圬工拆除与石质边坡开挖)，安全风险大。

(5) 施工临建设施多，临时用电多，安全使用管理难度大。

(6) 本工程采用机械化施工，投入设备类型多，施工安全风险大。

针对以上安全管理的难点，以及结合单位多年高速公路扩建施工管理的经验，采取以下措施应对：

(1) 安排有高速公路扩建施工管理经验的管理团队和施工队伍进场。项目部成立安全巡查小组，不间断上路巡查，发现安全隐患，及时上报并协调交警路政处理，发施工作业人员有不安全作业行为，及时制止纠正。如发现有作业人员违章作业，则按公司安全奖惩制度予以处罚。

(2) 本项目施工期间总体保通思路为“源头诱导、路网分流、内部管控、客车优先”。根据不同的施工内容、方法和要求，采取相应的交通控制方式。

(3) 提前在通往桥底道路的叉道口摆放交通指引设施，将部分可绕行的交通流提前预告、诱导、驶出项目建设区域，尽可能的减小施工临时通行区的交通压力。

(4) 路堑挖方严格按设计要求采取防护措施。

(5) 临时用电严格按《施工现场临时用电安全技术规范》(JGJ 46—2005)要求实施和管理。

(6) 针对施工机械的安全风险防范措施。

(7) 对安全风险系数大、技术难度大、施工难度高的交通组织、旧桥梁板改造等关键工程项目编制专项施工方案(包含安全专项方案和专项交通组织方案)，并根据现场情况不断的进行优化和改进。重点路口，安排岗亭值守。

三、文明施工情况

本项目从开工到现在与当地居民相处和谐，未发生因污染水源、土地等而引发冲突或上访事件等。

项目经理为文明施工第一责任人的文明施工管理机构，按照工程建设塑造文明工地和单位“7S”(整理、整顿、清扫、清洁、素养、安全、节约)管理的要求，凭借一流的施工现场管理，一流的施工现场形象，一流的施工作业环境，一流的项目管理水平，力争本项目实现“优质精品工程”和安全、文明施工，和谐稳定工作的目标。

(1) 施工现场主要出入口应设“工程施工告示牌”，其他主要施工点和道路交叉口，设置必要的指路牌、限速牌等标志牌。

(2) 现场设置宣传栏，以及时反映现场安全、质量和进度情况。

（3）便道设置包含标志、护栏、警告安全标牌等，并保证足够照明灯光。施工便道经常洒水清扫，防止尘土飞扬。

（4）对材料堆放场地作硬化处理，并作好排水措施。材料分类堆放，做到下垫上盖、标示清楚，保持现场整齐干净，及时清除废料。

（5）保持施工场地相对封闭，施工入口设岗亭管理，车辆凭通行证进入场地。

（6）施工机具外观整洁，并统一摆放整齐。

（7）钢筋加工厂内分区合理、堆放整齐、标示清楚。

（8）各个工序施作严格按技术规范、安全生产要求施工，坚决杜绝违章施工、野蛮施工的事故发生；严禁打架、斗殴、赌博、偷窃等不文明现象出现。

（9）保持施工便道、拌和站、集料生产区内外进出口一定范围内的环境卫生。施工车辆在工区临建场地进出口处设置智能洗车系统，其面积和配套设施满足使用要求，污水集中排放。

（10）对材料运输车辆采取有效封闭措施，防止材料沿途泄漏，造成污染。

（11）施工过程中安排专门人员对过往车辆丢弃的垃圾清理，保持施工现场清洁。

第四节　施工中新技术、新材料、新工艺的应用

一、装配式底座

（1）一般要求：由于预制梁板数量较多，传统工艺采用混凝土支墩或者混凝土整体底座，固定的占用面计大且后期需凿除处理，消耗大量的人力及物力；装配式梁板底座不仅保证了作业的空间且工人易于操作、装拆方便(图 11-6)。

图 11-6　装配式底座

（2）技术标准：保证预应力质量及满足设计、规范要求。

（3）装配式预制梁板底座根据设计断面尺寸量身制作，具有易于拼装及拆除、便于施工、成本低、操作简单、保证作业空间等的显著优势。

二、空心板泡沫内模

（1）一般要求：由于人力的局限，传统空气胶囊工艺工作进展缓慢，而且空气胶囊会出现漏气或保压不稳定情况，不能保证预制梁板的断面尺寸；较空气胶囊内胎模简便直观，可以一次采购，同时进行多块预制，节省工期；不需拆模，一次成型，较为经济。本标段推广应用厂家定制的预制空心板聚苯乙烯泡沫模型。

（2）机械配备：无需机械设备。

（3）工艺流程：首先采用塑料薄膜对聚苯乙烯泡沫模型进行包裹；待底板浇筑完成后，安装聚苯乙烯泡沫模型内模；固定聚苯乙烯泡沫模型内模；浇筑腹板及顶板混凝土。

（4）技术标准：断面尺寸满足设计、规范要求。

（5）聚苯乙烯泡沫模型内模根据设计断面尺寸量身制作，具有易于采购、便于加工、成本低、操作简单、减少工序等的显著优势，能够减少人工成本。且梁板断面尺寸易于控制。其本身重量较轻，对空心板自重增加不大，便于安装。

三、自动凿毛机

（1）一般要求：由于人力的局限，往往凿毛工作进展缓慢，而且作业面凹凸不平，凿毛不均匀，不能完全凿除表面浮浆，更不能使新鲜混凝土全部外露。本标段推广应用厂家定制的预制空心板梁自动行走式凿毛机。

（2）机械配备：自动行走式凿毛机、空气压缩机。

（3）工艺流程：当用凿毛机工作时将凿毛头接触混凝土面；开启空压机及凿毛机电源，通过前后移动凿混凝土面；凿毛机的移动速度越快凿毛的深度越浅，移动的速度读越慢凿毛的深度就越慢；凿毛头板可根据实际需要调节来适配混凝土面。

（4）技术标准：凿毛效果满足设计、规范要求。

（5）本机属于定制型自动行走式凿毛机，根据现场要求量身制作，其优势如下：①凿毛效果快；②减少人工成本；③凿毛效果好；④机械化施工提成施工安全性；⑤全自动化凿毛无需反复凿毛。

图 11-7　凿毛机安装

图 11-8　自动凿毛

四、梁板封端

1. 一般要求：传统工艺中预制梁板张拉压浆完开始封端，封端混凝土养护，然后吊放存梁区，结果封端混凝土得不到充分养护，容易出现开裂现象，长时间占用生产台座，影响生产效率；改用薄膜包裹以后，封端混凝土得到充分养护，质量良好，不在出现裂缝，并且张拉压浆完成后，直接调运存梁区，节省时间。

2. 技术标准：保证梁板封端混凝土满足设计、规范要求。

3. 预制梁板端头薄膜养护：全封闭包裹梁板端头，长时间保持湿润，其具有如下优势：费用较小，只需要部分薄膜、密封袋；效果明显，能长时间养护封端混凝土，使梁板质量得到充分保证；效率高，缩短生产周期，提高产量。

图 11-9　包裹薄膜养护

图 11-10　包裹薄膜养护

五、预成型标线

1. 一般要求：由于交通转换原因，需要在右幅永久路面上施画临时标线，传统热熔标线施画进度缓慢、后期清除困难、容易破坏路面结构；预成型标线张贴容易、黏贴牢固，浸泡刹车试验效果良好，同时清除容易、快速方便。本标段推广应用预成型标线作临时标线。

2. 机械配备：无需机械设备。

3. 技术标准：保证临时标线满足设计、规范要求，同时方便清除。

4. 预成型标线优势：①张贴容易、张贴速度快；②容易张贴，没有技术难度，对工人技术要求不高；③清理容易；④清理过程不会破坏路面结构。

六、高压水铣标线

1. 一般要求：由于交通转换原因，需要在右幅永久路面上施画临时标线，改造完成后对临时标线进行清除，传统清除工艺效率较低，切清理不干净；采用高压水铣预成型标线清除彻底、效率较高，同时不会破坏路面结构。本标段推广应用高压水铣预成型临时标线。

2. 机械配备：高压水铣机。

3. 技术标准：保证临时标线清理干净、不破坏路面结构。

4. 高压水铣预成型标线优势：①清理速度较快；②清理效果好，干净；③施工容易，对工人技术要求不高；④清理过程不会破坏路面结构。

七、节水保湿养护膜

1. 一般要求

节水保湿养护膜是以新型可控高分子材料为核心，以塑料薄膜为载体，粘附可吸收自身重量200倍的水分的高分子。该材料吸水膨胀后变成透明的晶体，把液态水变为固态水，通过毛细管作用，源源不断地向水稳结构层渗透，同时又不断吸收养护体在水化热反应过程中挥发出的蒸发水，使水泥充分水化、顺利凝结、快速而均匀地硬化。在一个养护期内只需浇一次水，养护膜能保证水稳结构层表面保持湿润，相对湿度≥90%。

传统水泥稳定碎石结构层施工采用“一布一膜”养护方法，该方法土工布的原材料为聚酯纤维，起球起毛易沾污、保湿性差需要不断补水，拉扯容易破坏难以重复利用；塑料薄膜易被风吹开，养护过程须多处补盖，大量增加劳动强度。

节水保湿养护膜是以新型可控高分子材料为核心，以塑料薄膜为载体，粘附可吸收自身重量200倍的水分的高分子。该材料吸水膨胀后变成透明的晶体，把液态水变为固态水，通过毛细管作用，源源不断地向水稳结构层渗透，同时又不断吸收养护体在水化热反应过程中挥发出的蒸发水，使水泥充分水化、顺利凝结、快速而均匀地硬化。在一个养护期内只需浇一次水，养护膜能保证水稳结构层表面保持湿润，相对湿度≥90%。

节水保湿养护膜即使在水源紧缺的条件下，保湿养护膜高分子材料吸收养护体表面水及水化热过程中挥发出的蒸汽水，将动态水固定在养护体表面和薄膜体之间，起到粘结固定和循环养护作用。该产品采用的高分子吸收材料对人、牲畜、环境无毒无害，可自然降解，绿色环保。节水保湿养护膜与传统养护工艺相比，可从跟本上提高养护质量，节约人工，节约能耗，高效保湿、绿色环保。

2. 机械设备

无需机械设备。

3. 工艺流程

水稳层碾压成型后，进行喷雾洒水湿润；将养护膜附带高分子材料的一面紧贴水稳层表面铺设；顺铺设方向，用沙袋将铺好的养护膜压住，防止风影响效果。进行交通管制，禁止行驶车辆；养护结束后，揭掉养护膜，清扫砂石等废物。

（1）准备工作。首先施工技术人员熟悉施工图纸，了解施工路段的几何尺寸及线型。组织施工人员进行班前交底，让工人充分了解施工工艺流程及操作步骤，掌握施工技能。根据施工现场实际情况，把人员合理分为2组，分别为：铺设养护膜组、压砖块或砂袋组。铺设养护膜组为2人，压砂袋组为2人。其次是材料及设备的准备，根据施工计划备好数量充足的节水保湿养护膜，合理组织好施工所需洒水车、喷雾器等。

（2）层面湿润。水稳层碾压成型后，必须进行喷雾洒水湿润，用水量约2kg/m²，根据天气情况确定其层面水分损失状况，采用不断补水或局部补水润湿，然后直接铺设养护膜。局部补水的采用喷雾器进行喷洒。喷洒时，应使水分或水雾均匀、连续、轻轻地洒落在水稳层表面上，达到要求的润湿状态，方可铺设养护膜。干燥状态的采用洒水润湿。在水稳层表面上用洒水车均匀地喷洒水，使其达到要求的润湿状态，方可铺设养护膜。

（3）铺设养护膜。水稳层表面充分湿润后，将养护膜附带高分子材料的一面紧贴水稳层表面，膜与膜重叠10cm，固定好养护膜一端。用一根长3.5m左右的尼龙绳套住养护膜卷轴的两头，由一个人倒拖养护膜卷轴向前铺设，随后第二个人按同样的方法紧跟其后。养护膜铺设过程中宜顺着风向将养护膜摊铺开，防止风吹产生膜底面藏气鼓包，影响养护效果。

（4）压沙袋。沙袋采用订制沙袋，铺设一段养护膜后，距离视施工情况而定，以能确保已铺设好的膜不被风刮开、吹走为准，一般铺设5~10m后开始压砂袋。然后沿养护体的中间及两侧边缘，顺铺设方向，用砂袋依次将铺好的养护膜压住，防止风吹走，砂袋间隔1~2m/个。

（5）交通管制，养护观测。水稳层养护期间，禁止行驶车辆，且在养护路段两端设立警示标志或拉设警戒线，避免影响养护质量，并随时观察养护情况。

图11-11　洒水及铺设养护膜

（6）养护及清扫。养护结束后，揭掉养护膜，清扫砂石等废弃物，将废弃养护膜、其他废弃物清理出场。废弃养护膜可运往废品收购站，或与其他废弃物运往指定的废弃场。

4. 工艺要点

节水保湿养护膜是一种新型产品，质量标准执行《混凝土节水保湿养护膜》（JG/T 188—2010），施工过程中的要对包括养护膜搭接宽度、层面失水状况、养护膜吸水状况、砂袋间隔的检查。

5. 环保措施

及时清理施工垃圾，并运到指定地点。废弃养护膜应集中运往废品收购站，或与其他废弃物运往指定的废弃场。

八、智能摊铺系统的应用

1. 一般要求

随着精准定位技术、信息技术、机械控制技术以及软件技术的飞速发展，路面“数字化机械施工技术”应运而生。Trimble数字化施工技术，通过建立三维设计图数据模型、现场定位及数据采集系统、现场机械控制系统等平台，运用数字化管理手段，实现施工过程实时智能控制。智能摊铺系统利用Trimble数字化施工平台，采用PCS900自动控制系统，通过控制点全站仪捕获的MT900坐标数据，实时将数据传送至摊铺机控制系统CB460控制箱，与设计高程进行对比分析并及时修正，最后通过液压阀驱动液压油缸改变牵引大臂位移，从而改变摊铺坡度及高程，实现路面平整度及高程满足设计要求。

传统施工方法在质量控制上，只能做到事后控制。要事先测量放样、打桩；无法实时坡度控制、显示记录当前高程、实时显示摊铺厚度。而使用数字化摊铺自动控制系统，可以实现实时过程检测功能，确保施工的精度，省去了打桩放样和拉钢丝等环节，减少误差，减少摊铺准备的时间，提高控制精度和工作效率。全数字结构，可以精确控制高程和坡度，实时摊铺坡度显示，严格控制坡度。自动全站仪实时导航，能做到全程无间断测量，实时显示记录摊铺平面的位置和高程信息。

2. 人工配合

智能摊铺作业施工人员，相对传统挂线施工作业，可减少挂线工人 2 名，传感器操作人员 2 名，合计 10 名。

3. 施工流程

沥青料计算、生产、运输；架设全站仪，摊铺机起步；摊铺厚度、质量检查，连续碾压密实。

4. 系统组成

Trimble SPS930 全站仪、AS450 角度传感器、SNR2421/2434 数据电台、MT900 棱镜：Trimble SPS930 全站仪瞄准 MT900、MT900 支架、AS200 角度传感器:、AS200 角度传感器、CB460 控制箱、CB440 控制箱、固定在机械熨平板上平台的 CB440 和 CB460 控制盒、ST200 声呐跟踪器。

5. 工艺流程

智能摊铺系统施工与常规施工相比，需增设全站仪，并实时进行数据采集，可同时支持多台摊铺机作业并排作业。

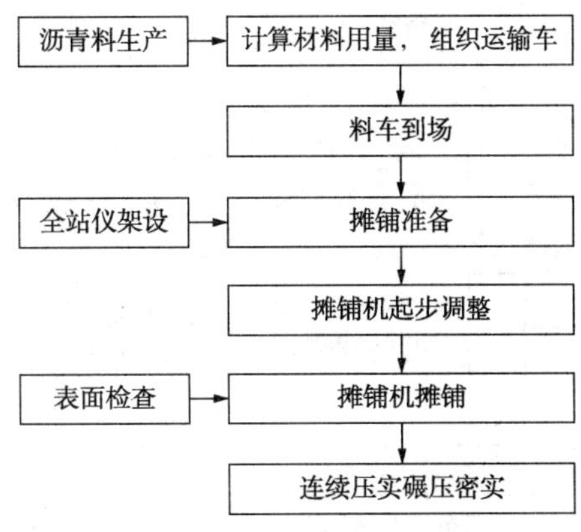

图 11-12　摊铺机智能摊铺系统工艺流程

6. 智能摊铺系统效益分析

传统施工方法与使用数字化摊铺自动控制系统的效益对比分析见表 11-2。

表 11-2　智能摊铺系统效益分析

项目	传统施工方法	使用数字化摊铺自动控制系统
质量控制	事后控制	实时过程检测功能，确保施工的精度
基准设置	事先要测量放样、打桩	省去了打桩放样和拉钢丝线等环节，减少误差，减少摊铺准备的时间，提高控制精度和工作效率

续表

项目	传统施工方法	使用数字化摊铺自动控制系统
坡度控制	无法实时坡度控制	全数字结构，精确控制高程和坡度，实时摊铺坡度显示，严格控制坡度
平整度检测	无法显示记录当前高程	自动全站仪实时导航，全程无间断测量，实时显示记录摊铺平面的位置和高程信息
摊铺厚度控制	无法实时显示摊铺厚度	实时显示和记录摊铺厚度，确保摊铺厚度

九、滑模摊铺机浇筑路缘石

1. 一般要求

项目采用分次滑模摊铺工艺，首先在垫层顶面滑模 20cm 宽×56cm 高（开平段 58cm 高）C20 混凝土调平基础，然后在调平基础上滑模 15cm 宽×41cm 高（平缘石为 29cm 高）C20 混凝土路缘石。第一，有迥于传统预制、运输和安装工艺，该工艺可节约预制人工、预制场地并减少材料综合浪费；第二，水稳施工过程中，调平基础起到调整边部线型及边部支撑双层作用，减少钢模板浪费，且基础牢固整体性好，有效克服水稳施工支模不稳造成边部碾压不密实的通病；第三，调平基础施工完毕，可提前完成路肩培土工序，避免沥青结构层施工过程进行路肩培土所造成的路面污染，提前实现“零污染”文明施工。

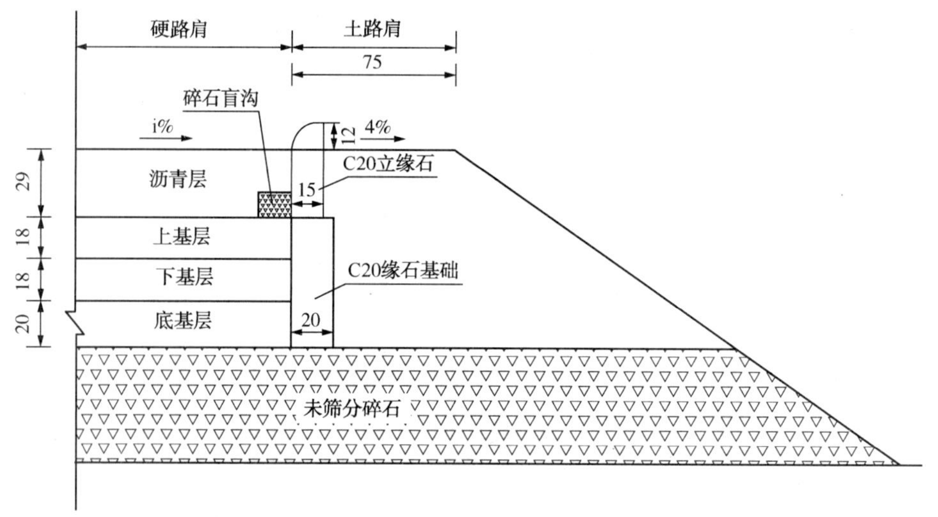

图 11-13　路缘石示意图

如图所示，路缘石采用分层滑模摊铺工艺，标号为 C20 混凝土。第一层为调平基础，设计厚度为 20cm，高度为水稳结构层的总厚度，开平段设计高度为 58cm，恩平段为 56cm。路缘石设计厚度 15cm，其中拦水缘石设计高度为 41cm，平缘石设计高度为 29cm，排水路面路缘石设计高度为 25cm。

2. 配合比设计

水泥：PO42.5 水泥；砂：中砂；碎石：4.75~19mm 碎石；外加剂：缓凝型高性能减水剂。

表 11-3　配合比设计表

设计强度/MPa	水灰比	砂率/%	各项材料用量/(kg/m³)					设计坍落度/mm	实测坍落度/mm	7 天强度/MPa	容量/(kg/m³)
			水泥	细集料	粗集料	水	外加剂				
20	0.4	44	340	847	1077	136	6.8	15~30	25	25.6	2410

3. 机械配备

路缘石滑模摊铺机，轮胎挖掘机，洒水车，小型自卸汽车。

4. 工艺流程

路缘石滑模摊铺施工具体工艺流程如下：测量放样→放样挂线→机械就位→拌和站出料→混凝土运输→摊铺→养护→切缝。

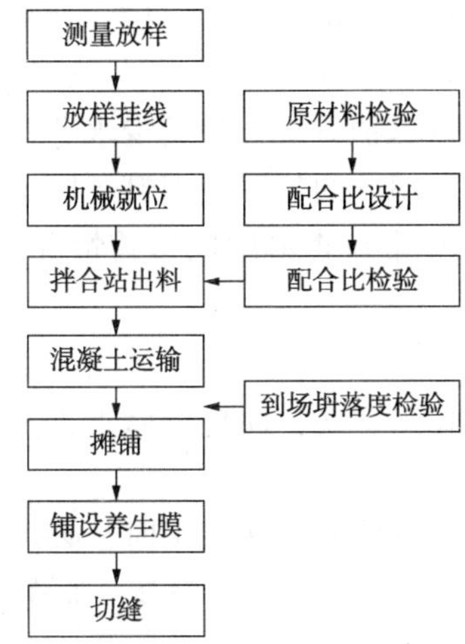

图 11-14　路缘石滑模摊铺施工流程图

(1) 测量挂线。采用路缘石外侧拉线，拉线距路缘石内边缘 70cm，导线桩间距在直线段为 10m，平面缓和曲线段或纵断面竖曲线段加密至 1~5m。导线桩夹线臂高度齐平路缘石顶表面，夹口(或导线)到桩的水平距离为 10cm；拉线材料采用 3~5mm 的钢丝绳，拉线长度以 100~150m 为宜，两端应设固定紧线器；导线必须拉紧，每侧导线应施加 100kg 拉力，拉线设置完成后，应禁止扰动碰线。

(2) 机械就位。确定摊铺机履带行走部位是否坚实，同时对摊铺机进行正确位置设定。确定振动棒安装位置是否正确，挤压板前顷角应调整为 2~3°左右，并调整抹光板。调试摊铺机高度、方向传感器灵敏度，复核水沟顶面高程控制、中线偏位等控制指标，使摊铺机根据挂线进入自动施工状态。

(3) 运输。采用小型自卸汽车运输水泥混凝土，运输车的配置数量以保证摊铺机连续均匀摊铺不间断为准，运输过程中的全部时间不超过初凝时间。运料车卸料/前行必须和滑模摊铺机摊铺速度同步。第一车料到达后，必须立即检查其质量，以便修正混凝土的稠度，直到符合要求为止。

（4）摊铺。摊铺中过程中，利用轮胎式挖掘机转料。摊铺机手应随时观察模具料斗料位，正常状态应保持振捣仓内混凝土料位高于振动棒固定横杆 10cm 左右，料位高低上下波动宜控制在±5cm 之内。摊铺机起步时，应先开启振动棒待模具腔内充满密实混合料后再行走。混凝土现场塌落度为 0，为确保成型路缘石外观光滑平整、线形流畅平顺，不出现麻面、蜂窝面、拉裂、橘皮、隆起、塌溜边等情况，混合料摊铺速度宜控制在 1~2m/min。当料的稠度发生变化时，应先调整振捣频率，后调整摊铺速度。摊铺中应尽可能使摊铺机均速、连续不间断作业。

当混凝土供应不上或搅拌站出现故障等情况时，停机等料时间不得超过混凝土初凝时间的 2/3，一般 1.5h 左右。如果等料时间过长，摊铺机应起升模具并驶出工作面。施工过程中应实时利用 3m 铝合金尺对路缘石的顺直度进行调整，保证平顺美观。

（5）切缝。切割时间宜控制在水泥混凝土设计强度的 75%以上，但最长时间不超过 24h。切缝时应注意保持线形顺直、清晰，防止崩边。锯缝完毕，要用水将锯缝产生的粉尘、泥浆冲洗干净，并及时进行保湿、覆盖养护薄膜。调平基础切缝间距为 10m，缘石切缝间距为 5m。

（6）养护。养护采用薄膜覆盖养护方法，为减少水分蒸发，避免产生裂纹，覆盖薄膜的时间以不粘水泥混合料为宜。在切缝的位置使用钉子固定养护膜，防止切缝处水分蒸发产生过大裂口。在养护期内，应经常检查薄膜的覆盖情况，一旦发现有被风吹起的地方，要及时采取措施重新覆盖。

5. 质量控制

开工前由项目总工组织进行技术交底，向现场施工人员讲解图纸、质量标准、施工技术方案、施工注意要点等。

项目部加强路缘石施工管理，质检人员在施工时，必须到现场巡视检查；加强施工过程中控制，质检员随时对原材料、配合比、线型检查；加强自检，发现问题及时纠正施工，不合格段坚决返工。

加强配合比控制保证措施，水泥混凝土料仓全部加设雨棚，每次施工前进行集料及砂的含水率的检测，对出厂坍落度和到场坍落度进行每车检测，保证坍落度在允许范围。

十、冷再生基层施工

1. 一般要求

冷再生基层施工采用拌和楼出料、自卸车运输、摊铺机摊铺、压路机碾压成型的施工方式。该方式的施工工艺操作简单，便于质量控制。经过自检及中心试验室同步检测，该段铺筑层的效果较好，平整度、压实度、横坡，厚度等检测指标等均能满足设计及规范要求。

2. 技术标准

各项指标均满足设计及规范要求，表面平整均匀，无较明显离析；拌合楼设备计量精准，拌合楼拌缸搅拌均匀。拌合站产能固定为 350t/h，拌合站乳化沥青流量计设定值为

15～18t/h，以保证乳化沥青用量。

冷再生基层前场摊铺能力：摊铺机摊铺速度控制在 3m/min 以内，每小时摊铺约 350t，可与拌合楼产能 350t/h 匹配，无产生拖痕、断层和离析的现象发生。根据施工后抽取的芯样检测结构厚度及现场松铺测定对比分析，确定以后冷再生基层松铺系数选取 1.35。

3. 运输

运输车辆装料时，尽量大可能减少粗细集料的离析现象，每卸一斗混合料挪动一下汽车位置，每装完一车混合料移动 3 次位置。

运料车严禁在封层上急刹车、调头、急转弯，现场指派专人指挥车辆在施工现场以外的地方调头，并慢速地倒退到摊铺机前 10～30cm 处等待，不得碰撞摊铺机，在确认运料车的后轴轮对准摊铺机的推行位置和料斗时，才能卸料入摊铺机；在被推行时，应挂空挡。

4. 摊铺

本次摊铺采用一台宽 8m 摊铺机摊铺，摊铺时采用挂线施工。

摊铺机输送螺旋的前挡板下部加设柔性挡板及反向螺旋；运料车增加尾侧挡板，并多级顶升卸料；摊铺机喂料斗翼板慢速合拢等措施，以有效减少离析，确保摊铺均匀性。螺旋喂料器中混合料的高度将螺旋的 2/3 埋没，摊铺机集料斗在刮板尚未露出，尚有约 10cm 厚混合料时，料车开出，同时拢料，拢料速度尽量慢且均匀。料斗两翼复位后，下一辆料车开始卸料。

本次试验段摊铺速度拟定 1.5～3m/min；摊铺速度在保证整个摊铺宽度上，无产生拖痕、断层和离析的现象发生。

5. 机械配备及碾压方案

碾压采用 1 台 26t 单钢轮压路机，1 台 30t 轮胎压路机，1 台 13t 双钢轮压路机的组合。初压采用 26t 单钢轮压路机静压 1 遍（往返 1 个来回为 1 遍），并保持较短的初压区长度（30～50m）。复压采用 26t 单钢轮压路机振压中档位振压 2 遍，再采用 30t 轮胎式压路机揉压 3 遍。终压宜采用 13t 双钢轮压路机静压 1 遍。消除轮印。

6. 工艺流程

旧路面铣刨料回收，下承层检测与清理，测量放样；混合料拌和、运输，新旧水稳上基层纵向接缝顶面铺设玻纤格栅；旧路沥青侧面拼接处涂刷粘层油，人工配合摊铺机摊铺，压路机碾压，人工跟补；交通管制，有必要时做好防雨措施，自然养护直至再生层采用直径 150mm 钻头可取出完整芯样或者再生层含水率低于 2%时，才可开放交通。

7. 工艺要点

材料的选配，混合料级配的确定，严格控制施工质量，碾压分为初压、复压和终压三个阶段，三个阶段紧密衔接，碾压应遵循紧跟、慢压、高频、低幅的原则进行。

十一、天地一体化测量技术

1. 一般要求

对 AC-20C 中面层的标高指标进行认真地分析认为：通过数据融合，能实现平面精度达到 5cm 范围内，高程精度达到 2cm 范围内。

2. 测量工作内容

应项目指挥部的要求，本项目拟采用机载激光+车载激光扫描系统+工程测量的“组合”模式进行高速公路改扩建的测绘工作，测量工作量见表11-4。

（1）激光扫描测量范围为现有道路中心线两侧各50m；

（2）激光点云需带有激光反射强度信息；

（3）激光测量精度，路面精度平面优于0.05m、高程优于0.02m；

（4）激光扫描中存在的数据漏洞需进行实地补测，补测精度应满足上述激光测量精度要求。

表11-4　测量工作量一览表

序号	项目内容	里程/km	备注
1	控制测量	1	收集前期成果及检查
2	激光雷达航空摄影	1	
3	车载激光扫描测量	1	
4	点云数据处理	1	
5	DEM 生产	1	
6	DOM 生产	1	
7	纵横断面	1	车道内纵横断面

3. 施工现场及技术准备

（1）下承层（ATB-25 沥青碎石柔性基层）已交验合格。

（2）已选好运料车的运输路线，相应的施工便道已经修筑完毕。

（3）前、后场机械设备已检修调试完毕。

（4）已做好其他的现场准备。

（5）项目部组织技术人员认真的熟悉图纸资料和相关文件，对所有施工技术人员进行了技术交底工作，让每一位施工技术人员都有清楚的思路，保证实验路的顺利进行。

4. 机械配备投入与用途

本工作项拟投入主要仪器设备及辅助作业工具情况见表11-5。

表11-5　主要仪器设备及辅助作业工具一览表

序号	设备、软件名称	设备型号	数量	用途
1	南方 GNSS 接收机	IRTK	5台	靶标点平面测量
2	天宝电子水准仪	DINI03	3台	靶标点高程测量
3	全站仪	Topcon102	3台	
4	机载扫描仪	SE-J500C 激光雷达系统	1台	激光扫描
5	车载扫描仪	华测 MS-120	1台	激光扫描
6	工程车辆		3部	

所有的仪器使用前应由国家认可的检测机构进行全面的检查，并附有仪器鉴定证书，必须符合规范要求。

5. 产品优势

（1）高精度。根据项目需要，可通过控制点改正将高程中误差优于0.02m。

（2）劳动强度低。车载激光扫描测量系统从根本上改变了测绘作业内外业模式，人员仅需操作笔记本电脑，在车载模式下作业人员更避免了日晒雨淋。

（3）高效率。大量外业工作被转移到内业，可以风雨无阻地作业生产，项目时间普遍缩减。

（4）数据安全可靠。高精度扫描仪、POS基础上的成熟配套软件，可以提供高效高精度安全可靠的数据。

（5）高效智能。多年结合实地生产案例进行的软件设计流程，使得作业流程更智能更高效。

（6）数据信息丰富。获取信息全面、快捷、准确，自动数据处理以及多种信息表现形式。

6. 工艺流程

下承层检测与清理，车载激光扫描测量；靶标点纠正，道路断面、车道线、道路边线提取；数据精度检核，成果提交。

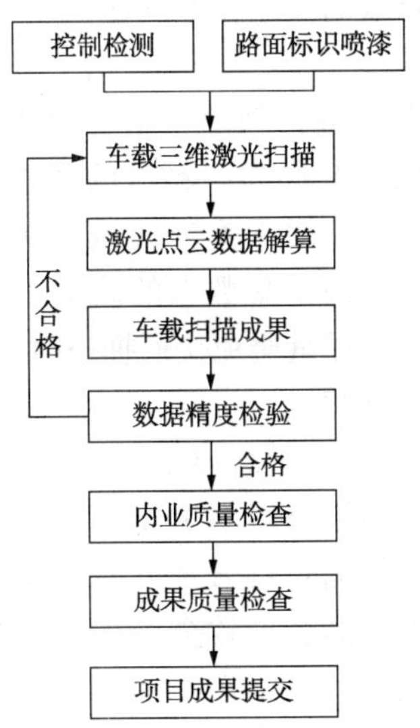

图11-15　车载激光扫描作业技术路线图

7. 外业数据采集

（1）测区踏勘和资料收集。测区踏勘和资料收集的主要工作是对测区有一个大致的了解和观察，确保测量工作的顺利开展。对测量路线、激光扫描方案进行预先粗略规划。

（2）测区任务规划。任务规划是针对每个测区的数据采集前期准备工作（以天为单位），成功的任务规划是顺利获取满足质量要求数据的保证。在任务规划阶段，主要包括采集前期准备、采集参数设置与基站布设方案等。

（3）采集前期准备

① 作业区情况

在进行数据采集前，首先根据项目的作业计划提前1~2d了解准备作业区域的实际情况，信息来源可包括现有的底图资料、GIS信息系统、天气预报以及卫星预报等资料，所需要了解的情况主要包括以下几个方面：

a. 作业区道路的宽度以及两侧建筑与绿化的距离，便于后期定义采集的主要要素；

b. 作业区的遮挡情况：主要包括道路是否存在中间隔离带（造成激光信号遮挡）或者是道路两侧存在较高大绿化树木遮挡（造成GNSS信号遮挡）；

c. 作业区天气情况：天气情况主要包括作业区1~2d内的雨水、光照、雾气等情况，主要会对全景影像质量以及激光测量信号造成影响。除了应避开雨水和大雾天气外，在城市两侧具有高建筑的街道作业区还应避开强光照引起的影像阴影覆盖大、色调差异大等问题。

d. 作业区GNSS预报：GNSS可见卫星数量是影响GNSS定位结果精度的重要因素，为了提高移动测量系统所采集数据的精度，在进行数据采集前，对采集当天的可见卫星数进行预报，选择可见卫星数多的时间段进行数据采集，提高数据质量。

e. 作业区的交通路况：应该避开交通高峰期。

f. 作业时间窗口：应该尽量避开冰雪较多的冬季，防止雪层覆盖而导致的目标特征不完整或丢失，以及因路面湿滑而导致的安全作业问题。

② 作业时间

作业时间需要根据作业区情况来进行划定，主要包括天气情况以及GNSS卫星预报情况。GNSS可见卫星数量是影响GNSS定位结果精度的重要因素，为了提高移动测量系统所采集数据的精度，在进行数据采集前，对采集当天的可见卫星数进行预报，选择可见卫星数多的时间对进行数据采集，可提高所采集数据的质量。工作区域的车流量以及交通路况也是作业时间规划的重要考虑因素，尽量避免交通拥挤时段的数据采集。

（4）采集参数设置与基站布设方案

① 采集参数设置。采集参数设置主要包括扫描车速以及全景成像参数两个方面的参数。在选定扫描传感器的条件下，扫描分辨率主要取决于扫描的角度分辨率以及移动车行驶速度。在进行任务规划时，需要根据对点云密度的要求确定合适的行车速度。另外，车速也对全景成像有影响，如果速度过高会导致全景在设定曝光时间下曝光不足，速度过低则会导致曝光过度。

② 基站布设方案。在GNSS动态差分定位中，随着移动站与基站的距离增加，移动站的定位精度会降低，因此，为了提高移动测量系统的POS定位精度（GNSS定位精度达到厘米级），需要在已知点（按GNSS测量规范测量得到）上架设基站。基准站的架设可参考《全球定位系统实时动态测量（RTK）技术规范》（CH/T 2009—2010）图根点测量规范，移动站与基准站的最大距离一般控制在4km以内，因此在进行大范围长距离的作业时，需要在沿线每隔8km左右布设一个基准站。

（5）外业数据采集

高速公路呈线状分布，无法像城市作业区一样使用少量的基站辐射大片作业区，需在高速公路沿线布设基站；此外，高速公路有最低行车速度限制，为保证车辆的安全，在作业时，移动测量车的行驶速度不能低于最低速度限制；最后，在高速公路中，需要保证匝道数据与主道数据的完整，需要采用特定的采集方法保证数据的完整性。

在明确了采集路线的基础上，为了确保采集数据的质量，还需要制定严密的数据采集流程并严格执行。

① GNSS 基站架设。在车载测量过程中，需要将车上的 POS 系统与外部参考站的数据进行同步观测，并在测量完成后联合解算。解算的精度与车载 GNSS 观测条件、车载 IMU 测量精度、GNSS 基站观测条件、GNSS 基站与车辆距离、GNSS 基站架设的已知点坐标精度等有关。作业前 GNSS 基站以静态观测模式在车载 POS 数据开始采集之前提前几分钟开启，并于车载 POS 数据采集完毕后延迟几分钟关闭。

② POS 数据采集。车载 POS 系统同时采集 GNSS 观测数据、IMU 观测数据以及车轮编码器数据。为保证 POS 精度，作业前应提前了解卫星星历预报，防止 GNSS 授时错误。车辆前去作业时，停止一段时间，以便 POS 系统进行初始化。在前往测区过程中，选择一条 GNSS 观测条件较好的直线道路行驶一段时间。在外业采集完毕后，仍需要将车辆停止一段时间。

③ 激光点云采集。采集前先通过数据采集软件设置扫描参数，包括角度分辨率、扫描视场角等。最终的点云精度，受车辆行进过程中的 GNSS 观测条件影响较大，在 GNSS 失锁条件下，尽量不进行高精度的测量，在条件较差区域可利用周边观测条件较好的地方，每隔一段时间进行一次 POS 观测修正，使数据得到补偿。

④ 数据检核。外业采集结束后，对各项数据的完整性进行检查，及时下载数据并备份。外业采集获取的原始数据主要包括惯导数据、基站数据、激光数据以及影像数据，外业采集结束后需对采集的数据进行质检，数据质量检核内容主要包括了数据缺失检核、全景影像质量检核、点云精度检核三个方面。

（6）数据内业预处理

数据内业预处理主要包括 POS 数据处理、车载激光点云解算、全景拼接以及点云全景配准，生成具有三维地理空间坐标的激光点云和全景影像，为后期的高速公路改扩建应用提供数据基础。

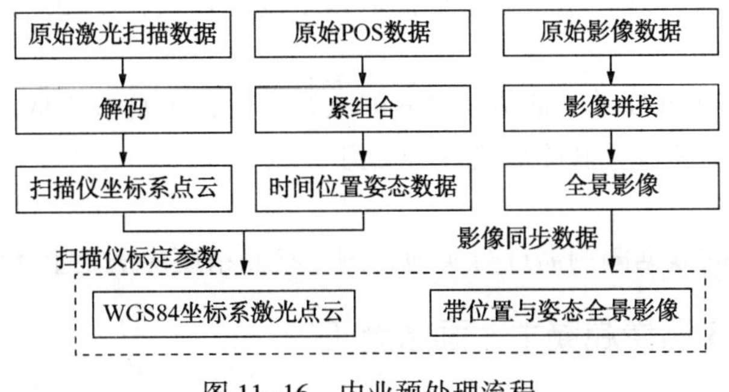

图 11-16　内业预处理流程

① POS 数据解算。车载 POS 数据需要与 GNSS 基站数据进行联合解算，多基站观测解算可以提高解算精度，基站距离越近精度提高效果越好。数据处理完成后将数据按需要格

式导出，输出内容包括：序列号、GNSS 时间、高斯投影北坐标、高斯投影东坐标、高、纬度、经度、速度、roll、pitch、heading、工程名、点位精度质量，如图 11-17 所示。

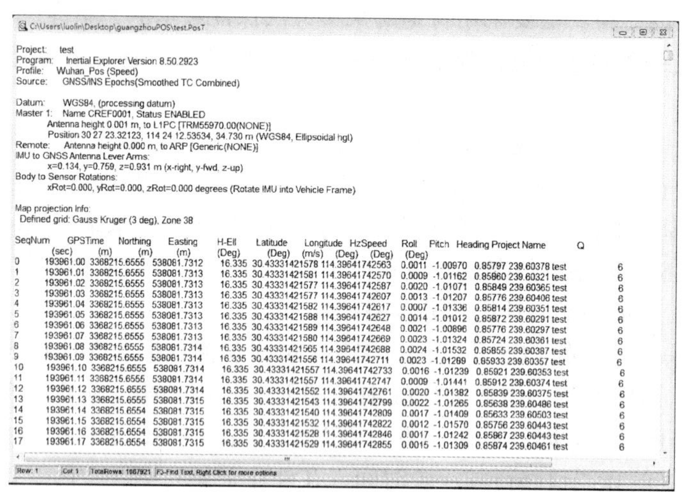

图 11-17　POST 数据格式

② 点云解算。车载激光扫描系统中激光扫描仪的原始扫描数据是基于激光扫描仪坐标系的，由于随着车体的移动以及姿态变化，激光扫描仪坐标系的原点以及坐标轴的指向在不断的变化，也即原始数据中的扫描点处于不同的坐标系中，无法直接使用，将原始的车载激光扫描数据可视化以后，可以看到所有的数据聚集在“一条线”或者“一个面”中。只有将激光扫描数据统一到一个坐标系统中，激光扫描仪的扫描结果方有现实意义，通常的做法是，将车载三维激光扫描系统中的激光测量结果和位姿数据融合得到地物的大地坐标。

将点云与全景影像数据进行配准，融合两者信息，通过三维激光点云可以找到对应影像像素，进行点云着色，反之以全景影像作为展现载体，通过影像像素坐标可以找到对应三维激光点云，进行地物量测。

（7）数据内业后处理

① 点云纠正。选用 GNSS 或者全站仪进行控制测量，基于控制点来进行点云坐标纠正。

② 点云分类及抽稀处理。由于原始地面数据密度比较大，不便于后处理应用，故需要进行抽稀。

③ 道路线提取。通过分类、抽稀处理后的激光点云，可直接提取道路的断面以及道路的边线、车道、中央隔离带、硬路肩边缘等信息。

（8）工艺要点

激光扫描中存在的数据漏洞需进行实地补测，补测精度应满足上述激光测量精度要求。

十二、PAC-13 沥青混凝土上面层施工

1. 一般要求

PAC-13 沥青混凝土上面层施工采用拌和楼出料、自卸车运输、摊铺机摊铺、压路机碾压成型的施工方式。该方式的施工工艺操作简单，便于质量控制。经过自检及中心试验室

同步检测，该段铺筑层的效果较好，平整度、压实度、横坡，厚度等检测指标等均能满足设计及规范要求。

2. 技术标准

PAC-13 生产配合比在油石比 5.3%下能满足规范及设计要求。即采用 PAC-13 沥青混合料生产配合比为：11~15mm：7~11mm：0~4mm：矿粉：水泥=35.5：45：16：2.5：1 配制的 PAC-13 沥青混合料，纤维掺量为沥青混合料的 0.3%，最佳油石比为 5.3%。干拌时间为 10s，湿拌时间为 50s，一个循环需要 65~70s 左右，每锅混合料 3.5t，拌和楼每小时生产能力=60×60÷65×3.5=193t。前场 PAC-13 摊铺能力：摊铺机摊铺速度控制在 2.5~3.0m/min 以内，每小时摊铺约 190t，与拌合楼生产能力匹配。

3. 机械配备及碾压程序

采用 4 台 13t 双钢轮，1 台 30t 胶轮压路机的机具配置。碾压程序：摊铺机摊铺成型混合料→13t 双钢轮压路机 3 台紧跟静压各 4 遍组成初压→30t 胶轮压路机 1 台 2 遍在温度低于 70℃以下复压→13t 双钢轮压路机 1 台静压 1 遍形成终压。相邻碾压带重叠 0~5cm，避免双钢轮对某些局部过压或欠压。

压路机行驶速度保持均匀一致，初压速度控制在 2~3km/h，复压速度控制在 3~5km/h，终压速度控制在 3~5km/h。不得在未碾压成型的混合料和刚碾压成型的路面上转向，也不得停留在高于 80℃且已压实成型的路面上。同时，压路机在操作或静止时，要采取有效措施防止油料、润滑脂或其他杂质落于路面。

当胶轮压路机碾压粘轮，可向压路机碾压轮喷少量水，以不粘轮为原则；胶轮压路机主要目的以稳固凹陷的粗集料和多集料形成搓揉，使其集料达到稳固。由于压路机转向或其他原因引起的任何位移及时用路耙修整，需用新混合料修补的部位要立即进行。

对于钢轮过压造成排水沥青粗集料表面沥青膜损伤，当天采用 SBS 改性乳化沥青洒布 0.10~0.15kg/m^2(残留物含量大于 60%)1~2 遍。设置的 2.5~3m/min 的摊铺速度、利用摊铺机自身携带的自动找平功能进行自动调平的方法。

4. 工艺流程

下承层检测与清理，测量放样，洒布粘层；混合料拌和、运输；护栏脚、路缘石内侧涂刷粘层油，人工配合摊铺机摊铺，压路机碾压，人工跟补；交通管制。

5. 工艺要点

由于排水沥青路面空隙率高达 18%~25%，粗集料基本为点与点接触，容易压实，也容易将集料压碎，造成沥青混合料局部失去粘聚能力，从而导致掉粒飞散等病害。排水沥青路面碾压主要控制均匀压实和集料多次碾压搓揉达到稳固。混合料摊铺后必须紧跟着在尽可能高温状况下开始碾压，不得等候。不得在低温状况下反复碾压，防止磨掉石料棱角，压碎石料，破坏石料嵌挤。

十三、基层连续铺筑

1. 一般要求

基层连续铺筑的施工工艺，大大缩短了基层施工工期，两次养护变为一次养护，大大节省了人工并提高了机械的使用率。

2. 机械配备及碾压方案

稳定土摊铺机，单钢轮压路机26t，胶轮压路机30t，双钢轮压路机13t，自卸车、洒水车。初压采用26t单钢轮压路机静压1遍，小振1遍，并横扫碾压(碾压行进速度控制在1.5~1.7km/h)；复压先26t单钢轮压路机大振碾5遍，前进的时候在初压阶段原横扫的位置再横扫1遍(碾压行进速度控制在1.5~1.7km/h)；终压采用30t轮胎压路机静压2遍，(碾压行进速度控制在2.5~3.0km/h)；光面采用13t双钢轮压路机静压1遍(碾压行进速度控制在2.5km/h)。

3. 工艺流程

下承层准备→挂线→下层混合料拌合→下层运输车运输→下层人工配合摊铺机摊铺→下层压路机压实→下层压实度、平整度检测→上层混合料拌和→上层混合料运输→下层顶面洒水/水泥浆→上层摊铺→上层碾压→上层检测→设置横缝→养护→封闭交通。

4. 工艺要点

上层混合料和下层混合料使用同一配比和材料，运输过程参照上层混合料运输，拌和过程参照下层混合料拌和，上层摊铺工艺参照下层摊铺。上层摊铺前，应将下层顶面洒水湿润。如遇大风或下雨时，不能喷洒水泥粘层浆。应按设计喷洒量一次均匀洒布，当有漏洒时，应人工补洒。喷洒水泥粘层浆后一定严格禁止人和车辆通行。水泥粘层浆铺洒后应待初步凝结才能摊铺上基层，不能在水泥粘层浆喷洒后很久不做上层施工，应尽早施工。

十四、水稳大厚度全幅一次性摊铺

1. 一般要求

改扩建工程工期紧，任务重，水稳层大厚度全幅一次性摊铺碾压成形，大大缩短了基层施工工期，两次养护变为一次养护，大大节省了人工并提高了机械的使用率，且基层将形成一个整体的板块结构，相对于两次分层摊铺来说，其抗拉伸，抗冲击强度可以显著提高，并可以有效地避免和推迟早期路面的下沉、凹陷、坑洞等病害的产生。因此，水泥稳定碎石基层大厚度全幅一次性摊铺碾压对于缩短改扩建工程工期，提高改扩建公路路面质量，延长公路寿命有重大的意义。

2. 机械配备及碾压方案

稳定土摊铺机，单钢轮压路机39t，单钢轮压路机26t，胶轮压路机30t，双钢轮压路机13t，自卸车、洒水车。初压(稳定)采用宝马格13t型双钢轮全液压自行式压路机，由低到高，压路机以2.5km/h行走速度前进、后退均静压一遍，每轮重叠30cm，停机接头形成45°阶梯(每梯相距约60~80cm)；复压(密实)采用PowerYZ39自行式振动压路机进行碾压，行走速度1.5~1.7km/h，以“前后均低频高幅直接压实下半部分，每轮重叠30cm”的方式碾压一遍，每轮碾压停机接头距前双钢轮停机位置50cm；起、停振稳定、及时，做到均匀无漏压。采用30t胶轮在PowerYZ39碾压过程中穿插揉搓补水，PowerYZ39单钢轮每碾压一遍30t胶轮随后碾压一遍，每次重叠3个轮胎，防止表面石子跳动松散，并根据实际碾压情况及天气情况适当用胶轮洒水对碾压面进行补水。夏季高温风大，摊铺表面水分散失较快，如当胶轮补水不足时，方可用喷雾式洒水车补水，必要时局部点人工喷雾器补水；终压(收光)采用宝马格 13t 型双钢轮全液压自行式压路机进行碾压，压路机行走速度 2.5～3km/h，以“前静、后静”，每轮重叠 1/3～1/4 轮迹的方式碾压一遍收光、修边。

3. 工艺流程

下承层检测与清理，施工放样与放线；支立钢模，复合料拌和、运输、摊铺、碾压；养护。

4. 工艺要点

控制关键点：13t 双钢轮压路机初(静)压、收面提高平整度；初压后即用超大吨位、超大激振力压路机低频高幅振压以保证下部密实；胶轮压路机雾化洒水补水揉搓，防止风干和单钢轮振压后表面松散骨料破碎。

十五、FWD 旧路面检测

采用 PRI2100 型落锤式弯沉仪，获取荷载作用下的沥青混凝土路面的弯沉响应(包括中心弯沉值和弯沉盆)，根据中心弯沉结果与设计弯沉值的关系，求算不同路段路面结构强度指数 PSSI，并据此对不同路段进行结构强度等级评级，为路面结构性修补提供依据。同时，根据路面弯沉盆数据，可反算得到不同路段路面结构各个结构层的回弹模量数据，依此可分析各个结构层的强度均匀性，对缺陷结构层进行诊断和定位，验算路面结构的现时承载能力和路面结构的材料设计符合性。

结　语

在看到我国公路工程施工技术发展的时候，我们也应该看到我国公路工程施工技术与国外发达国家还有很大的差距，研究且发展公路工程施工技术还有很多任务需要做。特别是对于我国地质环境多样性的整体特征，需要新的施工工艺、技术以及研究理论做支撑，因此，非常有必要总结现有的施工技术，明确现有公路工程施工技术瓶颈，在加强技术攻关的基础上做好技术管理和质量控制工作，开拓进取，锐意创新。

另外，公路施工的项目管理是施工单位实施现代化管理模式的必经之路，合理地发展、科学地实践、不断地总结是施工企业提高竞争机制的永久课题，也是建筑施工企业生存与发展的关键。在加强公路工程施工项目管理过程中，实行管理负责制、加强领导决策、提高施工人员素质是一套行之有效的科学管理方法，是实现责、权、利相结合的有效途径之一。

参考文献

[1] 白史且，胥晓刚．高速公路绿化工程技术[M]．北京：中国农业出版社，2005.

[2] 部门：中华人民共和国交通部工程建设监理总站．公路工程施工监理规范[M]．北京：人民交通出版社，2002.

[3] 程胜高．高速公路环境评价与发展[M]．北京：中国环境科学出版社，2002.

[4] 交通部公路司中国工程建设标准化协会公路工程委员会．公路工程技术标准[M]．北京：人民交通出版社，2004.

[5] 中交第一公路工程局有限公司．公路隧道施工技术规范[M]．北京：人民交通出版社，2009.

[6] 何川，佘健．高速公路隧道维修与加固[M]．北京：人民教育出版社，2006.

[7] 黄成光．公路隧道施工[M]．北京：人民交通出版社，2001.

[8] 贾元华，董平如．高速公路建设与管理[M]．北京：北京交通大学出版社，2002.

[9] 建造师助考工作室．公路工程管理与实务[M]．北京：中国市场出版社，2004.

[10] 交通部第一公路工程总公司．公路施工手册[M]．北京：人民交通出版社，2000.

[11] 交通部公路司．公路工程质量通病防治指南[M]．北京：人民交通出版社，2002.

[12] 栗振锋，李素梅．路基路面工程[M]．北京：人民交通出版社，2009.

[13] 梁金江．公路工程管理-第 2 版[M]．北京：人民交通出版社，2009.

[14] 刘涛．公路工程质量检验评定标准[M]．北京：人民交通出版社，2004.

[15] 刘玉卓．公路工程软基处理[M]．北京：人民交通出版社，2002.

[16] 刘月莲，林有贵．公路桥梁养护管理与维修加固[M]．北京：人民交通出版社，2009.

[17] 裴玉龙．公路网规划[M]．北京：人民交通出版社，2011.

[18] 上海市公路管理处．公路养护安全作业规程[M]．北京：人民交通出版社，2004.

[19] 宋一凡．公路桥梁荷载试验与结构评定[M]．北京：人民交通出版社，2002.

[20] 谭秉梓．公路桥梁工程施工要点与技术规范全书[M]．长春：吉林科学技术出版社，2002.

[21] 王炜，邓卫，杨琪．公路网络规划建设与管理方法[M]．北京：科学出版社，2001.

[22] 王文武，李迁生．高速公路安全管理[M]．北京：人民交通出版社，2001.

[23] 郗恩崇，王夕展．高速公路运营管理[M]．北京：北京交通大学出版社，2004.

[24] 郗恩崇．高速公路管理学[M]．北京：人民交通出版社，2001.

[25] 谢永利，刘保健，杨晓华．公路涵洞工程[M]．北京：人民交通出版社，2009.

[26] 张波．公路与桥梁施工技术[M]．北京：人民交通出版社，2007.

[27] 中华人民共和国交通运输部．公路养护技术规范[M]．北京：人民交通出版社，2009.

[28] 中交第二公路勘察设计研究院．公路路基设计规范[M]．北京：人民交通出版社，2004.

[29] 中交公路规划设计院有限公司．公路桥涵地基与基础设计规范[M]．北京：人民交通出版社，2007.

[30] 朱汉华，尚岳全．公路隧道设计与施工新法[M]．北京：人民交通出版社，2002.

[31] 刘怀峰．浅议公路路堤施工技术[J]．珠江水运，2012(24)：82-83.

[32] 胡妮，杨娇．公路工程土质路堤施工技术探讨[J]．科技创新与应用，2013(22)：189.

[33] 李向前．填石路堤施工技术在公路工程施工中的应用[J]．河南科技，2015(08)：96-97.

[34] 何新庆．土石混填路堤施工技术[J]．交通世界，2018(Z2)：100-101.

[35] 张磊．土石混填路堤施工技术探析[J]．公路交通科技(应用技术版)，2015，11(06)：169-171.

[36] 秦菲，王建文．公路工程挖方路基施工技术的应用[J]．技术与市场，2019，26(07)：150-151.

[37] 陈宝祥．道路桥梁施工软土地基处理对策[J]．交通世界，2018(10)：92-93.

[38] 蔡延喜．公路工程软基处理绿色施工技术应用研究[D]．清华大学，2017.

[39] 孔维睿．关于湿陷性黄土路基施工工艺的研究[J]．低碳世界，2021，11(07)：176-177.
[40] 袁峰．高速公路膨胀土路基施工处理技术[J]．交通世界，2019(30)：12-13.
[41] 卜伟成．高速公路盐渍土路基施工技术研究[J]．工程建设与设计，2021(09)：170-172.
[42] 郭立叶．盐渍土路基处理方法与施工工艺研究[D]．长安大学，2012.
[43] 胡静．市政道路沥青路面结构类型及破坏研究[J]．四川建材，2017，43(03)：91-92.
[44] 贾富祯．谈市政道路工程中沥青表面处治施工技术[J]．建材与装饰，2018(38)：284-285.
[45] 朱玉平，卢芳芳．浅析沥青贯入式路面施工及质量控制[J]．科技向导，2012(17)：311+291.
[46] 邓秋雯．公路路面基层路拌法施工新技术探析[J]．交通标准化，2013(22)：55-57.
[47] 李自光．沥青路面的施工技术与质量控制[J]．居业，2015(18)：75-76.
[48] 王阔．公路工程沥青混凝土路面施工技术[J]．砖瓦世界，2019(14)：234.
[49] 成文．小型机具铺筑法在农村水泥混凝土路面施工技术要点[J]．交通世界(建养．机械)，2012(07)：144-145.
[50] 丁晓明．水泥混凝土路面的滑模铺筑施工技术[J]．黑龙江科学，2018，9(22)：80-81.
[51] 王志强．轨道摊铺机在水泥混凝土路面施工中的应用[J]．交通标准化，2013(15)：21-23.
[52] 祝玉波，柳力，张泽丰．三辊轴机组水泥混凝土路面施工技术探讨[J]．湖南交通科技，2011，37(04)：63-65.
[53] 王焕．桥涵明挖扩大基础施工要点及注意事项[J]．中国新技术新产品，2014(08)：76.
[54] 赵卫广．铁路双线特大桥明挖扩大基础施工技术研究[J]．科技与创新，2017(06)：48-49.
[55] 卢江．公路改扩建工程桥梁扩大基础施工技术[J]．交通建设与管理，2014(18)：113-115.
[56] 刘宁．公路桥梁的钻孔灌注桩设计与施工技术研究[D]．长春工程学院，2020.
[57] 刘云龙，张明坤．沉井基础施工技术要点分析[J]．黑龙江水利科技，2013，41(08)：94-95.
[58] 李隆海．铁路桥梁混凝土墩台施工及质量控制[J]．建筑技术开发，2017，44(05)：111-112.
[59] 孙明颉．浅谈石砌墩台施工[J]．黑龙江交通科技，2011，34(08)：182.
[60] 王洋．装配式墩台施工[J]．黑龙江交通科技，2011，34(07)：211.
[61] 毕志军．高速公路桥梁施工中高墩施工技术应用探讨[J]．工程建设与设计，2020(15)：204-205.
[62] 涂丽丽．高墩施工技术在高速公路桥梁施工中的应用[J]．交通世界，2019(21)：88-89.
[63] 蒙胜进．板式橡胶桥梁支座安装施工技术[J]．交通世界，2016(36)：60-61.
[64] 何彦筠．斜拉桥主梁悬臂施工控制[J]．山西建筑，2016，42(23)：175-176.
[65] 杨友元．大跨度预应力混凝土连续梁式桥施工与质量控制[D]．西南交通大学，2004.
[66] 张学礼．桥梁工程桥面铺装施工技术[J]．中国高新科技，2022(04)：110-111.
[67] 李加和．关于沥青桥面铺装技术的探讨[J]．科技创新与应用，2012(14)：154.
[68] 刘爱华．水泥混凝土桥面铺装施工要点分析[J]．工程建设与设计，2016(14)：99-100.
[69] 田永禄．浅析桥梁伸缩缝安装施工工艺及质量控制[J]．山西建筑，2018，44(07)：183-184.